广视角 · 全方位 · 多品种

权威 · 前沿 · 原创

皮书系列为
“十二五”国家重点图书出版规划项目

中国新型城镇化健康发展报告（2014）

ANNUAL REPORT ON THE HEALTHY DEVELOPMENT OF CHINA'S NEW URBANIZATION (2014)

主　编／张占斌
副主编／刘　瑞　黄　锟

社会科学文献出版社
SOCIAL SCIENCES ACADEMIC PRESS (CHINA)

图书在版编目（CIP）数据

中国新型城镇化健康发展报告．2014/张占斌主编．—北京：社会科学文献出版社，2014.5
（城镇化蓝皮书）
ISBN 978－7－5097－5917－2

Ⅰ.①中… Ⅱ.①张… Ⅲ.①城市化－发展－研究报告－中国－2014 Ⅳ.①F299.21

中国版本图书馆CIP数据核字（2014）第073483号

城镇化蓝皮书
中国新型城镇化健康发展报告（2014）

主　　编／张占斌
副 主 编／刘　瑞　黄　锟

出 版 人／谢寿光
出 版 者／社会科学文献出版社
地　　址／北京市西城区北三环中路甲29号院3号楼华龙大厦
邮政编码／100029

责任部门／皮书出版分社（010）59367127　　责任编辑／高　启　王　颉
电子信箱／pishubu@ ssap. cn　　责任校对／白桂和
项目统筹／任文武　　责任印制／岳　阳
经　　销／社会科学文献出版社市场营销中心（010）59367081　59367089
读者服务／读者服务中心（010）59367028

印　　装／北京季蜂印刷有限公司
开　　本／787mm×1092mm　1/16　　印　　张／27.5
版　　次／2014年5月第1版　　字　　数／442千字
印　　次／2014年5月第1次印刷
书　　号／ISBN 978－7－5097－5917－2
定　　价／79.00元

本书获得以下基金项目资助：

国家社科基金重点项目“城镇化与省直管县改革：模式、战略与政策”（项目号：11AGL007）

国家社会科学基金和中国行政体制改革研究会2013年度重点项目“中国特色的新型城镇化道路研究”（项目号：13BJY055）

中国国际经济交流中心重大项目“我国由经济大国迈向经济强国战略研究”（项目号：12ZDXM001）

国家行政学院重大科研项目“提高城镇化质量和效益研究”（项目号：2013ZBZD008）

教育部人文社科基金项目“新生代农民工市民化过程中的制度冲突与协调问题研究”（项目号：12YJA790051）

城镇化蓝皮书编委会

顾　　问　魏礼群　何家成

主　　编　张占斌

副 主 编　刘　瑞　黄　锟

特约编委　（按姓氏笔画排序）

丁德章　王　健　王　露　王延中　王满传
王德颖　白天津　冯俏彬　刘　瑞　刘尚希
许正中　李江涛　李国平　李蕴清　时红秀
张　青　张孝德　季昆森　周绍朋　柏晶伟
赵　晋　姜秀谦　徐　杰　高进水　常修泽
董小君　简新华　穆海平　潘小娟

编 写 组　（按姓氏笔画排序）

马翠玲　水名岳　王直节　王　钧　王海燕
冯俏彬　孙久文　许正中　孙志远　刘福刚
何小波　李万峰　吴　刚　张孝德　吴学军
张国华　李荣华　邹一南　邹玉杰　杨　龙
陈　军　杨　晃　郑洪广　胡亚昆　郝　栋
韩学广　谢振东　解秀玲　鲍显庄　简新华
樊继达　魏　颖

城镇化蓝皮书学术指导专家

（按姓氏笔画排序）

王瑞璞　中国市场经济研究会常务副会长
仇保兴　国家住房和城乡建设部副部长
厉以宁　北京大学光华管理学院名誉院长
华　生　东南大学经济管理学院名誉院长
刘　伟　北京大学常务副校长
杨瑞龙　中国人民大学经济学院院长
李　铁　国家发展和改革委员会城市和小城镇改革发展中心主任
汪海波　中国社会科学院名誉学部委员
迟福林　中国（海南）改革发展研究院院长
陈雨露　中国人民大学校长
陈锡文　中央财经领导小组办公室副主任
林兆木　国家发展和改革委员会宏观经济研究院原常务副院长
林毅夫　北京大学国家发展研究院名誉院长
贾　康　财政部财政科学研究所所长
徐宪平　国家发展和改革委员会副主任
韩　俊　国务院发展研究中心副主任
辜胜阻　全国人大财经委员会副主任
韩　康　中国公共经济研究会会长
蔡　昉　中国社会科学院人口与劳动经济研究所所长
薛　澜　清华大学公共管理学院院长

主要编撰者简介

张占斌 国家行政学院经济学教研部主任、国家行政学院新型城镇化研究中心主任、教授、博士生导师；中国公共经济研究会常务副会长、中国行政体制改革研究会副秘书长、中国国际经济交流中心学术委员、中国行政区划与区域发展促进会专家委员，国家社会科学基金经济学评审组专家，部分省、市经济政策顾问。主要研究领域：政府经济管理、城镇化和城乡统筹发展等。主持国家社科基金重点项目等各类课题30多项，在《求是》等报刊发表学术论文100多篇，出版学术著作10余部，获中央组织部、中央宣传部、国家新闻出版广电总局、国家行政学院、北京市委宣传部等各类科研奖励10余项，近20篇《送阅件》获得国务院总理、副总理和国务委员的批示。关于中国城镇化的理论观点被《人民论坛》杂志和人民网评为2012年度和2013年度最具价值的50个理论观点。

刘　瑞 中国人民大学经济学院副院长、教授、博士生导师；中国宏观经济管理教育学会会长、中国宏观经济学会理事、北京市经济学总会理事、教育部“新世纪优秀人才支持计划”人选。主要研究方向为政府经济管理、社会发展与社会政策、产业结构与产业政策等。近年来，主持或参与国家级和省部级科研课题30余项，出版个人专著10余部，发表学术论文80余篇。获北京市哲学社会科学优秀科研成果二等奖、北京市优秀教学成果二等奖，北京市科技进步三等奖，宝钢优秀教师一等奖等奖项。

黄　锟 国家行政学院新型城镇化研究中心副主任，国家行政学院经济学教研部副教授。主要研究方向为人口、资源与环境经济学、城镇化和“三农”问题。主持国家社科基金课题2项，教育部人文社科规划基金课题1项，博士后基金特别资助和面上资助课题各1项，参与国家社科基金重大招标课题、重点课题等课题10余项。在《经济研究》《人口研究》《人民日报》等重要报刊发表论文50余篇，出版著作10余部，获首届刘诗白经济学奖、中国出版政府奖、教育部人文社会科学优秀成果奖等10余项，多项咨询报告获党和国家领导人批示。

摘　要

本书共分四个部分，分别以总报告、综述研究、专题研究、案例研究等形式，重点研究了我国城镇化健康发展的评价指标体系和健康状况、新型城镇化健康发展的道路选择、空间布局、产业升级、劳动就业、农民工市民化、城镇规划和城镇治理、城镇社会建设和基本公共服务均等化、城镇生态建设和城镇承载能力、城乡统筹和农村发展、城镇化体制机制创新等重大问题。

第一篇为总报告，主要是结合中国经济社会和城镇化发展的新阶段，研究了新型城镇化基本内核和特征要求，认为要素城镇化和人的城镇化是新型城镇化的两个基本内核，新型城镇化的基本要求和特征是水平适当、速度适中、布局合理、城乡协调、发展可持续。在理论分析的基础上，构建了新型城镇化发展评价指标体系，并利用2011年统计数据，对我国35个直辖市、副省级城市和省会城市的城镇化健康状况进行了评价和分析，结果发现，我国城镇化发展健康状况呈现整体水平不高，城市之间差距不明显，城市行政级别、地区、规模、人口密度特征分布明显。这一结果与我国城镇化发展健康状况的实际比较一致，具有较强的政策含义。

第二篇为研究综述，主要是对新型城镇化研究中的热点、前沿问题进行综述研究，包括农民工市民化、户籍制度改革、城镇化与农村发展、城市群发展、城镇化进程中的城镇规划和社会治理等重要问题的研究。

第三篇为专题研究，主要是围绕新型城镇化的重大理论和现实问题进行了重点研究，包括走中国特色的新型城镇化道路，从“四化同步”到“五化协调”，有序推进农业转移人口市民化的成本分担，城镇化进程中的基本公共服务体系建设，城镇化视角下我国农村土地银行的构建，生态文明融入城镇化全过程、新型城镇化的投融资新体制创新，建设富裕绿色满意的幸福县域等。

第四篇为案例研究，主要是对新型城镇化典型案例进行调查和研究，包括长白山保护开发区推进小城镇建设、阳关边塞古镇以沙漠生态产业富镇、新型城镇化建设的“瓦房店模式”、新型城镇化构架下中心镇建设与发展，大连市以新型农村社区建设为突破口推进新型城镇化等。

Abstract

This book is divided into four parts, including total report, Research Review, Special Studies, case studies and other forms, focusing on the evaluation index system and the health of healthy development of urbanization in our country, path selection of healthy development of the new-type urbanization, space layout, industrial upgrading, labor and employment, citizenization of migrant workers, city and town planning and urban governance, urban community construction and the equalization of basic public services, urban ecological construction and urban carrying capacity, urban system and mechanism innovation.

Part Ⅰ is the total report. Combined with the new stage of economic and social development and urbanization in China, the basic kernel, feature and requirements have been studied. We think that the basic kernel is element-urbanization and people-urbanization, that the basic requirements and feature of new-type urbanization are the appropriate level, moderate speed, reasonable layout, coordinated development of the urban and rural, and sustainable development. On the basis of theoretical analysis, the evaluation index system of the healthy development of new-type urbanization is set up. Using the statistical data in 2011, the healthy status of urbanization of 35 municipalities directly under the central government, deputy provincial city and the provincial capital city is evaluated and analyzed, and some important findings are found that the characteristics of urbanization status are that the overall level is not high, gap between cities is not obvious, in addition, the characteristic distribution of the administrative level, area, scale, population density is obvious. The conclusion is consistent with the healthy status of Chinese urbanization, and it includes targeted, practical policy implications.

Part Ⅱ is Research Review, in which studies on the hot frontier problems of the new-type urbanization are reviewed, including the important research on citizenization of migrant workers, reform of the household registration system, urbanization and rural development, development of the city group, and urban planning and social governance in the process of urbanization, and so on.

Part Ⅲ is Special Studies, where major theoretical and practical issues about new-type urbanization are focused, including the path of new-type urbanization with Chinese characteristics, from "four-modernizations synchronization" to "five-modernizations coordination", sharing of citizenization cost of orderly transferring agricultural population, construction of the basic public service system in the process of urbanization, building China's rural land bank from the perspective of urbanization, the process of ecological civilization into the urbanization, innovation of investment and finance system of new-type urbanization, and construction of rich, green, satisfying county with happiness, etc.

Part Ⅳ is case studies, in which some typical cases of the new-type urbanization is investigated and researched, including promoting the construction of small town in Changbai Mountain Development Zone, How to creat a legend of rich town by developing the desert ecological industry in a Millennium ancient frontier town, "Wafangdian City model" about construction of the new-type urbanization, construction and development of a center town under new-type urbanization, How to take the new rural community construction as the breakthrough point to promote urbanization, and so on.

前　言

改革开放以来，随着工业化进程的快速推进，我国城镇化进入持续快速发展阶段。尤其是自1996年以来，我国城镇化进程加速发展趋势更加明显，到2013年年末，城镇常住人口73111万人，城镇化率达到53.7%，提高了24.6个百分点，年均增加1.37个百分点，比改革开放的前16年（1979～1995年）年均增加值高出0.84个百分点。根据发达国家城镇化发展经验和诺瑟姆曲线所揭示的城镇化发展规律，在未来的10～15年，我国城镇化仍将处于加速发展阶段。

然而，我们还要看到，在城镇化加速发展阶段，“城市病”也更加凸显，成为困扰世界各国和地区的世界性难题。城市病与城市化发展阶段密切相关。根据城市病发展的四阶段论，城市化率在10%～30%之间是城市病的隐性阶段，城镇化基本上是健康的；城市化率在30%～50%是城市病的显性阶段，城镇化是亚健康的；城市化率在50%～70%是城市病的发作阶段，城镇化是不健康的；城市化率达到70%以上，则进入城市病的康复阶段，城镇化逐步恢复健康状态。

当前，我国经济社会和城镇化进入新的发展阶段。我国已经进入上中等收入水平，将面临中等收入陷阱的挑战；劳动力供求关系发生重大变化，人口红利逐渐减弱；原有的经济发展方式难以为继，经济增长速度放缓；城镇化率超过50%，我国开始由乡村中国向城市中国转变；国际经济格局发生重大调整，我国经济发展将面临新的外部环境，必须寻求新的经济增长动力。在经济社会和城镇化发展的新阶段，整个中国必将发生深刻的变革，城镇化也将面临新问题、新挑战、新任务。在我国现阶段，“发展仍是解决我国所有问题的关键”，积极稳妥推进新型城镇化既是解决我国城镇化自身问题的基本途径，也是解决经济社会问题的重要出路。

党的十八大和十八届三中全会、2012 年和 2013 年中央经济工作会议、中央城镇化工作会议，都对城镇化给予很高的关注。最近，国务院又制定并公布了《国家新型城镇化规划（2014～2020 年）》，对 2014～2020 年的新型城镇化发展进行了顶层设计。习近平总书记、李克强总理等党和国家领导人也多次就如何推进城镇化问题发表了重要讲话，强调我国城镇化进入关键时期，既要高度重视城镇化的战略意义，继续积极推进城镇化进程，又要妥善解决城镇化进程中的各种问题，防范城市病，坚持走以人为本、四化同步、优化布局、生态文明、传承文化的新型城镇化道路，遵循发展规律，着力提升质量，实现城镇化健康发展。

为了深入系统研究新型城镇化问题，发挥国家行政学院的特殊优势，2012 年年初以来，国家行政学院经济学教研部组织编写了《中国新型城镇化建设重大问题研究丛书》（共十卷），连续举办两届全国行政学院系统经济学科年会暨新型城镇化论坛，聚焦研究新型城镇化理论和实践问题。2012 年年底，成立了本书课题组，拟定了提纲和研究计划，开始筹备本书的编纂工作，并向全国行政学院系统征集新型城镇化典型案例。2013 年 1 月，国家行政学院经济学部与中国人民大学经济学院签署了战略合作协议，决定合作研究和编纂本书。2013 年 4 月，国家行政学院新型城镇化研究中心与中国人民大学经济学院举办了第一期新型城镇化沙龙。2013 年 5 月，国家行政学院新型城镇化研究中心正式成立，专门组织和开展新型城镇化的研究和咨询工作。2013 年 6 月召开了全国行政学院系统经济学科年会暨新型城镇化研讨会，对新型城镇化的重点理论和现实问题进行了集中研讨。近两年以来，新型城镇化研究中心承担了国家行政学院省部级、司局级等各类主体班次有关城镇化主题的教学任务，与国家部委和地方省市领导干部进行了充分的研讨、交流，完成了多项城镇化咨询成果。此外，中心研究人员到多个省市进行了实地调研，搜集了大量第一手素材。我们希望，通过对新型城镇化的深入研究，能够为新型城镇化健康发展提供参考。我们设想，今后，我们将一直关注新型城镇化前瞻性重大理论和现实问题的研究，每年选取一个重大问题，聚焦研究，坚持下去，形成系列和特色。

本书由国家行政学院新型城镇化研究中心和中国人民大学经济学院组织编

写，国家行政学院新型城镇化研究中心主任张占斌教授任主编，中国人民大学经济学院副院长刘瑞教授和国家行政学院新型城镇化研究中心副主任黄锟副教授任副主编。课题组按文序分工如下：B.1 新型城镇化健康发展课题组，B.2 黄锟、魏颖，B.3 刘瑞、邹一南、李荣华，B.4 张孝德、郝栋，B.5 刘瑞、韩学广，B.6 许正中、王直节，B.7 刘瑞、胡亚昆，B.8 张占斌、黄锟，B.9 简新华、杨冕，B.10 张占斌、冯俏彬、黄锟，B.11 樊继达、王海燕，B.12 张占斌、郑洪广，B.13 张占斌、陈军，B.14 李万峰，B.15 刘福刚，B.16 杨龙，B.17 马翠玲、何天雷、李明，B.18 何小波、王钧，B.19 解秀玲、邹玉杰、吴刚，B.20 济南市行政学院课题组，B.21 孙志远。

在本书出版过程中，社会科学文献出版社社长谢寿光、皮书分社总编辑任文武做了大量的策划和编辑工作，在此一并表示感谢。当然，由于城镇化问题的复杂性和课题组研究水平的局限，可能存在偏颇，甚至错误之处，恳请批评指正。

张占斌

2014 年 4 月 8 日

目录

ⅠB Ⅰ 总报告

B Ⅱ 研究综述

ⅢB Ⅲ 专题研究

B Ⅳ 案例研究

B Ⅴ 大事记

皮书数据库阅读使用指南

CONTENTS

𝔹 I General Report

𝔹 II Research Review

BⅢ Special Studies

BIV Case Studies

BV Chronicle Events

总 报 告

General Report

B.1 中国新型城镇化的理念和健康状况

新型城镇化健康发展课题组*

摘 要：

本篇结合中国经济社会和城镇化发展的新阶段，研究了新型城镇化基本内核、特征要求，认为要素城镇化和人的城镇化是新型城镇化的两个基本内核，新型城镇化的基本要求和特征是水平适当、速度适中、布局合理、城乡协调、发展可持续。在理论分析的基础上，构建了新型城镇化发展评价指标体系，并利用2011年统计数据，对我国35个城市（包括直辖市、副省级城市和省会城市）的城镇化健康状况进行了评价和分析，结果

* 执笔：张占斌、黄锟、王海燕。张占斌，国家行政学院新型城镇化研究中心主任，国家行政学院经济学教研部主任、教授、博士生导师，主要研究方向为政府经济管理、城镇化和城乡统筹发展等；黄锟，国家行政学院经济学教研部副教授，国家行政学院新型城镇化研究中心副主任，主要研究方向为人口、资源与环境经济学、城镇化与“三农”问题；王海燕，国家行政学院新型城镇化研究中心秘书长，国家行政学院经济学教研部副教授，主要研究方向为国有经济、社会保障。

发现，我国城镇化发展健康状况呈现整体水平不高，城市之间差距不明显，城市行政级别、地区、规模、人口密度特征分布明显。这一结果与我国城镇化发展健康状况的实际比较一致，具有较强的政策含义。

关键词：

新型城镇化　人的城镇化　城镇化健康状况　评价指标体系

一　城镇化发展的理念转变

（一）我国经济社会进入新的发展阶段

中国经济社会进入一个新的发展阶段，这已经成为社会的共识。胡鞍钢认为，我国的发展正处于一个新的历史起点上；刘世锦认为，我国经济已经触顶，进入了增长阶段转换期；刘树成认为，我国经济发展开始进入潜在经济增长率下降的新阶段；未来 5 到 10 年，我国经济将从过去 30 余年的“结构性增速”逐步转向“结构性减速”轨道；在这一阶段，既是比较艰难的爬坡阶段，也是中国历史上最伟大最关键的起飞阶段。蔡昉认为，我国已经进入“刘易斯拐点”，经济增长需要转向全要素生产率驱动型；迟福林认为，我国已经由生存型阶段进入到发展型阶段，需要着眼于构建消费大国，推进以发展方式转型为主线的第二次转型，实现公平与可持续发展。

然而，我国经济发展新阶段具有多元特征。余斌认为，我国处于由工业化中后期迈向工业化后期、由中等收入国家迈向中上等国家的阶段；厉以宁指出，当前中国经济处在双重转型阶段，首先是农业社会向工业社会转型，其次是计划经济向市场经济转型，两者目前交叠在一起，这在全世界上是没有的；林毅夫认为，中国目前处于两个转变的阶段：一是从计划经济向市场经济的转型，二是从一个低收入国家向中等收入国家继续往高收入国家的转型；曾培炎将我国经济社会发展进入新阶段的主要特征概括为，经济进入“转型期”、社

会进入“矛盾凸显期”、改革进入“攻坚期”、增长进入“换档期”；段炳德认为我国经济发展新阶段具有五个特征，即从注重速度向注重质量转化、从投资拉动型向全面拉动型转化、从工业引领向四化并举转化、从中国制造向中国创造转化、从引进来向走出去转化。

总体而言，我国经济发展新阶段可以用典型的中等收入阶段来表述。中国在2001年成功摆脱了“贫困陷阱”，走出了人均1000美元的低收入阶段，实现了第一次飞跃，达到中下等收入水平；到2010年，中国人均GDP超过4200美元，实现了第二次飞跃，成功进入中上等收入国家行列。然而，要发展成为高等收入国家，实现第三次飞跃，我们还有很长一段路要走。

在中等收入阶段，必将面临中等收入陷阱的难题。例如，胡鞍钢将“中等收入陷阱”的表象概括为经济增长回落或停滞、民主乱象、贫富分化、腐败多发、过度城市化、社会公共服务短缺、就业困难、社会动荡、信仰缺失、金融体系脆弱10个方面；郑秉文认为，在中等收入阶段会面临转型陷阱、拉美陷阱、福利陷阱、城市化陷阱、资产泡沫陷阱、金融陷阱、捧杀陷阱等；李月等认为，现有文献以中等收入陷阱的形成原因与解决机制为核心形成两种基本视角：一是以制度经济学为代表从突破制度约束刚性的视角指出，中等收入陷阱的解决需要形成与经济发展阶段相匹配的高品质制度体系；二是以经济增长理论为代表从摆脱增长机制锁定的视角，寻找增长与跨越的内在驱动。[①] 由于城镇化是扩大内需的最大潜力，是统筹城乡发展的基本前提，是产业结构调整升级的重要依托，是转变经济发展方式的重要条件，是提高中等收入者比重的重要途径，对于经济增长、产业结构升级、经济发展方式转变都有明显的推动作用，对于高品质制度体系的形成也具有倒逼和诱致作用，因而对于跨越中等收入陷阱具有重要意义。

田雪原认为，要想跨越“中等收入陷阱”，就必须首先避开“人口城市化陷阱”。田雪原认为，要把握好人口城市化的方向、速度、结构和质量，一要把握好人口城市化的速度和节奏，二要把握好人口城市化的规模和结构，三要把握好城市发展方式转变和相关体制改革，要从过去片面重视城市发展转变为

① 李月、周密：《跨越中等收入陷阱研究的文献综述》，《经济理论与经济管理》2012年第9期。

统筹城乡协调发展，逐步实现城乡经济社会发展一体化。刘伟认为，潜在的城市化空间是支持我国经济持续增长的重要因素；刘伟认为，我国现阶段城市化的进程已经进入了加速期，城市化规模提升和城市化质量改善空间巨大，不仅使更多的农村人口生活方式转变为城市现代生活，创造出更大的需求以推动增长，而且使经济资源在更大程度上从传统方式转入现代市场体系和产业结构体系，这本身就是资源配置效率提升的过程；刘志彪分析了城镇化对于产业升级的重要作用，他认为产业转型升级道路选择的基本原则就是要把发展与调整、升级有机结合起来，即在发展中实现产业转型升级。解决这个问题的关键在于选择以进一步城市化来推动产业转型升级的道路。进一步城市化的任务给了中国一个协调增长、消化过剩产能和安置剩余劳动力矛盾的巨大机遇，即中国既可以在这个过程中完成城市化任务、实现持续的高增长和安排就业人口，也可以顺势实现产业的转型升级。在迟福林看来，跨越中等收入陷阱的关键在于促进人口城镇化改革，能不能在农民工市民化、户籍制度、土地制度等方面的改革尽快取得重大进展等。

然而，城镇化既可能是跨越“中等收入陷阱”重大的战略空间和发展机遇所在，也可能形成新的困难和矛盾。“过度城镇化”“超常城市化”不仅不会帮助中国跨越“中等收入陷阱”，反而可能会使中国陷入“中等收入陷阱”。因为片面追求高城市化率及人口城市化的畸形发展，不仅不会给城市发展注入活力，不能给农村经济发展带来机遇，反而成为城乡经济发展的绊脚石，落入中等收入陷阱的垫脚石。此外，随着城市化快速提高，政府转向福利支出目标，福利刚性不断加大，政企目标冲突，政企在新的发展阶段都面临转型，转型失败可能会落入“中等收入陷阱”。

（二）我国城镇化进入快速发展和城市病发作的叠加期

1996 年以来，我国城镇化明显进入了快速发展的周期。我国城镇化开始以较快的速度发展。1996～2013 年，我国城镇人口比重由 1995 年的 29.04% 提高到 2013 年的 53.73%，提高了 24.69 个百分点，每年提升 1.37 个百分点，比改革开放的前 16 年（1979～1995 年）的年均值高出 0.84 个百分点。

按照美国城市地理学家诺瑟姆（Ray M. Northam）揭示的城市化发展三个发展阶段论，在30%～70%都将处于城镇化加速阶段，这是城镇化发展的规律。根据城市病发展的四阶段论①，城镇化率在10%～30%是城市病的隐性阶段，城镇化基本上是健康的；城镇化率在30%～50%是城市病的显性阶段，城镇化是亚健康的；城镇化率在50%～70%是城市病的发作阶段，城镇化是不健康的；城镇化率达到70%以上，则进入城市病的康复阶段，城镇化逐步恢复健康状态。拉美一些国家早在“中等收入陷阱”出现之前，已落入“人口城市化陷阱”，即人口城市化率达到50%以后，农村人口加速向城市特别是超大城市转移，形成畸形发展的城镇化。

2011年，我国城镇化率达到了51.27%，应该说进入了城镇化快速发展阶段和城市病发作阶段的叠加期（见图1）。从我国城镇化过程的特征看，在我国城镇化刚刚进入快速发展和城市病发作阶段的叠加期，虽然还没有出现诸如拉美和印度那样严重的“城市病”，但也存在诸如“半城镇化”“隐性城镇化”“被城镇化”“准城镇化”“过度城镇化”（或城镇化“大跃进”）、“贵族化”和一定程度上的“病态城镇化”等现象和问题，而且各种问题和矛盾日渐积聚、突出和显性化。此外，由于缺乏有效措施和调控机制，在城镇化宏观

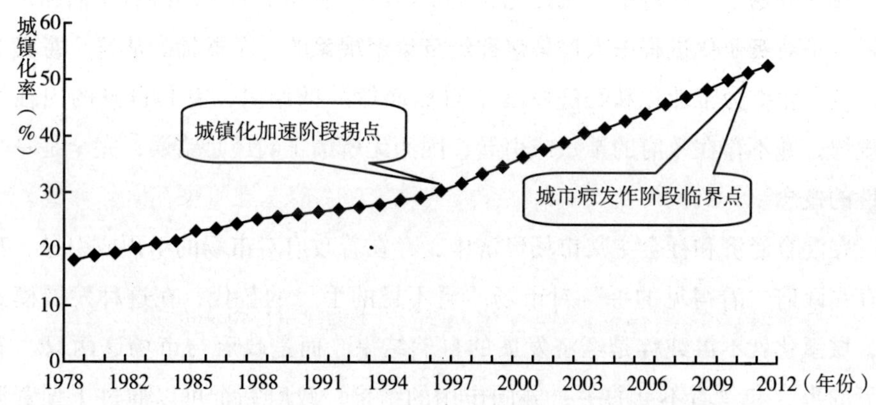

图1　中国城镇化进入快速发展和城市病发作的叠加期示意图

资料来源：《中国统计年鉴》（2013）。

①　周家来：《“城市病”的界定、规律与防治》，《中国城市经济》2004年第2期，第30～33页。

整体布局上，还存在着大城市过度集聚、小城镇发展无序，地区发展失衡、城市之间的关系不协调等问题。这些问题如果不未雨绸缪、及早诊治，势必演化为日益严重和难以治疗的“城市病”，甚至陷于“拉美陷阱”，严重影响中国城镇化的健康发展。因此，在城镇化进入快速发展周期和城市病显性化和发作阶段的叠加期，城镇化更需积极稳妥推进，更需着力提高城镇化质量，这是城镇化的生命力之所在。

（三）未来城镇化亟须转变理念

城镇化虽然是任何国家由贫穷落后走向发达繁荣的必由之路、在现代化进程中具有不可缺少的重要作用，但并不是所有的城镇化都有益无害、都有利于经济的发展和社会的进步。城镇化存在超前城镇化、滞后城镇化和适度城镇化、病态城镇化和新型城镇化等多种不同的类型，超前城镇化、滞后城镇化、病态城镇化，会造成严重的“城市病”和“农村病”，产生城乡差别扩大、城市剥削农村、城乡对立等经济社会问题，极不利于工业化和经济社会的发展，只有适度城镇化，才有利于工业化、现代化的顺利实现和经济社会的发展。

在纯粹的市场经济中，城镇化完全是经济发展和工业化的必然伴侣和自然结果，是对工业化进程中人口集聚和经济集聚现象的一个概括。从这个意义上看，城镇化作为工业化和经济发展“自然而然”的结果，有其自身的内在发展规律，并不存在政府的干预或引导，因而无所谓正确还是错误，完全是一个中性的概念。

在混合经济和社会主义市场经济中，存在着政府对市场的干预或引导，甚至存在政府“看得见的手”对市场“看不见的手”的替代，在这种发展模式中，城镇化就不再纯粹是经济发展的自然结果，而是政府与市场这两只“看得见的手”和“看不见的手”共同作用的结果，政府完全可以通过干预资源配置的方式来干预经济运行的方式、轨迹和结果，从而改变城镇化的道路、方式、进程和结果。发达国家的城镇化成就也是“看得见的手”和“看不见的手”两手并用的结果。

当前，不仅我国经济社会进入新的发展阶段，我国城镇化也进入新的发展

阶段，即城镇化进入加速发展阶段和城市病发作阶段的叠加期，城镇化自身也面临着转型升级。如前所述，改革开放以来，我国城镇化取得了很大成就，但也确实出现了很多问题，甚至存在着一定程度的城市病。因此，面临着经济社会发展新阶段下保增长、调结构、转方式、惠民生的多重任务和跨越中等收入陷阱的巨大挑战，积极稳妥地推进城镇化不仅意义重大，而且提出了更高的要求，即要求走出一条不同于旧的城镇化道路、符合经济发展新阶段要求的、具有中国特色的新型城镇化路子。

为了克服病态城镇化的种种弊端，避免和解决城市病，需要按照新型城镇化的理念和要求，实现城镇化目标、机制、模式、发展方式、结构、布局等方面的转变，促进城镇化健康发展。新型城镇化，在发展目标上要从以物为本到以人为本，从片面追求城镇化速度到以城镇化质量为中心，着力提高城镇化质量的转变；动力机制从政府过度干预向遵循城镇化自身规律转变；发展方式从粗放型向集约型转变；发展模式从滞后城镇化或超前城镇化向适度城镇化转变；城镇结构从不合理到趋于合理；城镇化布局从不均衡发展到均衡发展转变。

二　新型城镇化的基本内核和要求

（一）新型城镇化的基本内核

要素城镇化和人的城镇化是新型城镇化的两个基本内核。新型城镇化不再是过去的要素简单集聚和经济增长，片面强调城镇的生产功能，而是要更加重视城镇的生活和消费功能，是要素城镇化和人的城镇化双核驱动，协调并举。

1. 要素城镇化：由增长型向发展型转变

要素城镇化是发展型城镇化，强调的是城镇的生产功能。新型城镇化同样离不开人口、产业、资金、技术等要素的集聚，首要目标仍然是解决发展问题。尽管经历30多年的改革开放和经济持续高速增长，城镇化和经济社会发展取得了举世瞩目的成就，但现阶段，发展仍然是我们的核心任务和解决诸多问题的根本途径，也是城镇化的重要目标和任务，城镇化和城镇经济发展越来越成为我国经济发展最重要的引擎和途径。因此，新型城镇化并非否认和取消城镇化的要素集聚和生产功能，但面对我国跨越中等收入陷阱和经济转型升级的新形势、新要求，将更加强调要素的高效、集约使用，强调城镇化对调结构、转方式的重要作用。

过去，由于片面强调城镇的生产功能，忽视城镇的消费功能，加上计划经济体制和不彻底的市场经济体制，土地、劳动力、资本等生产要素市场尚未完全建立，土地、劳动力、资本等生产要素价格长期偏离、低于价值，使得我国城镇化选择了一条粗放式的数量型、增长型的城镇化道路。例如，由于土地的廉价供应，土地城镇化速度大大快于人口城镇化。改革开放30多年间，我国城市建成区面积扩大了8倍多，但城镇常住人口增加不到3倍。2001～2011年，城镇征地面积的年增长率基本都超过城镇人口的年增长率5个百分点以上（见图2）。再如，由于农民工工资长期大幅低于城镇职工工资，城市大量使用农民工，使得城市聚集了大量农民工，造成我国常住人口城镇化率大大高于户籍人口城镇化率（见图3）。

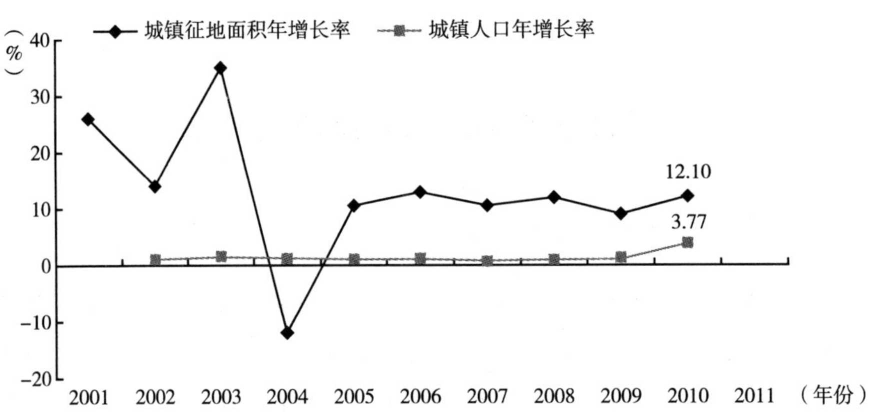

图2　2001～2011年我国城镇征地面积年增长率与城镇人口年增长率比较

资料来源：根据历年《中国统计年鉴》整理。

近年来，尤其是党的十八大以来，经济增速明显放缓，我国经济进入中高速增长阶段，保持经济在合理区间平稳运行，淘汰落后产能、优化升级产业结构、转变经济发展方式、缩小城乡差距、促进经济转型升级成为未来经济发展

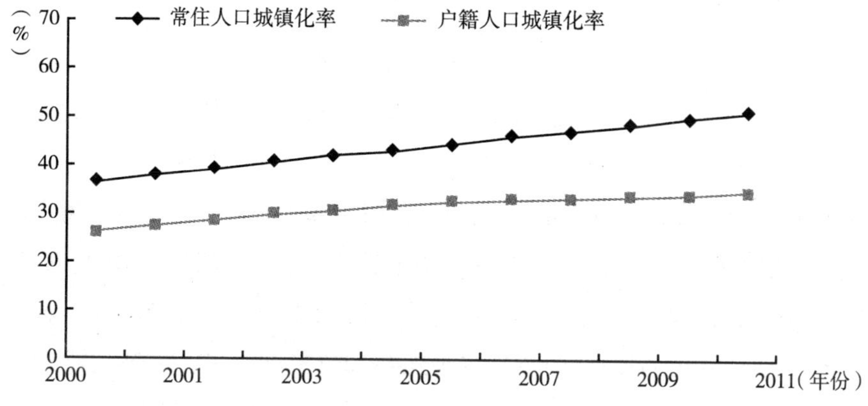

图3　常住人口城镇化与户籍人口城镇化率的“剪刀差”

资料来源:《中国统计年鉴》(2012)。

的主要挑战和艰巨任务。在这种背景下，2013年年底召开的中央城镇化工作会议着重指出，城镇化是现代化的必由之路，推进城镇化是解决农业、农村、农民问题的重要途径，是推动区域协调发展的有力支撑，是扩大内需和促进产业升级的重要抓手，对全面建成小康社会、加快推进社会主义现代化具有重大现实意义和深远历史意义。

在经济社会转型发展和全面深化改革阶段，城镇化需要由增长型向发展型转变，在保持一定发展速度的同时，尤其重视生产要素的合理配置和使用效率，科学规划，合理布局，遵循城镇化自身发展规律，处理好市场和政府的关系，既坚持使市场在资源配置中起决定性作用，又更好发挥政府在创造制度环境、编制发展规划、建设基础设施、提供公共服务、加强社会治理等方面的职能，根据经济社会转型发展需要，全面深化改革，积极推进户籍制度、土地制度、城乡基本社会保障制度、利率市场化等方面的改革，最大程度释放改革红利，在城镇化转型发展中实现保增长、调结构、转方式、惠民生的发展目标。

2. 人的城镇化：新型城镇化的实质和根本要求

人的城镇化是民生型城镇化，强调城镇的消费、生活功能。人的城镇化是新型城镇化的实质和根本要求，是检验城镇化健康状况的重要标准，也是城镇化科学发展的根本保证。发展问题固然是新型城镇化的重要目标，但绝不是唯一重要的目标，满足城镇居民需要、提高居民生活质量才是城镇化的终极目

标。

城镇化不是“房地产化”和“造城运动”，不能见物不见人，必须要以人为核心，让更多城乡居民享受城市现代物质文明和精神文明，促进社会和谐进步。人们来到城镇，是为了生活更美好，能在城镇工作和生活是中国绝大多数人的愿望，也是他们的权利。随着城镇化的发展，大量农村富余劳动力进城务工，但长期以来，不少城镇更多的是购买他们的劳动力，仅仅把他们看成是劳动者，而不是城市里平等的一员。如果城镇化不能给老百姓带来实实在在的利益，不能创造更加公平的社会环境，甚至导致更多不公平，城镇化就失去意义，也不可能持续。以人为核心的城镇化，就是要推进城乡要素平等交换和公共资源均衡配置，努力破解城乡二元体制和城镇内部的二元结构，使城乡居民平等参与城镇化进程，共同分享城镇化发展成果，过上更加美好幸福的生活。

新型城镇化以人的城镇化为实质和根本要求，就是要使更多居民享受现代文明生活方式，促进社会和谐进步。促进人的城镇化，要以人的城镇化为核心，合理引导人口流动，有序推进农业转移人口市民化，努力实现就业、教育、医疗卫生、社会保障等基本公共服务均等化；要加强城镇“五位一体”建设，实现城镇经济、社会、政治、文化、生态等领域的均衡发展，优先解决城镇人口的就业、安居、教育、医疗、交通等问题，提高城镇居民生活质量，建设和谐宜居的现代城市；要适当降低城镇门槛，消除歧视性制度障碍，实现城镇居民发展权利的同质均等性，使广大居民共享发展成果和城市文明，建设开放、公平、共享的包容性城市。

（二）新型城镇化健康发展的基本要求

新型城镇化区别于过去城镇化的根本特征是新型城镇化不再片面追求城镇化的数量指标而忽视质量方面的要求，它以城镇化质量为核心，是量与质的统一，是内在结构的和谐一致。根据发达国家城镇化的经验教训、城镇化的发展规律和新型城镇化的内涵要求，作为一种新的城镇化理念，新型城镇化需要在发展速度、水平、布局、城市功能、乡城关系、可持续性等方面具有自身独特而科学的规定性。因此，新型城镇化健康发展的基本要求和特征应该包括速度适中、水平适当、布局合理、城乡协调、发展可持续五个方面。

1. 水平适当

新型城镇化是适度城镇化，要求城镇化水平与经济社会发展水平相适宜，既不能过度超前，也不能过于滞后。城镇化既是工业化、非农化和经济发展的结果，又是工业化、非农化、经济发展的促进器，也是社会发展的根本动力。城镇化和国民经济健康发展、社会进步要求城镇化必须与经济社会发展保持一定量的对应关系，适度同步、协调发展，过度城镇化和滞后城镇化都是不健康的。

判断城镇化率是超前、滞后，还是适当，需要从不同的角度、采用不同的方法。既要看城镇化与工业化和经济发展的相互关系，又要进行国际比较，考察同类国家或不同国家同样发展阶段的城市化情况。霍利斯·钱纳里（H. Chenery）等通过对世界上 100 多个国家的综合分析，得出常态发展形式下城镇化的平均水平。城镇化率随经济发展而逐渐提高，并保持适度同步的对应关系；城镇化率与非农化和工业化也有一个适当的数量对应关系。在国际一般模式中，在工业化初期和中期，城镇化随工业化加速推进，且城镇化的水平大大超过工业化的水平，在很多情况下达到 20 个百分点以上。非农化既可以在城市进行，也可以在农村进行。如果农村非农化形成高潮，就会出现非农就业人口比率大大超过城镇人口比率的状况。在钱纳里“发展模型”中，城镇化率虽然低于非农就业比率，但两者的偏差值基本在 10 个百分点左右，两者的比值基本上在 1.2 以内（见表 1）。

表 1　钱纳里“发展模型”中城镇化与经济发展、非农化、工业化的对应关系

城市化水平（%）	人均GNP（美元）	非农化率及偏差			工业化率及偏差			
		非农就业比率(%)（N）	偏差 N－U	偏差 N/U	工业份额（工业占GNP%）	偏差Ⅰ	工业份额（工业占总劳动力%）	偏差Ⅱ
22.0	100	34.2	12.20	1.55	14.9	7.1	9.1	12.9
36.2	200	44.3	8.10	1.22	21.5	14.7	16.4	19.8
43.9	300	51.0	7.10	1.16	25.1	18.8	20.6	23.3
49.0	400	56.2	7.20	1.15	27.6	21.4	23.5	25.5
52.7	500	60.5	7.80	1.15	29.4	23.3	25.8	26.9
60.1	800	69.9	9.80	1.16	33.1	27.0	30.3	29.8
63.4	1000	74.8	11.40	1.18	34.7	28.7	32.5	30.9

资料来源：霍利斯·钱纳里等：《发展的型式：1950～1970》，经济科学出版社，1988，第 32 页。

2. 速度适中

新型城镇化是速度适中的城镇化，强调速度与质量相协调，即城镇化速度要与经济发展、城市基础设施建设、人民生活水平提高等反映城镇化发展质量的指标相协调，既不能太快，也不能太慢，更不能以牺牲城镇化质量片面追求城镇化速度。

（1）城镇化是否健康不能单纯从城镇化速度来判断。原因有两个，一是城镇化不是匀速发展的，城镇化发展具有阶段性。城镇化发展阶段理论揭示了不同阶段城镇化的发展速度。一般来说，在城镇化初期（城镇化率小于30%）和后期（城镇化率大于70%），城镇化速度比较缓慢甚至停滞不前；在城镇化中期（城镇化率介于30%和70%之间），城镇化速度很快（见图4）。目前，中国城镇化发展速度很快，发达国家的城镇化速度很慢，但不能由此判断这些国家的城镇化是健康的还是不健康的。所以，判断城镇化速度是否适中必须结合城镇化所处的发展阶段，在不同的发展阶段要保持相应的发展速度，该快的时候快，该慢的时候慢，不能错位发展。二是判断城镇化速度是否适中必须结合城镇化质量，只有有质量的城镇化才是新型城镇化。城镇化的实质和核心是人的城镇化，是经济、社会、人口、生态发展的综合体，这些也是反映城镇化质量的要素。所以，判断城镇化速度是否适中，关键是要看城镇化速度与这些反映城镇化质量的要素是否协调。

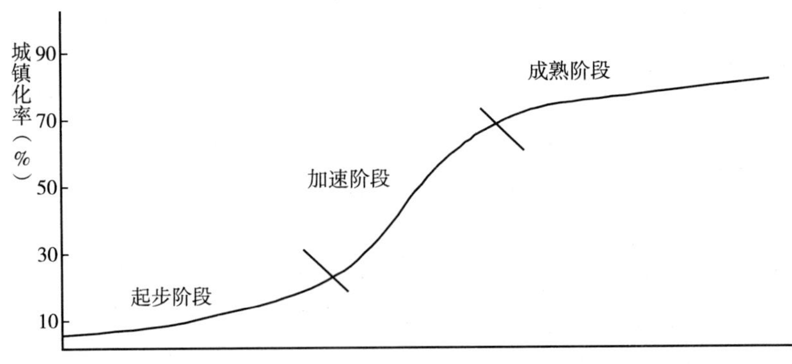

图4　城镇化发展阶段示意图

（2）城镇化的速度和水平是密切相关的两个概念，速度是因，水平是果，即水平是速度在一定时间段累积的结果，但是，两者又不是亦步亦趋，完全同向的，即某个时点上城镇化水平高并不必然意味着该时点上城镇化速度也高，城镇化水平高只是说明该时点之前的城镇化经历了一个较快的发展速度，或经历了一个良好的发展状况，而城镇化的速度可能并不快速，如城镇化速度很慢，但一直在向前发展，如西欧等国；相反，城镇化水平低也并不必然意味着该时点上城镇化速度也低，如中国目前的城镇化水平较低，但城镇化速度却发展很快。此外，城镇化水平和速度有两个更为重要的区别：一是两者的考量目的不同，考量水平要更加明确城镇化自身的发展程度，它偏重于城镇化自身的发展水平，而速度适中更偏重于城镇化速度与质量的协调性，其目的是要明确城镇化的发展速度是否与城镇化发展的质量相协调；二是两者所选择的参照系就不同，水平适当是以工业化率、非农化率等经济方面的数量指标为参照系，而速度适中主要是以经济和社会发展、人民生活质量、城市基础设施建设以及城市环境保护等多个方面的质量指标为参照系。

3. 布局合理

新型城镇化是布局合理的城镇化，强调城镇化要科学规划、因地制宜、合理布局、协调有序，即要根据资源环境承载能力、发展基础和潜力，以城市群为主体形态，城镇体系合理布局，东中西地区因地制宜，大中小城市和小城镇协调发展，优化城镇化空间布局和城镇规模结构。

从国际上看，在特定发展阶段，人口过度集聚和规模过大的特大城市都不同程度地存在“大城市病”，如伦敦的雾都、纽约的交通拥堵、拉美地区特大城市普遍存在的贫民窟等。中国虽然地域广阔，但人多地少、人地矛盾十分尖锐。我国基本国情决定了我国城镇化既不能是大城市化也不能是小城镇化，既不能是集中型城镇化也不能是分散型城镇化，必须要优化城镇规模结构、集中型城镇化与分散型城镇化相结合、城镇空间布局合理、地区城镇化协调平衡。当前，由于各方面原因，人口过度向少数特大城市集中的势头越来越明显，不仅产生了大量的经济问题，而且也产生了大量的社会、政治和生态问题。目前，我国日益严峻的交通拥堵、雾霾天气等问题就是“大城市病”的集中体现。在我国，近2万个建制镇平均人口仅7000多人，相当多的镇不足5000

人，小城镇数量多但规模小，不少中小城市发展缓慢、发育不够，集聚产业和人口的能力十分有限。在城镇化地区分布上，我国东部地区城镇化率已达到62.2%，中、西部地区分别只有48.5%和44.8%，地区发展很不平衡，中、西部地区城市发育明显不足，导致了人口长距离大规模流动、资源大跨度调运，极大增加了经济社会运行和发展的成本。我国有960万平方公里的陆地面积，有56个民族，中、西部地区城镇化发育不足，不仅不利于全面推进现代化建设，也不利于维护民族团结、保障国家安全。

城镇化合理布局，就是要以主体功能区规划为指导，优化提升东部地区城市群，加快培育中、西部地区城市群，形成新的增长极，着力构建以“两横三纵”为主体的城镇化战略格局，促进人口分布、经济布局与资源环境相协调；要按照统筹规划、合理布局、分工协作、以大带小的原则，发展集聚效率高、辐射作用大、城镇体系优、功能互补强的城市群，以城市群为主体形态，增强城市群的辐射带动作用；要合理确定大中小城市和小城镇的功能定位、产业布局、开发边界，加强中小城市和小城镇建设，强化中小城市产业功能，增强小城镇公共服务和居住功能，提高中小城市和小城镇对人口的吸引力，使大中小城市和小城镇均衡分布、协调发展。

4. 城乡协调

新型城镇化是城乡协调发展的城镇化，强调城镇化和新农村建设“双轮驱动”，形成城乡一体、良性互动的协同发展态势。城镇化过程即是城乡关系演进、发展过程。自城市产生后，城乡关系即随之产生。城乡关系的实质是城乡之间资源、经济、社会诸要素的自由流动，而流量和速率取决于城乡之间的联系程度。城乡协调发展是促进城镇化健康发展，缩小城乡差距，改变城乡二元结构，是从根本上解决“三农”问题的根本途径，是我国实现现代化和科学发展的必由之路。

城乡协调包括城乡政治协调、经济协调、生态环境协调、人口协调、文化协调、空间协调等方面，是在观念上消除城乡差别；在发展模式上，城市发展的同时实现农村现代化；在功能上，强调城乡的一体化职能；在空间和景观生态上，城乡紧密联系、相互依存。从历史上看，在城镇化进程中，城乡区域发展要经历由不平衡到平衡的过程，城乡关系也相应经历由不协调到协调的转

变。中国独特的城乡二元制度加剧了城乡区域发展的不平衡性和城乡关系的对立、分割和不平等。目前阻碍我国城乡协调发展的体制性因素还未完全清除，农村发展滞后、城乡差距悬殊、城市对农村的辐射作用有限等问题长期困扰城乡协调发展。因此，城乡协调发展的难点在农村，关键是尽快改革城乡二元制度，根本途径是促进城镇化健康发展，当前紧要的是要坚持大中小城市和小城镇化合理布局、协调并举，发挥大城市和城市群的辐射带动作用及对农村的支持力度，高度重视新农村建设，注重城乡统筹发展，形成以工促农、以城带乡、工农互惠、城乡一体的新型工农、城乡关系。

5. 发展可持续

新型城镇化是可持续发展的城镇化，强调城镇化发展要与人口、资源、环境相协调，即新型城镇化必须将生态文明融入全过程，实现人口、经济、资源和环境相协调，建设生态文明的美丽中国，实现中华民族永续发展。

人口多、资源不足、环境承载能力脆弱是我国的一个基本国情。当前，我国正处于城镇化快速发展阶段，随着城市人口的急剧增长及城市规模的迅速扩张，城镇化可持续发展问题倍受考验。近年来我国资源和环境约束压力显著增大，是资源禀赋、发展阶段、发展方式以及体制原因共同作用的结果。我国虽然地大物博但人口众多，许多重要资源、矿产人均占有量远低于世界平均水平，经济发展受到的资源环境约束相对较大，30 多年比较粗放的发展方式也造成了资源的浪费和环境破坏，而体制机制的不顺和制度的缺失也导致了唯 GDP 主义的盛行，不少地方发展经济是以浪费资源和牺牲环境做代价的。一些城市“十面霾伏”，垃圾围城，给我们敲响了警钟。迫切要求转变经济发展方式，城镇化与生态文明深度耦合，处理好城镇化发展和资源环境的关系。

促进城镇化可持续发展，既要“做减法”，加强低碳技术开发应用，强化节能降耗，推广绿色建筑，发展绿色交通，构建绿色生产方式、生活方式和消费模式，减少资源消耗，降低污染排放；又要“做加法”，增加环保投入，补偿生态欠账，重视实施重大生态修复工程，加强环境保护。要在城镇化规划布局、产业发展、基础设施建设和城市管理等环节引入绿色低碳的发展理念和发展模式，建设资源节约、环境友好的绿色低碳城镇。

三　新型城镇化健康发展评价指标体系与方法

（一）新型城镇化健康发展评价指标体系

从系统论的角度看，作为城镇形成过程的城镇化，是速度、水平和质量的统一体，反映的是城乡空间结构的转变过程，其健康状况取决于城镇化诸要素的配置效率或速度、水平和质量的协调程度；作为城镇化结果的城镇，是人口聚集区经济、社会、生态等系统的综合体，反映的是城乡空间结构的转变结果，其健康状况取决于城镇经济、社会、生态等系统的发展状况及诸系统之间的协调发展程度。因此，基于城镇化的内涵和新型城镇化的要求，评价城镇化健康状况，不仅要考虑城镇化的速度、水平，还要考虑城镇化的质量；不仅要考虑城镇化的经济发展状况，还要考虑社会、生态等方面的协同发展状况；不仅要考虑城镇化的发展成果，还要考虑为此付出的代价；不仅要考虑城镇的发展状况，还要考虑区域范围内的城乡协调情况。

根据新型城镇化的内涵、基本特征，遵循代表性、系统性、可操作性等指标设置原则，我们从城镇化发展水平、速度、可持续性和城乡协调性等方面设置4个一级指标，即水平适当性指标、速度适中性指标、发展可持续性指标和城乡协调性指标；从城镇化和城镇经济、社会、生态和城乡关系等领域设置10个二级指标，其中水平适当性指标下设置水平－经济发展适当性指标和水平－社会发展适当性指标2个二级指标，速度适中性指标下设置速度－经济发展适中性指标、速度－社会发展适中性指标和速度－生态发展适中性指标3个二级指标，发展可持续性指标下设置人口承载力、资源利用率和环境保护度3个二级指标，城乡协调性指标下设置城乡经济发展协调性指标和城乡社会发展协调性指标2个二级指标；根据一、二级指标的内涵和要求，我们设置了57个观察指标，即三级指标。

需要说明的是，由于水平、速度与可持续发展之间密切相关，所以“水平适当性”“速度适中性”“发展可持续性”3个指标中的二级指标和三级指标分别存在较强的对应关系，如“水平适当性”有“水平－经济发展适中性”“水平－社会发展适中性”2个二级指标，“速度适中性”也相应地具有“速

度－经济发展适当性”“速度－社会发展适当性”2个二级指标；在三级指标中，人均城市道路面积、每万人拥有公共汽车数、人均排水管道长度都是反映“水平－社会发展适中性”的重要指标，相应地，这些指标的年增长率与该年城镇人口增长率的差值也是“速度－社会发展适当性”的重要指标。不过，当其中的某个指标缺前一年度的数据时，就不能计算该指标的增长率，只能在“速度适当性”指标中舍弃该指标的相应指标了。比如，由于缺2010年排水管道长度、空气质量达标天数和养老、医疗、失业保险参保人数，无法计算2011年这三类指标的增长率，所以在“水平适中性”指标中保留人均排水管道长度、空气质量达标天数和养老、医疗、失业保险平均参保率，而在“速度适当性”指标中就没有设置对应的“人均排水管道长度增长率与城镇人口增长率差值”、“空气质量达标天数增长率与城镇人口增长率差值”、“养老、医疗、失业保险平均参保增长率与城镇人口增长率差值”。

关于新型城镇化健康发展评价指标的权重，我们根据二级指标的数量（10个）平均赋值，即每个二级指标权重均为0.1，二级指标的权重平均分配到其下的三级指标，一级指标的权重分别为其下二级指标的简单加总。

新型城镇化健康发展评价指标体系见表2。

表2　新型城镇化健康发展评价指标体系

一级指标（权重）	二级指标（权重）	三级指标	权重	指标类型
水平适当性（0.2）	水平－经济发展适当性（0.1）	第三产业产值比重/城镇化率比值	0.02	适中
		非农产业就业比重/城镇化率比值	0.02	适中
		人均GDP(万元)	0.02	正向
		人均地方财政收入(万元)	0.02	正向
		城镇居民人均可支配收入(万元)	0.02	正向
	水平－社会发展适当性（0.1）	人均城市道路面积(平方米)	0.0125	正向
		每万人拥有公共汽车数(辆)	0.0125	正向
		人均排水管道长度(米)	0.0125	正向
		每百人公共图书馆图书数(册)	0.0125	正向
		养老、医疗、失业保险平均参保率(%)	0.0125	正向
		千人拥有病床位数(床)	0.0125	正向
		财政人均科技支出(元)	0.0125	正向
		财政人均教育支出(元)	0.0125	正向

续表

一级指标（权重）	二级指标（权重）	三级指标	权重	指标类型
速度适中性（0.3）	速度－经济建设适中性（0.1）	第三产业产值比重增长率与城镇人口增长率差值	0.0167	正向
		非农产业产值比重增长率与城镇人口增长率差值	0.0167	正向
		非农产业就业比重增长率与城镇人口增长率差值	0.0167	正向
		人均 GDP 增长率与城镇人口增长率差值	0.0167	正向
		人均地方财政收入增长率与城镇人口增长率差值	0.0167	正向
		失业率增长率与城镇人口增长率差值	0.0167	反向
	速度－社会建设适中性（0.1）	人均城市道路面积增长率与城镇人口增长率差值	0.0167	正向
		每万人拥有公共汽车数增长率与城镇人口增长率差值	0.0167	正向
		每百人公共图书馆图书增长率与城镇人口增长率差值	0.0167	正向
		人均医院卫生院床位增长率与城镇人口增长率差值	0.0167	正向
		财政人均科技支出增长率与城镇人口增长率差值	0.0167	正向
		财政人均教育支出增长率与城镇人口增长率差值	0.0167	正向
	速度－生态建设适中性（0.1）	市辖区人均公园绿地面积增长率与城镇人口增长率差值	0.0167	正向
		建成区绿化覆盖率增长率与城镇人口增长率差值	0.0167	正向
		工业除尘率增长率与城镇人口增长率差值	0.0167	正向
		工业固体废弃物综合利用率增长率与城镇人口增长率差值	0.0167	正向
		污水集中处理率增长率与城镇人口增长率差值	0.0167	正向
		生活垃圾无害化处理率增长率与城镇人口增长率差值	0.0167	正向
发展可持续性（0.3）	人口承载力（0.1）	劳动生产率：单位劳动力实现的 GDP（万元/人）	0.025	正向
		职工平均工资（万元）	0.025	正向
		失业率（%）	0.025	反向
		居住用地占城市建设用地面积比重	0.025	正向
	资源利用率（0.1）	能源利用效率 单位 GDP 耗电量（千瓦时/万元）	0.0167 0.0167	反向 反向
		土地利用效率 市辖区人口密度（万人/平方公里） #市辖区单位面积实现的 GDP（万元/平方公里）	0.0333 0.0167 0.0167	正向 正向 正向
		水资源利用效率 单位 GDP 耗水量（吨/万元） 人均生活用水量（吨/人）	0.0333 0.0167 0.0167	正向 反向 反向
		资金利用效率 规模以上工业企业万元资金提供的利润（元/万元）	0.0167 0.0167	正向 正向

续表

一级指标（权重）	二级指标（权重）	三级指标	权重	指标类型
发展可持续性（0.3）	环境保护度（0.1）	人均拥有公园绿地面积(平方米)	0.0125	正向
		建成区绿化覆盖率(%)	0.0125	正向
		工业除尘率	0.0125	正向
		空气质量达标天数	0.0125	正向
		工业二氧化硫去除率(%)	0.0125	正向
		工业固体废弃物综合利用率(%)	0.0125	正向
		污水集中处理率(%)	0.0125	正向
		生活垃圾无害化处理率(%)	0.0125	正向
城乡协调性（0.2）	城乡经济发展协调性（0.1）	城乡居民人均收入比值	0.033	适中
		城乡人均 GDP 比值	0.033	适中
		市辖区与全市人均地方财政预算内收入比值	0.033	适中
	城乡社会发展协调性（0.1）	市辖区与全市中小学师生比的比值	0.02	适中
		市辖区与全市人均公共图书馆图书比值	0.02	适中
		市辖区与全市人均床位数比值	0.02	适中
		市辖区与全市人均地方财政预算内科技支出比值	0.02	适中
		市辖区与全市人均地方财政预算内教育支出比值	0.02	适中

（二）数据来源和标准化

本次评价范围包括直辖市、省会城市和副省级计划单列城市，共 35 个城市 2011 年相关数据①，数据来源为《中国统计年鉴》《中国城市统计年鉴》《中国城市建设统计年鉴》、各城市国民经济和社会发展统计公报等。

为了能够真实反映新型城镇化健康发展状况，我们放弃以户籍人口为基数的通常做法，一律使用城市常住人口计算各指标值。

数据标准化处理方法为：

（1）对于正向指标，标准化值为各指标值与最大指标值（异常值除外）的比值；

（2）对于反向指标，标准值为最小指标值（异常值除外）与各指标值的比值；

① 拉萨因相关数据不足未列入评价范围。

（3）对于适度指标，区别情况处理：

在城乡发展协调性中，对于数值大于 1 的指标，取值 1 与各指标值的比值；对于数值小于 1 的指标，取各指标值与 1 的比值；

在速度适中性指标中，有很多值为负值，标准化值计算方式为

第一步：相对化，即指标相对值 =（指标最小值 - 指标值）/指标最小值；

第二步：标准化，即指标标准值 = 指标相对值/最大指标相对值。其中“失业率增长率与城镇人口增长率差值”为反向指标，指标标准值 = 非零最小指标相对值/指标相对值；指标相对值为零或负数（异常值）的指标标准值取值为 0。

（4）对于异常值，当异常值大于 1 时取值为 1，小于 0 时取值为 0。

新型城镇化健康发展指数只是一个相对值，单纯对某个城市或某一时间点进行城镇化健康发展状况定量评价求出的健康发展指数本身并不具备实际意义，只有选取不同的区域或时间段作为参照物，进行对比分析，才能表现出定量评价数值的相对意义，因此城镇化健康发展状况定量评价必须采取横向比较或纵向比较的方法。

四　中国城镇化健康发展综合评价的基本情况

（一）城镇化健康发展的总体情况

2011 年，全国新型城镇化健康发展指数为 0.5844，最高值为 0.6605（上海），最低值为 0.4643（成都），城镇化健康发展水平不高。上海、厦门、深圳、北京、杭州、呼和浩特、南京、青岛、沈阳、天津位居前 10 名，位居后 10 名的城市分别为银川、广州、石家庄、南宁、郑州、西宁、合肥、太原、兰州、成都（见表 3）。

（二）城镇化水平适当性情况

全国城镇化水平适当性指数为 0.480，最高值为 0.651（深圳），最低值为 0.317（海口）。深圳、青岛、北京、上海、宁波、合肥、杭州、长沙、厦门、呼和浩特位居水平适当性前 10 名，指标值介于 0.651 ~ 0.534。位居后 10 名的城市分别为银川、太原、西安、昆明、乌鲁木齐、西宁、兰州、重庆、贵阳、海口，指标值介于 0.415 ~ 0.317（见表 4）。

表 3　城镇化健康发展总指数：分值及排序

排序	城　　市	城市编号	城镇化健康指数
1	上　　海	10	0. 6605
2	厦　　门	16	0. 6586
3	深　　圳	24	0. 6432
4	北　　京	1	0. 6422
5	杭　　州	12	0. 6402
6	呼和浩特	5	0. 6393
7	南　　京	11	0. 6342
8	青　　岛	19	0. 6309
9	沈　　阳	6	0. 6297
10	天　　津	2	0. 6278
11	乌鲁木齐	36	0. 6277
12	长　　春	8	0. 6165
13	济　　南	18	0. 6095
14	大　　连	7	0. 6085
15	重　　庆	27	0. 6083
16	宁　　波	13	0. 6069
17	昆　　明	30	0. 6035
18	西　　安	32	0. 5933
19	武　　汉	21	0. 5869
20	海　　口	26	0. 5812
21	南　　昌	17	0. 5786
22	贵　　阳	29	0. 5777
23	哈 尔 滨	9	0. 5692
24	福　　州	15	0. 5665
25	长　　沙	22	0. 5636
26	银　　川	35	0. 5561
27	广　　州	23	0. 5561
28	石 家 庄	3	0. 5556
29	南　　宁	25	0. 5525
30	郑　　州	20	0. 5316
31	西　　宁	34	0. 5271
32	合　　肥	14	0. 5036
33	太　　原	4	0. 4810
34	兰　　州	33	0. 4752
35	成　　都	28	0. 4643
35 城市平均		0. 5844	

表 4　城镇化水平适当性指数：分值及排序

城　　市	城市编号	水平适当性					
		排序	总分	水平－经济发展适当性		水平－社会发展适当性	
				分值	排序	分值	排序
深　　圳	24	1	0.651	0.734	1	0.568	3
青　　岛	19	2	0.639	0.609	11	0.668	1
北　　京	1	3	0.629	0.705	3	0.554	4
上　　海	10	4	0.618	0.713	2	0.523	6
宁　　波	13	5	0.597	0.692	5	0.501	7
合　　肥	14	6	0.585	0.529	18	0.641	2
杭　　州	12	7	0.564	0.663	6	0.466	10
长　　沙	22	8	0.557	0.627	9	0.486	8
厦　　门	16	9	0.544	0.697	4	0.392	17
呼和浩特	5	10	0.534	0.585	13	0.483	9
广　　州	23	11	0.529	0.637	8	0.420	12
长　　春	8	12	0.520	0.486	24	0.554	5
天　　津	2	13	0.516	0.643	7	0.389	18
南　　京	11	14	0.494	0.591	12	0.397	16
沈　　阳	6	16	0.477	0.553	14	0.401	15
大　　连	7	17	0.473	0.623	10	0.323	29
济　　南	18	18	0.471	0.523	19	0.418	13
武　　汉	21	19	0.458	0.532	17	0.383	20
郑　　州	20	20	0.457	0.536	16	0.378	23
石 家 庄	3	21	0.451	0.454	28	0.448	11
南　　宁	25	22	0.443	0.508	20	0.377	24
南　　昌	17	23	0.433	0.484	25	0.381	22
哈 尔 滨	9	24	0.427	0.444	30	0.410	14
成　　都	28	25	0.423	0.483	26	0.364	26
福　　州	15	26	0.420	0.538	15	0.302	32
银　　川	35	27	0.415	0.446	29	0.383	21
太　　原	4	28	0.402	0.439	32	0.365	25
西　　安	32	29	0.400	0.494	22	0.305	30
昆　　明	30	30	0.399	0.495	21	0.303	31
乌鲁木齐	36	31	0.397	0.461	27	0.333	28
西　　宁	34	32	0.393	0.402	33	0.384	19
兰　　州	33	33	0.370	0.383	35	0.358	27
重　　庆	27	34	0.354	0.493	23	0.216	35
贵　　阳	29	35	0.354	0.440	31	0.268	33
海　　口	26	36	0.317	0.395	34	0.240	34
35 城市平均		0.480		0.538		0.421	

与城镇化健康发展总指数相比，城镇化水平适当性指数低了 0.1，低 18%；城市之间的差距也更大，最大值与最小值相差 0.334，标准差为 0.09，分别比城镇化健康发展总指数高 70% 和 80%。在水平适当性指数中，水平－经济发展适当性指数和水平－社会发展适当性分别为 0.538 和 0.421，前者大大高于后者。以上数据表明，在城镇化进程中，城市经济、社会发展水平没有得到同步提高，尤其是城镇社会发展更加滞后于城镇化进程。

（三）城镇化速度适中性情况

全国城镇化速度适中性指数为0.565，最高值为0.746（乌鲁木齐），最低值为0.124（成都）。乌鲁木齐、重庆、长春、昆明、呼和浩特、哈尔滨、青岛、西安、南宁、厦门位居速度适中性前 10 名，指标值介于 0.746 ~ 0.668。银川、北京、郑州、长沙、兰州、合肥、广州、深圳、太原、成都位居后 10 名，指标值介于 0.501 ~ 0.124（见表 5）。

表 5　城镇化速度适中性指数：分值及排序

城　市	城市编号	速度适中性							
		排序	总分	速度－经济建设适中性		速度－社会建设适中性		速度－生态建设适中性	
				分值	排序	分值	排序	分值	排序
乌鲁木齐	36	1	0.746	0.784	4	0.631	13	0.823	1
重　庆	27	2	0.739	0.801	3	0.754	4	0.663	5
长　春	8	3	0.733	0.842	2	0.783	3	0.573	16
昆　明	30	4	0.728	0.703	18	0.801	2	0.679	4
呼和浩特	5	5	0.728	0.635	23	0.836	1	0.711	2
哈尔滨	9	6	0.713	0.767	7	0.686	8	0.688	3
青　岛	19	7	0.695	0.761	9	0.728	5	0.596	10
西　安	32	8	0.677	0.757	10	0.671	11	0.603	9
南　宁	25	9	0.671	0.733	15	0.643	12	0.637	6
厦　门	16	10	0.668	0.740	13	0.683	9	0.580	14
贵　阳	29	11	0.662	0.770	6	0.623	14	0.592	12
南　京	11	12	0.658	0.775	5	0.591	17	0.609	7
南　昌	17	13	0.653	0.674	22	0.693	7	0.592	11
济　南	18	14	0.636	0.715	17	0.584	18	0.608	8
大　连	7	15	0.635	0.755	12	0.614	15	0.535	21
沈　阳	6	16	0.627	0.756	11	0.546	21	0.578	15

续表

城　　市	城市编号	速度适中性							
		排序	总分	速度－经济建设适中性		速度－社会建设适中性		速度－生态建设适中性	
				分值	排序	分值	排序	分值	排序
宁　　波	13	17	0.623	0.734	14	0.594	16	0.542	20
杭　　州	12	18	0.599	0.704	18	0.564	19	0.529	22
海　　口	26	19	0.596	0.512	30	0.708	6	0.568	17
武　　汉	21	20	0.587	0.695	21	0.554	20	0.512	23
上　　海	10	21	0.575	0.661	23	0.520	22	0.543	19
西　　宁	34	22	0.571	0.762	8	0.365	28	0.586	13
福　　州	15	23	0.552	0.721	16	0.387	26	0.547	18
天　　津	2	24	0.539	0.701	20	0.403	25	0.512	24
石 家 庄	3	25	0.530	0.859	1	0.286	30	0.446	27
银　　川	35	26	0.501	0.587	26	0.479	23	0.437	28
北　　京	1	27	0.474	0.576	27	0.418	24	0.427	29
郑　　州	20	28	0.432	0.549	28	0.385	27	0.362	31
长　　沙	22	29	0.418	0.632	25	0.243	32	0.379	30
兰　　州	33	30	0.390	0.544	29	0.150	34	0.476	25
合　　肥	14	31	0.349	0.075	35	0.683	9	0.290	33
广　　州	23	32	0.340	0.318	32	0.227	33	0.474	26
深　　圳	24	33	0.322	0.371	31	0.325	29	0.270	34
太　　原	4	34	0.286	0.301	33	0.243	31	0.315	32
成　　都	28	35	0.124	0.218	34	0.008	35	0.146	35
35 城市平均		0.565		0.643		0.526		0.527	

城镇化速度适中性指数也略微低于城镇化健康发展总指数，主要是受速度－社会建设适中性和速度－生态建设适中性的拖累，速度－社会建设适中性指数和速度－生态建设适中性指数分别为 0.526 和 0.527，比速度－经济建设适中性指数低了近二成。这说明在城镇化进程中，城市建设滞后于城镇人口增长速度，尤其是城镇社会建设滞后于城镇化进程和城镇经济建设速度。

（四）城镇化发展可持续性情况

全国城镇化发展可持续性指数为 0.567，最高值为 0.723（深圳），最低值为 0.447（兰州）。深圳、北京、石家庄、成都、长沙、青岛、合肥、上海、呼和浩特、杭州位居速度适中性前 10 名，指标值介于 0.723 ~ 0.617。济南、

宁波、南宁、贵阳、西安、太原、哈尔滨、西宁、乌鲁木齐、兰州位居后10名，指标值介于0.538～0.447（见表6）。

表6　城镇化发展可持续性指数：分值及排序

城市	城市编号	发展可持续性							
		排序	总分	人口承载力		资源利用率		环境保护度	
				分值	排序	分值	排序	分值	排序
深圳	24	1	0.723	0.662	2	0.550	2	0.957	1
北京	1	2	0.659	0.724	1	0.442	12	0.811	16
石家庄	3	3	0.647	0.516	17	0.536	4	0.888	3
成都	28	4	0.644	0.612	3	0.497	6	0.822	11
长沙	22	5	0.641	0.551	12	0.544	3	0.829	9
青岛	19	6	0.629	0.535	15	0.439	14	0.913	2
合肥	14	7	0.629	0.536	14	0.527	5	0.823	10
上海	10	8	0.624	0.596	5	0.464	9	0.811	17
呼和浩特	5	9	0.620	0.566	7	0.438	15	0.857	5
杭州	12	10	0.617	0.612	4	0.437	16	0.804	21
天津	2	11	0.616	0.505	19	0.559	1	0.785	23
沈阳	6	12	0.608	0.537	13	0.453	10	0.834	8
大连	7	13	0.600	0.563	8	0.473	8	0.765	27
长春	8	14	0.592	0.481	24	0.484	7	0.813	14
广州	23	15	0.589	0.506	18	0.448	11	0.812	15
福州	15	16	0.586	0.554	11	0.356	23	0.849	6
厦门	16	17	0.572	0.458	28	0.420	17	0.840	7
重庆	27	18	0.570	0.491	20	0.398	19	0.823	10
郑州	20	19	0.563	0.570	6	0.379	21	0.741	29
海口	26	20	0.551	0.556	10	0.300	29	0.797	22
南昌	17	21	0.546	0.411	33	0.410	18	0.817	13
昆明	30	22	0.544	0.563	9	0.370	22	0.701	33
南京	11	23	0.542	0.534	16	0.315	27	0.777	26
武汉	21	24	0.539	0.473	25	0.336	25	0.807	20
银川	35	25	0.538	0.487	22	0.262	33	0.865	4
济南	18	26	0.538	0.469	26	0.397	20	0.747	28
宁波	13	27	0.537	0.464	27	0.337	24	0.809	18
南宁	25	28	0.529	0.481	23	0.324	26	0.783	24
贵阳	29	29	0.495	0.416	32	0.249	34	0.820	12
西安	32	30	0.494	0.388	35	0.441	13	0.652	35
太原	4	31	0.488	0.399	34	0.285	30	0.780	25
哈尔滨	9	32	0.487	0.446	30	0.311	28	0.704	32
西宁	34	33	0.479	0.490	21	0.269	32	0.677	34
乌鲁木齐	36	34	0.474	0.435	31	0.274	31	0.714	30
兰州	33	35	0.447	0.448	29	0.183	35	0.711	31
35城市平均		0.567		0.512		0.387		0.803	

城镇化发展可持续性指数仍然略微低于城镇化健康发展总指数，主要是因为人口承载力指数和资源利用率指数偏低。人口承载力指数和资源利用率指数分别为0.512和0.387，分别比城镇化发展可持续性指数低10%和32%。在城镇化发展可持续性指标中，环境保护度指数较高，达到0.803。这一数值与近两年出现的严重的全国性雾霾天气等环境状况严重不符。主要原因有四个：一是累积效应。近年来，尽管节能减排力度逐年加大，但前几年积累的污染物很难在短期内消失。二是在存在累积效应的情况下，仅依靠降低某些污染物的排放指标等传统保护措施，并不能在短期内从根本上扭转环境污染的趋势，在减排的同时，还必须实施重大生态恢复工程，加大环境治理力度。三是规模效应。尽管节能减排力指标在向好，但由于经济规模在迅速增大，污染物的排放总量可能会随之增加。四是形成雾霾的主要因素除了工业外，还有机动车尾气排放、燃煤、粉尘等因素，但这些因素均未包括在环境保护度指标之中。

（五）城乡发展协调性情况

在城镇化进程中，城乡发展协调性指数为0.744，最高值为0.997（深圳），最低值为0.466（合肥）。深圳、乌鲁木齐、天津、厦门、上海、北京、南京、海口、广州、太原位居城乡发展协调性前10名，指标值介于0.997~0.841。位居后10名的城市是长沙、西宁、南昌、呼和浩特、哈尔滨、长春、石家庄、青岛、南宁、合肥，指标值介于0.673~0.466（见表7）。

城乡发展协调性指标比城镇化健康发展指标高0.16，即高27%，也是4个一级指标中最高的。城乡发展协调性指数较高，一方面表明在城镇化进程中，尤其是在像省会城市和副省级以上大城市的城镇化进程中，城市对区域内的郊区和农村的涓滴效应开始显著地表现出来，大城市对郊区和农村的支持、带动作用明显。城市人口规模越大，城乡发展协调性就越强，如超级城市（或超大城市）、特大城市、大城市、中等城市的城乡发展协调性指数分别为0.87300、0.76722、0.65245、0.54200，梯次递减特征十分显著（见表8）。另一方面城乡发展协调性较高也与城市人均GDP、城乡居民人均收入水平、户籍常住人口比值密切相关。城市人均GDP、城乡居民人均收入水平、户籍常住人口比值分布与城乡发展协调性的相关性都是显著的（见表9）。

表 7　城乡发展协调性：分值及排序

城　　市	城市编号	城乡发展协调性					
		排序	总分	城乡经济发展协调性		城乡社会发展协调性	
				分值	排序	分值	排序
深　　圳	24	1	0. 997	0. 998	1	0. 996	1
乌鲁木齐	36	2	0. 911	0. 835	2	0. 987	3
天　　津	2	3	0. 890	0. 816	4	0. 964	7
厦　　门	16	4	0. 889	0. 783	8	0. 994	2
上　　海	10	5	0. 887	0. 794	5	0. 980	4
北　　京	1	6	0. 882	0. 793	6	0. 972	5
南　　京	11	7	0. 876	0. 785	7	0. 967	6
海　　口	26	8	0. 867	0. 772	10	0. 963	8
广　　州	23	9	0. 859	0. 770	11	0. 948	9
太　　原	4	10	0. 841	0. 763	12	0. 919	11
沈　　阳	6	11	0. 820	0. 781	9	0. 859	16
济　　南	18	12	0. 817	0. 823	3	0. 811	21
杭　　州	12	13	0. 812	0. 724	14	0. 899	13
西　　安	32	14	0. 810	0. 694	17	0. 927	10
银　　川	35	16	0. 808	0. 754	13	0. 861	15
贵　　阳	29	17	0. 800	0. 699	16	0. 900	12
武　　汉	21	18	0. 788	0. 720	15	0. 857	17
兰　　州	33	19	0. 750	0. 661	19	0. 838	20
成　　都	28	20	0. 747	0. 629	23	0. 864	14
重　　庆	27	21	0. 723	0. 601	28	0. 844	19
大　　连	7	22	0. 717	0. 585	29	0. 848	18
昆　　明	30	23	0. 710	0. 642	21	0. 779	23
郑　　州	20	24	0. 708	0. 693	18	0. 722	26
福　　州	15	25	0. 706	0. 619	24	0. 793	22
宁　　波	13	26	0. 698	0. 638	22	0. 758	24
长　　沙	22	27	0. 673	0. 643	20	0. 703	28
西　　宁	34	28	0. 668	0. 608	25	0. 728	25
南　　昌	17	29	0. 662	0. 605	27	0. 719	27
呼和浩特	5	30	0. 641	0. 607	26	0. 674	29
哈 尔 滨	9	31	0. 618	0. 571	30	0. 665	30
长　　春	8	32	0. 575	0. 512	32	0. 638	31
石 家 庄	3	33	0. 561	0. 534	31	0. 589	33
青　　岛	19	34	0. 529	0. 476	33	0. 583	34
南　　宁	25	35	0. 519	0. 421	34	0. 617	32
合　　肥	14	36	0. 466	0. 401	35	0. 531	35
35 城市平均		0. 744		0. 673		0. 814	

表8　城市人口规模与城乡发展协调性

人口规模	城市数	最低值	最高值	平均值	标准差
1000万人及以上	6	0.723	0.997	0.87300	0.087907
300万~1000万人	18	0.575	0.911	0.76722	0.092667
100万~300万人	11	0.466	0.867	0.65245	0.126195
30万~100万人	1	0.542	0.542	0.54200	—

表9　城乡发展协调性的影响因素

	人均GDP万元	第三产业比重	财政收入	2011年城乡居民人均收入比值	人口密度	户籍常住人口比值
Pearson Correlation	0.419*	0.177	0.226	0.405*	-0.092	-0.646**
Sig.（2-tailed）	0.012	0.309	0.200	0.016	0.599	0.000
N	35	35	34	35	35	35

注：* 置信度为0.05；** 置信度为0.01。

城乡发展协调性指数较高并不能说明我国城乡发展水平就高，因为，一是我们选取的城市样本都是省会城市和副省级城市以上的高级别大城市、特大城市，这些城市不能反映我国众多的中小城市和小城镇的城乡发展水平。二是城乡发展协调性中的三级指标大多是通过市辖区和全市的比值近似反映的，与真实的城乡发展协调性还有不小的差距。三是城市发展水平本身不高，尤其是城市社会发展水平不高，也可能会拉高城乡发展协调性。如城乡社会发展协调性指数高达0.814，是所有10个二级指标最高值，这可能是由于城市社会发展水平不高，导致城乡社会发展水平差距较小而造成的。

五　中国城镇化健康状况的基本特征

通过35个样本城市的分析，我们发现：我国城镇化健康发展状况呈现整体水平不高，城市之间差距不明显，城市行政级别、地区、规模、人口密度特征分布明显的基本特征。

（一）我国城镇化健康状况整体水平不高、城市之间差距不明显

全国35个城市城镇化健康指数为0.5844，城镇化健康发展总指数的最大

值为 0.660，最小值为 0.464，最大值/最小值为 1.422，标准差仅为 0.05。可见，我国城镇化健康发展状况整体水平不高，且城市之间差距不明显（见图 5，

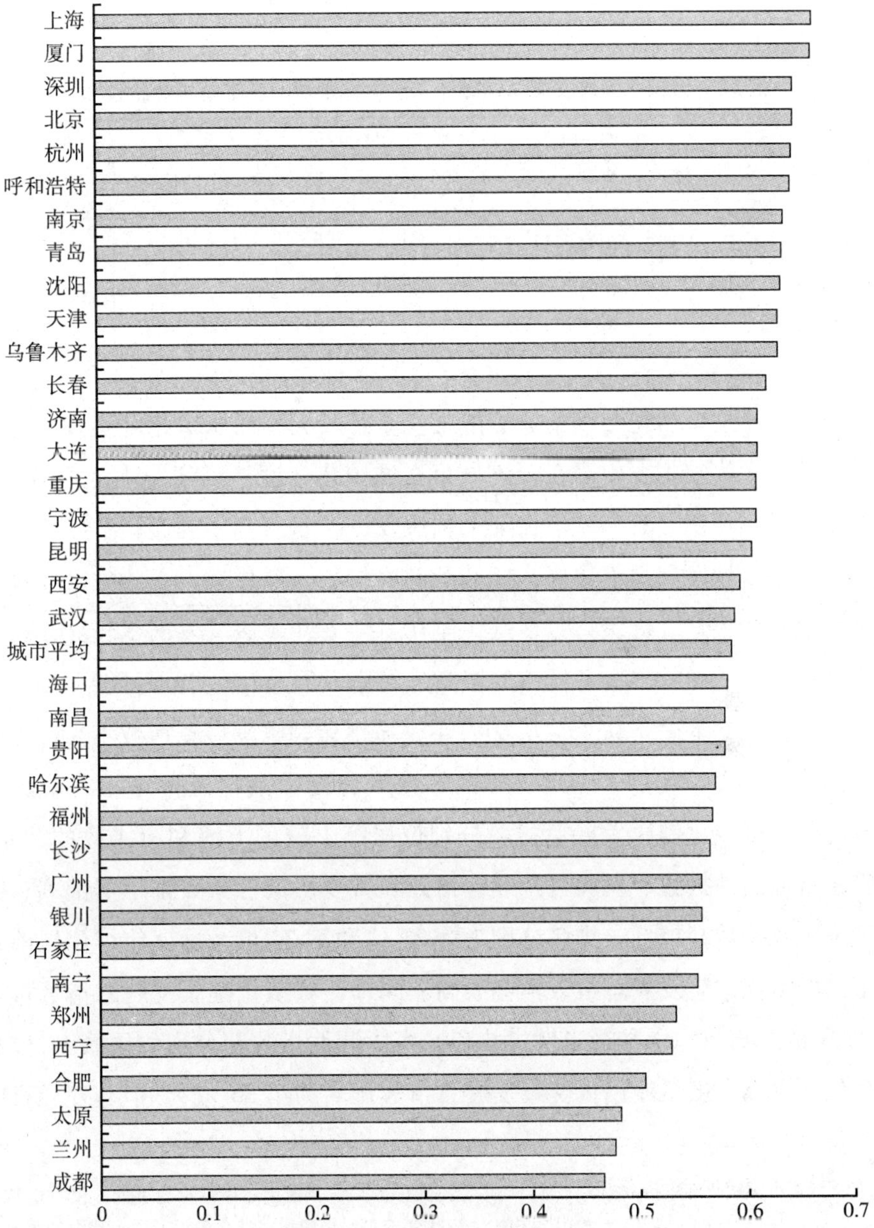

图 5　中国城镇化健康发展总指数

表10）。不过，从二级指标的指数看，除了发展可持续性指数的差距较小外，其余3个指数的城市间差距都较大，最大值/最小值均大于2.0，标准差也基本上大于0.1，其中速度适中性的最大值/最小值为6.016，标准差为0.15。

表10　城镇化健康发展总指数和二级指标指数的城市差异性比较

指　数	最小值	最大值	最大值/最小值	平均值	标准差
城镇化健康发展总指数	0.464	0.660	1.422	0.58434	0.052296
水平适当性指数	0.317	0.651	2.054	0.48108	0.090347
速度适中性指数	0.124	0.746	6.016	0.56506	0.151104
发展可持续性指数	0.447	0.723	1.617	0.56733	0.064175
城乡协调性指数	0.466	0.997	2.139	0.74353	0.129439

为什么新型城镇化二级指标城市之间差距较大，而城镇化健康发展总指数差距却不大呢？主要原因在于各城市在城镇化速度、经济、社会、生态各领域发展很不均衡。有些城市在某个领域发展质量很高，健康指数很高，但在另外一些领域发展得不够好，拉低了健康指数。反过来，有些城市在某个领域发展质量很差，健康指数很低，但在另外一些领域又发展得较好，抬高了健康指数。这样就导致各城市的城镇化健康发展总指数既不可能太高，也不可能太低，基本介于0.45～0.65，不仅城镇化健康发展总指数不高，差距也不显著。上海、北京、广州、成都等城市各指数数值及排序存在较大差异。比如，城镇化健康发展总指数分别位居第1位的上海和第4位的北京，尽管水平适当性指数、发展可持续性指数和城乡协调性指数都位居前列，但速度适中性指数却较低，排名分别为第21位和第27位。这就使得位居前列城市的城镇化健康发展总指数不会太高。同样，城镇化健康发展总指数排名第27位的广州市，水平适当性指数和城乡协调性指数却分别位居第11位和第9位；成都市虽然城镇化健康发展总指数排名为第35位①，但其发展可持

① 成都市城镇化健康指数排名之所以最后，主要原因是该市速度适中性指数过低，仅为0.124，适中性指数过低是因为与2010年相比，2011年成都经济建设、社会建设、生态建设的很多指标都出现了负增长，从而导致速度－经济建设适中性、速度－社会建设适中性、速度－生态建设适中性指标值都很低，分别仅为0.218、0.008、0.146，排名均居最后。

续性指数却位居前列，排名第4位。这就使得广州、成都等排名居后城市的城镇化健康指数也不会太低（见图6）。

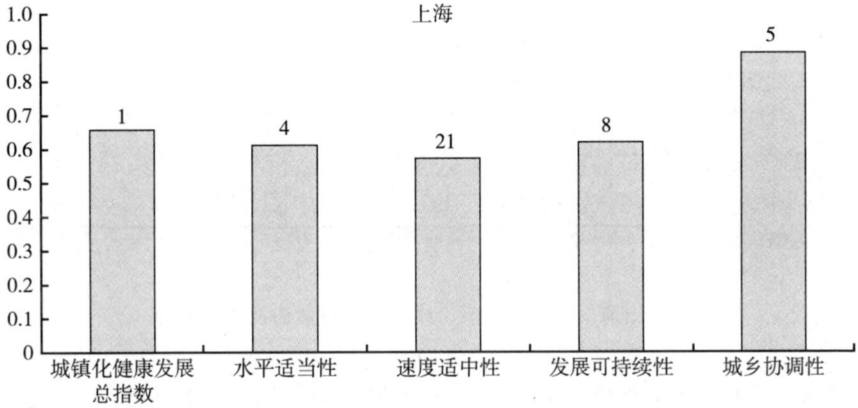

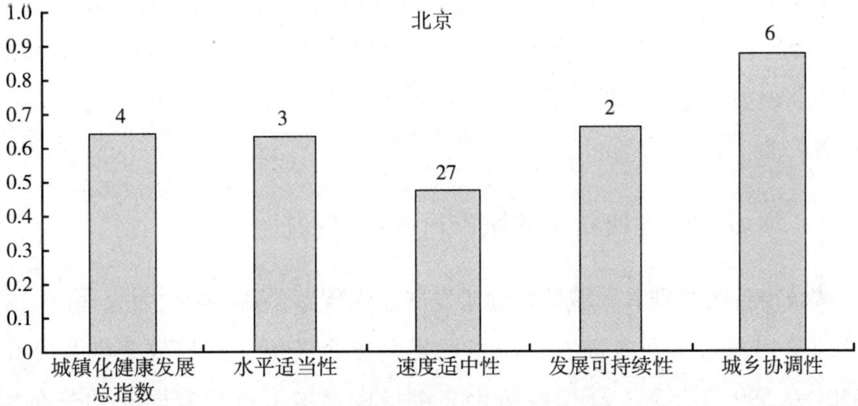

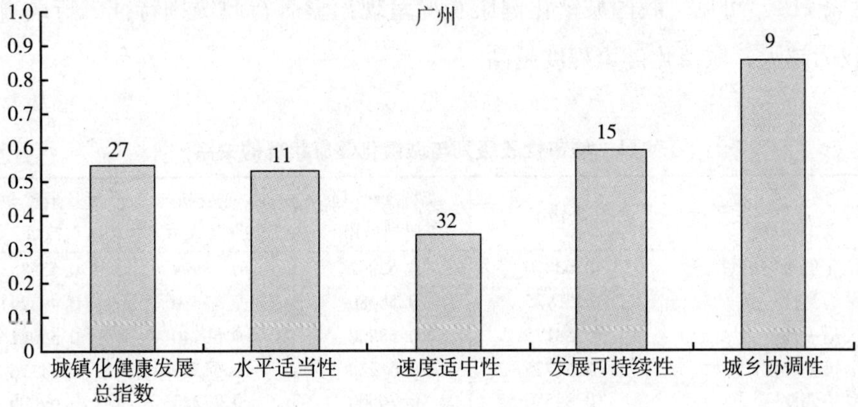

上海

城镇化健康发展总指数 1；水平适当性 4；速度适中性 21；发展可持续性 8；城乡协调性 5

北京

城镇化健康发展总指数 4；水平适当性 3；速度适中性 27；发展可持续性 2；城乡协调性 6

广州

城镇化健康发展总指数 27；水平适当性 11；速度适中性 32；发展可持续性 15；城乡协调性 9

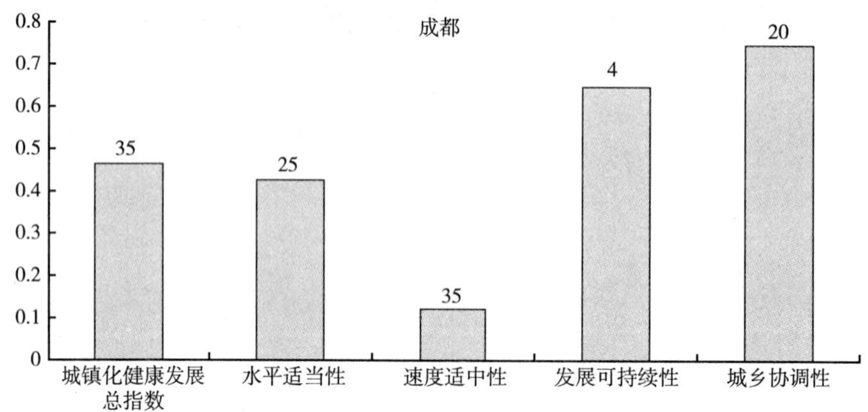

图 6　上海、北京、广州、成都各指数数值及排序差异

当然，35 个城市城镇化健康发展总指数差距不明显，还与样本的选择有一定关系。毕竟 35 个城市有着相似的行政级别、人口状况、经济规模、发展水平，属于全国性或区域性的经济、政治和文化中心，是区域性的中心城市和增长极。但如果将样本扩大到全国各级各类城市，则城市之间的差距可能会比较显著。

（二）城镇化健康状况的城市行政级别特征

从城市行政级别看，城镇化健康发展总指数由大到小依次为直辖市、副省级计划单列城市、副省级省会城市、其余省会城市，其指数分别为 0.635、0.630、0.590、0.556；新型城镇化二级指标基本上也具有同样的分布规律（见表 11）。可见，我国城镇化健康状况呈现出显著行政级别特征，行政自主性权力越大，城镇化健康程度越高。

表 11　城市行政级别与城镇化健康状况的关系

城镇化指数 \ 城市级别	直辖市	副省级计划单列城市	副省级省会城市	其余省会城市
城镇化健康发展总指数	0.63470	0.62962	0.58999	0.55585
水平适当性	0.52925	0.58080	0.47630	0.44324
速度适中性	0.58175	0.58860	0.56940	0.55081
发展可持续性	0.61725	0.61220	0.56500	0.54376
城乡协调性	0.84550	0.76600	0.77220	0.69606

直辖市和副省级计划单列市的城镇化健康发展总指数之所以较高，贡献最大的因子为城乡协调性。城乡协调性是经济发展的结果。4个直辖市和5个副省级计划单列市的人均GDP和第三产业比重比10个副省级省会城市和17个省会城市高得多（见表12）。

表12　城市行政级别与经济发展水平的关系

城市级别	直辖市	副省级计划单列城市	副省级省会城市	其余省会城市
人均GDP(万元)	7.10	8.55	6.49	4.74
第三产业比重(%)	0.59	0.51	0.46	0.47

因此，为了推进更多城市健康发展，形成更多增长极，应当减少行政层级，扩大城市自主权。可以考虑再设置2~3个直辖市，增加计划单列市县数量，扩大省直管县试点范围，并尽快在全国推广。

（三）城镇化健康状况的地区特征

在35个样本城市中，东部城市16个，中部城市8个，西部城市11个。从城镇化健康发展总指数看，东、中、西三地区分别为0.616、0.554、0.563，东部地区城镇化健康状况好于中、西部地区（见表13）。从新型城镇化健康发展二级指标看，也基本上呈现东部地区好于中、西部地区的区域特征（除中西部地区城镇化的速度适中性指数比东部地区略高外）。

表13　城镇化健康状况的区域差异（一）

地区		城镇化健康发展总指数	水平适当性	速度适中性	发展可持续性	城乡协调性
东部地区	平均值	0.616	0.524	0.567	0.602	0.800
	最小值	0.556	0.317	0.322	0.537	0.529
	最大值	0.660	0.651	0.695	0.723	0.997
	最大值/最小值	1.187	2.054	2.158	1.346	1.885
	标准差	0.034	0.091	0.108	0.050	0.127
中部地区	平均值	0.554	0.480	0.521	0.561	0.666
	最小值	0.481	0.402	0.286	0.487	0.466
	最大值	0.616	0.585	0.733	0.641	0.841
	最大值/最小值	1.281	1.455	2.563	1.316	1.805
	标准差	0.045	0.066	0.172	0.058	0.118

续表

地区		城镇化健康发展总指数	水平适当性	速度适中性	发展可持续性	城乡协调性
西部地区	平均值	0.563	0.424	0.594	0.525	0.719
	最小值	0.464	0.354	0.124	0.447	0.519
	最大值	0.639	0.608	0.746	0.644	0.911
	最大值/最小值	1.377	1.718	6.016	1.441	1.755
	标准差	0.056	0.075	0.192	0.062	0.113
中西部地区	平均值	0.561	0.438	0.564	0.543	0.706
	最小值	0.464	0.354	0.124	0.447	0.466
	最大值	0.639	0.585	0.746	0.644	0.911
	最大值/最小值	1.377	1.653	6.016	1.441	1.955
	标准差	0.052	0.067	0.183	0.060	0.112

2011 年，东部地区的城镇化率分别是中、西部地区的 1.30 倍和 1.42 倍，地区差距比较显著；东部地区的城镇化健康指数分别是中、西部地区的 1.11 倍和 1.10 倍，二级指标也基本上介于 1.07 ~ 1.20 倍之间，地区差距并不显著（见表 14）。可见，城镇化健康状况的地区差异远没有三大地区之间城镇化率差异那么大。

表 14　城镇化健康状况的区域差异（二）

城镇化指数 \ 地区	全国	东部	中部	西部	东部/中部	东部/西部	东部/中西部	中部/西部
城镇化健康发展总指数	0.584	0.616	0.554	0.563	1.112	1.094	1.098	0.984
水平适当性指数	0.480	0.524	0.480	0.424	1.093	1.236	1.197	1.131
速度适中性指数	0.565	0.567	0.521	0.594	1.087	0.954	1.006	0.877
发展可持续性指数	0.567	0.602	0.561	0.525	1.074	1.147	1.109	1.068
城乡协调性指数	0.744	0.800	0.666	0.719	1.201	1.113	1.133	0.927

（四）城镇化健康状况的规模特征

按照最新的城市规模分类标准，35 个城市中，北京、天津、上海、广州、深圳、重庆 6 个城市为超级城市，太原、沈阳、大连、长春、哈尔滨、南京、杭州、宁波、厦门、济南、郑州、武汉、长沙、成都、贵阳、昆明、西安、乌鲁木齐 18 个城市为特大城市，石家庄、呼和浩特、合肥、福州、南昌、青岛、

南宁、海口、兰州、西宁、银川 11 个城市为大城市，没有中等城市和小城市。从城镇化健康发展总指数看，城市规模越大，城镇化健康状况越好，超级城市、特大城市和大城市分别为 0.62302、0.58905、0.56060；在二级指标中，除了大城市的速度适中性指标高于超级城市和特大城市外，在水平适当性、发展可持续性、城乡协调性上也基本呈现上述分布规律（见表 15）。

表 15　城市规模与城镇化健康状况的关系

城市规模	指数类别	城市数	最低值	最高值	平均值	标准差
超级城市	健康发展总指数	6	0.556	0.660	0.62302	0.037142
	水平适当性	6	0.354	0.651	0.54950	0.110524
	速度适中性	6	0.322	0.739	0.49817	0.156337
	发展可持续性	6	0.570	0.723	0.63017	0.054777
	城乡协调性	6	0.723	0.997	0.87300	0.087907
特大城市	健康发展总指数	18	0.464	0.659	0.58905	0.052270
	水平适当性	18	0.354	0.597	0.46744	0.068061
	速度适中性	18	0.124	0.746	0.58622	0.166799
	发展可持续性	18	0.474	0.644	0.55417	0.054156
	城乡协调性	18	0.575	0.911	0.76722	0.092667
大 城 市	健康发展总指数	11	0.475	0.639	0.56060	0.048677
	水平适当性	11	0.317	0.639	0.45455	0.095172
	速度适中性	11	0.349	0.728	0.56691	0.120904
	发展可持续性	11	0.447	0.647	0.56373	0.065012
	城乡协调性	11	0.466	0.867	0.65245	0.126195

超级城市中的北京、天津、上海、广州、深圳、重庆 6 个城市均为全国性的大都市，特大城市中的城市也基本上是经济比较发达的重要区域的中心城市。城镇化健康发展状况的规模特征表明，我国已经形成的以城市群为主体形态的城镇化空间布局基本上是合理的，今后，还要继续以中心城市为内核，培育发展全国性、区域性大都市圈和城市群，更好地发挥中心大城市在促进可持续发展、统筹城乡发展方面的示范带动作用。

（五）城镇化健康状况的人口密度特征

从城镇化健康发展总指数看，人口密度在 0.5 万 ~1.0 万人/平方公里和 1.0

万~2.0万人/平方公里的城市，城镇化健康状况最好，分别为0.59630和0.59646；人口密度低于0.5万人/平方公里和高于2.0万人/平方公里的城市，城镇化健康状况相对较差（见表16）。图7更直观地显示了城镇化健康状况的这种人口密度特征。这说明，只有具有适度人口密度的城市，城镇化健康状况才是最好的，城市人口密度过大或过小，城镇化健康状况都不会太好。

表16　城市人口密度与城镇化健康状况的关系

单位：万人/平方公里

指数类别	人口密度				
	≤0.5	0.5~1.0	1.0~2.0	2.0~3.0	≥3.0
健康发展总指数	0.59010	0.59630	0.59646	0.58855	0.55806
水平适当性	0.42000	0.42371	0.49367	0.49500	0.50137
速度适中性	0.70850	0.67686	0.57925	0.51917	0.44450
发展可持续性	0.50150	0.55743	0.56600	0.56750	0.60687
城乡协调性	0.71500	0.70600	0.77092	0.81767	0.71200

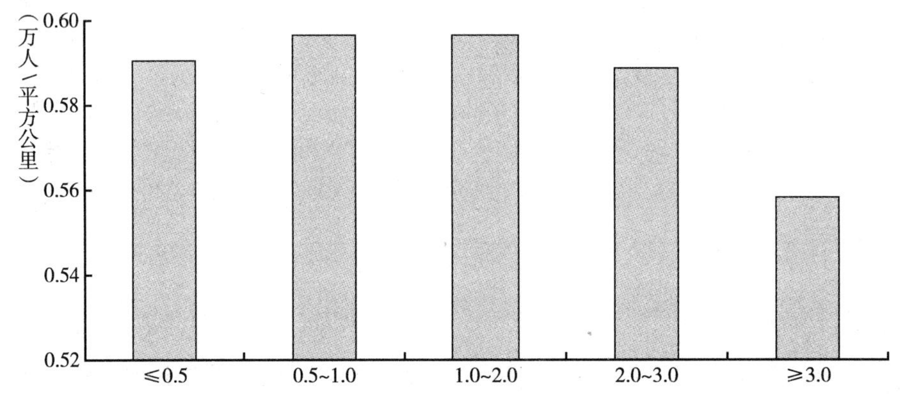

图7　不同人口密度城市的城镇化健康程度比较

从二级指标看，各二级指标的人口密度特征差异很大，水平适当性指数和发展可持续性指数与城市人口密度正相关，人口密度越大，水平适当性指数和发展可持续性指数越大；速度适中性指数与城市人口密度负相关，人口密度越大，速度适中性指数越小；城乡协调性的人口密度特征与总指数相似，人口密度在1.0~2.0万人/平方公里和2.0~3.0万人/平方公里的城市，城镇化的城

乡协调性最好，人口密度小于1万人/平方公里和大于3万人/平方公里的城市，城镇化的城乡协调性都较差（见图8）。

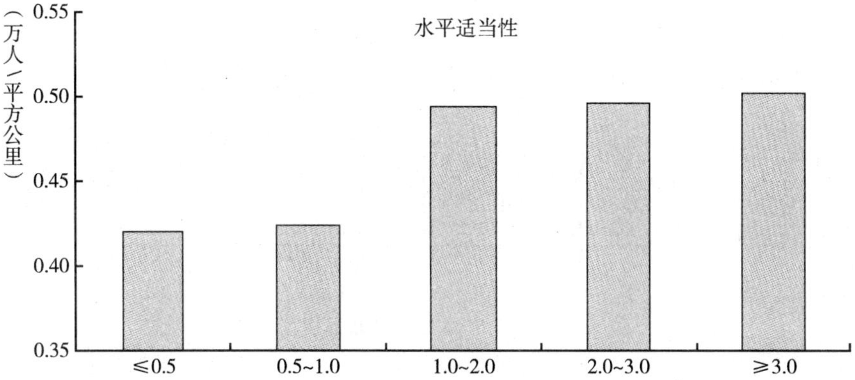

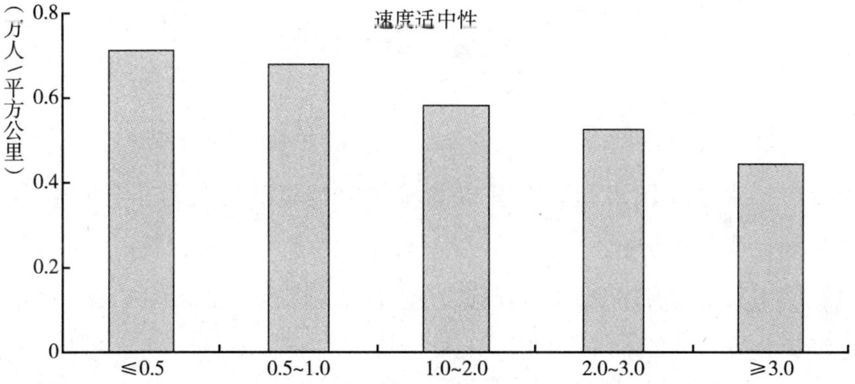

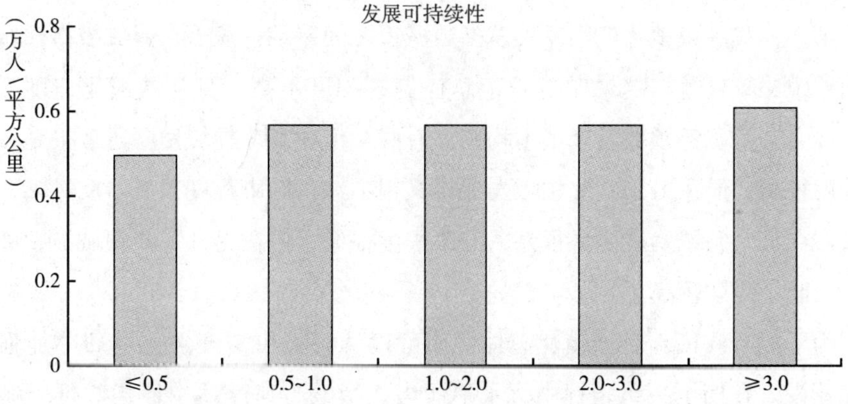

水平适当性

（万人/平方公里）

0.55
0.50
0.45
0.40
0.35

≤0.5　0.5~1.0　1.0~2.0　2.0~3.0　≥3.0

速度适中性

（万人/平方公里）

0.8
0.6
0.4
0.2
0

≤0.5　0.5~1.0　1.0~2.0　2.0~3.0　≥3.0

发展可持续性

（万人/平方公里）

0.8
0.6
0.4
0.2
0

≤0.5　0.5~1.0　1.0~2.0　2.0~3.0　≥3.0

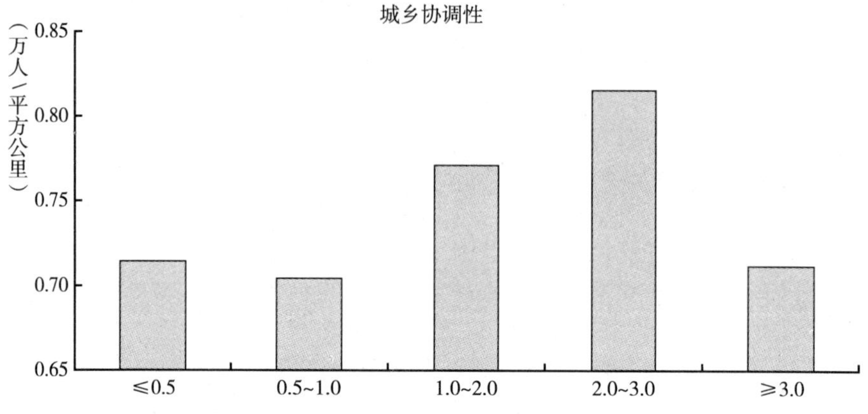

图 8　不同人口密度城市的城镇化健康程度二级指标比较

六　结论与政策建议

根据新型城镇化健康发展评价指标体系和 2011 年统计数据，对我国 35 个直辖市、副省级城市和省会城市的城镇化健康状况进行了评价和分析，结果发现，我国城镇化发展健康状况呈现整体水平不高，城市之间差距不明显，城市行政级别、地区、规模、人口密度特征分布明显。这一结果与我国城镇化发展健康状况的实际比较一致，具有针对性、现实性较强的政策含义。

第一，我国城镇化健康发展总指数城市之间差距不显著，但二级指标城市之间差距比较显著。这说明各城市总体健康程度不高，且在城镇化速度、经济、社会、生态各领域发展很不均衡。有些城市在某个领域发展质量很高，健康程度很高，但在另外一些领域发展得又很不够，健康程度很低。反过来，有些城市在某个领域发展质量很差，健康程度很低，但在另外一些领域又发展得较好，健康程度较高。

为了提升我国新型城镇化总体健康程度，各城市需要在薄弱环节加强投入和建设。在四个一级指标中，水平适当性指数、速度适中性指数低于城镇化健康发展总指数，其中城镇化水平适当性指数主要受社会发展滞后的拖

累，水平－社会发展适当性指数仅为0.421，比水平－经济发展适当性指数低了22%；城镇化速度适中性指数主要是受社会建设和生态的拖累，速度－社会建设适中性指数和速度－生态建设适中性指数比速度－经济建设适中性指数低18%。这说明，在城镇化进程中，城市建设滞后于城镇人口增长速度，尤其是城镇社会建设和生态建设滞后于城镇化进程和城镇经济建设。因此，在未来城镇化进程中，在促进农民进城的同时，必须重视城市基础设施建设、重视城市基本公共服务能力建设、重视城市环境保护和治理、重视城市先进文化的教育普及，促进城市经济建设、社会建设、生态建设、文化建设的同步协调。

第二，我国城镇化健康状况呈现出显著的行政级别特征，行政自主性权力越大，城镇化健康程度越高。因此，为了推进更多城市健康发展，形成更多增长极，应当减少行政层级，扩大城市自主权。可以考虑再设置2~3个直辖市，增加计划单列市县数量，扩大省直管县试点范围，并尽快在全国推广。

第三，我国城镇化健康状况呈现东部地区好于中、西部地区的区域特征，但地区差异远没有城镇化率的地区差异大。这说明在未来城镇化地区布局中需要确立两个重点任务：一是东部地区城镇化要以提高城镇化质量和健康状况为重点任务，主要包括尽快完成棚户区改造、推进农民工市民化和城市基本公共服务均等化、加强城市基础设施建设、推进淘汰落后产能和促进产业升级、重视生态保护和生态建设、加快城乡融合一体化进程等。二是中、西部地区要以推进1亿人口的城镇化、提高城镇化水平为重点任务，包括培育发展1~2个全国性城市群和若干个区域性城市群，加快发展县域经济、着力发展有历史记忆、地域特色、民族特点的宜居美丽城镇，加强道路、交通、管网等城镇基础设施建设，提高城镇基本公共服务供给能力，增强中西部城镇对集聚产业和人口的吸引力、集聚力。

第四，我国城镇化健康状况的规模特征表明，城市规模越大，城镇化健康状况越好。今后，要优化布局，根据资源环境承载能力构建科学合理的城镇化宏观布局，把城市群作为主体形态，促进大中小城市和小城镇合理分工、功能互补、协同发展；尤其要继续以中心城市为内核，培育发展全国性、区域性大都市圈和城市群，更好地发挥中心大城市在促进可持续发展、统筹城乡发展方面的示范带动作用。

第五，我国城镇化健康状况的人口密度特征表明，只有具有适度人口密度的城市，城镇化健康状况才是最好的，城市人口密度过大或过小，城镇化健康状况都不会太好。对于人口密度超过 2 万人/平方公里的城市，要注意加强城市新区建设和功能区的规划整合，通过城市基础设施、公共服务的均衡布局，调整和控制人口密度；对于人口密度不足 0.5 万人/平方公里的城市，也要注意通过城市产业发展、功能区的规划布局、城市基础设施和公共服务的重新布局，增强城市的集聚功能和人口密度，发挥城市的集聚效应。

参考文献

〔英〕巴顿：《城市经济学》，上海社科院部门经济研究所城市经济研究室译，商务印书馆，1984。

白南生：《关于中国的城市化》，《中国城市经济》2003 年第 10 期。

蔡昉：《加快城市化，培养新的消费群体》，《领导决策信息》2000 年第 43 期。

蔡昉：《如何转向全要素生产率驱动型》，《中国社会科学》2013 年第 1 期。

蔡继明等：《解决“三农”问题的根本途径是加快城市化进程》，《经济纵横》2007 年第 7 期。

迟福林：《第二次转型——处在十字路口的发展方式转变》，中国经济出版社，2010。

邓宇鹏：《中国的隐性超城市化》，《当代财经》1999 年第 6 期。

杜鹰：《我国的城镇化战略及相关政策研究》，《中国农村经济》2001 年第 9 期。

段炳德：《中国经济发展新阶段的特点、目标与战略需求》，《人民日报》2013 年 8 月 5 日。

方创琳、王德利：《中国城市化发展质量的综合测度与提升路径》，《地理研究》2011 年第 11 期。

方创琳等：《中国城市群紧凑度的综合测度分析》，《地理学报》2008 年第 10 期。

高佩义：《中国城市化的特点和趋势》，《中国农村观察》1991 年第 2 期。

国家计委宏观经济研究院课题组：《关于“十五”时期实施城市化战略的几个问题》，《宏观经济管理》2000 年第 4 期。

胡鞍钢：《中国如何跨越“中等收入陷阱”》，《当代经济》2010 年 8 月（上）。

胡鞍钢《论新时期的“十大关系”》,《清华大学学报》(哲学社会科学版)2012 年第 2 期。

黄锟:《中国城镇化的基本经验和启示》,《经济要参》2013 年第 5 期。

黄锟:《中国城镇化的最新进展和目标模式》,《武汉大学学报》(社会科学版)2014 年第 1 期。

黄锟:《中国城镇化特殊性分析》,《城市发展研究》2011 年第 8 期。

黄锟:《中国农民工市民化制度分析》,中国人民大学出版社,2011。

黄锟等:《新型城镇化:机遇与挑战》,《国家行政学院学报》2013 年第 4 期。

〔美〕霍利斯·钱纳里等:《发展的型式(1950～1970)》,经济科学出版社,1988。

纪睿坤:《跨越“中等收入陷阱”的关键:人口城镇化改革亟待破题》,《21 世纪经济报道》2013 年 2 月 22 日。

简新华、何志扬、黄锟:《中国城镇化和特色城镇化道路》,山东人民出版社,2010。

简新华、黄锟:《中国城镇化水平和速度的实证分析和前景预测》,《经济研究》2010 年第 3 期。

简新华、黄锟等:《中国工业化和城市化过程中的农民工问题研究》,人民出版社,2008。

简新华等:《中国城镇化的质量问题和健康发展》,《当代财经》2013 年第 9 期。

焦秀琦:《世界城市化发展的 S 型曲线》,《城市规划》1987 年第 2 期。

〔美〕科佩尔·S. 平森:《德国近现代史》,范德一等译,商务印书馆,1987。

李扬:《中国经济发展将进入一个新阶段》,《经济参考报》2013 年 1 月 4 日。

李月、周密:《跨越中等收入陷阱研究的文献综述》,《经济理论与经济管理》2012 年第 9 期。

厉以宁:《中国经济双重转型之路》,中国人民大学出版社,2013。

刘世锦:《中国经济进入增长阶段转换期》,《中国经济时报》2013 年 3 月 24 日。

刘树成:《中国经济进入中高速增长阶段》,《人民日报》2013 年 10 月 14 日。

刘伟:《突破“中等收入陷阱”的关键在于转变发展方式》,《上海行政学院学报》2011 年第 1 期。

刘志彪:《以城市化推动产业转型升级》,《学术月刊》2010 年第 10 期。

陆大道等:《中国城镇化发展模式:如何走向科学发展之路》,《苏州大学学报》(哲学社会科学版)2007 年第 3 期。

罗震东:《中国都市区发展:从分权化到多中心治理》,中国建筑工业出版社,2006。

〔美〕迈克尔·波特:《国家竞争优势》,华夏出版社,2002。

倪鹏飞等:《中国城市竞争力报告 NO. 5》,社会科学文献出版社,2009 年。

舒圣祥:《农民岂能“被城市化”》,《中国产经新闻报》2010 年 9 月 16 日。

孙永正:《城市化滞后的八大弊端》,《城市问题》1999 年第 6 期。

田雪原:《“中等收入陷阱”的人口城市化视角》,《人民日报》2011 年 5 月 5 日。

王茂林:《新中国城市经济 50 年》,经济管理出版社,2000。

王如松：《转型期城市生态学前沿研究进展》，《生态学报》2000 年第 5 期。

王小鲁、夏小林：《优化城市规模，推动经济增长》，《经济研究》1999 年第 9 期。

〔美〕威廉·奥弗霍尔特：《中国的崛起》，达洲译，中央编译出版社，1996。

夏小林、王小鲁：《中国的城市化进程分析——兼评“城市化”方针》，《改革》2000 年第 2 期。

曾磊、雷军、鲁奇：《我国城乡关联度评价指标体系构建及区域比较分析》，《地理研究》2002 年第 6 期。

曾培炎：《中国发展新阶段四大特征》，在中国经年会（2012～2013 年）上的发言，中国国际经济交流中心网站，2013 年 1 月 28 日。

张占斌、丁德章、黄锟：《城镇化进程中农民工市民化研究》，河北人民出版社，2013。

张占斌、黄锟：《以人为本的新型城镇化建设》，国家行政学院出版社，2013。

张占斌等：《中国新型城镇化建设方略》，湖南人民出版社，2013。

郑秉文：《转型发展中警惕中等收入陷阱》，《杭州》2012 年第 8 期。

周家来：《“城市病”的界定、规律与防治》，《中国城市经济》2004 年第 2 期。

周一星：《城镇化速度不是越快越好》，《科学决策》2005 年第 8 期，第 30～33 页。

朱守银：《中国农村城镇化进程中的改革问题研究》，《经济研究参考》2001 年第 6 期。

朱铁臻：《城市化是新世纪中国经济高增长的强大动力》，《经济界》2000 年第 1 期。

Au, C. and V. Henderson, “Are Chinese Cities too Small?” *Review of Economic Studies* 73 (2006).

Capello, Roberta and Camagni, “Roberto, Beyond Optimal City Size: an Evaluation of Alternative Urban Growth Patterns,” *Urban Studies* 9 (2000).

Evans, A. W., “A Pure Theory of City Size in an Industrial Economy,” *Urban Studies* 9 (1972).

Geddes P., *City in Evolution* (N. Y.: Howard Forting, 1915).

Henderson, J. V., “The Sizes and Types of Cities,” *American Economic Review*, 64 (1974).

Karmeshu, “Demographic models of urbanization Environment and Planning,” *Planning and Design* 15 (1988).

Krugman, P., “On the Number and Location of Cities, European Economic Review,” 37 (1993).

McGee, T. G., *The Emergence of Desakota Regions in Asia: Expanding a Hypothesis* (University of Hawaii, 1991).

Mulligan G. F., “Logistic population growth in the world's largest cities,” *Geographical Analysis* 38 (2006).

Northam, R. M. , *Urban Geography* (New York: John Wiley & Sons, 1979).

Paul Cheshire, Gianni Carbonaro and Dennis Hayl, "Problems of Urban Decline and Growth in EEC Countries: or Measuring Degrees of Elephantness," *Urban Studies* 23 (1998).

Ray M. , *Northam*, *Urban Geography* (New York: John Wiley & Sons, 1975).

United Nations, World Urbanization Prospects: The 2005 Revision (World Bank, World Development Indicators 2007).

Yang, X. Development, "Structural Changes and Urbanization," *Journal of Development Economics*, 34 (1990).

Yang, X. , Hogbin, G. , "The Optimum Hierarchy," *China Economic Review*, 2 (1990).

研究综述

Research Review

B.2

城镇化进程中农民工市民化研究综述

黄锟 魏颖*

摘 要：

农民工市民化是我国工业化、城镇化进程中，在特殊的城乡二元制度背景下产生的一个重大理论和现实问题，尤其是在我国城镇化发展进入关键时期，妥善解决农民工问题，有序推进农业转移人口市民化，成为提高城镇化质量，实现城镇化健康发展的内在要求和重要任务。对于农民工这一特殊群体和农民工市民化这一重大课题，学术界进行了广泛而持续的研究，研究的重点主要集中在六个方面：农民工及其市民化的基本问题与理论分析、农民工市民化进程与影响因素、农民工市民化基本思路与路径选择、农民工市民化的制度创新与政策选择、农民

* 黄锟，国家行政学院经济学教研部副教授，国家行政学院新型城镇化研究中心副主任，主要研究方向为人口、资源与环境经济学、城镇化与“三农”问题；魏颖，国家行政学院科研部（院刊）副研究员，主要研究方向为发展经济学。

工市民化的实践模式和经验总结、农民工市民化的前景与趋势。

关键词：

农民工　市民化　城镇化　研究综述

一　农民工及其市民化的基本问题与理论分析

（一）我国农村劳动力转移的特殊性和农民工的产生

以蔡昉（2001）为代表的学者认为中国传统的重工业优先发展战略以及相应体制是农民工产生的深层原因。陈浩（1996）从“推力－拉力”角度解释农民工产生的原因。辜胜阻、刘传江（2000）和钟水映（2000）等人分别从农村和城镇两个方面，分析了大规模人口流动的社会经济背景，认为农业生产责任制的实施、紧张的人地关系、粮食的增产、农产品流通体制改革等给农民流动创造了动力与可能，同时，城镇的初步开放吸引了农村人口流动，地区间发展差异加大了人口流动的势能。杨云彦（1999）认为投资倾斜是劳动力跨区流动的重要导向因素，并实证分析了投资对劳动力流向牵引的效应。徐维祥、唐根年（2004）认为产业集群所导致的农村跨省流动是大量农村剩余劳动力转移的主要途径，同时产业集群成长支撑着农村劳动力的稳定转移（范剑勇、王立军、沈林洁，2004）。简新华、黄锟等（2008）比较全面、深入地分析了农民工产生的原因，尤其是从经济结构和制度层面的分析，对中国工业化和城市化的特殊性及其对农民工影响的探讨，更为深刻、更具特色，认为农民工产生的主要原因在于改革开放以来中国在改革传统计划经济体制、转变经济发展战略、调整经济结构、加快农业发展、工业化、城市化和经济市场化进程的同时，又实行的是“渐进式”的改革方式和“离土不离乡、进厂不进城”的非城市化的农村工业化战略，使得城市化滞后于工业化的局面始终没有根本改变，户籍、劳动就业、社会保障、土地等制度改革的任务短期内难以完成，再加上中国农村剩余劳动力数量庞大、素质不高、转移困难、农民工市民化的成本很高、所需资金短期内也难以筹集、城市发展和建设也不足。正是这些因素综合作用的结果使得农民只能先实现非农化，转变成农民工，形成“民工潮”。

（二）农民工社会地位和生存状况

农民工处于一种独特的社会地位和生存状态。刘开明（2002）将这种具有独特的社会地位和生存状态的农民工称作“边缘人”。农民工在工作性质、居住分布、社会地位、经济地位、社会心态、继承性以及家庭模式方面都呈现出边缘化的特征（刘传江、徐建玲等，2008）。农民工成为社会普遍关注的“弱势群体”（Feng Wang 和 Xuejin Zuo，1999；Dorothy J. Solinger，1999）。简新华、黄锟（2007）根据2007年初的调查，通过与《国务院关于解决农民工问题的若干意见》实施之前的农民工生存状况进行比较，分析了农民工最近的生存状况，发现农民工的状况得到有效的改善，特别是工资收入有了明显的提高，工资拖欠问题有所缓解，政府给农民工提供的服务有所加强，但是农民工收入低、处境困难等基本问题还没有得到根本改变，尤其是农民工比较强烈的市民化愿望也远远没有实现。

（三）农民工问题的社会经济效应

许多研究者承认农民工对农村经济的影响是巨大的也是相当复杂的。根据学者 Lucas 和 Stark（1985）的研究，迁移动机的利他性程度决定了迁移收入转移的数量，从而决定迁移者对其家庭收入影响的程度。如果迁移动机是“自利”性的，那么，迁移者迁移后的收入可能仅仅会改善自身的福利状况，而对家庭其他成员的福利影响甚微。相反，如果迁移动机是“利他”性的，那么，迁移将会对家庭中其他贫困人口的福利有帮助。农民工回流也会对农村经济发展具有重要影响。Murphy（1999）发现农民工回流对促进其家乡经济的多样化做出了贡献。白南生等人（2002）的研究则认为，农民工回乡创业对家乡的影响主要体现在对城市化的推进和农业结构的调整上，对农村工业化的贡献相对较小。农民工对农业生产水平也产生了一定的影响。杜鹰、白南生等（1997）利用农民工（迁移者）外出就业较多的四川和安徽两省的调查资料，通过对外出户与非外出户的比较，证明农民工外出就业并不必然导致农业生产水平的下降或提高，但农民工的大量外出对家庭畜牧业有比较明显的负面影响。但罗斯高等人（Rozelle 等，1999）的研究发现，农民工（迁移者）外出对农作物产出的直接影响是负向的，而且显著。但是这种负向影响在一定程度上被迁移者给家中的汇款从而带来的家庭资金的增加所抵消。

农民工对城市经济发展的贡献是毋庸置疑的，但对城市居民的就业和城市社会问题的影响存在着较大的争议。一些研究表明，大多数城市居民将就业困难、犯罪率升高、交通拥挤、环境恶化归咎于农民工的增加（Solinger，1999；Knight 和 Yueh，2004）。但大多数的研究认为，由于城市劳动力市场的分割和农民工的就业特征，农民工与城镇劳动力只是在某些行业和工作岗位上存在替代或竞争关系（袁志刚，2002），在更多的方面表现为“互补”关系（Knight 等，1999；王桂新、沈建法，2001）。

很多学者将“民工荒”也归因于农民工的技能短缺（王国辉、穆怀中，2005）、工资待遇偏低（包小忠，2005）、劳资关系紧张（黄晓静、张辉，2005）、维权组织的缺失（程蹊、陈全功，2005）以及对农民工不利的户籍制度、就业制度和社会保障制度（马用浩、由彦平，2005）等状况，是农民工对自身状况说“不”和“用脚投票”的市场行为选择（卢巧玲，2005）。

（四）农民工发展趋势和市民化

与发达国家不同，中国农民工是一个既有流出又有回流的动态过程。白南生、何宇鹏（2002）认为中国农村外出就业劳动力的主体始终处于一种流动状态，并未成为输入地稳定的移民，其中绝大多数仍将返回到输出地，即农民工的“回流”。尤其是受教育程度较高的农民工，回乡创业的欲望更为强烈（黄祖辉等，2004）。农民工在城乡之间双向流动的现象，在相当长的时间里仍会大量存在（韩长赋，2006）。白南生、何宇鹏（2002）和王西玉等（2003）还研究了农民工返乡后的从业特征。韩长赋通过构建农民工城乡流动和人口城市沉淀模型，描绘了农民工的人口城市沉淀曲线，并推算出农民工问题终结点将在 21 世纪中叶出现。

农民工的另一种发展趋势是市民化。农民工市民化有狭义和广义之分，狭义市民化指农民工获得作为城市居民的身份和权利（市民权）过程，在中国，它首先涉及的是所在地城市户口。这些均可以被认为是技术层面上市民化过程（陈映芳，2003；马用浩等，2006）。广义市民化指在现代化建设过程中，借助于工业化和城市化推动，使现有传统农民在身份、地位、价值观、社会权利以及生产生活方式等各方面全面向城市市民转化，以实现城市文明的社会变迁过程。这些是社会文化层面上农民工市民化的过程（文军，2004）。学者们多数赞同完整的农民工市民化是广义市民化，其内涵应体现在生存职业、社会身份、自身素质以及意识行为四个层面（刘传江、程建林，2008）。

学术界对于农民工市民化存在着不同的态度。陆学艺（2004）、党国英（2004）等认为应尽快让农民工在城市定居下来，给予他们完全的市民身份和待遇；傅晨（2004）则认为农民工市民化的主张还限于身份城市化的认识误区，事实是，在没有条件完全取消户籍制度背后城乡、地区之间的利益差别时，城市化策略不应该把思路定在身份城市化上，而应该淡化与身份连在一起的城乡、地区利益差别，使身份失去实质性的意义。温铁军（2005）对促进农民工城市定居转移进程的观点也提出了质疑，认为大规模动员农民进城在理论上可行，但实践极可能导致农民工沦为城市贫民。

二　农民工市民化进程与影响因素

（一）农民工市民化现状与进程

研究农民工市民化进程，一般可从两个角度考察：一是考察其市民化程度，看其市民化“达到了什么水平”；二是考察其与城市居民的社会距离，看其距离市民“还有多大的差距”（王桂新、武俊奎，2011）。

农民工市民化既是一种过程也是一种结果。从结果的角度看，它包括农民工职业、社会身份、自身素质以及意识行为市民化四个层面；从过程的角度看，它包括农民工从农村退出、城市进入以及城市融合三个环节（刘传江、徐建玲等，2008）。然而，徐建玲（2008）认为，无论是农民工市民化的“四个层面”，还是“三个环节”都无法清晰的测量，因此引入市民化意愿和市民化能力作为测量农民工市民化的两大关键因素，构建了农民工市民化进程测量

指标体系，并利用2005年调查数据测算了市民化进程，结果表明，农民工群体总体市民化进程为55.37%，绝大多数农民工仍处于半市民化状态。王桂新等（2008）从居住条件、经济生活、社会关系、政治参与和心理认同五个维度考察了农民工市民化的水平，发现2006年上海农民工总体上已达到54%的市民化水平，尤其是其社会关系、心理认同等非物质维度的市民化都已接近60%，农民工市民化程度已经达到“半”市民化以上的水平。刘传江、程建林（2008）还分别测算了武汉市第一代农民工和第二代农民工市民化进程，发现农民工市民化进程在代际上的巨大差异：第一代农民工市民化水平为31.30%，处于市民化的初级阶段或低市民化进程阶段，而第二代农民工市民化水平为50.23%，处于市民化的中间阶段或中市民化进程阶段。何军（2011）采用OLS回归和分位数回归方法解释了两代农民工市民化进程上的巨大差异，认为收入水平、社会资本和受教育水平虽然是影响两代农民工市民化的关键，但受教育水平对第一代农民工市民化影响的差异更大，而社会资本对新生代农民工市民化的作用更大。

不少学者还从社会距离的角度考察了农民工与城镇本地居民的社会融合状况（王桂新、武俊奎，2011）。卢国显（2006）较早地使用社会距离相关理论解释并检测了农民工与市民之间的社会距离，发现农民工与市民的社会距离属于远距离等级的泛泛之交，大部分市民对农民工仍持排斥态度，认为文化差异、地位差异和空间隔离等因素是影响农民工与市民社会距离的重要因素，而制度限制或制度供给不足则是影响社会距离的深层次因素。一是户籍制度人为割裂了城镇本地居民和农民工。以户籍制度为基础的二元社会制度不仅使外来农民工无法在政治权益及社会福利等方面得到与城市居民同等的待遇，甚至同样条件下农民工的报酬也比本地居民少（王桂新等，2008），而且增加了农民工生活、子女就业、医疗等方面的成本，使农民工在城镇的生活成本远高于本地居民（任远、邬民乐，2006）；此外，户籍制度导致的社会分隔，也影响了人与人之间的信任，没有当地户籍的农民工更加不信任其他人（汪汇等，2009）。二是农民工还会受到城市居民文化上的排斥，因此他们可能在心理上有意识地保持与城市居民的距离（李强，1995）；由于中国语言文化的多样性，各地方言甚至同一城市与郊区的语言上都存在很大差异，方言也会影响农民工与城镇居民的社会距离（王春光，2001）。三是进入城市劳动力市场的农民工与当地居民存在就业替代的竞争关系（王桂新、沈建法，2001），再加上农民工自身的原因导致当地城镇居民对农民工存在偏见和歧视，影响了当地城镇居民与农民工间的社会距离（朱力，2001）。而上述制度、文化、语言、城镇居民的偏见等原因又可能造成农民工与本地居民缺乏交流（杜鹏等，2008），这些原因导致农民工的社会网络中本地居民提供的社会资本比例较低，社会资本的匮乏和质量低下又进一步影响了农民工与城镇居民的社会融合（刘传江、周玲，2004）。王桂新、武俊奎（2011）还进一步分析了社会资本和个体异质性对农民工与城镇居民社会距离的作用机制及影响大小，结果发现，社会资本主要是通过影响农民工和城镇居民的偏见和改变农民工个人的身份认同而对农民工和城镇居民的社会距离产生显著的单项影响，而同群效应则通过强化城市农民工和本地居民群体价值判断的趋同性而对二者之间的社会距离具有社会乘数作用。此外，制度隔离、文化差异、社会偏见等还会使农民工产生边缘化意识，反过来又阻碍了农民工融入城市主流生活的步伐（王春光，2001）。

（二）农民工市民化进程的影响因素

1. 综合因素论

朱信凯（2005）通过中外农民市民化道路的比较与分析，农民非农化与城市化的非同步性、农民非农化内生机制的差异性及农民非农化进程的差异性导致当前我国农民市民化进程受阻。文军（2004）归纳了影响农民市民化的六大因素：人口因素、思想观念、行为方式、社会权利、生活质量和社会参与，并从三个层面提出了农民市民化的途径：一是从历史和制度变迁层面入手，来探讨农民市民化的制度途径；二是从社会网络与社会资本层面入手，来探讨农民如何利用社会资本和组织网络推进农民市民化；三是从人力资本层面入手来探讨哪些人力资本有助于农民市民化。姜作培（2003）提出认识障碍、政府障碍、制度障碍、信息障碍、素质障碍是农民市民化的主要障碍。刘传江、徐建玲等（2008）研究了农民工生存状态边缘化和市民化的逻辑关系，认为农民工市民化和边缘化是完全反向的两种社会流动模式，农民工生存状态

的边缘化对其市民化存在市场性、制度性和个体性三方面的阻隔。他们将农民工市民化面临的障碍概括为认识障碍、政策障碍、制度障碍和素质障碍四个方面，并重点分析了土地流转和征用制度、户籍制度、就业制度、社会保障制度以及劳动力市场、人力资本、社会资本等因素对农民工市民化的影响，指出加快农民工市民化进程，需要从农村退出、城市进入以及城市融合三个环节着手，制定能够促进农民工生存职业市民化、社会身份市民化、自身素质市民化和意识行为市民化的措施。

2. 成本约束论

在众多因素中，简新华、张建伟（2007）认为制度障碍和费用来源是妨碍农民工市民化的两个最大的困难，只有有效地解决这两个最大的难题，农民工才能顺利实现市民化。范红忠（2006）通过对农民、农民工、市民之间转化的成本分析和我国现行农民工政策的机会成本分析，揭示了政府显性成本与农民工进城支付成本的相互关系。张国胜（2008）从社会成本的角度，研究了农民工市民化的成本模型、成本计量以及成本分担和筹措等问题，提出要根据成本和农民工本身的细分特征分批实现农民工市民化的主张和步骤。唐根年等（2006）应用“门槛理论”分析了中国农民市民化的经济门槛，通过动力学模型的推导及其实证研究结果表明，农村居民可支配收入超过“梯级门槛”的农村居民的数量是影响我国城市化发展的速度、进程的关键变量。因此，降低农民市民化的经济门槛、增加农民收入、有效控制城乡居民收入差距扩大化趋势是实现农民市民化的前提条件。

农民工市民化成本包括公共成本和私人成本两个基本部分，但学术界对这两部分的具体内容却存在分歧。张国胜（2009）认为，农民工市民化的私人成本是指农民工向城市居民转换所必须付出的私人生活成本、智力成本、住房成本与社会保障成本；公共成本则是指在农民工市民化过程中，为保障城镇健康协调发展所必需的城市内的基础设施、生态环境与公共管理等基本功能要素的投资成本。黄锟（2011）将农民工市民化成本区分为社会成本和私人成本，前者是市民化给城镇政府带来的费用支出，主要包括因为城镇人口增加而导致的公共投资的增加，以及政府需要承担的新增市民的社会保障和社会福利的支出；后者是需要农民工承担的市民化的费用支出。考虑到城乡二元制度的影响，私人成本可以区分为一般性成本和制度性成本。一般性成本是指在农民工市民化过程中，纯粹由于身份转变所导致的生活方式、消费方式转变而带来的费用增加；制度性成本是指在农民工市民化过程中，由于城乡二元制度的存在而引起的费用支出。许玉明（2011）认为为了促进农民工市民化，城市还需要投入一定的制度改革成本，同时农民工自己也需要支付转移成本，主要是生活成本和心理成本。段雪芬（2007）则从农民工市民化的动态过程，即农民工市民化要经历从事非农职业、在城市定居、融入城市生活三个步骤，认为农民工市民化成本至少要包括城市最低生存成本、转移成本和对更好生活预期的补偿成本。

农民工市民化的成本测算也是一个相当复杂的问题。目前学界对农民工市民化成本测算的研究尚处于初步阶段，主要方法是模型公式法，即构建成本模型或计算公式，确定代表性指标，然后引入相应数据进行计算。但由于测算的目的、思路、指标选取、时间和地区等方面的差异，测算结果也有很大差异。如中国科学院可持续发展战略研究组（2005）测算的社会总成本约 2.5 万元，按 20 年计算，每年需要支付社会总成本约 2500 亿元。张国胜（2009）采用市辖区的人均城市生活成本、人均教育成本、人均社会保障成本、人均城市住房成本、人均基础设施成本五个指标，测算出东部沿海地区第一代农民工市民化人均成本为 97792 元，第二代农民工市民化人均成本为 86319 元；内陆地区第一代农民工市民化人均成本为 57137 元，第二代农民工市民化人均成本为 49721 元。中国发展研究基金会（2010）认为，中国当前农民工市民化的平均成本在 10 万元左右。国务院发展研究中心课题组（2011）对重庆、郑州、武汉、嘉兴 4 个城市进行了调研测算，按照 2010 年不变价格计算，农民工市民化的政府公共成本约在 8 万元左右；但去除养老保险的远期支出后，即期平均成本为 4.6 万元。因此，农民工的市民化成本并非不可承受，关键在于政府的行动能力。

3. 制度约束论

黄锟（2011）将农民工市民化的主要障碍归结为中国独特的城乡二元制度。郭书田、刘纯彬等（1991）将这种城乡关系概括为二元社会结构，认为二元社会结构是由 14 种具体制度，即户籍制度、住宅制度、粮食供给制度、副食品和燃料供给制度、生产资料制度、教育制度、医疗制度、养老保险制度、劳动保护制定、婚姻制度等构成的，它是中国国情的根本特征和要害；在中国，由于存在着户籍制度等特殊的城乡分割的制度环境（蔡昉、都阳、王美艳，2003；陆铭、陈钊，2004；等），一些研究者将农民工市民化看成是一个“争取公民身份”的过程，把农民工的身份、待遇与墨西哥到美国的非法移民相比拟（Solinger，1999；Roberts，2000）。尽管农民工政策有了很大的进步，但由于各部门有着极为不同的侧重点，部门之间利益的冲突，成为更为激进的改革不得不放缓脚步的重要原因（Huang 和 Pieke，2003）；此外，现行的公共管理体制也导致农民工政策的变形和执行偏差（蔡昉、白南生，2006）。

三　农民工市民化基本思路与路径选择

学者们从不同的维度研究了农民工市民化基本思路与路径选择，概括起来，主要有以下四个维度。

（一）农民工市民化的内涵和目标任务

很多学者都不赞成将市民化简单地理解为给予城镇户口。于建嵘（2010）认为市民化不仅要获得市民的身份，还要享有市民的生活。要解决所谓农民工市民化问题，必须要解决农民工在城镇的就业、住房、子女教育以及市民化的社会保障、医疗保险等公共服务的问题。陈丰（2007）将农民工游离在城市的边缘，职业与社会身份分离、城市认同感和归属感缺失，这种并未真正融入城市的现象称为“虚城市化”，而从“虚城市化”到市民化是农民工城市化的现实路径。钟水映、李魁（2007）将农民工融入城市称为“后市民化”过程，认为当前农民工市民化进程缓慢的原因在于“后市民化”远远滞后于“半市民化”（王春光，2006），因此加快农民工市民化进程的关键在于打开农民工通向“后市民化”的壁垒，通过政府主导、农民工主动、社会支持等各方合力推动，从宏观、中观、微观三个层面，经济系统、制度系统、文化系统、社会系统、政治系统、自我发展以及信息技术系统七个方面建立全面协调的衔接机制。王兴周、张文宏（2008）将农民工市民化的方向和中心内容称为城市性的养成（即生活方式市民化），包括培养理性化人格、适应次级社会关系、适应超负荷社会交往模式、适应亚文化环境、创新与反常规以及宽容等方面内容。这是农民工在经历了职业市民化、社区市民化和目前正在经历的身份市民化阶段之后的新方向。

（二）农民工市民化的重点对象群体

促进农民工的城市融入，必须注意到农民工群体内部的分化。刘小年（2009）认为，渐进市民化模式采取的是一种选择性激励的路径，不符合分配正义，也是不道德的，因而农民工市民化只能走一条渐进与激进相结合的中间道路——适应性市民化，分类分步骤实现农民工市民化。李培林（1996）、刘传江（2004）根据拥有资本和雇佣方式的不同，将农民工分为三个不同的社会阶层：即占有相当生产资本并雇用他人的业主（老板）、占有少量资本的自我雇用的个体工商业者（个体户）和完全依赖打工的受薪者（打工仔）。前两个群体，因其收入水平较高、居住条件较好、社会地位较高，比较容易完成市民化过程，应该成为市民化的重点群体。占农民工群体中绝大多数的第三部分人处于城市社会的最底层或属于城市社会阶层之外的边缘性群体，他们的市民化任务较重。王春光（2001）从代际认同角度将农民工分为第一代农民工和新生代农民工，认为他们在流动动机、在许多社会特征上有很大不同。何晓红等（2006）通过两代农民工的对比分析，总结新生代农民工的特征及问题。刘传江、周玲（2004）认为第二代农民工最需要市民化，也最容易市民化。徐建玲、刘传江（2007）认为农民工市民化政策制定需要关注的重点对象是具有中间选民特征的农民工群体。他们依据“未来选择归属倾向”和“自我身份判断”的一致性以及市民化意愿水平，将农民工划分为留城者、倾向留城者、中间不定者、倾向回乡者、回乡者五个亚群体，发现中间不定者无论在个体特征、经济特征、婚姻状况、城市适应性等方面都基本上处于中间状态，具有中间选民特征，对整体农民工偏好具有较强的代表性，他们的政策偏好决定了农民工市民化进程的速度和政策选择。韩俊（2012）也根据农民工的特点和类型提出了分类市民化的思路，将市民化区分为四种途径，即落户转市民沉淀一批，常住均服务稳定一批，就近促转移消化一批，留乡创新业吸附一批。

（三）农民工市民化的动力机制

学者们分别强调了政府、企业、社区、农民工自身在农民工市民化中的作用。

高钟（2006）认为，中国的国情与时代都不允许我们重走西方国家迁延百年的仅仅依靠城市经济的“拉力”与农村经济的“推力”而导致大批农民自然转化为市民的路径，而必须在“推力”与“拉力”之外，再加一个“助力”。这个“助力”就是发挥后发展中国家在现代化的进程中，政府导向的前瞻性和公共资源配置的主导性，以及社会政党、群体、媒体、精英对公共资源与文化资源配置的影响力。

王竹林（2007）认为农民工问题（包括农民工市民化问题）大多与企业社会责任的低运行状态有因果关系，企业社会责任的履行对于解决农民工问题（包括农民工市民化问题）具有基础性的作用。而要走出企业低责任运行状态，不仅依赖于企业管理阶层的形成，更多地依赖于企业高层管理者的道德自律和价值观进化，依赖于企业内部工会组织和外部法律制度的约束。

王晓、高淑桃（2012）指出，城市社区是正式制度与非正式制度的过渡转换区域，也是农民工心理市民化的过渡转换区域，对农民工市民化具有过渡转换的作用；同时城市社区也是能够为农民工提供生活帮助的资源载体。因此，要以城市社区为突破口推进农民工市民化。这就需要在统筹城乡发展中改革旧的城市社区管理模式、提高农民工社区管理参与程度、加强农民工市民意识教育、转变社区居民歧视农民工的思想观念、推动和完善社区服务和保障功能。

刘小年（2009）强调了农民工主体作用对于市民化的意义，认为农民工市民化是人的现代化过程，是农民工主动选择与政府支持相结合的制度变迁。胡杰成（2012）也声称在农民工市民化过程中农民工作为主体行动者不是完全被动的，他们的适应行动推动了结构的变迁，拓展自身在城市的生存、发展空间和适应行动的新环境。佀传振（2009）揭示了农民工在市民化进程中的“安全第一”原则，即农民工在内心所建构的一种生存层面、技术层面以及文

化价值层面绝对与相对安全相统一的心理结构与生存伦理，认为这种生存伦理不仅能够合理解释农民工市民化中特有的行动逻辑，而且要求政府在制度改革与建构时必须以农民工的安全经济学为导向，适应农民工的主体性要求。这就需要以发展主义理念为指导，打破各种制度壁垒，帮助农民工全面“提素”以推动其市民化进程（张志胜，2011）。针对农民工公民意识、法治意识薄弱，主体意识和权利意识缺乏的状况，杨莉芸（2012）主张要通过发展市场经济、健全政治参与制度、加强文化建设，充分培育和提升农民工自由平等的公民意识，使农民工能主动争取公民权，享有话语权，促进市民化进程。此外，组织化对农民工市民化也十分重要，要在确立市民化制度原则的同时，完善制度支持和组织载体建设（张春华，2012）。

（四）农民工市民化的阶段性

鉴于农民工问题的复杂性及其成因的多重性，大多数学者都赞成农民工市民化不可能一蹴而就，而应分阶段逐步进行。魏晓东（2010）认为，应从政府、社会、新生代农民工群体几个方面统筹考虑，确立近、中、远期目标和相应的配套政策，有步骤、分阶段地逐步解决。其中，近期重点应放在提高工资待遇、解决拖欠工资问题、改善工作生活环境等方面；中期重点应放在解决户籍、就业、住房、教育培训以及子女上学等方面；远期重点应放在完善各项制度等方面，使新生代农民工真正融入城市生活。张春龙（2011）认为，渐进地推进农民工市民化应以户籍逐步放开为主轴，分“暂住证→居住证→本地户籍”三步骤推行，其中，在暂住证功能阶段，要保障务工人员基本权益；在居住证阶段，要实现公共服务的均等化；在本地户籍证阶段，要实现完全的本地化，获得与当地居民完全一样的身份和待遇。

然而，刘小年（2009）既不赞成激进市民化模式，也不赞成渐进市民化模式，认为前者既缺乏现实性也忽视了农民工在市民化中的主体作用，而后者采取的是一种选择性激励的路径，不符合分配正义，因而农民工市民化只能走一条渐进与激进相结合的中间道路——适应性市民化，即立足市民化中农民工主体作用的发挥，利用市场利益机制，发挥中央集中财力较大的优势，开展提升农民工市民化素质工程，分类分步骤实现农民工市民化。

四 农民工市民化制度创新与政策选择

（一）制度创新的重点

究竟是先改革户籍制度，还是先改革嵌入户籍制度之中的其他二元制度？目前主要有两种不同的观点：一种观点认为，虽然户籍制度是其他制度安排的基础和前提，形成于其他制度之前，但改革的次序应该是反向的。因为在城乡收入和福利差距如此巨大、城市化严重滞后的条件下，户籍制度的立即取消，城乡制度完全一体化，大量人口涌入必然导致城市陷入混乱和崩溃，这对特大城市和传统体制浓重的城市来说尤为危险（傅勇，2004）。韩俊（2012）认为农民工市民化的过程，实质是公共服务均等化的过程。在这个过程中，户口的转换是形，服务的分享是实。另一种观点认为，消除二元社会经济结构的制度基础首先就是要改革户籍制度，重新构建城乡居民的身份平等，为农民工融入城市提供良好的制度环境（陈丰，2007）。在打破二元结构，改革户籍制度的基础上，改革就业制度、教育制度、社会保障制度、住房制度、政治参与制度等具体制度，制定有利于农民工市民化的政策（项继权，2007）。但是，让国家出台统一的方案，全面推行，在实践上是不可行的，从多年实践看，我国户籍制度改革已形成分进合击，稳步推进的局面（孙荣飞，2007）。黄锟（2011）通过实证分析发现，阻碍农民工市民化的因素已经从形式化的户籍制度（即显性户籍墙）转化为对农民工的预期和收入等权利和待遇具有实质性影响的制度安排（即隐性户籍墙），如就业制度、社会保障制度等。因此，未来城乡二元制度的创新重点不能再继续停留在形式化的户籍制度层面，而应该尽快切换到对农民工的预期和收入等权利和待遇具有实质性影响的就业制度、社会保障制度、土地制度上来。

（二）制度创新的思路与框架

陆学艺（2006）认为解决农民工问题，实质上是解决目前城乡分割的二元社会结构问题，因此，需要从体制和机制入手。郑功成、黄黎若莲

(2006)，韩俊（2006，2009）、王春光（2004）、简新华等（2008）都从统筹城乡发展的高度，提出了对城乡二元体制进行彻底的、总体性制度改革的总体思路。黄锟（2011）认为城乡二元制度改革应该坚持一元化方向、渐进式改革、分类型实施、整体性推进的基本思路，并从整体上将农民工市民化划分为准市民化和完全市民化两个阶段，明确了不同阶段制度创新的目标、要求、制度特征和创新要点。黄进（2009）则运用政策范式理论，认为未来农民工政策应逐步向“资本建设”范式转移，以增进农民工全面参与经济社会活动的可行能力。韩俊（2012）认为要以健全公共服务制度为核心，稳步推进农民工市民化。对于已经具备条件的公共服务项目，如义务教育、就业培训、职业教育、计划生育等，应率先实现同等对待；与城市户籍紧密挂钩的低保、经济适用房、廉租房等，也要逐步覆盖符合条件的农民工，要通过逐步增加和不断完善农民工的公共服务，最终达到消除户口待遇差别的目标。国务院发展研究中心课题组（2011）认为，农民工市民化制度创新需要顶层设计，并详细研究了城乡平等的就业制度以及农民工市民化涉及的公共服务制度、社会保障制度、住房制度、财税制度、土地制度及户籍制度等制度创新问题。

钱正武（2005）从构建社会政策支持系统的角度，提出了推进农民工市民化进程的建议，“树立正确认识、完善社会政策内容、规范社会政策决策程序、培育社会政策行动主体”。针对农民工社会组织参与、政治活动参与的有限性，研究者提出，应该加强社区服务体系建设，加大对农民工的公共服务。发挥各类社区组织的作用，推行参与式管理，用组织化的机制实现对农民工的整合（黄达安，2008；王艳华，2007；韩克庆，2008）。此外，为了帮助农民工尽快融入城市社区，在血缘、地缘关系的基础上增加新的城市关系，政府要考虑调整相应的办事机构，制定新的公共政策鼓励农民工群体和城市社会之间的沟通交流；鼓励民间组织、志愿者组织深入到农民工社区，帮助其融入城市社会（张国胜，2007）。与此同时，应当推进农民工群体的组织化建设，如农民工工会，建构有利于农民工融入城市的组织型社会资本（钟水映、李魁，2007）。

（三）制度冲突与协调

黄锟（2011）考察了农民工市民化过程中的“创新－效果悖论”，认为城乡二元制度内部的制度关联为制度冲突提供了可能，如制度创新目标选择、创新进程的快慢、阶段性重点的定位以及创新的地区差异都会扭曲或破坏城乡二元制度内部的制度关联，造成制度冲突；城乡二元制度内部的制度冲突主要表现为户籍制度与嵌入其中的就业和社会福利性制度的制度冲突以及社会保障制度与土地制度、就业制度的制度冲突；协调城乡二元制度内部冲突，需要统筹兼顾，整体设计，最大限度实现制度之间的协调，从制度创新的源头上消除制度冲突的可能性。杨云善（2012）分析了农民工市民化过程中正式制度之间、正式制度与非正式制度之间以及非正式制度内部的制度冲突，认为它是我国经济社会转型时期，政府对制度需求的认知能力不足、利益团体之间的矛盾、正式制度与非正式制度不同的起源、特点、作用及变迁时序等各种主客观因素共同影响的结果，只有加快制度创新与协调，才能加快农民工市民化进程。

五　农民工市民化实践模式与经验总结

（一）农民工市民化的国际经验

朱信凯（2005）重点考察了以英国圈地运动为代表的以暴力为核心内容的强制性转移模式、以美国为代表的以工业化促进自由迁移的非农化转移模式和以日本为代表的“跳跃式转移”与“农村非农化转移”相结合的非农化模式，比较分析了中国农民工市民化的特殊性，即农民非农化与工业化的非同步性、农民非农化内生机制的差异性以及农民非农化进程的差异性。杨肖丽、郑风田（2007）将加拿大应对墨西哥移民工人权益保障的主要经验总结为：把“准农民工”纳入加拿大完善的社会保障体系是制度基础，而支持成立各种安置组织并发动社会力量积极筹集安置和管理资金是解决“准农民工”权益保障问题的主要手段。

（二）国内农民工市民化的实践探索

1. 广东农民工市民化：积分入户

2010 年，广东省全面实施居住证制度，率先推行积分制入户，大力推进

基本公共服务全覆盖。一是全面实施居住证制度。办理居住证的流动人口，除可依法享有劳动就业、社会保险、法律援助、计划生育、卫生保健、职称评定和其他方面的七类公共服务外，还可享受交通、出访、社会事务管理和居住地政府提供的其他公共服务四类服务，即“7+4”服务，并递进享有“5年入学、7年入户”的子女教育和家庭落户服务。二是稳步推行积分入户。对农民工入户城镇实行条件准入和数量管理。条件准入，就是对农民工的个人素质、参保情况、社会贡献等入户城镇的指标进行量化赋值，原则上积满60分即可申请入户，各市可以根据实际情况对具体指标和入户分值进行导向性调整。数量管理，就是确定年度农民工入户城镇的总量规模，分解到各地，各地按申报入户的农民工积分排队，分高者先入户。

2. 湖北农民工市民化：以公共服务均等化为主要内容的“新市民工程”

农民工变市民，不是简单地改写户口本。农民工市民化的过程，实质是公共服务均等化的过程。在这个过程中，户口的转换是形，服务的分享是实。对于已经具备条件的公共服务项目，如义务教育、就业培训、职业教育、计划生育等，应率先实现同等对待；与城市户籍紧密挂钩的城市最低生活保障、经济适用房、廉租房等，也要逐步覆盖符合条件的农民工，让农民工逐步融入城市公共服务体系。主要做法：一是把促进农村劳动力转移和发展县域经济结合起来，推进城镇化进程。二是实施“融合教育”，将农民工子女融入学校。三是逐步扩大住房保障的覆盖面，积极探索将农民工纳入住房保障体系的有效途径。四是统筹安排公共资源，加强对农民工的公共服务。五是放宽进城落户条件，实施“迎接新市民工程”。“迎接新市民工程”实行准入制度，凡在县级市和地级市的建制镇有合法固定住所、相对稳定职业或合法生活来源的农民工，可直接申请加入当地城镇户口；申请加入武汉市远城区和其他地级市城区的户口，门槛有所提高。除了有合法固定住所、相对稳定职业或合法生活来源外，还应具备投靠入户、投资落户、人才落户、奖励落户、购房落户条件中的一条，或在城镇连续就业3年以上并与用人单位签订了2年以上的劳动合同、年收入高于当地最低工资标准。六是保障农民工民主权利，推动农民工参与社区选举。

3. 重庆农民工市民化：渐进和突变并存的组合式正式制度变迁模式

基本做法：一是转移制度的创新：5 件“新衣”、3 件“旧衣”与 1 张“票子”。其中，5 件“新衣”是指：通过住房制度“新衣”实现“住有所居”，通过就业制度“新衣”享受特殊优待，通过教育制度“新衣”享受市民待遇，通过社保制度“新衣”享受双重待遇，通过医疗制度“新衣”享受市民待遇；政府帮农民工“脱”下 3 件“旧衣”，即农村承包地、宅基地、林地遵循有偿原则；“旧衣”脱了才有“票子”（地票），成立了全国首个农村土地交易所，作为城乡之间建设用地交易的平台，使得土地的实物交易变成虚拟交易。二是内外合力促使农民工市民化。一方面通过转移制度改善农民工的社会关系并降低其市民化成本，另一方面促进增强农民工对转移就业预期收入的理性预期及其转移能力。三是主动的突变与渐进“混交”。一方面在先期用 2 年时间给 338 万人一次穿上 5 件“新衣”，一步到位享有与城镇居民完全同等的就业、养老、住房、教育、医疗等待遇。另一方面在后期用 8 年时间解决不到 700 万人的转户；在布局上，转户居民分三个层级；在农民权益上，实行三项权益暂时保留。

4. 宁波农民工市民化：以公共服务为载体，以促进融合为目标的模式

主要做法：一是强化领导体制和工作机制，形成系统合力。把加强农民工服务管理落实体现在“三纳入”“五同步”“四协同”中。二是建立面向农民工的综合公共服务包。把强化公共服务作为促进农民工市民化的重要抓手和突破口。研究出台了农民工社会保险、就业培训、劳动合同、工资支付、义务教育、计划生育、公共卫生、职业健康安全、治安管理、社区服务、工会维权、户籍迁入、法律援助、流动党员服务管理、出租房屋服务管理 15 项配套政策，构成了涉及经济、政治、文化和社会建设的综合服务包。三是改革户籍管理制度，探索推行积分落户。形成了逐步纳入、逐步融入、逐步变成本地人的一条有序推进的新路。四是以社会融合组织为载体，大力推进新老市民融合。宁波市按照“党的领导、依法管理、共建共享、促进融合”的原则，依托村、社区等基层组织，建立“村级和谐促进会”等社会融合组织，吸收新老市民共同参与，引导农民工全面融入宁波的市民生活。

六　农民工市民化的前景与趋势

农民工问题的解决是一个包含社会、经济、政治、文化等多领域交叉的复杂的系统工程，是我国现代化建设过程中不可回避和逾越的发展阶段（韩长赋，2006）。农民工在城市生活体验和流动经历中，既进行着对传统的销蚀与解构，又重构着新的生活方式和思维方式（蔡志海，2004），他们已经深深地认可城市的生活方式，并否定着农村落后的生活生产方式，在深受城市文化、都市消费主义的影响中，表现出强烈的能够拥有城市生活品味和风格的渴望（李超海、唐斌，2006）。但由于系统、社会生活和行动、社会心理三个层面在相互嵌入中强化，而制度和系统层面又如此长期的不整合，透过社会行动和心理认识，使不少农村流动人口失去了完全融入城市社会的能力（王春光，2006）。所以，农民工要想真正适应城市生活，必须在经济、社会和文化心理方面具备基本条件，即能在城市找到相对稳定的职业；这种职业带来的经济收入及社会地位能够形成一种与当地人接近的生活方式，从而使其具备与当地人发生社会交往并参与当地社会生活的条件；由于这种生活方式的影响和与当地人的接触，使他可能接受并形成新的、与当地人相同的价值观（田凯，1995）。但城市劳动力市场中本地和外来劳动力的制度性分层，已经成为一个普遍存在的现实（杨云彦，1996），要获得稳定的正规就业比较困难。而长期户籍制度塑造的农民生活预期和生活目标也不会因短暂的户籍改革而发生变化（李强，2003）。

韩长赋（2006）构建了农民工城乡流动和人口城市沉淀模型，描绘了农民工的人口城市沉淀曲线，认为农民工问题是一个战略问题，农民工亦工亦农、亦城亦乡，流动就业，逐步向非农产业和城市转移的现象将长期存在，将伴随我国现代化的全过程。甘满堂（2011）从农民工体制的制度惯性和内卷化与农民工阶层流动的内卷化，研究了农民工问题的长期性。虽然农民工市民化将十分漫长而艰难，制度壁垒与政策障碍的完全排除也不是一朝一夕之功，但农民工获得城市户口、取得与城市居民同等的公民权是正在经历的大趋势（王兴周、张文宏，2008）。政府也在建设统一的劳动力市场、改革户籍制度和增加农民工政治权利等方面做出了很多努力，并取得了一定的成效（李强、

龙文进，2009）。而且，随着第一代农民工逐步退出城市，新生代农民工开始成为农民工的主要构成；由于新生代农民工受教育程度较高、很少参加农业劳动而逐渐丧失了从事传统农业生产的技能、对土地的情结弱化，以及思想观念、生活习惯、行为方式已日趋城市化，农民工的主流正发生由“亦工亦农”向“全职非农”转变，由“城乡双向流动”向“融入城市”转变，农民工的市民化意愿更强烈，对平等权利的要求也更高（《我国农民工工作“十二五”发展规划纲要研究》课题组，2010）。这是推动农民工市民化的巨大力量。因此，从长期来看，农民工在迁入城市后，随着城市适应能力的增强和城市性的累积，特别是当城乡二元户籍制度和城市倾向的公共政策出现逆转时，农民工“半城市化”的特征会加速削弱，农民工将最终实现从“半城市化”特征数量的缩减到“完全城市化”特征的质的飞跃，这也是大多数中国农民工“半城市化”特征演进的必然结果（吴华安、杨云彦，2011），其演进的长度取决于工业化、城市化、农业现代化的历史进程，以及制度创新的力度（阎德民，2004）。所以，解决农民工问题是一个长期的历史任务，需要长期不懈的努力，不能超越阶段，但又必须明确方向，不能违逆现代化的一般规律，人为限制农民工市民化（韩长赋，2006）。

参考文献

“我国农民工工作‘十二五’发展规划纲要研究”课题组：《中国农民工问题总体趋势：观测“十二五”》，《改革》2010 年第 8 期。

白南生、何宇鹏：《回乡，还是外出？——安徽四川二省农村外出劳动力回流研究》，《社会学研究》2002 年第 3 期。

白南生、宋洪远等：《回乡，还是进城？——中国农村外出劳动力回流研究》，中国财政经济出版社，2002。

包小忠：《刘易斯模型与“民工荒”》，《经济学家》2005 年第 4 期。

蔡昉：《劳动力迁移的两个过程及其制度障碍》，《社会学研究》2001 年第 4 期。

蔡昉：《中国人口流动方式与途径（1990～1999 年）》，社会科学文献出版社，2001。

蔡志海：《流动民工现代性的探讨》，《华中师范大学学报》（人文社会科学版）2004 年第 5 期。

陈浩：《中国农村劳动力外流与农村发展》，《人口研究》1996 年第 3 期。

陈映芳：《“农民工”：制度安排与身份认同》，《社会学研究》2005 年第 3 期。

程蹊、陈全功：《“民工荒”与民工维权组织的建立》，《农村经济》2005 年第 2 期。

程湛恒：《转移制度与转移能力：基于重庆户改案例的农民工市民化研究》，《中国市场》2011 年第 33 期。

党国英：《如何让农民工在城市里住下来》，《南方都市报》2004 年 11 月 5 日。

杜鹰、白南生等：《走出乡村——中国农村劳动力流动实证研究》，经济科学出版社，1997。

范剑勇、王立军、沈林洁：《产业集聚与农村劳动力的跨区域流动》，《管理世界》2004 年第 4 期。

傅勇：《户籍改革宜渐进有序》，《解放日报》2004 年 11 月 25 日。

高钟：《“推力”、“拉力”之外更需“助力”——中国农民工市民化之历史蜕变途径浅探》，《苏州科技学院学报》（社会科学版）2006 年第 1 期。

辜胜阻、刘传江：《人口流动与农村城镇化战略管理》，华中理工大学出版社，2000。

郭书田、刘纯彬等：《失衡的中国——城市化的过去、现在与未来》（第一部），河北人民出版社，1991 年。

国务院发展研究中心课题组：《农民工市民化：制度创新与顶层政策设计》，中国发展出版社，2011。

国务院发展研究中心课题组：《农民工市民化进程的总体态势与战略取向》，《改革》2011 年第 5 期。

韩长赋：《中国农民工发展趋势与展望》，《经济研究》2006 年第 6 期。

韩俊：《农民工市民化与公共服务制度创新》，《行政管理改革》2012 年第 11 期。

何军：《代际差异视角下农民工城市融入的影响因素分析——基于分位数回归方法》，《中国工业经济》2011 年第 6 期。

何宇鹏：《实现户口转换分享公共服务的思考——湖北省推进农民工市民化的调查与思考》，《发展研究》2011 年第 2 期。

胡杰成：《农民工与社会结构的互构》，《兰州学刊》2012 年第 6 期。

黄锟：《城乡二元制度对农民工市民化影响的理论分析》，《统计与决策》2011 年第 22 期。

黄锟：《城乡二元制度对农民工市民化影响的实证分析》，《中国人口·资源与环境》2011 年第 2 期。

黄锟：《解决农民工问题的根本途径和基本条件》，《经济体制改革》2011 年第 5 期。

黄锟：《农村土地制度对新生代农民工市民化的影响与制度创新》，《农业现代化研究》2011 年第 2 期。

黄锟：《深化户籍制度改革与农民工市民化》，《城市发展研究》2009 年第 2 期。

黄锟：《中国农民工市民化制度分析》，中国人民大学出版社，2011。

黄锟、李俊：《加强农民工市民化制度创新的协调》，《人民日报》（理论版）2012 年 2

月 29 日。

黄祖辉、宋瑜：《对农村妇女外出务工状况的调查与分析——以在杭州市农村务工妇女为例》，《中国农村经济》2005 年第 5 期。

简新华、黄锟：《中国农民工最新情况调查报告》，《中国人口·资源与环境》2007 年第 6 期。

简新华、黄锟等：《中国工业化和城市化过程中的农民工问题研究》，人民出版社，2008。

简新华、张建伟：《从农民到农民工再到市民——中国农村剩余劳动力转移的过程和特点分析》，《中国地质大学学报》（社会科学版）2007 年第 6 期。

姜作培：《农民市民化必须突破五大障碍》，《中国社会发展战略》2003 年第 1 期。

李超海、唐斌：《城市认同、制度性障碍与“民工荒”现象——长三角、珠三角和中西部地区实地调查》，《青年研究》2006 年第 7 期。

李培林：《流动民工的社会网络和社会地位》，《社会学研究》1996 年第 4 期。

李强：《关于城市农民工的情绪倾向及社会冲突问题》，《社会学研究》1995 年第 4 期。

李强：《影响中国城乡流动人口的推力与拉力因素分析》，《中国社会科学》2003 年第 1 期。

李强、龙文进：《农民工留城与返乡意愿的影响因素分析》，《中国农村经济》2009 年第 2 期。

林建永：《用“海归模式”实现大都市农民工市民化》，《中国乡村建设》2009 年第 1 期。

刘传江、程建林：《第二代农民工市民化：现状分析与进程测度》，《人口研究》2008 年第 5 期。

刘传江、徐建玲等：《中国农民工市民化进程研究》，人民出版社，2008 年。

刘传江、周玲：《社会资本与农民工的城市融合》，《人口研究》2004 年第 9 期。

刘开明：《边缘人》，新华出版社，2002。

刘小年：《农民工市民化与户籍改革：对广东积分入户政策的分析》，《农业经济问题》2011 年第 3 期。

卢国显：《差异性态度与交往期望：农民工与市民社会距离的变化趋势——以北京市为例》，《浙江学刊》2007 年第 6 期。

卢国显：《我国大城市农民工与市民社会距离的实证研究》，《中国人民公安大学学报》（社会科学版）2006 年第 4 期。

陆学艺：《统筹城乡发展破解“三农”难题》，《半月谈》2004 年第 18 期。

任远、邬民乐：《城市流动人口的社会融合：文献述评》，《人口研究》2006 年第 5 期。

佀传振：《安全经济学：解释农民工市民化发展的一个分析框架》，《现代城市》2009 年第 3 期，第 33 ~ 37 页。

孙荣飞：《户籍改革文件数易其稿　推进五大改革》，《第一财经日报》2007 年 5 月 23 日。

唐根年等：《中国农民市民化经济门槛与城市化关系研究：理论与实证》，《经济地理》2006 年第 1 期。

汪汇、陈钊、陆铭：《户籍、社会分割与信任——来自上海的实证研究》，《世界经济》2009 年第 10 期。

王春光：《农村流动人口“半城市化”问题》，《社会学研究》2006 年第 5 期。

王春光：《新生代农村流动人口的社会认同与城乡融合的关系》，《社会学研究》2001 年第 3 期。

王桂新、沈建法：《上海外来劳动力与本地劳动力补缺替代关系研究》，《人口研究》2001 年第 1 期。

王桂新、沈建法、刘建波：《中国城市农民工市民化研究——以上海为例》，《人口与发展》2008 年第 1 期。

王桂新、武俊奎：《城市农民工与本地居民社会距离影响因素分析——以上海为例》，《社会学研究》2011 年第 2 期。

王国辉、穆怀中：《民工荒、技工短缺与农民工社会保障制度建立的临界点》，《人口与经济》2005 年第 4 期。

王西玉、崔传义、赵阳：《打工与回乡：就业转变和农村发展——关于部分进城民工回乡创业的研究》，《管理世界》2003 年第 7 期。

王兴周、张文宏：《城市性：农民工市民化的新方向》，《社会科学战线》2008 年第 12 期。

王竹林：《农民工问题与企业的社会责任》，《农业经济问题》2007 年第 7 期。

魏晓东：《农民工市民化应分阶段逐步实现》，《农村工作通讯》2010 年第 12 期。

文军：《农民市民化：从农民到市民的角色转型》，《华东师范大学学报》（哲学社会科学版）2004 年第 3 期。

徐建玲：《农民工市民化进程度量：理论探讨与实证分析》，《农业经济问题》2008 年第 9 期。

徐建玲、刘传江：《中间选民理论在农民工市民化政策制定中的运用》，《管理世界》2007 年第 4 期。

徐维祥、唐根年：《基于产业集群成长的浙江省农村劳动力转移实证研究》，《中国农村经济》2004 年第 6 期。

许玉明：《重庆市农民工市民化的成本约束与制度创新》，《西部论坛》2011 年第 2 期。

阎德民：《当代中国农民工阶层特征分析》，《中州学刊》2004 年第 4 期。

杨莉芸：《公民意识：农民工市民化的内在驱动力》，《求索》2012 年第 5 期。

杨肖丽、郑风田：《加拿大应对“准农民工”权益保障问题的经验及启示》，《农业经济问题》2007 年第 4 期。

杨云善：《农民工市民化的制度冲突探析》，《信阳师范学院学报》（哲学社会科学版）2012 年第 2 期。

杨云彦：《改革开放以来中国人口“非正式迁移”的状况——基于普查资料的分析》，《中国社会科学》1996 年第 6 期。

杨云彦：《劳动力流动、人力资本转移与区域政策》，《人口研究》1999 年第 9 期。

于建嵘：《市民待遇是农民工市民化的关键》，《农村工作通讯》2010 年第 18 期。

袁志刚：《中国的城乡劳动力流动与城镇失业》，经济科学出版社，2002。

张春华：《组织化：农民工“虚城市化”到市民化的理性路径》，《学术论坛》2012 年第 1 期。

张春龙：《农民工市民化的渐进式策略——市民化的三步骤设计》，《唯实》2011 年第 3 期。

张国胜：《基于社会成本考虑的农民工市民化：一个转轨中发展大国的视角与政策选择》，《中国软科学》2009 年第 4 期。

张国胜：《中国农民工市民化：社会成本视角的研究》，人民出版社，2008 年。

张国胜、王征：《农民工市民化的城市住房政策研究：基于国别经验的比较》，《中国软科学》2010 年第 12 期。

张志胜：《发展主义：新生代农民工市民化的另一种诠释》，《广西青年干部学院学报》2011 年第 2 期。

中国发展研究基金会：《中国发展报告（2010）：促进人的发展的中国新型城市化战略》，人民出版社，2010 年。

中国科学院可持续发展战略研究组：《中国可持续发展战略报告（2005）》，科学出版社，2005。

钟水映：《人口流动与社会经济发展》，武汉大学出版社，2000。

钟水映、李魁：《农民工“半市民化”与“后市民化”衔接机制研究》，《中国农业大学学报》（社会科学版）2007 年第 3 期。

朱信凯：《农民市民化的国际经验及对我国农民工问题的启示》，《中国软科学》2005 年第 1 期。

Feng Wang and Xuejin Zuo, “History ’s largest labor flow: understanding China’s rural migration inside China’s cities institutional barriers and opportunities for urban migrants,” *AEA Papers and Proceedings* 89 (1999).

Knight et al. , “Chinese rural migrants in urban enterprises: three perspectives,” *The Journal of Development Studies* 35 (1999).

Lucas, R. E. and O. Stark, “Motivations to remit: evidence from Botswana. ” *the Journal of Political Economy* 93 (1985).

Murphy, Rachel, “Return migration entrepreneurs and economic diversification in two counties in south Jiangxi, China. ” *Journal of International Development* 11 (1999).

Rozelle, Scott, J. Edward Taylor and Alan de Brauw; “Migration, remittances, and agricultural productivity in China,” *The American Economic Review* 89 (1999).

Solinger, D. J. , *Contesting citizenship in urban China peasant migrant* (Berkeley, University of California Press, 1999).

B.3

城镇化与户籍制度研究综述

刘瑞　邹一南　李荣华*

摘　要：

近年来，围绕户籍制度的本质、户籍制度对城镇化的影响以及推动户籍制度改革的方式等问题，经济学界展开了热烈的探讨与争鸣。本文对我国的户籍制度及其改革的理论与实践进行全面的梳理与总结，为更深入地推进户籍制度改革，以及具有中国特色的、健康的城镇化建设提供理论参考与政策建议。

关键词：

城镇化　户籍制度　综述

建立于20世纪50年代的户籍制度，对我国的城镇化进程，尤其是城镇化质量的提高产生了极大的影响，改革户籍制度，已经成为社会各界的共识。2013年国务院政府工作报告中提出："要加快推进户籍制度、社会管理体制和相关制度改革，有序推进农业转移人口市民化，逐步实现城镇基本公共服务覆盖常住人口，为人们自由迁徙、安居乐业创造公平的制度环境。"

近年来，围绕户籍制度的本质、户籍制度对城镇化的影响以及推动户籍制度改革的方式等问题，经济学界展开了热烈的探讨与争鸣。对此，我们通过查阅和整理相关文献资料，围绕相关问题，对已有的研究进行了详尽的综述。通过这项工作，我们希望能够对我国的户籍制度及其改革的理论与实践进行全面

* 刘瑞，中国人民大学经济学院副院长、教授、博士生导师，主要研究方向为国民经济学、社会经济发展战略与规划、社会发展与社会政策、产业结构与产业政策；邹一南，中国人民大学经济学院博士生，主要研究方向为国民经济学、区域经济学；李荣华，中国人民大学经济学院博士生，主要研究方向为国民经济学、区域经济学。

的梳理与总结，进而为更深入推进户籍制度改革，以及具有中国特色的、健康的城镇化建设提供理论参考与政策建议。

一　户籍制度的本质

（一）户籍制度的历史渊源

户籍制度本来只是政府对其居民的基本状况进行登记和相关管理的一项国家行政管理制度，目的只是维护社会治安和提供人口统计资料。我国的户籍制度最早始于周代，至秦汉时期初步形成，经过魏晋南北朝时期的整顿，在隋唐时期日趋完备和周密。近代以来出土的秦汉简牍、三国吴简、敦煌吐鲁番文书等资料都有对中国古代户籍制度的记载（韩英、李晨，2012）。直到1949年新中国成立，户籍制度虽然在形式上不断地发生变化，其“人口登记”只能却始终扮演重要的角色（Zhu，2003；王太元，2004；Fan，2008）。

新中国成立之后，中央政府对城市和农民居民分别进行了户口登记。在城市，户口管理基本上由公安机关负责，登记户口、发放簿册、“肃反”工作、就业安置、粮食供应计划以及公共治安的维护几乎连为一体；在农村，基层政府组织承担起了部分户口管理工作（陆益龙，2002）。虽然这一时期的户籍制度对公民的迁徙自由没有提出任何限制，但城镇“户警一体”的户籍管理形式和农村户口管理蕴含的政治经济目的表明中国的户籍制度一开始就承载着原本不属于它的政治功能（张昭时，2009）。经过多年的酝酿和发展，户籍管理的目标逐渐从一般的社会管理转变为限制城乡人口自由迁徙。1958年，全国人民代表大会通过了《中华人民共和国户口登记条例》，确定在全国实行户籍管理制度，以国家法律的形式，对户籍管理的宗旨、主管户口登记的机关、户口簿的作用、户口登记的范围、户口申报与注销、户口迁移及手续、常住人口与暂住登记等方面都做了明确规定，标志着全国城乡统一户籍制度的正式形成（王美艳、蔡昉，2008）。在20世纪60年代初的三年困难时期之后，户籍制度在限制农村人口流向城市方面的职能开始得到更为严格的执行，户口被分为“农业户口”和“非农业户口”，使得户籍制度在城乡分割上具有了真正的操作依据（赵燕菁，2003）。1964 年国务院批转《公安部关于处理户口迁移的规定》进一步对“农转非”的数量做出限制，城镇人口数量增长得到了严格控制（万川，1999）。

在新中国成立初期，户籍制度建立的宗旨是为了保证重工业优先发展的战略的实施。在这样的制度安排下，户籍已经成了居民“身份”的标志，有了某地的户籍，就意味着能够享受本地政府为其提供的一系列福利待遇，而没有本地户口的人只能望其项背（王美艳、蔡昉，2008）。户籍制度以及与其配套的城市劳动就业制度、城市的社会保障制度、基本消费品供应的票证制度和排他性的城市福利体制等，有效地阻碍了劳动力这种生产要素在部门间、地域间和所有制之间的流动（蔡昉等，2003）。

（二）户籍制度体系的构成要素及其演变

从某种意义上说，《中华人民共和国户口登记条例》是整个“城乡二元体制”的核心，它的存在使得整个制度的运行明朗化和简单化。但是，仅仅依靠户口迁移审批制度和凭证落户制度的是很难有效控制人口流动的。一项制度的有效运行是要靠其他相关制度来配合的，为此，政府又出台了一系列相关制度和政策，作为户籍制度的补充，从而形成了“二元户籍制度体系”。这些制度和政策具体包括：粮食的统购统销制度、农村地区和城镇地区不同的就业制度、农村地区和城镇地区不同的社会福利保障制度（张昭时，2009）。

1. 粮食的统购统销制度

新中国成立初期，迫于国际政治经济环境和工业化积累方式的制约，中央政府选择了重工业优先发展的战略目标，国家发展的重点是城市，而自由购销体制运行使得粮食价格上涨很快，影响了城市的稳定。作为重工业和城市优先发展战略的延伸，农产品价格被扭曲压低，使工业积累得以实现，粮食的统购统销制度成为农村传统体制的基础（林毅夫，2002）。1953 年中共中央做出了《关于实行粮食的计划收购与计划供应的决议》，同年政务院通过了《关于实行粮食的计划收购和计划供应的命令》，粮食统购统销政策得以实行。根据这一政策，国家在原则上只负责城市非农产业的粮油供应，不负责农业户口的粮油供应，从而基本上排除了农村人口在城市取得口粮的可能性。因此，以户籍制度为基础的生活资源获取机制从源头上切断了农村剩全劳动力向城市自由流动的可能性。

在改革开放之前，粮食作为最稀缺的农产品，其数量的丰裕程度决定着城市政府能否保证足够的食品满足居民需要，也便成为城市迁入人口数量的重要决定因素（蔡昉等，2001）。改革开放以后，家庭联产承包责任制在农村普遍推行，粮食劳动生产率有了显著提高。1984 年，国务院发布《关于农民进入集镇落户问题的通知》，允许农民“自理口粮”进入集镇落户，从那时起，粮食供给因素已经不再构成政府决定户籍控制政策的主要制约了。

2. 城乡不同的就业制度

与轻工业相比，重工业的资本密集程度高，劳动吸纳能力较弱。因而，新中国成立初期推行的重工业优先发展战略，使城镇牺牲掉了大量的就业机会。为了解决城镇大规模失业问题，维护社会稳定，1957 年中央出台了《关于各单位从农村中招用临时工的暂行规定》，禁止城市单位从农村中招工和录用盲目流入城市的农民。而在农村，随着人民公社制度的建立，土地归集体所有，农民个人对农业生产已经没有自主权，在此情况下，农民的劳作只能在集体的名义下统一进行。这样，农村劳动力一方面被束缚在土地之上，另一方面城市的就业体系也完全对农村劳动力封闭了。

改革开放以来，随着经济形势的好转，城市部门的生产发展需要大量的劳动力，全国范围内出现了农村人口大量向城镇转移就业的“民工潮”。尽管农村人口城镇化的进程已在很大程度上冲破了户籍制度的束缚，但这并不意味着户籍制度的障碍已经不复存在（王亚玲，2008）。事实上，户籍歧视仍是城乡工人在就业岗位和工资决定上存在巨大差异的主要原因之一（Solinger，1999；Wang 和 Zuo，2001；王美艳，2005；谢嗣胜、姚先国，2006；邓曲恒，2007；原新、韩靓，2009）。城镇户籍是有利于劳动者进入高收入行业的重要因素（陈钊等，2009）。在我国劳动力市场二元分割的情况下，户口是限制农村劳动者进入主要劳动力市场[①]的重要因素之一，拥有城镇户口的劳动者不仅几乎

① 根据 Doeringer，Piore（1971）提出的二元劳动力市场理论，劳动力市场可分为主要劳动力市场和次要劳动力市场，前者具有工资高、工作条件好，工作稳定，晋升机会较多的特征，而后者正好相反。

垄断了主要劳动力市场上的就业，而且在次要劳动力市场中也处于有利地位（乔明睿等，2009）。每当城市经济不景气从而就业压力增大的时候，城市政府采取各种手段限制农民工在本地的就业，直至采取强制性手段督促他们回乡，因此户籍制度仍然是劳动力市场上就业保护的制度基础（蔡昉等，2001）。

3. 城乡不同的社会福利保障制度

1951 年，政务院发布了《中华人民共和国劳动保险条例》。该条例详细规定管理城市国营企业职工所享有的包括医疗、养老、生育、工伤和最低生活保障等各种劳保待遇。国家机关、事业单位工作人员的劳保待遇，也以各种规定的形式完善起来。除此之外，城市就业人口还可以从单位得到各种名目繁多的补贴以及实物，最为重要的是，他们可以从单位得到近乎免费的公有住房。而对于农民来说，社会保障几乎不存在，土地就成了农民唯一可作为生存保障的资源。直到六七十年代，才由集体和个人集资，初步建立了农村合作医疗保障制度，用来为农村居民提供低费的医疗保健服务，而国家和地方财政没有对此投入一分钱。一个国家中存在两种截然不同的社会保障体系，而维持这个体系运行的基础就是户籍制度（张昭时，2009）。

改革开放以来，我国的社会保障事业有了长足的发展，其中最为引人注目的是“新型农村合作医疗”和“新型农村社会养老保险”制度的实施，这标志着我国的社会保障制度发展开始进入统筹城乡、全面覆盖、综合配套、统一管理的阶段。但是，总体上说，户籍制度依然发挥着排斥农村迁移者均等享受城市社会福利待遇的作用。例如，养老保险呈现“碎片化”格局，保险模式复杂多样，严重阻碍了养老保险关系尤其是农民工养老保险关系的转移接续；“新农合”虽然已实现农村居民的全覆盖，但总体上呈现的是“广覆盖、低水平”特征，农村与城镇居民的保障仍处在不同轨道上（赖德胜，2011）。当前，各个城市的社会保障体系均以服务本地居民为主，即使有些城市有专门为外来人口提供的社会保障，其保障水平也比较低，外来劳动力的参与率不高，农民工的基本社会保险覆盖率显著低于城市居民（陆铭等，2011；姚先国、赖普清，2004）。农民工尚未获得均等的公共服务，农民工子女在居住地接受义务教育的歧视虽已减少，但要进入高中还是十分困难，并且没有本地户籍的

考生还得返回户口所在地参加高考。此外，农民工无权获得最低生活保障和以经济适用房和廉租房实物或租金补贴为主的政府补贴性住房安排（蔡昉，2010；陶然等，2011）。

（三）户籍制度的维系

由前文可知，当前户籍制度存在两个方面的作用：一方面保护城镇居民优先获得就业机会，另一方面排斥农村迁移者均等享受城市的福利待遇。对于户籍制度得以维系的原因以及户籍控制政策的变迁，经济学界有着不尽相同的看法。

1. 经济和效率因素

汪立鑫等（2010）通过城市政府户籍限制政策的一个解释模型，基于城市政府制定户籍政策所考虑的主要目标是GDP增长率与居民人均公共福利增长率的假定，得出结论：城市政府所设定的户籍门槛，与城市人力资本回报率、对市民征税税率、人力资本对本地GDP增长贡献率、周边城市对外来劳动力吸引力等负相关，而与城市政府对当地市民福利增长的重视程度正相关；公共福利初始水平较低的中小城市户籍政策走向是户籍门槛的不断降低直至消失，而公共福利初始水平较高的大城市户籍政策走向则是户籍门槛趋于提高并最终稳定在一个较高水平。

夏纪军（2004）通过分析人口流动性的内生决定来解释户籍管理政策变迁的动因。他认为，跨区劳动力配置需求的上升增加了户籍管制的效率损失成本，将推动人口流动成本下降。户籍管制的原因在于协调外部性地方公共品供给，限制地区间的税收竞争，从而使税收收入最大化，以便于执行地区差别政策。

叶建亮（2006）从政府在转轨过程中经济发展导向的角度研究城市人口控制问题，他认为实行非歧视的分配政策，同时对城市人口规模按照生产效率加以控制的户籍政策组合是最有效率的。从某种意义上讲，这样组合的户籍制度可能和正在成为当前我国户籍制度变迁的方向。

丁菊红、邓可斌（2011）提出转型环境中财政分权因素是影响城市户籍管制水平的根本性因素。他们认为，财政分权度高的地区，政府从自身利益出发会放松户籍管制，从而吸引更多具有高素质的劳动力，促进当地经济发展。经济较为发达的中心城市，由于不用过于担心户籍管制会影响劳动力流入意愿，因而随着软公共品①供给增加，当地政府反而担心如果不加强户籍管制会造成软公共品为外来劳动力分享。此时，为保证财政既得利益格局，当地政府会进一步加强户籍管制。但当软公共品供给速度加快，并丰富到一定程度时，或许对软公共品外部性的担忧就会有所下降，户籍管制会随软公共品供给增加而有所下降（见表1）。

表1　户籍管制排序

2002年		2003年		2004年		2005年		2006年		2007年	
沈阳	0.003	沈阳	0.003	大连	0.036	广州	0.044	广州	0.033	宁波	0.017
上海	0.025	广州	0.014	武汉	0.048	深圳	0.048	长春	0.039	济南	0.024
深圳	0.030	宁波	0.023	上海	0.052	上海	0.058	上海	0.048	深圳	0.038
广州	0.042	深圳	0.038	北京	0.062	大连	0.059	哈尔滨	0.048	杭州	0.045
宁波	0.046	上海	0.042	成都	0.071	杭州	0.061	济南	0.054	成都	0.051
北京	0.048	杭州	0.043	重庆	0.071	天津	0.083	青岛	0.061	上海	0.065
天津	0.054	青岛	0.062	西安	0.074	宁波	0.085	深圳	0.065	天津	0.072
长春	0.069	北京	0.067	长春	0.080	沈阳	0.108	宁波	0.077	大连	0.075
青岛	0.078	重庆	0.080	宁波	0.085	北京	0.143	沈阳	0.078	西安	0.093
哈尔滨	0.079	大连	0.081	深圳	0.110	成都	0.160	西安	0.081	长春	0.105
重庆	0.086	南京	0.082	青岛	0.110	武汉	0.165	杭州	0.092	南京	0.108
武汉	0.088	天津	0.089	济南	0.123	南京	0.170	天津	0.093	武汉	0.115
杭州	0.090	成都	0.116	杭州	0.123	重庆	0.177	成都	0.105	青岛	0.127
大连	0.104	济南	0.137	南京	0.131	哈尔滨	0.226	厦门	0.107	广州	0.171
西安	0.109	武汉	0.152	厦门	0.135	西安	0.229	武汉	0.115	厦门	0.185
成都	0.112	厦门	0.178	沈阳	0.159	厦门	0.262	北京	0.149	沈阳	0.270
济南	0.176	长春	0.195	天津	0.161	长春	0.266	大连	0.206	重庆	0.296
南京	0.189	哈尔滨	0.218	广州	0.203	济南	1.142	重庆	0.229	哈尔滨	0.365
厦门	0.410	西安	0.300	哈尔滨	0.737	青岛	1.288	南京	0.328	北京	0.533

注：数字越小表示户籍管制越严格。

资料来源：丁菊红、邓可斌：《财政分权、软公共品供给与户籍管制》，《中国人口科学》2011年第4期。

① 公共品分为硬公共品和软公共品，前者指收益时间短、外部性较大的基础建设等有形公共品，后者指收益时间长、外部性相对较小的科教文卫等无形公共品。

2. 政治和社会因素

陈钊、陆铭（2008）借助于城乡分割的经济政策的内生决定机制来解释户籍制度。他们认为，从绝对禁止到逐渐松动，城乡分割的经济政策演变是倾向城市居民利益的决策结果。只有改变这种从城市利益出发、由城市单方面制定人口流动政策的局面，从城乡分割到城乡融合的转变才能够实现。

刘晓峰等（2010）、陈钊（2011）认为，在经济发展和城市化的早期，对于移民的歧视可能有利于城市居民，但是当城市化进程达到一定阶段、城市内移民规模达到一定水平时，对于移民的公共服务歧视也会加剧城市内部不同户籍身份劳动力之间的福利差距和社会冲突，而这又将造成社会资源的非生产性消耗，阻碍城市化进程，并有损于城市户籍人口的利益。这时，均等化公共服务的社会融合政策就可能内生地产生，并相应地减少不同身份居民间的福利差距和社会冲突，促进城市部门的资本积累、城市化进程和经济增长。

蔡昉等（2001）认为，地方政府作为寻求政治收益最大化的主体，通常会在政策制定的政治成本和政治收益之间进行选择，最终出台政治净收益最大化的政策，目前在中国政府行政系统中实行的考核制度，使地方政府更加重视当地居民的投票和舆论。本地职工失业日益严重化以及由此导致的突发事件，对于城市政府来说是极其昂贵的政治成本，而户籍制度可以使政府通过保护性的政策，排斥外来民工在城市就业，以顺应本地居民的意愿。可以说，维持城乡分割的户籍制度和二元劳动力市场，是经济转轨时期的一种政治安全保障。

3. 劳动力市场因素

Solinger（1999）认为，户籍制度改革的突破取决于两个时机的出现：一是劳动力需求格局的变动，即城市经济发展对外来劳动力需求的大幅度提高，可能成为体制转变的契机。二是城市劳动力的保障制度，即如果他们的就业保障比较确定时，外来劳动力的权利也会相应提高。

王美艳、蔡昉（2008）认为，彻底拆除劳动力流动的制度障碍，有赖于四个条件。一是地方政府发现那些阻碍劳动力市场发育的政策无助于解决失业问题，其实施也不再有充足的合法性。二是城市居民发现外地劳动力并不直接构成对他们的就业竞争，他们能够充分就业并不取决于外地劳动力存在与否，以及是多是少。三是城市福利体制社会化，依赖自我融资而不再依赖于补贴。四是城乡劳动力供给状况发生一个根本性的变化，劳动力无限供给特征开始消失。

苏永照（2010）认为，以户籍为核心的二元分割持续存在的原因在于，我国的劳动力市场二元分割存在一个局部正反馈的循环系统。在劳动力市场分割下，大量农村户籍的劳动力主要就业于劳动密集型的产业，从而使劳动密集型产业快速发展，而劳动密集型产业的快速发展又导致农村劳动力人力资本收益的减小和人力资本投资量的不足，使农民工进一步被锁定在劳动密集型产业，从而加剧劳动力市场分割程度。破除以户籍为核心的二元分割的关键在于退出这个循环。

（四）户籍制度松紧程度的衡量

总体来说，对城市户籍制度松紧程度的衡量有三类方法：一是根据各城市出台的落户政策，构建落户门槛指标体系，测算出每个城市的落户门槛指数（见表2），进而可以对不同城市的户籍松紧进行衡量和比较（吴开亚等，2010）（见附录3）。二是通过每年实际入籍人口和新增希望获得户籍而实际没有获得户籍的人口之间的比例关系来构建户籍管制指标（丁菊红、邓可斌，2011）。此外，也有学者直接用户籍人口增长率来衡量户籍松紧程度（汪立鑫等，2010；蔡昉等，2001）。三是通过构建户籍制度下的个人迁移决策模型，将是否愿意、是否能够获得目的地的户口考虑在内，进行实证分析，克服了选择性偏差①和部分可观察性②问题（何英华，2004）。应该说，这几种方法都有各自的优缺点，能在一定程度上反映各城市户籍制度的松紧程度，并作为相关研究的参考。

---

① 选择性偏差是指，因为我们只能看到某人迁移到某地后的户口状态，而不能看到他在全国各地的可能结果造成的估计偏差。

② 部分可观察性是指，由于我们不知道移民成为非户口移民是因为他自己不想要当地户口，还是他想要但政府没有批准他的申请，因此我们只能观察到迁移者最后的户口状态。

表 2　全国 46 个城市的落户门槛指数

样本城市	投资		就业		综合	
	落户门槛指数	排序	落户门槛指数	排序	落户门槛指数	排序
上　海	2. 1049	1	2. 4044	1	3. 1762	1
北　京	2. 0179	3	1. 9844	2	2. 4563	3
天　津	0. 9033	10	1. 3692	11	1. 3316	11
重　庆	1. 1084	7	0. 9259	33	0. 5515	29
广　州	1. 7422	4	1. 7549	4	2. 0549	
南　京	0. 2460	18	0. 8029	38	1. 0646	15
杭　州	0. 4391	11	1. 6312	6	1. 5427	7
福　州	0. 3821	15	1. 1338	21	1. 0055	18
济　南	0. 4105	14	1. 3331	13	1. 1956	14
哈 尔 滨	0. 0792	25	1. 0009	32	0. 4116	36
长　春	0. 0182	30	1. 3332	12	0. 9545	21
沈　阳	0. 0000	40	1. 0428	26	0. 5801	25
石 家 庄	0. 1238	22	0. 9980	33	0. 5773	27
武　汉	0. 4127	13	1. 3865	10	1. 0006	20
合　肥	0. 0131	31	1. 1569	19	0. 5856	24
郑　州	0. 0000	44	0. 7555	39	0. 3289	41
长　沙	0. 0280	29	0. 3397	41	0. 4740	33
南　昌	0. 0069	33	1. 2299	15	0. 5352	31
太　原	0. 0000	46	0. 2577	44	0. 5374	30
兰　州	0. 0000	38	1. 0546	24	0. 4749	34
呼和浩特	0. 1267	21	0. 2698	43	0. 3555	39
银　川	0. 0081	32	1. 0806	23	0. 3317	40
西　宁	0. 0900	23	1. 1738	18	0. 6822	23
西　安	2. 1049	2	1. 1501	20	1. 4160	10
乌鲁木齐	0. 0593	27	1. 0465	25	0. 3718	38
南　宁	0. 0000	36	1. 4333	8	1. 0414	16
贵　阳	0. 0000	45	0. 2559	45	0. 3229	42
海　口	0. 1756	20	1. 0037	29	1. 0084	17
成　都	0. 2516	17	1. 0915	22	1. 0010	19
拉　萨	0. 0022	34	0. 9928	34	0. 7595	22
昆　明	0. 3456	16	1. 0021	31	0. 5517	28
深　圳	1. 5744	5	1. 9531	3	2. 5035	2
苏　州	0. 4159	12	1. 5685	7	1. 4509	8
青　岛	1. 5731	6	1. 4083	9	1. 6751	5
大　连	0. 2233	19	1. 1752	17	1. 4216	9

续表

样本城市	投资		就业		综合	
	落户门槛指数	排序	落户门槛指数	排序	落户门槛指数	排序
宁　波	0. 9129	9	1. 3325	14	1. 2651	13
厦　门	0. 9138	8	1. 7256	5	1. 5515	6
秦皇岛	0. 0849	24	1. 2242	16	1. 2816	12
芜　湖	0. 0718	26	0. 3125	42	0. 4482	35
洛　阳	0. 0000	41	0. 4041	40	0. 5786	26
湘　潭	0. 0000	42	1. 0190	28	0. 2771	43
九　江	0. 0000	43	1. 0401	27	0. 3897	37
嘉峪关	0. 0000	43	0. 8793	36	0. 0804	46
遵　义	0. 0518	28	0. 2250	46	0. 2045	45
绵　阳	0. 0000	39	0. 9243	35	0. 2158	44
遵　义	0. 0000	35	0. 8712	37	0. 5349	32

资料来源：吴开亚等：《户籍改革进程的障碍——基于城市落户门槛的分析》，《中国人口科学》2010 年第 1 期。

二　户籍制度对城镇化的影响

城镇化问题包含两个方面，一是农村人口向城市转移，实现常住城镇化，二是已经实现转移的城市常住外来人口在城市定居，融入城市生活，实现市民化。当前，我国城乡分割的户籍制度阻碍了劳动力要素在城乡和区域间的自由流动，其后果不仅是城市化进程受阻、大城市发展不足和城市体系的扭曲，还造成了城乡、区域收入差距的扩大，以及城市内部的社会分割（陆铭等，2011）。户籍制度对城镇化在“量”上和“质”上都存在深刻的影响。

（一）户籍制度阻碍人口向城镇转移，延缓城镇化进程

1. 城乡分割的户籍制度延缓城镇化进程

2011 年，我国非农产业就业人口已达 65. 2%，而同期的城镇化率为 51. 2%，城镇化滞后于非农化，我国的城镇化率低于处于同等经济发展水平的其他国家的城镇化水平。以户籍为依据的社会保障制度，不仅造成了城乡人口之间的不公平，而且无以化解农业人口城市化过程中的市场风险，因为农民工

即使已经脱离了传统农业而且在事实上实现了非农业人口，但只要其仍然属于农村户籍，就不能进入城市社会保障体系。其结果必将使农民因缺乏社会保障而降低进入城市的动机，从而延缓了我国农村人口城市化的进程（王小鲁，2002；Cai，2003；樊小刚，2004；Hertel 和 Zhai，2006）。由于没有城市户口所造成的弱势地位，在宏观经济不景气时，农民工面临随时被推出城镇劳动力市场的危险，因而城镇化率的提高很不稳定（田明，2010）。一方面城乡分割的户籍制度阻碍了城市化进程；另一方面城市化发展的滞后又延缓、限制了现行户籍制度的改革，从而使户籍制度改革和城镇化陷入相互矛盾的恶性循环中（朱士群、唐克，2007）。

2. 城市规模偏小造成效率损失

城市要发挥出集聚经济优势，必须达到一定的规模。随着城市规模的扩大，将会出现知识、信息的溢出，从而能使社会分享技术进步的成果；同时，城市规模的扩大将使原本不值得贸易的中间产品和服务的生产变得有利可图，从而能够促进分工，增进就业。根据最优城市规模理论，城市存在一个理论上的最优规模，城市边际收益和边际成本会随着城市规模的扩大而增加，但前者呈递减趋势，后者呈递增趋势，两条边际曲线的交点即为最优城市规模点（Alonso，1971）。一些学者根据这一理论对中国的最优城市规模进行了测算，普遍认为中国城市的最优人口规模在 100 万～400 万（王小鲁、夏小林，1999）。此外，随着城市产业结构的提升，最优人口规模还将进一步上升（Au 和 Henderson，2006）。

然而，由于户籍制度的存在，人口向城市迁移受到了很大阻碍，由于这种阻碍的存在，中国绝大多数城市的规模明显偏小，并造成了很大的经济损失（Henderson，2000；Au 和 Henderson，2006；王小鲁，2010）。除了少数特大城市和大城市之外，中小城市都可以从城市规模扩大的过程中获得规模经济和集聚经济效益（刘爱梅、杨德才，2011；金相郁，2006）。

（二）户籍制度阻碍转移人口市民化，降低城镇化质量

1. “候鸟式”迁移

2011 年国家统计局农民工调查监测报告数据显示，我国的外出农民工已

达 1.59 亿人，但学术界公认，这些农民工绝大多数“流而不迁”，是有别于“永久居留者”的“暂住者”或“候鸟式”迁移人口，而户籍制度是导致农民工“候鸟式”迁移的主要原因之一（蔡昉，2001；周大鸣，2005；朱农，2005；Whalley 和 Zhang，2007；Hu 等，2011）。户籍制度除了在就业、公共服务和社会福利方面对农民工实现永久性迁移形成障碍之外，还在心理方面深刻地影响着农民工的迁移行为。在户籍制度长期影响下，农民工的生活预期和生活目标被锁定，即年轻时外出打工，年老后返乡务农或务工，而这种心理定位一旦产生，几代人都无法改变，传统的由经济因素产生的“推力”与“拉力”都无法再产生效应，甚至户籍制度本身的改革都将无法改变农民工的生活目标和生活定位（李强，2003）。

2. 消费抑制

由于户籍制度，特别是附加在户籍制度上的城市居民福利和农村居民福利差别的限制，大部分在城镇居住半年以上被称为城市人口的农民工，仅仅只是实现了在职业上的转换，而其生活方式和消费观念等仍未发生转变，仍未成为真正意义上的市民。由于没有真正的城市居民身份，不能享受相应的社会保障和公共服务，其消费行为特征与城市居民完全不同。国务院发展研究中心课题组（2010）的研究表明，推动农民工市民化会通过缩小居民收入差距、提高城市规模和增加人力资本积累等渠道，推动我国经济在更高水平上实现均衡增长，在每年增加市民化 1000 万人口（700 万农民工加上其抚养人口）的情景下，可使经济增长速度提高 1 个百分点左右。陈斌开等（2010）的研究表明，户籍制度在 2000 年和 2005 年分别导致居民消费下降 1.76 个和 2.07 个百分点，由户籍制度制约的消费可以解释 2000 ~ 2005 年消费率下降了 40.8% ~ 64.2%。

3. 社会分层

户籍制度是中国社会一项基本的制度安排，它把户口作为资源配置和利益分配的重要凭据，对社会分层和流动产生了较大的影响。我国的社会分层具有城乡户口差别和城市户口等级差别并存的特点，户口转变和迁移的开放性程度与个人社会流动机会获得有正相关关系。市场转型虽带来了较多流动机会，但户口等级差别以及户口对体制内流动所起的结构性影响依然存在（陆益龙，

2008）。迁移是劳动者改善自身生活水平、获取公平机会的重要途径。然而，受户籍制度及其带来的社会保障问题、就业歧视，我国大量流动人口无法顺利实现迁移，面临着“代际低收入传承陷阱”，这将造成社会收入分层固化，社会结构也将逐渐固化，平等就业的机会将被剥夺，并进一步影响经济增长和社会稳定（孙三百，2012）。

4. 城中村

户籍制度还造成了农民工和城市居民在地理上的分割。在城市化进程中，农民工的耕地被征用后仍居住在原来农村的房屋里，并逐渐被城市包围，从而形成了“城中村”。这就是在现有的城乡不同土地制度下，城市内部仍然存在着空间意义上的城乡二元分割的鲜明体现（陆铭等，2011）。由于绝大部分农民工买不起城市住房，而地方政府提供的补贴性居住安排（包括经济适用房、廉租房以及近年来的公租房）基本上只针对本地城市户籍人口，因此有相当比例的农民工居住在“城中村”中（陶然等，2011）。生活“城中村”中的农村移民被阻隔在城市资源之外，信息和机会的缺失使其难以进行有效的人力资本积累，他们之间的相互影响在社区内产生相对严重的失业、贫困和犯罪等各种社会问题，与城市主流社会间的隔阂和矛盾也会激发社会冲突。这不仅会进一步拉大当代人生存和发展机会的差距，而且会影响到后代人的受教育机会和人力资本水平，使贫困代际相传（郑思齐等，2011）。在人力资本、社会资本和“干中学”效应越来越重要的今天，如果绝大部分农民工始终无法通过人力资本的积累达到城市部门对高技能劳动力的要求，无法跳出非正式经济而融入城市正式经济体系，那么就无法实现真正的城市化（陆铭，2008）。

5.“蚁族”现象

在城市化进程中，在诸多结构性因素的作用下，我国大城市中逐渐出现了以刚毕业大学生为主体的新群体——“蚁族”。“蚁族”群体具有高学历、低收入和聚居生活的特点，更重要的是，有接近九成的“蚁族”不具有本地户口，超过七成的“蚁族”持有农村户口。“蚁族”群体在享受城市基本公共服务和社会福利方面的境况并不强于农民工，“蚁族”的收入水平普遍低于农民工，而学历又高于农民工，使这一群体成为社会的潜在不稳定因素，威胁着城镇化的健康发展乃至国家的长治久安（赖德胜，2011）。“蚁族”现象集中体现了我国改革进程中新旧体制交替和磨合中的各种矛盾，大城市针对性的户籍制度管理政策缺失是造成“蚁族”问题日益严重的重要因素之一（李雅儒，毛强，2012）。

三　城镇化进程中的户籍制度改革

近些年来，户籍制度进行了很多改革。不同规模和等级的城市，户籍制度改革的力度各不相同。小城镇户籍制度改革的力度最大，中小城市次之，大城市户籍制度改革的力度最小。但总的来看，户籍制度改革尚未完成，户籍除了执行登记和管理人口的职能外，还与能够享受到的福利密切相关（王美艳、蔡昉，2008）。如何进一步推进户籍制度改革，学术界存在着分歧与争论。改革的道路不止一条，不同时期和条件下适合的改革方式也有所不同，通过对各种改革思路与方法的总结，可以在户籍制度改革进程中少走弯路，避免政策的反复，从而为健康的城镇化建设打下坚实的基础。

（一）户籍制度改革的进展

1. 户籍制度改革政策

众所周知，中国的经济改革滥觞于农村，以实行家庭承包制为主要特征。这种旨在解决农业生产激励问题的改革，无可争议地大幅度提高了农业劳动生产率，释放出改革之前长期积淀的剩余劳动力。因此，在家庭承包制解决了温饱问题之后，提高农民的收入水平，必然提出劳动力向农业生产以外转移的要求。正像在中国改革的诸多领域一样，户籍制度改革，在没有明确市场经济改革目标的情况下就发生了，表现为农村劳动力向非农产业和城镇转移（蔡昉，2010）。

1984 年 10 月，国务院发布《关于农民进入集镇落户问题的通知》，规定凡申请到集镇务工、经商、办服务业的农民和家属，在集镇有固定住所，有经营能力，或在乡镇企事业单位长期务工的，公安部门应准予落常住户口，及时办理入户手续，发给《自理口粮户口簿》，统计为非农业人口。

1997 年 5 月，公安部发布《小城镇户籍管理制度改革试点方案》。根据此

方案，下列农村户口的人员，在小城镇已有合法稳定的非农职业或者已有稳定的生活来源，而且在有了合法固定的住所后居住已满两年的，可以办理城镇常住户口；包括从农村到小城镇务工或者兴办第二产业、第三产业的人员，小城镇的机关、团体、企业、事业单位聘用的管理人员、专业技术人员，在小城镇购买了商品房或者已有合法自建房的居民。上述人员的共同居住的直系亲属，可以随迁办理城镇常住户口。2001 年 3 月，公安部发布《关于推进小城镇户籍管理制度改革的意见》，小城镇户籍制度改革全面推进。

从 2000 年开始，中央政府的有关文件表现出对农村劳动力流动的积极支持和鼓励，明确提出改革城乡分割体制，取消对农民进城就业的不合理限制的指导性思路，被称作城乡统筹就业的政策。并且这种政策倾向既明确又稳定，自此，每年的相关政府文件中都加以强调，并明确写进 2001 年公布的“第十个五年计划纲要”和 2006 年公布的“第十一个五年规划纲要”中。并且这种对待劳动力流动的鼓励政策，通过改善流动人口的就业、居住、子女教育和社会保障等条件，逐渐成为可执行的措施。

2012 年 2 月，国务院颁布《关于积极稳妥推进户籍管理制度改革的通知》（以下简称《通知》），明确了户籍制度分类改革的指导意见。《通知》要求，在县级市市区、县人民政府驻地镇和其他建制镇有合法稳定职业并有合法稳定住所（含租赁）的人员，本人及其共同居住生活的配偶、未婚子女、父母，可以在当地申请登记常住户口；在设区的市（不含直辖市、副省级市和其他大城市）有合法稳定职业满三年并有合法稳定住所（含租赁）同时按照国家规定参加社会保险达到一定年限的人员，本人及其共同居住生活的配偶、未婚子女、父母，可以在当地申请登记常住户口；继续合理控制直辖市、副省级市和其他大城市人口规模，进一步完善并落实好现行城市落户政策。

2. 户籍制度改革效果

虽然户籍制度改革政策由中央政府做出，但具体的执行要依靠地方政府，由于各地的经济社会发展情况不一，户籍制度改革面临各种实际困难，因此户籍制度改革的方式和力度各地城市都有巨大的地区差异。在实践中，每个省份甚至每个城市的改革措施都不尽相同。根据城市户口福利的多寡和提供方式，以及公共服务融资方式，与各种模式的户籍制度改革动机、进展和城市对移民吸引力的关系，可以把户籍改革的情况按城市类型划分为几类。

（1）小城镇的户籍制度改革，其特点是“最低条件，全面放开”。在全国2万多小城镇，入户的基本条件降低到只需“在城镇有稳定的生活来源和合法住所”，凡符合这些条件的外地个人或家庭皆可申请获得城镇户口。这可以说是1958年实行户籍制度以来迈出的最大改革步伐，是比较彻底的户籍制度改革（蔡昉、都阳，2003）。但是，小城镇户籍改革却遭到冷遇，由于小城镇能够提供的公共服务和社会福利有限，农民到小城镇落户的积极性不高，放开小城镇户籍并没有实现改革的最初目标（杨云彦，2004）。

（2）中等城市及一些大城市的户籍制度改革，其特点是“取消限额，条件准入”。随着小城镇户籍制度改革的全面推进，许多中等城市甚至一些省会城市也进行了力度比较大的户籍制度改革。其做法是放宽申请条件，降低在城市落户的门槛（蔡昉、都阳，2003）。例如，石家庄市显著放宽了落户条件，其中最容易达到的一条是具有本市2年以上劳动合同。但是，由于缺少就业机会，不能提供与原市民相同的社会福利，如养老保障、医疗保障、入学和升学等，并不能吸引新移民落户（蔡昉，2010）。大中城市当前的户籍制度改革在引导农民工流动方面的作用有限，改革附带的苛刻条件使农民工获得城市户籍的可能性极小，一些地方的城市即使统一城乡户口称谓、取消农业和非农业户口的名义差别，但实际区别并未消失。由于居住在城市或乡村，居民并不能享受同样的社会福利，所谓的改革也只是一纸空文（Wang和Cai，2010；孙文凯等，2011）。

（3）北京、上海等特大城市的户籍制度改革，特点是“筑高门槛，开大城门”。在许多中小城市纷纷放松户籍控制的同时，北京、上海等特大城市仅仅为特殊人才的引进开了绿灯，而对广大普通劳动力的进入反倒抬高了准入门槛。例如，上海市甚至停止实施其门槛已经很高的蓝印户口制度。因此，门槛提高的结果并不导致城门的开大。比较而言，这类城市的户籍制度改革尚没有实质性的进步（蔡昉、都阳，2003）。

（二）户籍制度改革的争论

户籍制度改革一直是社会各界关注的热点问题，大多数学者基于人口自由

流动权利、促进城镇化健康发展、改善城乡居民特别是农民的收入水平及民生福利等诸多考虑，认为对传统的户籍制度进行改革是十分必要的。但是，对未来户籍制度改革的方向，学术界仍存在较大分歧，甚至还有小部分学者对户籍改革的必要性提出质疑，认为户籍制度具有优越性，有利于经济发展。对此，我们围绕户籍制度改革，将相关问题的争论整理如下。

1. “取消论”：取消户籍制度，实现人口自由流动迁徙

“取消户籍制度”是最能反映大多数民众呼声的。但随着研究的深入，许多学者认为取消户籍制度会造成人口流动失控等一系列问题，如城市中的贫民窟，交通拥挤、住房紧张、失业增多、贫困加剧、犯罪率上升、治安不稳定等（杨风禄，2002）。人多地少、农村人口压力大被认为是导致“城市病”产生的最根本原因，而人口自由流动则是“城市病”得以成为事实的必要条件。

针对这种看法，户籍改革的“取消论”者认为，该进城的人都已经进城了，所以开放城市户口不会大幅度加剧城市的各种矛盾（党国英，2003）。人是理性人，是会进行收益-成本分析的，若进城的生活不如在农村的生活，人们也不会长时间留在城市中，经过市场的自动调节，城市人口依然维持在合理的状态（杨风禄，2002；陆益龙，2008）。近年，有些学者质疑开放城市户口后到底有多少农民工会选择落户城镇。研究表明，绝大多数农民工不愿意转变为非农户口；如果要求其交回承包地，则只有10%左右愿意转为非农户口（张翼，2011）

对于放开户籍后，城市是否会出现贫民窟，“取消论”者认为，贫民窟在中国已经出现，现在取消户籍制度不会大大加剧这个现象；要想较平滑地提升国民收入水平，要想避免将来更难看的贫民窟，应该马上取消户籍制度（董沐旸，2001）。虽然应该警惕“城市病”，但压制人口流动造成的社会不稳定性远远高于允许劳动力自由流动带来的社会一定程度的不稳定性（荼洪旺，2002）。

2. “剥离论”：降低户籍含金量，还原户籍的人口登记功能

学界普遍认为，户籍制度功能的异化是户籍制度弊病的根源，改革户籍制度就是要使户籍制度的功能得以“回归”。虽然户籍制度已在逐步改革，但其背后的劳动、人事、教育、社会福利、司法等计划经济时期产生并遗留下来的

社会管理制度仍然存在，它们所形成的分配资源与获取利益的各种不平等照样支配着社会的运转。造成现行户籍制度种种弊端的根源是户籍制度被不合理地强加上了利益分配功能，因此进行户籍制度改革，就应该重新确立户籍制度的基本功能（于力超，2009）。深化改革的关键，在于把挂靠在户口之上的教育、医疗、社会保障等诸多公共服务和福利与户口类型剥离（王太元，2009）。而要解决我国户籍制度改革过程中所面临的阻力，必须从公共产品提供的角度入手，解决附着在户籍制度之上的公共产品提供和社会福利享受的均等化问题，才能满足现阶段非既得利益群体的公共产品消费需求，促进社会福利的最大化，保证改革的顺利进行（赵航飞，2009）。但是，公共产品提供和社会福利享受的均等化问题本身就是一个复杂而又棘手的问题，值得进一步探索与思考。

对此，部分学者建议在逐步剥离城市福利的同时，改革方向应是降低城乡在各种基本公共服务领域上的落差，为进一步改革创造条件。只要存在各类公共产品方面“补贴”的落差，就会有门槛，将户籍这个大门槛取消了，其他部门仍会花更大的成本造出更多小门槛来。弱化乃至最终消灭户籍制度的关键，就在于尽快缩小不同城市间和城乡间的经济落差，促进人口的均质化（茶洪旺，2009）。近年来农村社会保障体系的建设，以及将农民工纳入城市的社会保护范围等，就属于在这个方面的努力（蔡昉，2010）。

3. “准入论”：降低落户门槛，设置准入条件

目前学界普遍认为城市应当向农民开放，但是时机尚不成熟。由于城市建设和管理成本多少不一，各城市进入的门槛也就高低不同，小城镇是可以放开的，大城市的进入就要预支一定的成本，以避免出现管理失衡的可能。为了避免这些情况的出现，户籍制度改革应该坚持循序渐进的原则，通过设置一些准入标准来避免大量人口短时间内融入城市，比如，房产标准，在城中居住时间的长短等（李静，2002）。设置门槛的目的主要是保护城市，在人口自由流动和城市自我规划自我管理的矛盾中起到一个平衡器的作用，让城市自己表达意愿，让能在城市生存下去的人们生存，在大量剩余农村劳动力转移过程中降低了人口流动的风险（王海光，2005）。多数学者认为，从各类城镇的实际经济发展水平和吸纳不同素质劳动人口就业的潜力出发，并考虑到目前大中城市的就业压力，各类城镇应设置高低不等的“门槛”，适度打开“城门”，办理流动人口的暂住和常住户口，实现流动人口的合理、有序、适度转移。

从降低门槛入手，是可行的改革推进方式，使尽可能多的农民和农民工在城市落户（蔡昉，2010）。这一派观点的影响力最广泛，也成为我国当前地方户籍制度改革实践中遵循的政策建议。改革政策逐渐以准入条件代替指标管理，即以固定的住处和稳定的收入为基本条件，各地根据自己的情况设置准入门槛（张林山，2012）。

4. “联动论”：挂钩农地制度，推行承包权换户籍

户籍制度与农地制度存在密切关系，如果说城市户籍为城市居民提供了一系列社会福利待遇，那么农村土地也在某种意义上为农民提供了的生产和生活保障。基于此，部分学者提出了通过将二者进行置换来解决户籍制度的建议，认为户籍改革本质上是一个与城市化机制相伴的公共服务问题，涉及劳动力、土地、财税管理体制的相互联系。以集体建设用地入市为核心的土地改革和配套财税体制改革，有助于推动户籍改革（陶然等，2011）。要从根本上解决城镇化发展中的诸多问题，必须实施土地和户籍制度的联动改革，并配套实施一系列综合配套改革，其核心是使新增的以及宅基地所对应的建设用地指标成为可以入市交易的资产，让跨省进城务工的农村人口将其拥有的建设用地指标带到其就业所在地，并换取当地城镇户籍、社会保障、公共服务等，这样既解决了农村转移劳动力获得城市户籍及其产生的社会成本问题，同时也解决了大城市建设用地指标不足的问题（陆铭，2010）。

这种改革意见已经在一些地区试点，例如重庆的“户改意见”明确提出：“鼓励转户农民退出农村土地承包经营权、宅基地使用权及农房。”具体措施包括：对自愿退出宅基地使用权及农房的，参照征地政策给予一次性补偿和购房补助；对自愿退出承包地的，按照流转标准，对本轮承包期内剩余年限权益给予一次性补助。实际上，正因为城市户口还对应一些福利，而农村承包地在集体所有制情况下继续面临因人口变动而调整的压力，所以，户籍改革中可以考虑要求外来农民在自愿申请户口并进城入户后放弃承包地。这样村集体就可以把这些承包地分配给继续留在农村的人口，使后者农地产权稳定甚至经营规模扩大，这将有助于提高其收入，改善社会分配状况。在改革现行农地转非农地制度的同时，通过给予农民在土地和城镇社会保障之间的自由选择权建立起一种良性的城市化机制，从而实现户籍制度和农地制度改革的突破（陶然、徐志刚，2005）。

5. “有益论”：户籍制度提高了保留工资和储蓄率，有利于经济发展与结构升级

此外，一些学者（主要是外国学者）研究了户籍制度对劳动力城乡迁移、收入储蓄等行为的影响，通过实证分析发现，户籍制度使农民在城市的人力资本积累受阻，并促使人力资本较低的农民在生命周期后期返回农村工业部门（小城镇），从而有利于城市部门保持较高的劳动边际产出。由于农民工在城市务工期间的储蓄率较高，返乡时带回了大量物质资本，有利于农村部门承接对人力资本贡献需求较小的产业。因此，户籍制度是中国高储蓄率和高经济增长速度的重要原因之一（Vendryes，2011）。由于城市集中了所有的技能劳动力，其工资将高于农村非技能劳动力，这将促进非技能劳动力向城市转移，在没有人口流动限制的情况下，这种转移将一直持续到城乡非技能劳动力的工资相等为止，这将降低城市收入和平均人力资本水平。总之，没有限制的劳动力转移将降低城乡两个部门的均衡工资，通过户籍制度控制非技能劳动力向城市转移将对城乡居民带来帕累托改进（Fan 和 Stark，2008）。

（三）户籍制度改革的展望

党的十八大报告提出“应加快改革户籍制度，有序推进农业转移人口市民化，努力实现城镇基本公共服务常住人口全覆盖”。2013 年国务院政府工作报告中也提出“要加快推进户籍制度、社会管理体制和相关制度改革，有序推进农业转移人口市民化，逐步实现城镇基本公共服务覆盖常住人口，为人们自由迁徙、安居乐业创造公平的制度环境”。户籍制度的改革是经济发展和社会进步的大势所趋，也是城镇化健康发展的内在要求。根据已有的文献，我们总结出未来的户籍制度改革和城镇化建设思路的基本共识。

1. 构建科学的城市体系，引导人口合理流动

户籍制度改革最根本的问题就是城市之间、城乡之间经济发展的落差。在城镇化进程中，农村人口从农村流向城市，由落后地区流向发达地区，是经济社会发展的必然现象和客观规律。然而，如果城市之间和城乡之间的经济社会发展落差过大，就将造成特大城市和大城市人满为患，中小城市和小城镇无人问津的现象，也必然给整体推进户籍制度改革造成困难。因此，在我国的城镇化快速发展的进程中，应特别注意建立科学的城市体系，加快发展中小城市和各具特色的小城镇，特别是要大力发展县域经济，努力形成大中小城市和小城镇相互结合的城镇化发展局面。

2. 消除社会福利差距，促进公共服务均等化

首先，应促进城乡之间和不同级别城市之间的基本公共服务和社会福利均等化，落实国家“工业反哺农业，城市扶持农村”的基本政策，逐步消除在义务教育、社会保障、基础设施、环境卫生等方面存在城乡二元格局。通过给予中小城市和小城镇以一定的优惠政策，降低其与大城市在各基本公共服务部门中工作人员、设备、设施配置数量上的差距及质量上的差别。其次，促进大城市内的户籍人口和非户籍人口之间基本公共服务和社会福利均等化。鉴于大城市户籍背后的存量福利较高，一时难以实现均等化，改革应从增量入手，即大城市新出台的就业、教育、医疗等公共服务政策应于户籍脱钩，逐渐实现均等化。

3. 将户籍制度改革与城镇化全局相协调，推动相关制度配套改革

户籍制度改革过程中出现的一系列问题告诉我们，户籍制度不是一个可以独立执行的政策，而是与一系列相关政策配套存在的。改革的配套性如何，决定了改革的成效。因此，户籍制度的改革意味着一揽子改革措施。通过改革城乡社会保障体系，建立可携带的社会保障制度，提高社会保障的市场化水平和社会化程度；通过改革农村土地承包制度改革，允许进城落户农民保留土地承包经营权，使为数众多的农民工安心在城市落户；通过改革政府的行政激励体制，将常住人口的福利水平纳入政绩考核体系，使城市外来人口能够免受歧视，真正融入城市，以主人翁的心态为城市的健康发展做出贡献。

参考文献

蔡昉：《户籍制度改革与城乡社会福利制度统筹》，《经济学动态》2010 年第 12 期。

蔡昉、都阳：《转型中的中国城市发展》，《经济研究》2003 年第 6 期。

蔡昉、都阳、王美艳：《户籍制度与劳动力市场保护》，《经济研究》2001 年第 12 期。

茶洪旺：《中国户籍制度与城市化进程的反思》，《思想战线》2005 年第 3 期。

陈钊、陆铭：《从分割到融合：城乡经济增长与社会和谐的政治经济学》，《经济研究》2008 年第 1 期。

陈钊、陆铭、佐藤宏：《谁进入了高收入行业——关系、户籍与生产率的作用》，《经济研究》2009 年第 10 期。

党国英：《一亿农民工流动到何时》，《中国改革》2003 年第 7 期。

邓曲恒：《城镇居民与流动人口的收入差异——基于 Oaxaca-Blinder 和 Quantile 方法的分解》，《中国人口科学》2007 年第 6 期。

丁菊红、邓可斌：《财政分权、软公共品供给与户籍管制》，《中国人口科学》2011 年第 4 期。

董沐旸：《取消户口，农民工就会蜂拥而入吗?》，《读书》2001 年第 12 期。

樊小刚：《我国社会保障制度不完善是农村人口城市化的最大障碍》，《经济研究参考》2004 年第 7 期。

国务院发展研究中心课题组：《农民工市民化对扩大内需和经济增长的影响》，《经济研究》2010 年第 6 期。

韩英、李晨：《从出土材料看汉唐间户籍档案的变迁》，《档案学通讯》2012 年第 6 期。

何英华：《户籍制度松紧程度的一个衡量》，《经济学》2004 年第 3 期。

金相郁：《最佳城市规模理论与实证分析——以中国三大直辖市为例》，《上海经济研究》2004 年第 7 期。

赖德胜：《中国劳动力市场报告——包容性增长背景下的就业质量》，北京师范大学出版社，2011。

李静：《大城市户籍改革难在何处》，《市场与人口分析》2002 年第 1 期。

李强：《影响中国城乡流动人口的推力与拉力因素分析》，《中国社会科学》2003 年第 5 期。

李雅儒、毛强：《关于“蚁族”群体问题研究综述》，《中国青年研究》2012 年第 4 期。

林毅夫、蔡昉、李周：《中国的奇迹：发展战略与经济改革》，上海三联书店、上海人民出版社，2002。

刘爱梅、杨德才：《城市规模、资源配置与经济增长》，《当代经济科学》2011 年第 1 期，第 106 ~ 113 页。

刘晓峰、陈钊、陆铭：《社会融合与经济增长：城市化和城市发展的内生政策变迁》，《世界经济》2010 年第 6 期。

陆铭：《建设用地指标可交易：城乡和区域统筹发展的突破口》，《国际经济评论》2010 年第 2 期。

陆铭：《中国的大国经济发展道路》，中国大百科全书出版社，2008。

陆铭、向宽虎、陈钊：《中国的城市化和城市体系调整：基于文献的评论》，《世界经济》2011 年第 6 期。

陆益龙：《1949 年后的中国户籍制度：结构与变迁》，《北京大学学报》（哲学社会科学版）2002 年第 2 期。

陆益龙：《户籍制度——控制与社会差别》，商务印书馆，2003。

乔明睿、钱雪亚、姚先国：《劳动力市场分割、户口与城乡就业差异》，《档案学通讯》2009 年第 1 期。

苏永照：《劳动力市场分割的可持续性研究》，《经济理论与经济管理》2010 年第 2 期。

孙三百：《劳动力自由迁移为何如此重要——基于代际收入流动的视角》，《经济研究》2012 年第 5 期。

孙文凯、白重恩、谢沛初：《户籍制度改革对中国农村劳动力流动的影响》，《经济研究》2011 年第 1 期。

陶然、史晨、汪晖、庄谷中：《刘易斯转折点悖论与中国户籍、土地、财税制度联动改革》，《国际经济评论》2011 年第 3 期。

陶然、徐志刚：《城市化、农地制度与迁移人口社会保障——一个转轨中发展的大国视角与政策选择》，《经济研究》2005 年第 12 期。

田明：《中国就业结构转变与城市化》，科学出版社，2008。

万川：《关于我国户籍制度改革的回顾与思考》，《中国人口科学》1999 年第 1 期。

汪立鑫、王彬彬、黄文佳：《中国城市政府户籍限制政策的一个解释模型：增长与民生的权衡》，《经济研究》2010 年第 11 期。

王美艳：《城市劳动力市场上的就业机会与工资差异——外来劳动力就业与报酬研究》，《中国社会科学》2005 年第 5 期。

王美艳、蔡昉：《户籍制度改革的历程与展望》，《广东社会科学》2008 年第 6 期。

王太元：《剥离附着利益　还户籍制度真面目——我为什么反对购房落户》，《中国经济周刊》2009 年第 12 期。

王太元：《中国户政制度的演进与改革（一、五、六）：中国户口管理制度概述》，《人口与计划生育》2004 年第 1 期。

王小鲁：《城市化与经济增长》，《经济社会体制比较》2002 年第 1 期。

王小鲁：《中国城市化路径与城市规模的经济学分析》，《经济研究》2010 年第 10 期。

王小鲁、夏小林：《优化城市规模、推动经济增长》，《经济研究》1999 年第 9 期。

王亚玲：《我国户籍制度改革动因探析》，《湖南公安高等专科学校学报》2006 年第 4 期。

吴开亚、张力、陈筱：《户籍改革进程的障碍——基于城市落户门槛的分析》，《中国人口科学》2010 年第 1 期。

夏纪军：《人口流动性、公共收入与支出——户籍制度变迁动因分析》，《经济研究》2004 年第 10 期。

谢嗣胜、姚先国：《中国农民工工资歧视的计量分析》，《中国农村经济》2006 年第 4

期。

杨风禄：《户籍制度改革：成本与收益》，《经济学家》2002 年第 2 期。

杨云彦：《城市就业与劳动力市场转型》，中国统计出版社，2004。

姚先国、赖普清：《中国劳资关系的城乡户籍差异》，《经济研究》2004 年第 7 期。

叶建亮：《公共产品歧视性分配政策与城市人口控制》，《经济研究》2006 年第 11 期。

于力超：《论我国户籍制度功能的重构》，《鞍山师范学院学报》2009 年第 1 期。

原新、韩靓：《多重分割视角下外来人口就业与收入歧视分析》，《人口研究》2009 年第 1 期。

张林山：《户籍制度改革：争议、误区与下一步改革方向》，《中国经贸导刊》2012 年第 4 期。

张翼：《农民工"进城落户"意愿与中国近期城镇化道路的选择》，《中国人口科学》2011 年第 2 期。

赵航飞：《我国户籍制度改革阻力分析——基于公共产品提供的角度》，《知识经济》2009 年第 8 期。

赵燕菁：《经济转型过程中的户籍制度改革》，《城市规划汇》2003 年第 1 期。

郑思齐、廖俊平、任荣荣、曹洋：《农民工住房政策与经济增长》，《经济研究》2011 年第 2 期。

周大鸣：《移民文化——一个假设》，《江苏社会科学》2005 年第 5 期。

朱农：《贫困、不平等和农村非农产业的发展》，《经济学》2005 年第 4 期。

朱士群、唐克：《户籍改革与城市化进程》，《北华大学学报》（社会科学版）2007 年第 1 期。

Alonso W.，"The economics of Urban Size." *Papers in Regional Science* 26（1971）.

Au C，Henderson V.，"How migration restrictions limit agglomeration and productivity in China，" *Journal of Development Economics* 80（2006）.

Cai F，Wang D.，"Migration as Marketization：What Can We Learn from China's 2000 Census Data?" *The China Review* 3（2003）.

Fan C.，*China on the move：migration，the state，and the household*（London New York：Routledge，2008）.

Fan S，Stark O.，"Rural-to-urban migration，human capital，and agglomeration." *Journal of economic behavior & organization* 68（2008）.

Henderson V.，"The effects of urban concentration on economic growth."（NBER working paper，2000）.

Hertel T，Zhai F.，"Labor market distortions，rural-urban inequality and the opening of China's economy." *Economic Modeling* 23（2003）.

Hu F，Xu Z，Chen Y.，"Circular migration，or permanent stay? Evidence from China's rural-urban migration". *China Economic Review* 22（2007）.

Solinger D.，"Citizenship Issues in China's Internal Migration：Comparisons with Germany and Japan" . *Political Science Quarterly* 114 (1999).

Vendryes T. , "Migration constraints and development: Hukou and capital accumulation in China. " *China Economic Review* 22 (2011).

Wang F, Zuo X. , "History's Largest Labor Flow: Understanding China's Rural Migration Inside China's Cities: Institutional Barriers and Opportunity ties for Urban Migrants. " *AEA Papers and Proceedings*, 189 (1999).

Wang Meiyan, Fang Cai, "Future prospects of household registration system reform. " in Fang Cai (ed), *The Sustainability of Economic Growth from the Perspective of Human Resources* (Leiden-Boston: Brill, 2010).

Whalley J, Zhang S. , " A numerical simulation analysis of (Hukou) labour mobility restrictions in China. " *Journal of Development Economics* 83 (2007).

Zhu L. , "The Hukou System of the People's Republic of China: A Critical Appraisal under International Standards of Internal Movement and Residence. " *Chinese Journal of International Law* 2 (2003).

B.4

城镇化与农村经济发展研究综述

张孝德　郝 栋*

摘　要：

农村经济发展和农村城镇化关系到我国社会主义现代化建设的大局，是一个具有重大现实意义的课题。本章综述了国内外关于城镇化本质与农村经济发展的关系、农村城镇化的本质、特征、动力、发展方向和中国小城镇城镇化模式等重要问题。

关键词：

城镇化　农村经济发展　研究综述

一　国外城镇化本质与农村发展关系研究

对于城镇化与农村发展之间的关系是经济学领域中应用经济学的课题，其主要代表包括刘易斯、弗里德曼、费景汉、拉尼斯的"以城带乡"发展模式。发展经济学家刘易斯等提出发展中国家经济发展过程的经典模式，即"城乡－工业导向模式"，主要是通过城市现代工业不断吸纳农村剩余劳动力来推动区域的总体发展。弗里德曼认为，集中发展中心城镇，一方面可以分散过度集中于大城市的权力机构和社会资源，降低"非均衡性"；另一方面中心城镇可以为农村居民提供有利于自身发展的空间，降低农民生产、生活过程中的交易成本。中国经济学家费孝通认为，乡镇企业和农村小城镇建设对于打破城乡之间的封闭隔绝状态，实现城乡要素在产业上的协调发展，形成资源要素双向

* 张孝德，国家行政学院生态文明研究中心主任，国家行政学院经济学教研部副主任、教授、博士生导师，主要研究方向为生态经济、城乡经济；郝栋，国家行政学院经济学教研部博士生，主要研究方向为政府经济管理、城乡经济。

流动的网络格局，具有极其重要的意义。城镇化是吸纳农村剩余劳动力、拉动农村经济繁荣以及提高农民收入的重要载体。在城镇化过程中，由于工农业之间的收入水平存在明显差异，农村剩余劳动力必然有一种向工业部门流动的趋势。美国经济学家拉尼斯和费景汉在刘易斯理论的基础上，认为农村剩余劳动力必然流动的趋势是以农业劳动生产率的提高和农业剩余产品的增加为前提的。可见，发展现代农业，提高农业的规模化、产业化经营，提高农业劳动生产率，是建设新农村的内在要求。而发展现代农业，就必须鼓励剩余劳动力向外转移，这种转移在某种意义上是政府主导、农民自觉、市场自发三方博弈的结果。对于城镇化与农村发展的关系，国外经济学家把城市发展作为经济增长的拉动力，而把农村城镇化是人口从城市向乡村的流动。例如美国学者帕辛认为："乡村城市化是城市思想、挂念和生活方式向乡村地区扩散的社会变动过程。"法国学者安尔·麦兰认为："乡村城市化是指乡村空间缓慢的城市化过程，是在乡村居住区周围发生的，乡村城市化区的人口是由城市内迁移而来。"乡村城市的形成绝大多数是在传统的村庄周围建设成别墅式小房子，居住者从事城市型职业，接受城市型生活方式（段爱明，2011）。乔根森的研究则带有较强的新古典特色。他将人口增长和家庭人口供给的决策内生化，并强调工业是一个不断进步的部门，农业剩余是劳动力从农业部门转移到工业部门的充分与必要条件。上述几种城乡人口流动模式各有其特点。刘易斯模式肯定了发展中国家经济结构的特殊性，从工资水平、剩余劳动力的角度分析了人口从乡村流入城市的原因。拉尼斯、费景汉将农业部门本身的进步作为一个发展目标，可以说是一大进步，但是他们同时也忽视了工业部门存在的技术进步。托达罗在分析经济发展的同时，也增加了就业这个因素，并进一步提出发展农村、农业，解决城市社会问题。可以说，学者们在不同时期，提出了各自的观点，在当时都有一定的解释力。在我们今天看来，这些观点对于乡村城市化的研究仍然具有一定的启发意义。

随着工业化和城镇化水平的不断提高，城市化出现的问题也越来越严重。英国是工业革命的发源地，城市化、工业化走在世界前列，同时也最早面临城市病问题，如城市化率一度最高、大工业一度最集中的伦敦是出了名的"雾都"。1898 年，针对英国日愈严重的城市病，英国人霍华德发表了具有划时代

价值的专著《明日的田园城市》。霍华德认为，城市本身具有的吸引人的磁力导致城市人口聚集，而城市对人口聚集的承载力总会有限，因而需要从城市和农村相结合的角度来管理土地，解决城市发展问题。霍华德从城乡协调的角度重新阐释了城市的发展，把城市与外围乡村当成一个整体来分析，对资金来源、土地分配、城市财政收支和田园城市的经营管理、人口密度、城市绿化带等问题提出了自己独到的见解，对后来的城市规划与城市发展产生了深刻影响。霍华德倡导用城乡一体化的新社会结构形态来取代城乡对立的旧社会形态。后来学者尊称霍华德为城市发展转型的理论奠基人。1946 年，著名城市理论家 L. 芒福德（2000）称赞霍华德的“田园城市”思想是 20 世纪初与发明飞机并列的两项最伟大的发明。1976 年，美国地理学家 J. L. Berng 首先提出了“逆城市化”（counter-urbanization）这一概念，他描述的是发达国家城市发展过程中的新特点：城市社会的人口重心发生变化，城市社会的经济活动和政治影响力也由城市中心向外围地区转移。之后不少学者将“逆城市化”看成城市“空心化”。

同时，关于城市化与农村发展的规律有了新的认识，即农村的城市化过程不是线性的、无止境的发展，城市化发展到一定过程就会出现资源回流的逆城市化过程。非均衡增长理论认为，由于规模经济和聚集经济效益的存在，在市场力量的引导下，经济增长将以不同的强度首先倾向于某些区域，然后通过不同渠道发挥扩散效应和回流效应，在实现增长极对外围区域产品的需求和技术创新的扩散的同时，实现生产要素资源从外围向中心的流动。利普顿认为，发展中国家城乡差别是城市利益集团利用拥有的政治权利通过“城市偏向”政策使社会资源不合理地流入自己利益所在的核心区域，从而损害农村地区的发展。因此，要实现城镇化与乡村建设的互动发展，一方面需要选择适合经济增长的核心区域，通过规模经济和聚集经济效益推动城镇化，加快要素资源的合理整合，实现经济的非均衡快速增长；另一方面需要克服城市中心论误区，需要统筹城乡发展，实现以工促农、以城带乡。德国地理学家 W. 克里斯泰勒在德国南部通过 3 年多对城镇作用的系统考察研究，于 1933 年提出了中心区位论。一个城镇的发展要有周围地区一定数量的土地和人口作支撑，城镇和城镇以及城镇与其周围农村地区都是相互依赖、互相服务的。各个城镇都是一定区

域经济、社会发展的中心地。基层城镇是周围农村地区的中心地。中心地的职能是为其所在地区服务，供应所需商品。各个中心地的等级和规模与其服务地区的规模一致。服务半径越大，中心地等级越高。越是高级的中心地数量越少，一个地区最高级的中心地，通常只有一个。每个高级中心地都包含几个中级中心地和更多的低级中心地。不同规模城镇之间相互关联形成空间层次分明、产业关联的城镇体系结构（叶舜赞，1994）。英国社会活动家埃比尼泽·霍华德提出的关于城市规划与建设的设想，20 世纪初以来对世界许多国家的城市规划和建设产生了重大的影响。霍华德的田园城市理论主要集中在 1898 年 10 月出版的《明日：一条通向真正改革的和平之路》一书中，该书从 1902 年发行的第二版起，书名改为《明日的田园城市》。其主要内容是针对当时英国大城市所面临的问题，提出用逐步实现土地社区所有制、建设田园城市的方法，来逐步消灭土地私有制，逐步消灭大城市，建设一种兼有城市和乡村优点的理想城市，实现城乡一体化的新社会。

二　国内城市化与农村发展关系研究

关于城市化与农村发展的关系，张孝德（2012）认为，当中国工业化和城市化已经取得巨大成就的今天，我们不仅具备了从时代和历史高度认识中国乡村文明价值条件，而且我们也具备在新的历史条件下振兴中国乡村文明的物质条件。从时代高度看，今天对中国农村和农民最大的反哺，不是简单地逼他们进城，而是要在文明形态上，让中国乡村文明与城市文明具有同等的地位和权利。我们要让工业化成为振兴中国乡村文明的物质基础、成为让中国文明走向世界和未来时代阶梯。林毅夫（200）认为：中国由来已久的城市发展水平和城乡隔离政策都是“重工业优先发展战略”造成的后果，要提高中国城市发展水平，必须从根本原因着手，放弃在资金稀缺的条件下进行资本密集产业上的赶超，根据中国要素禀赋结构的特征，按照比较优势原则，大力发展劳动密集型产业，才能扩大非农就业机会，促进农业人口比重下降，在促进城市发展的同时，不能忽视中国农村的现代化，在当前通货紧缩势头尚未减缓的形势下，采用积极的财政政策刺激总需求对启动当前经济十分必要。但财政政策必

须要用在能够“四两拨千斤”的地方才能真正启动市场，农村道路、电网、自来水建设是中国当前形势下最能产生这种效果的地方。杨云彦等（2000）认为，乡村工业的发展，不仅形成新的工业化动力，同时在很大程度上形成新的城镇化模式。

关于中国城市化同农村发展的关系，高佩义（1991）的“高氏城市文明普及率加速律”一度成为研究模式，它认为城市文明的普及有一个物质基础，即工农业发展状况所承载的城乡人口比例也就是城市化的水平。城市化初期，是极化效应最显著时期，表现为农村优质资源的流失，无论从自发的还是人为的、政府的方面来看都是如此。城市文明向农村辐射力量微薄，仅限于城市附近的农村，这是因为小比例的城市人口很难撼动大比例的农村人口的生产生活方式和思想观念文化的转变，这个阶段由于城市经济基础不够强大，它的影响面还只限于城市周边的农村，在远离城市的地方和边远山区，农村仿佛从来就是古时的样子，城市也没有足够多的财力修建通往农村的道路和通信设施，农民封闭在传统社会。在城市化中期，这种发展差距累积到最大，农民了解城市并对城市现代化文明生活产生心理上的向往和行为上的模仿。到城市化高级阶段，城市人口和经济实力成为国民经济主导，城市文明向农村辐射才有了强大的动力和人为的可调动的资源，政府对农村发展给予支持，引导各类优质资源流向农村，具体表现为政府在基础设施、社会公共事业上支持农村现代化的改造，使农民共享现代文明生活（李红梅，2010）。

三　中国特色农村城镇化道路研究

1. 农村城镇化的概念综述

农村城镇化是指各种要素不断在农村城镇中集聚，农村城镇人口不断增多，城镇数量、规模不断增大，质量不断提高的过程。它是以工业为主体的非农产业集聚发展的必然结果，是农村社会演进并通往现代化的一个重要过程，是传统农村向现代城市文明的一种变迁，是统筹城乡发展、全面建设小康社会的重要内容。农村城镇化表现为人口从分散到集中，农村人口转变为城镇人口、农村用地变为乡镇用地、熟人社会变为生人社会、农业活动转变为工业活

动、农村价值观念转变为城镇价值观念、农村生活方式转变为城镇化的生活方式，这种转化是多层面、多领域的体系性转换过程。当代著名城市地理与区域规划学家约翰·弗里德曼认为：城镇化作为国家或区域空间系统中的一种复杂的社会过程，它包括人口和非农业活动在规模不同的城市环境中的地域集中过程；非城市型景观逐渐转化为城市景观的地域推进过程；还包括城市文化、城市生活方式和价值观在农村的地域扩散过程。前两者是可见的，物化了的或者说实体性的城镇化过程，后者是抽象的、精神化了的城镇化过程，也可以说，前两者是城镇化的数量过程，后者是城镇化的质量过程。弗里德曼称前两个过程是城镇Ⅰ，后一个过程是城镇化Ⅱ，通常也把城镇化Ⅰ称为狭义的城镇化，把城镇化Ⅱ称为广义的城镇化。

关于农村城镇化的特征，学者们也进行了概括和归纳。农村城镇化有自己的鲜明特征，包括产业组合的关联化、就业方式的多元化、经济运行的市场化、社区环境的生态化等。林建认为城镇化的本质特征主要体现在三个方面：一是农村人口在空间上的转换，二是非农产向城镇聚集，三是农业劳动力向非农业劳动力转移。孙正林等把农村城镇化总结为以下几个基本特征：越来越多的农村人口从区域相对分散的农村向城镇集中，城乡人口分布结构发生转换；传统乡村文明向现代城镇转换，人们的价值观念和生活方式开始发生变化；农村劳动力从第一产业向第二、第三产业转移，产业机构和社会结构发生变化；城镇区域逐渐扩大，城镇空间形态发生变化；人口、资本等经济要素快速、高效地在城乡之间流动。

关于城镇化的发展动力，对城镇化动力机制最简单的解释是所谓“推力”和“拉力”的理论，按照这种理论，农业的发展提供了城镇化的两个基本前提。第一个前提是农业的发展，农业产品的剩余，可以为城镇人口提供充足的粮食；第二个前提是农业生产率的提高，出现农业劳动力的剩余为城镇工业和第三产业的发展提供了劳动力的后备大军，这就是所谓农村的“推力”。工业的发展，工业的地理集中，工业带动的第三产业的发展则为农业剩余劳动力提供了新的就业机会，构成了城市的“拉力”。正是在“推力”和“拉力”的综合作用下出现了人口从农村向城镇的流动，城镇地域的扩展、城镇数量的增多、乡村地域向城镇地域的转化，就是我们所说的城镇化过程。赵军、肖洪安

（2004）等学者认为，生产力的发展是社会经济机构演变的根本原因，是城镇化产生和发展的动力机制。蔡雪雄等（2005）则认为市场机制是农村城市化的动力机制，强调市场机制对农村城市化起基础性作用。丁国平等（2006）认为农村城市化源自于生产动力和市场动力。工业化动力论者指出，农村城市化的动力机制是一个相互联系、相互作用的系统，它的根本动力是工业化。钟秀明、姜爱林（2003）认为，农村城市化的根本动力是整个社会的工业化。景普秋、张复明（2003）则指出，工业化与城镇化过程本身相互联系、互为动力。赵煦（2008）通过详尽考察英国城市化的情形指出城市化的核心动力在于工业化。总体来看，吴婧、赵勇、王晓侠、刘杰、高云虹、周英、孙峰华、袁海、郝婷等的研究表明，农村城市化的动力是农业发展、工业化、服务业兴起、比较利益、人口流动、产业机构变迁和优化、制度变迁、技术进步、资源禀赋、政策调控等多种因素构成的。李京文、陈柳钦、李丽萍、郭宝华认为农村城市化的发生与发展依次受到农业发展推动、工业化拉动和第三产业吸引三种力量的作用。郝寿义、杨兴宪（2004）则指出，城市化不同的发展阶段有不同的指导力量。陈前虎（2006）认为专业化分工是城市化发展的效率源泉，而制度变迁是城市化发展的动力。陈彦光、周一星（2007）认为城市化的动力在于城市和乡村的相互作用。林忠心（2008）认为第一、第二、第三产业的发展，是城市化发展的基本推动力量，构成了动力机制的核心要素；市场机制和政府制度安排通过发挥不同形式配置城市化要素资源的作用，直接影响交易效率的提高和城市化的推进，构成城市化动力机制的内在变量。

2. 关于农村城镇化的发展方向

我国学术界在农村城镇化的发展方向上基本有三种观点。

（1）乡村小城镇化。成德宁（2004）认为小城镇和乡镇位于城乡之间兼有城乡两种功能，应当大力发展农村乡镇和小城镇，这可以成为向城乡两级转化的交会点，也是解决农村剩余劳动力的“蓄水库”，这是中国农村现代化和乡村城市化的基本途径。曹玉华（2005）分析了农村城镇的经济功能后，认为小城镇是城乡经济与农村经济的结合部，承担着连接城乡发展的“中转器”。当前小城镇的发展已经成为城乡经济活动中活力最强、潜力最大、发展速度最快的区域，已经成为我国农村城镇化发展的主力军。许经勇认为发展小

城镇是将农村变为城镇、农民变为市民的逐步化的动态过程。积极推进小城镇建设对周围农村剩余劳动力会有相当大的吸引力，使其成为农村剩余劳动力的栖息地和向城市化过渡的前沿阵地。

（2）强调农村现代化。谢光国（1999）认为农村城镇化是乡村社区随着经济发展的过程而沿着原始化、传统化到现代化的过程演变。张大勇、马增林（2006）认为农村现代化包括经济结构综合化、生产手段现代化、乡村布局规范化、生活方式现代化和乡村文明。加快农村城镇化，意味着农村向现代化的转变。张晨强（2004）认为城镇化有能力推动农村现代化，促进农业现代化，推动农村工业化，实现产品结构的升级，可以促进农村的可持续发展，有助于农民素质的提高和生活方式的改革。张孝德（2012）认为如何建立一个乡村文明与城市文明共生共存的城镇化，这是中国特色城市化的核心所在。中国乡村就像构成生命体的细胞一样，携带着中华文明演化的秘密和基因，是中华民族从哪里来，到哪里去的精神归宿和精神家园。我们不能以终结绵延5000年之久的中国乡村文明为代价，去换取一时GDP指标、暂时的城市化率。

（3）强调农村功能的转变。冯海发（2001）认为农村城镇化的方向不是所有的人都住进城市，而主要是进行功能型城市化，即农村地区分享到城市性的工作方式和生活方式，从劳动结构和经济形态上解决农工一体化问题。改变“农村农业、城市工业”的产业配置格局。农村城镇化是指农村农民向城镇和非农产业转移，二元经济结构向一元经济结构转变以及城乡、工农差别的缩小（余戎、罗清萍，2005）。此外，农村城市化也是农村地区生产力结构、生产经营方式和农业人口的收入水平及结构、生活方式、思想观念、人口素质等方面与城市文明逐渐接近、趋向同一的自然历史过程（秦润新，2000）。张孝德（2011）认为在当前生态经济下，城镇村三元共生的城市化模式是生态经济发育的重要载体。作为支持生态文明物质基础的生态经济，需要城镇村多元化的载体。生态经济是一种在新文明观和新财富观导控下，以新能源为基础的低碳化、人本化、智能化的新经济模式。集多元化目标为一体的生态经济，必须借助多元化的载体来实现。处在城市与农村之间的小城镇不仅可以成为城市经济与乡村经济相互联系的桥梁，而且也为生态经济发展提供了城市与农村所不能提供的另一种独具特色的消费与生产。

3. 我国小城镇城镇化模式研究

乡村城镇化理论，也就是平常我们经常谈到的小城镇建设。这一理论主张在城市和乡村之间建立小城镇。最早对此展开研究的是费孝通先生。他在1986年曾说：“农民从农村转移到小城镇，目前采用了离土不离乡的形式……农民充分利用原有的农村生活设施，进镇从事工商业活动，在当前不失为最经济、最有效的办法。中国大规模的工业化就是在这种农民自办工业的形式中起步的。”费孝通先生在调查研究的基础上撰写了一系列关于小城镇的文章，他还第一次提出了小城镇发展的“苏南模式”“温州模式”等概念对于小城镇建设作了非常详尽的研究。

（1）乡镇企业推动——苏南模式。苏南模式由费孝通在20世纪80年代初率先提出。其主要特征是：农民依靠自己的力量发展乡镇企业；乡镇企业的所有制结构以集体经济为主；乡（镇）政府主导乡镇企业的发展，依靠农民，自力更生发展商品经济。注意从市场需要出发，优化乡镇企业的产品结构和企业组织结构。在企业组织结构上，一方面通过“小而专”拾遗补阙，另一方面又通过上规模上水平取得规模经济的优势；发挥地理优势，依托城市，充分接收城市经济的辐射，实现城乡经济一体化；协调农村发展中的工业与农业关系，使乡镇企业的发展与农业的发展相互促进。

（2）家庭经济和商品市场推动——温州模式。温州模式是温州地区以家庭工业和专业化市场的方式发展非农产业，从而形成小商品、大市场的发展格局。小商品是指生产规模、技术含量和运输成本都较低的商品。大市场是指温州人在全国建立的市场网络。经济形式家庭化，小商品大都是以家庭为单位进行的；经营方式专业化，有家庭生产过程的工艺分工、产品的门类分工和区域分工；专业生产系列化；生产要素市场化，按市场的供需要求组织生产与流通，资金、技术、劳动力等生产要素，均可自由流动；服务环节社会化。

（3）发展外向型经济推动——晋江模式。1986年，费孝通认为应该将“以市场调节为主，以外向型经济为主，以股份合作制为主，多种经济成分共同发展”的“晋江模式”与当时的苏南模式、温州模式、珠三角模式并列为中国农村经济发展的四大模式。晋江是唯一以县域经济形成的模式。1988年，费孝通在与罗涵先合著的《乡镇经济比较模式》中写道，“晋江模式”就是

“内涵于广大晋江侨属中的蕴蓄深厚的拓外传统和强烈要求改变贫穷现状的致富愿望”。1994 年 12 月，在中国农村发展道路（晋江）研讨会上，中国社会科学院等专家把晋江模式概括为：一种“以市场调节为主、以外向型经济为主、以股份合作制为主，多种经济成分共同发展”的经济发展道路。“晋江模式”的概念并不是一成不变的，它随着晋江经济的发展在不同时期具有不同的特征。从 1995 年开始，晋江全面启动质量立市工程，在产品质量全面提高的基础上推进品牌立市、打造“品牌之都”，大力扶持民营企业创立民族品牌。2002 年后，晋江市又积极推行“双翼计划”，使晋江企业资本运营与品牌经营比翼双飞，引导晋江民企由家庭管理向现代企业转变。

（4）大中城市功能扩散推动——北京模式。大中城市一般都是一个地区的政治、经济、文化中心，具有综合功能如政治功能、管理功能、对外交往功能、经济功能、居住功能、娱乐功能等。在城市发展到一定程度时，多种城市功能在市区叠加，会产生巨大的人口压力和用地矛盾，这时一些小城镇就利用与这些大中城市较近的区位优势，靠分担大中城市的部分功能发展起来。例如，北京郊区近年来有很多小城镇都是靠中心城区功能扩散发展起来的，怀柔镇靠分担首都的政治功能而发展，七家镇靠分担城区的居住功能而壮大，还有很多小城镇接纳了市区迁出的工业企业，带动了本镇经济的发展（赵春淦，2003）。

参考文献

L. 芒福德：《田园城市思想和现代城市规划》，载《明日的田园城市》，商务印书馆，2000。

埃比尼泽·霍华德：《明日的田园城市》，商务印书馆，2000。

蔡雪雄、林少伟：《福建农村城市化：发展特征与原因分析》，《福建论坛》（人文社会科学版）2005 年第 12 期。

曹玉华：《小城镇建设与农村城镇化》，《理论前沿》2005 年第 5 期。

陈前虎：《中国城市化发展面临的危机与出路》，《城市规划》2006 年第 1 期。

陈彦光、周一星：《中国城市化过程的非线性动力学模型探讨》，《北京大学学报》（自然科学版）2007 年第 4 期。

成德宁：《城市化与经济发展——理论、模式与政策》，科学出版社，2004。

丁国平等：《中国城市化发展战略的经济学分析》，《特区经济》2006 年第 8 期。

段爱明：《城镇化与农村经济发展关系文献综述》，《武汉金融》2011 年第 8 期。

冯海发：《论我国农村城镇化与农业的协调发展》，《学习与探索》2001 年第 4 期。

高佩义：《中外城市化比较研究》，南开大学出版社，1991。

郝寿义、杨兴贤：《中国城市化快速发展的动力机制》，《地理学刊》2004 年第 11 期。

姜爱林：《“城市化”和“城镇化”基本含义研究评述》，《株洲师范高等专科学校学报》2003 年第 4 期。

景普秋、张复明：《工业化与城市化关系研究综述与评价》，《中国人口·资源与环境》2003 年第 3 期。

李红梅：《新农村建设是中国特色城镇化战略的具体体现》，《学理论》2010 年第 8 期。

李任君、景善秋：《“三农”问题的症结及其解决途径》，《理论与现代化》2004 年第 2 期。

林忠心：《浅析我国城市化动力机制》，《消费导刊》2008 年第 3 期。

秦润新：《农村城市化的理论与实践》，中国经济出版社，2000。

谢国光：《产业化、城镇化、构建农村现代化》，《中国农村经济》1999 年第 8 期。

叶舜赞：《城市化与城市体系》，科学出版社，1994。

余戎、罗清萍：《我国农村城镇化发展偏离以农民为本的表现及对策》，《安徽农业科学》2005 年第 1 期。

张晨强：《城镇化是实现现代化的必由之路》，《中共太原市委党校学报》2004 年第 2 期。

张大勇、马增林：《加速农村城镇化进程与构建社会主义新农村》，《中外企业家》2006 年第 6 期。

张孝德：《城镇村三元共生模式》，《中国经济时报》2011 年 8 月 17 日。

张孝德：《中国的城市化不能以终结乡村文明为代价》，《行政体制改革》2012 年第 9 期。

赵春淦：《中国特色城镇化道路研究》，西南财经大学博士学位论文，2003。

赵君、肖红安：《农村城市化动力机制和战略思想探讨》，《农业现代化研究》2004 年第 25 期。

赵煦：《英国城市化的核心动力：工业革命与工业化》，《兰州学刊》2008 年第 2 期。

B.5

城镇化与城镇规划研究综述

刘瑞　韩学广*

摘　要：

城镇化是中国当前经济社会发展的重大战略选择和重要支撑。围绕着城镇化与城镇规划的相关研究，主要集中在城镇化与城镇规划的本质内涵、城镇化与城镇规划的重要意义和作用、城镇化与城镇规划的相互影响、城镇化道路选择以及快速城镇化背景下城镇规划存在的主要问题五个方面展开。在未来的研究中，应着重加强城镇化道路实现的基本模式和具体路径、城镇化质量与城镇规划评价体系和方法以及城镇化重点领域和关键环节的规划等方面的研究。

关键词：

城镇化　城镇规划　新型城镇化　研究综述

城镇化是中国当前经济社会发展的重大战略选择和重要支撑，是我国现代化建设的历史任务。如何对城镇化进行科学规划与合理布局，如何积极稳妥推进城镇化健康发展，不断提高城镇化发展质量和水平，就成为一个十分重要的现实课题。

因此，对我国城镇化与城镇规划的相关研究进行总结和分析，就显得十分有意义。围绕着城镇化与城镇规划的相关研究，主要集中在城镇化与城镇规划的本质内涵、城镇化与城镇规划的重要意义和作用、城镇化与城镇规划的相互

* 刘瑞，中国人民大学经济学院副院长、教授、博士生导师，主要研究方向为国民经济学、社会经济发展战略与规划、社会发展与社会政策、产业结构与产业政策；韩学广，中国人民大学经济学院博士生，主要研究方向为国民经济学、区域经济学。

影响、城镇化道路选择和快速城镇化背景下城镇规划存在的主要问题五个方面展开，现综述如下。

一　城镇化与城镇规划的本质内涵

正确理解和区分城市化、城镇化等相关概念是把握其本质内涵的基本前提。从词源来看，二者都与英文“urbanization”相对应，并无实质性差异。城市化是国外学者使用最早和最广泛的一个词，国内学者使用“城镇化”一词的居多。我国所称的城镇化在国际上通常表述为城市化。由于小城镇是我国城镇化发展战略体系的重要组成部分，是实现城市化的一条重要途径，所以从“十五”计划到党的十八大报告，我国对城市化的提法都是城镇化。可以说，城镇化是中国特色城市化。

（一）城镇化与新型城镇化的本质内涵

1. 城镇化的本质内涵

对城镇化本质内涵的理解因人而异，看法不一。索罗金和齐默曼（1929）强调，城镇化首先是行为方式和价值观的城市化。斯诺尔（1964）强调，城镇化过程既是统计意义上的表象变化过程，也是社会整体生活质量和价值观念提升的过程。可以看出，国外学者对城镇化本质内涵的理解主要侧重于城镇化带给人们的生产生活方式改变和思想价值观念冲击。冯更新（2004）认为，现阶段我国城镇化内涵包括城镇化要以人为本、思想意识转变、生产方式转变和生活方式转变。孔凡文、许世卫（2005）认为，城镇化的本质内涵应包括速度和质量两个方面，速度是一种现象或形式，质量才是本质，只有速度没有质量的城镇化只是表面上的城镇化。也有学者从区域和城乡协调发展角度来理解。谢扬（2005）认为，城镇化问题本质上是区域发展问题，它所解决的是区域增长极问题，和国土规划调整紧密相连。段爱明（2011）认为，我国城镇化从本质上讲应该是一个城乡转型问题，包括经济、社会、政治、文化、人口以及空间结构等各方面转型过程。曹钢和何磊（2011）认为，城镇化实质是解决城乡之间在产业、市场、发展方式、设施条件等方面对接和均等化问

题，即实现城乡“经济社会整体素质”少差别或无差别。从人本角度理解，肖金成（2012）认为，城镇化的本质是实现人口由农村向城镇转移，城镇化最终目的是要为人的全面发展创造条件。易宪容（2013）和贾康、刘薇（2013）认为，城镇化的核心或实质就是让农民进城及以人为本的农民市民化。李克强（2013）认为，城镇化的核心是“人”的城镇化，关键是提高“人”的生活质量。

2. 新型城镇化的本质内涵

新型城镇化是随着对传统城镇化认识的不断加深提出来的。王小刚、王建平（2011）认为，新型城镇化是在总结和反思国内外城镇化经验教训基础上，根据中国国情和发展阶段提出的科学发展道路。其本质特征和内涵为：以人的全面发展为根本目的、城镇化与工业化协调推进、不以牺牲农村发展利益为代价、以城市群为推进城镇化主体形态、构建合理的城镇规模结构、走集约高效的可持续发展道路。李萍（2012）认为，新型城镇化是一种以科学发展观为指导，强调以人为本、城乡统筹的城镇化战略，是以集约、和谐、公平、可持续为特征的“四化”同步发展的新型城市化道路，其核心是提高城镇化质量。说到底，关键是解决农民工和农村人口市民化，即人的城镇化问题，核心是通过进城农民的就业和收入结构、住房、子女教育和医疗、社保等社会保障以及公民社会等其他权利的改变和平等获得，使他们能有尊严地参与现代化进程和共同分享城市化现代化的果实。

由此可见，城镇化是一个动态发展过程，在不同的历史阶段有不同的内涵，并随着经济社会发展不断丰富。城镇化的本质是“人的城镇化”，即城镇化要为人的全面发展创造条件，这一点已成为共识。城镇化与城镇规划都应该体现新型城镇化的本质内涵和基本要求。

（二）城镇规划的本质内涵

规划是在一定资源约束条件下制定形成的，它作为政府干预经济的一种形式，是资源约束条件的反映（刘瑞，2009）。城镇规划作为国民经济规划的重要组成部分，既有规划的一般属性，又有其特殊性。张庭伟（2002）认为，规划作为政府行为，无论是在发达市场经济国家还是在中国，城市规划总是市政府工作的一部分。吴良镛、武廷海（2003）认为，城市规划具有战略性、可操作性、地方性等基本特性。翟宝辉（2004）认为，城市规划的本质是基于当地自然和人文资源，对一定时期内人类追求财富和健康的过程进行空间部署的手段，包括经济发展、社会发展、土地利用、基础设施、居住、交通通信、自然资源、生态环境、历史文化、游憩、防灾减灾等各个方面。城市规划是综合了社会、经济、自然因素之后的战略安排，具有系统性本质。肖金成（2012）认为，城镇化的核心是人口的城镇化，城镇化政策的核心也应是促进人口的城镇化。城镇规划是城镇化政策的重要内容之一。

二　城镇化与城镇规划重要意义和作用研究

我国正面临着加快转变经济发展方式的艰巨任务，加快城镇化进程是经济结构战略性调整的重要内容，是统筹城乡发展的关键措施，是解决长期困扰我国经济社会的健康发展的城乡二元体制和内需不足的根本手段（江源等，2011）。城镇化作为我国“新四化”① 战略的重要组成部分，其战略意义和重要地位是不言而喻的。

（一）城镇化意义和作用研究

城镇化不仅是未来影响中国经济可持续增长，还是影响中国社会变革的重要因素。王启云、王国杰（2004）研究了城镇化战略与扩大农产品有效需求之间的关系，认为实施城镇化战略对扩大我国农产品有效需求具有重要意义。周景彤（2010）指出，推进城市化将助推中国经济第二次“腾飞”，主要包括：城市化为经济持续较快发展增添了新的增长点，城市化为扩大消费提供强大动力，城市化是扩大就业、缓解就业压力的有效渠道。马凯（2012）指出，积极稳妥推进城镇化，对于继续顺利推进我国现代化建设、加快建成全面小康

① 党的十八大报告提出：“坚持走中国特色新型工业化、信息化、城镇化、农业现代化道路，推动信息化和工业化深度融合、工业化和城镇化良性互动、城镇化和农业现代化相互协调，促进工业化、信息化、城镇化、农业现代化同步发展。”

社会，具有至关重要的作用，表现在：城镇化是保持经济持续较快发展的强大支撑，扩大内需最大潜力在于城镇化；城镇化是推动经济结构调整升级的重要抓手；城镇化是解决“三农”问题、促进城乡协调发展的重要途径；城镇化是提高人民群众生活水平、促进人的全面发展的重要举措。盛广耀（2013）认为，新型城镇化是走中国特色城镇化道路的必然选择，通过新型城镇化，增强城乡互动，促进共同发展；通过新型城镇化，转变发展方式，调整经济结构；通过新型城镇化，破解发展难题，实现协调发展。张占斌（2013）指出，新型城镇化是我国现代化建设大战略和历史性任务，是我国扩大内需的长期动力之所在，是推动我国经济持续健康发展的“火车头”，是我国全面建成小康社会和从经济大国向经济强国迈进的“王牌”引擎。另有学者还指出，发挥城镇的聚集和辐射效应，节省农村工业化成本，促进农村工业化的发展（赵情学，2009）。

（二）城镇规划意义和作用研究

对城镇规划重要意义和作用的研究，主要是基于城镇规划功能和其重要作用的角度展开的。张庭伟（2002）认为，城镇规划作为城镇发展的一个重要调控手段，也就成为城镇化过程中不同利益集团相互博弈的舞台。在全球化背景下，在市场与政府宏观调控的双重作用下，城镇规划又被赋予了筹资、参与市场营销以及售后服务等新的功能。马凯（2003）指出，社会主义市场经济体制逐步建立与完善，唤醒了规划在民主与市场经济中的重要性。一方面规划是政府定的，是政府履行宏观调控、经济调节和公共服务职责的重要依据；另一方面，规划也是“管”政府的，政府既要依法行政，也要依规划行事。刘瑞（2009）认为，在市场经济条件下，规划作为国民经济管理的重要工具之一，其作用体现在四个方面：一是规划发挥“经济宪章”的作用，二是规划发挥推进经济和社会协调发展的作用，三是规划是解决政府失灵的必要手段，四是规划的经济伦理作用。这就从战略高度点明了规划的重要意义和作用。张占斌（2013）明确指出，城镇化规划和战略格局关系到城镇化的发展方向，是我国现代化发展战略的重要内容。因此，做好城镇规划意义重大。

三 城镇化与城镇规划的相互影响

城镇化不是一个孤立的过程，在其发展过程中伴随着人口迁移、产业调整、资源重新配置、城镇规划等诸多要素。城镇化与城镇规划相互作用，相互影响。

（一）城镇化对城镇规划的影响

1. 城镇化的本质内涵对城镇规划的影响

对城镇化概念的不同理解会对城镇规划产生影响。张庭伟（2002）认为城市化的含义是一种生产手段，城市规划功能是参与城市空间生产的全过程。这不同于计划经济下城市规划执行和落实国家经济发展计划的功能，市场经济下的城市规划在土地和空间布局上保证城市建设有序进行的前提下，已经参与到城市化空间生产从“筹款”“产品策划”到“推销产品”全过程中，城市规划的功能也涵盖了城市发展建设全过程。陆大道（2008）指出，不少地方对城镇化的理解存在着误区，把城镇化等同于城镇建设，造成一些城市在“加快城镇化进程”名义下，借“修编城市规划”之机，将大量农用地转变为城市建设用地，脱离实际地搞大开发区、大市中心、大广场、大立交、大学城等。张同升、刘长岐（2009）指出，只注重城镇规模平面扩张，而忽视城镇产业功能有效提升和扩大就业的根本目标。因此，城镇规划如何从过于偏重物质建设而忽视产业发展、过于注重空间效果而忽视公共服务需求等方面进行调整，从规划上落实以人为本的科学发展观，显得非常迫切。

2. 城镇化的区域差异对城镇规划的影响

我国城镇化的区域差异十分明显，以长三角城市群、珠三角城市群和环渤海－京津唐城市群等为代表的东部沿海城市群的发展速度和质量明显高于中西部地区城市群；即使在同一个城市群内，大、中、小城市和小城镇的发展也是参差不齐。因此，城镇规划也要因地制宜，制定适合本地实际情况的发展规划。吴良镛（2003）指出，就目前各地区编制的城镇规划而言，仍然有许多具有浓厚的计划经济色彩，更多的是体现地方政府的意志，而非市场经济的实际需求，并且每个城镇都存在着规划数量众多、针对性不强、内容交叉重复、衔接协调不力、规划与市场作用的界限模糊等问题。张同升、刘长岐（2009年）指出，目前我国的许多城镇规划往往急功近利，不能充分分析城镇发展的地方性和地区差异，忽视了城镇的区位条件、发展水平、人口特点、产业类型、环境特征、资源能力、历史文脉等多种条件，采取“一刀切”方式，要求自上而下地按照统一标准制定规划，甚至盲目照搬或抄袭别人的做法，严重影响到规划的有效实施。

（二）城镇规划对城镇化的影响

我国的城镇规划不同于西方发达国家城镇发展成熟时开始的城镇规划，我国的城镇化正处于快速发展时期，面临着一些复杂性的矛盾和问题，城镇规划不再仅是一个关于城镇的规划问题，而是一个涵盖了政治、经济、文化和社会综合含义上的规划。城镇规划科学与否，直接关系城镇化发展的质量与水平，规划理念、技术直接决定了城镇发展的可持续性。杨劲（2004）认为，科学制定城镇发展规划，才能实现可持续发展的城镇化道路。陈鸿彬（2006）指出，提高农村城镇化质量必须有科学的规划，规划是农村城镇化建设的总纲和依据，也是提高农村城镇化质量的蓝图和措施。赵鹏（2010）指出，规划是城镇化的龙头和灵魂，是城市建设和发展的蓝图，是建设和管理城市的基本依据。城市规划是否科学合理，直接关系城市总体功能能否有效发挥，关系到本区域经济、社会、人口、资源、环境能否协调，关系到城镇化能否健康发展。顾杰（2011）认为，推进城镇化建设，政府主要是“管规划”，一个好的规划能够使城市建设与管理获得事半功倍的高起点。祝福恩、曹伟（2013）指出，如果城镇建设规划跟不上或脱离实际，遍地开花，低水平重复建设，必然把中央这个大政方针引向邪路。李迅（2013）指出，我国城镇化进入关键时期，需要做好顶层设计。

但也有学者认为，城镇化是一个自然的历史演化过程，有其内在的客观规律，不需要过多政府干预。要尊重市场规律，政府部门要从当地的实际情况出发，慎重制定城镇发展规划，逐步推进城镇化。当前，城镇化最重要的就是减少政府主导，要动员社会机制。

四　快速城镇化背景下城镇规划存在的主要问题

（一）规划部门分隔、立法滞后直接影响规划的质量和实施效率

城镇规划部门分隔源于我国行政部门职能界定模糊不清以及各类规划之间的脱节。张同升、刘长岐（2009）认为，目前我国各类规划政出多门，互不衔接，甚至相互冲突，已经严重影响了城镇健康发展。李晨晨、韩源（2011）指出，我国规划部门在建设部内设规划司，省建委、建设厅内设规划处，在各市大多数都设有规划局，在州和县则又在建设行政主管部门内设规划科，有的与土地管理部门合在一起，层级体系较为复杂，不利协调。我国第一部在城市规划、城市建设和管理方面的法律是1989年全国人大通过的《中华人民共和国城市规划法》（以下简称《城市规划法》）。此后，地方以《城市规划法》为依据，编制了相应的城市规划管理条例和实施办法，形成了一个国家、省域和城市的三级城市规划的纵向法系系统（吴志强、唐子来，1998）。直到2008年《城乡规划法》的实施，原有的《城市规划法》才退出历史舞台。我国城镇规划立法十分滞后，远远适应不了快速发展的城镇化进程。李晨晨、韩源（2011）指出，我国城市规划法的实施是纵向管理的，只重视发展项目规划条件后期的审批，不重视前期发展项目的可行性研究。在此情况下，城镇规划根本就起不到应有的作用，也达不到预期的效果。

（二）城镇规划重视硬规划忽视软规划

一个完整的城镇规划应该包括硬规划和软规划两个方面。但是，现实中城镇规划往往只顾前者忽略后者。张同升、刘长岐（2009）指出，目前我国城镇规划侧重于对城镇景观、道路、建筑等硬件设施的建设和布局，意在体现政绩的、视觉效果明显的大广场、大马路、行政办公中心等工程项目，成为城镇规划的主要内容，而这些工程项目的建设，往往不能满足广大人民群众基本公共服务的需求。同时，对于有关产业发展、人口就业、居民基本生活、环境保

护、防灾减灾等方面的规划缺乏深度分析，可操作性不强。另外，在规划中很少重视城镇化发展过程中外来进城务工就业的人口在职业培训、就业咨询、社会保障、子女教育、廉租房建设等一系列公共服务的规划，农民虽然进得来，但却留不住，造成城镇的发展“兴城不兴业”。梁玥（2011）研究了农村城镇化问题，指出不论法治实践还是理论界在农村城镇化进程中依法规划的问题上都存在一个偏向或者误区，即将依法规划基本上定位为对城镇规模、城镇结构、城镇选址等规划上，而忽视了社区构造、文化素养和法律素养提升、历史文化传承等无形规划的内容。

（三）城镇规划编制和实施缺乏社会公众参与

一般认为，城镇规划是一种政府行为，是政府职能的重要体现，城镇规划的主体是政府。这样就容易忽视社会公众在城镇规划编制和实施中的重要角色。张同升、刘长岐（2009）指出，在现行体制下，规划过程中的“长官意志”也造成了所编制的规划缺乏持续性。由于计划体制的影响，我国规划的“谋”“断”“行”“督”职能，集于政府一身，这就使规划决策陷入了一个相对封闭的体系，立法机关和社会公众对规划缺乏有效的监督。在监督缺乏法律制度保障的前提下，作为政府职能部门的规划机构，坚持规划的能力被大大削弱。另外，由于规划编制的内容与公众需求不衔接，造成公众普遍不关心规划，参与不够，难以监督规划的有效实施。郑明媚、邱爱军、文辉（2010）认为，城市规划不仅是为了建造城市，也是为了向公众提供服务。因此，城市规划和相关政策的制定，要充分听取公众的诉求和意愿，而不是仅由规划机构和管理部门的工作人员“在办公室里冥思苦想”谋划出来，因为只有符合公众需求的城市规划才会造就活力十足的城市。

五　研究述评

城镇化与城镇规划已成为当前经济社会发展中的热点问题。从目前已有的相关文献看，有关城镇化与城镇规划的研究已取得不少共识，但仍有许多问题需要进一步深入研究。

第一，对城镇化、城市化、新型城镇化和城镇规划等本质内涵的正确把握，是开展相关理论研究的逻辑起点，也是开展城镇化与城镇规划等实践活动的重要前提。尽管城镇化、城市化和新型城镇化的提法不同，但是其本质内涵都是人的城镇化，即农民工市民化。城镇规划的最根本目的是为了满足人的更好生存和发展的需要。但在研究和实践中，也要注重对“半城市化”、“伪城市化”为城镇化而规划等城镇化过程中容易陷入的误区加以甄别和区分。

第二，目前对城镇化道路选择已达成共识，即新型城镇化。但对实现这一道路的基本模式和具体路径的认识却是模糊不清的。中央提出“新四化”同步发展也只是从宏观战略角度为实现新型城镇化提供了方向性指导。我国各类城镇众多，区域发展差异巨大，每个城镇各具特色，所走具体道路应该切合实际特点，而不应该千篇一律，雷同发展。因此，如何结合城镇的具体情况，找到一条合适的发展模式，做好发展规划，就成为下一步城镇化道路研究的重中之重。近年来出现的智慧城市、绿色城市、生态城市、低碳城市和包容性城市等都是有益的尝试。

第三，建立和完善城镇化质量与城镇规划评价体系和方法，是下一步研究的重点和难点。党的十八大报告明确提出“城镇化质量明显提高”的新要求，急需我们明确界定城镇化质量的本质内涵，并运用科学合理的方法对中国城镇化质量进行综合评价，明确各地区城镇化发展的差距和改进方向。同时，还要对城镇规划进行评价和改进，更好地发挥规划的功能和作用。这都需要一套完整、规范、科学、合理的评价指标体系和方法。目前，国内在这方面的研究还很欠缺，亟待加强。

第四，城镇规划如何为新型城镇化发展破解难题，关键是在重点领域和关键环节做好规划。城镇规划不仅是为城镇发展“画圈”，更是一项涉及诸多方面的综合系统工程。为此，就要在城镇化的重点领域和关键环节做好规划，具体包括：做好城镇基础设施、社区、医疗、教育等领域的具体和专项规划，将城镇规划和推进户籍制度改革结合起来，城镇规划要充分考虑土地管理制度改革，城镇规划要统筹完善住房保障制度改革，城镇规划还要积极配合全国主体功能区规划、城镇总体发展规划、行政区划等。

参考文献

安虎森、陈明：《工业化城市化进程与我国城市化推进的路径选择》，《南开经济研究》2005 年第 1 期。

曹钢、何磊：《第三阶段城镇化模式在中国的实践与创新》，《经济学动态》2011 年第 2 期。

陈鸿彬：《蜂窝原理对提高农村城镇化质量的启示》，《农业经济问题》2006 年第 2 期。

陈美球：《小城镇道路是我国城镇化进程中必不可少的重要途径》，《中国农村经济》2003 年第 1 期。

段爱明：《城镇化与农村经济发展关系文献综述》，《武汉金融》2011 年第 8 期。

冯更新：《现阶段我国城镇化的内涵和中小城市区域城镇化的重点》，《郑州大学学报》（哲学社会科学版）2004 年第 3 期。

辜胜阻、李永周：《我国农村城镇化的战略方向》，《中国农村经济》2000 年第 6 期。

顾杰：《推进城镇化建设政府该做什么》，《中国行政管理》2011 年第 11 期。

洪银兴、陈雯：《城市化模式的新发展》，《经济研究》2000 年第 12 期。

贾康、刘薇：《市民化为核心的新型城镇化》，《人民论坛》2013 年第 4 期。

姜太碧：《经济增长极理论与农村城镇化研究》，《农业技术经济》2002 年第 2 期。

孔凡文、许世卫：《论城镇化速度与质量协调发展》，《城市问题》2005 年第 5 期。

李晨晨、韩源：《新加坡城市规划法系解析》，《建设科技》2011 年第 11 期。

李富田、李戈：《进城还是进镇：西部农民城镇化路径选择——对四川省 31 个镇、村调查》，《农村经济》2010 年第 1 期。

李萍：《统筹城乡与新型城镇化发展》，《财经科学》2012 年第 12 期。

李迅：《推进新型城镇化建设重在做好顶层设计》，《环境保护》2013 年第 2 期。

梁玥：《农村城镇化进程中依法规划的软规划研究》，《苏州大学学报》（哲学社会科学版）2011 年第 1 期。

刘瑞：《国民经济学》，首都经济贸易大学出版社，2009。

陆大道：《我国区域发展的战略、态势及京津冀协调发展分析》，《北京社会科学》2008 年第 6 期。

马凯：《用新的发展观编制“十一五”规划》，《中国物价》2003 年第 11 期。

马凯：《转变城镇化发展方式　提高城镇化发展质量　走出一条中国特色城镇化道路》，《国家行政学院学报》2012 年第 5 期。

盛广耀：《新型城镇化理论初探》，《学习与实践》2013 年第 2 期。

宋来胜：《关于我国城市化道路的观点综述》，《改革与开放》2004 年第 3 期。

孙久文、叶振宇：《走中国特色城镇化道路的若干问题探讨》，《中州学刊》2009 年第 3 期。

王启云、王国杰：《城镇化战略与扩大农产品有效需求》，《求索》2004 年第 10 期。

王小刚、王建平：《走新型城镇化道路——我党社会主义建设理论的重大创新和发展》，《社会科学研究》2011 年第 5 期。

王小鲁：《对“重点发展中小城市和小城镇”的质疑》，《中国市场》2010 年第 46 期。

王小鲁、夏小林：《优化城市规模　推动经济增长》，《经济研究》1999 年第 9 期。

吴福象、刘志彪：《城市化群落驱动经济增长的机制研究——来自长三角 16 个城市的经验证据》，《经济研究》2008 年第 11 期。

吴良镛、武廷海：《从战略规划到行动计划——中国城市规划体制初论》，《城市规划》2003 年第 12 期。

肖金成：《谈谈农民工的市民化、本地化、家庭化——中国城镇化的基本途径》，《中国经贸导刊》2012 年第 7 期。

杨波、朱道才、景治中：《城市化的阶段特征与我国城市化道路的选择》，《上海经济研究》2006 年第 2 期。

杨劲：《我国城镇化滞后的现状、成因及其对策思考》，《农业经济问题》2004 年第 8 期。

易宪容：《“过客”定居可让中国 GDP 再翻番——城镇化的实质是农民的市民化》，《人民论坛》2013 年第 2 期。

翟宝辉：《论城市规划的系统性本质》，《城市规划汇刊》2004 年第 6 期。

张建新、段禄峰：《我国城镇化道路选择问题探讨》，《商业时代》2010 年第 10 期。

张庭伟：《城市化作为生产手段及引起城市规划功能转变》，《城市规划》2002 年第 4 期。

张庭伟：《构筑规划师的工作平台——规划理论研究的一个中心问题》，《城市规划》2002 年第 10 期。

张同升、刘长岐：《快速城镇化发展背景下的中国城镇规划问题》，《城市发展研究》2009 年第 8 期。

张占斌：《新型城镇化的战略意义和改革难题》，《国家行政学院学报》2013 年第 1 期。

赵鹏：《城镇化健康发展须处理好五大关系》，《中州学刊》2010 年第 4 期。

郑明媚、邱爱军、文辉：《一个美国小城镇规划对我国的启示》，《国际城市规划》2010 年第 6 期。

周景彤：《中国：推进城镇化的意义及其面临的主要问题》，《国际金融》2010 年第 12 期。

周民良：《从成本优势走向技术优势，是中国工业化过程中不可避免的选择》，《经济研究参考》2005 年第 96 期。

祝福、曹伟：《推进城镇化是解决“三农”问题的根本出路》，《学术交流》2013 年第 5 期。

紫蕊、谢扬：《城镇化问题本质上是区域发展问题》，《城市规划通讯》2005 年第 18 期。

Schnore L. F. , "Urbanization and Economic Development: The Demographic Contribution," *American Journal of Economics and Sociology*, 1 (1964).

Sorokin P. A. , Zimmerman C. C. , *Principles of Rural-Urban Sociology* (New York: Henry Holt, 1929).

B.6

城市群问题研究综述

许正中　王直节*

摘　要：

城市群是城市化进入高级阶段的标志，是区域内中心城市通过“极化效应”和“扩散效应”与周围城市交互作用，从而实现产业和人口在不同城市间聚集与扩散运动的结果。因其巨大的集聚效应，城市群战略成为众多国家推动区域经济快速发展和协调发展的重要手段。为更好把握城市群发展新特点，追踪理论研究新进展，本章集中梳理了国内外相关学者关于城市群形成机制、空间结构、产业发展、协调管理、发展战略等几个方面的相关研究。

关键词：

城镇化　城市群　研究综述

一　城市群的形成机制

中外城市群（带）发展进程中，呈现了一些共同的特征和规律。张兵等（2006）认为一是具有明显的区位和网络组合优势。二是工业化是城市群的根本动力。三是与世界经济重心的转移密切相关，并伴随着制造业的发展而壮大。四是在城市空间方面表现为点轴开发模式，在产业空间方面表现为集群发展模式。五是在本国、本地区经济发展中发挥着中枢的支配作用。

---

* 许正中，国家行政学院经济学教研部教授、博士生导师，主要研究方向为预算管理创新、区域发展战略、宏观经济政策；王直节，国家行政学院经济学教研部博士生，主要研究方向为区域经济。

1. 国外研究主要内容

（1）经济联系。Warnes（1991）通过对伦敦城市群的研究而提出的“聚集与扩散效应”观点已成为众多学者城市群研究的切入点。J. Ravetz（2000）认为城市群区域是一个“城市－腹地”相互作用的系统，内部具有行政、产业、通勤、流域等联系，围绕整体发展的最佳模式来重新安排政治地图，可以成为一个有效的功能区域。Tabuehi 和 Yoshida（2000）以日本自 1992 年起的城市基本数据为分析对象，指出了工资率对城市群的形成与发展的驱动作用，也说明了工资率的差距是城市群成长的一个重要驱动因子。

（2）经济全球化。Fan（2002）认为，城市群形成的根本动力在于经济全球化。经济全球化迫使城市间经济要素与人员等交流频繁，城市以前所未有的速度结合起来，形成全球城市群网络。

（3）分工演进。Bertinelli，L. 和 D. Black（2004）借用劳动分工和专业化经济、交易效率、多样化消费偏好之间的两难冲突来解释城市群的形成与发展，指出“城市群的本质在于城市之间生产、消费和交易活动的集中”。

（4）内生增长。2003 年就有学者基于共享、匹配、学习机制，运用理论模型深入研究城市群经济的微观基础。Jones（2007）等认为，城市群的形成与发展的关键在于具有可持续支撑力的知识密集型城市。

2. 国内研究主要内容

（1）工业化和市场机制。许学强（1994）、顾朝林（2000）等认为，工业化、农业商品化、市场建设与乡镇和个体企业发展等是珠江三角洲和长江三角洲城市群的形成机制和发展动力。顾朝林、张敏（2000）认为，市场机制、投资机制等是长三角都市连绵区和我国城市群形成的重要机制。

（2）聚集、扩散与协调机制。苏雪串（2004）认为，产业协调机制、区域协调机制、辐射机制以及区域内合理的城市等级结构分工合作机制是城市群形成的主要机制。

（3）全球化和跨国公司的作用机制。袁瑞娟、熊世伟（2000）认为全球化和跨国公司是城市群形成机制的重要影响因素。徐永健等（2000）在此基础上分析了全球化和跨国公司在我国典型都市连绵区形成中的作用机制。

（4）体制和政策机制。许学强认为产业政策、权力下放、户籍政策和行政区划是珠江三角洲大都会区形成的重要机制，而刘荣增（2003）则强调了体制和政策机制在我国城镇密集区形成过程中的重要作用。

（5）历史区位地理环境机制。阎小培等（2003）认为，有利的国际环境、良好的地区条件等促成了穗港澳都市连绵区的形成。薛东前等（2000）认为历史基础和区位条件是关中城市群兴起的前提。

二　城市群的空间结构演进

城市群空间结构是经济结构、社会结构、文化结构与区域自然结构之间相互交织并在空间地域上的投影，是城市群功能组织方式在空间上的具体表现，也是城市群发展程度、阶段与过程的空间反映。

1. 城市群的空间演化规律

叶玉瑶（2006）认为，城市群空间演化是某一城市群区域在相当长时期内，城镇体系结构变化，城乡关系变迁，人口、产业等空间要素动态变化以及城镇实体空间外拓生长等现象的综合演变过程。吴启焰（1999）认为，城市群空间扩张形式可基本分为点环状扩张模式和走廊串珠状梯度扩张模式两种，在城市群内宏观区域层次的吸引聚集作用与中微观水平的排斥扩散力交互作用下，多核心星云状结构成为整个区域的空间形态表征。年福华等（2002）的研究表明，城市群扩张后期进入城市群区域内的网络化组织阶段，其网络化空间演变模式主要有 4 种：极核网络化模式、双子座网络化模式、多中心网络化模式、走廊发展型城镇网络化模式。张京祥（2000）采用城市群体空间演化基本机理构建了以城镇组织体系、城乡关联体系、网络联通体系和空间配置体系为内容的城市群体空间运行系统，进而提出了有序竞争群体优势、社会发展人文关怀、城乡协调适宜承载和紧密有致空间优化的组合规律。

2. 城市群的空间演化动力

城市群空间演化的动力机制包括三种基本分析思路。

（1）以城镇形态学为基础，将城市群空间演化视为一个类似于有机体的空间生长组织过程。朱英明（2001）认为，集聚与扩散仍然是城市群地域结构演化的重要动力机制，知识经济、城市居住空间结构演变、企业或企业集团组织及其行为将日益影响城市群地域结构的变化。

（2）从社会经济学的角度，将城市群空间演化视做社会经济演化过程。例如薛东前等（2002）认为，经济活动是城市群空间扩展的决定因素，产业聚集和产业结构演变是城市群空间扩展的直接动力。张祥建等（2003）认为，产业关联效应、产业转移效应和产业聚集效应催生了现代化城市群的空间结构格局。

（3）结合前两种分析思路，将经济、社会发展与空间演变过程建立为对应关系的分析思路。张京祥（2000）将城市群的空间演化视做空间自组织，是社会、经济演化以及空间结构组织的复合过程。此外，叶玉瑶将城市群空间演化的动力归结为自然生长力、市场驱动力以及政府调控力，并构建了城市群空间演化动力模型，分析了城市群空间演化动力作用机制、合成原则、不同演化阶段主导动力与空间演化特征之间的关系。

3. 城市群发展阶段

城市群发展阶段的划分主要有四个维度。

（1）空间扩展。比尔·斯科特将城市群空间结构的演化划分为单中心、多中心和网络化三个阶段（熊剑平等，2006）。张京祥（2000）认为，城市群空间的形成和扩展经历了多中心孤立城镇膨胀阶段、城市空间定向蔓生阶段、城市间的向心与离心扩展阶段和城市连绵区内的复合式扩展阶段四个阶段。薛东前等（2002）将城市群的演化发展阶段划分为集聚阶段、集聚扩散阶段、扩散集聚阶段、扩散阶段。

（2）成熟度。美国学者弗里德曼（Friedman J.，1964）认为，城市群的形成发展可分为工业化以前的农业社会、工业化初期、工业化成熟期、工业化后期四个阶段。刘荣增（2003）将城镇密集区的发展阶段划分为初级发展阶段、过渡发展阶段和相对成熟阶段。倪鹏飞（2006）将城市群的发展过程分为萌芽阶段、快速发展阶段、稳定发展阶段和成熟发展阶段。

（3）均衡倾斜。陈皓峰、刘志红（1990）将城市群的发展阶段划分为低级均衡、差异倾斜、平衡倾斜和高级均衡四个阶段。

（4）历史演化。戈特曼（Gottman J.，1961）通过分析生产要素对区域人口、产业、空间及城市生活方式等循环往复的相互作用过程，把纽约都市圈的形成和演化划分为孤立分散、城市间弱联系、大都市带雏形和大都市带成熟四个阶段。官卫华等（2002）将城市群按发展演化分为城市区域、城市群、城市群组和大都市带四个阶段。陈立人、王海斌（1997）将其划分为多中心孤散城市阶段、城市聚集区阶段、城市密集带阶段和大都市连绵区阶段。

三　城市群产业发展的研究

1. 产业集聚与城市群经济发展

城市群的产业集聚效应是区域经济发展的重要途径，也是城市群研究的核心。

（1）关于城市群内产业集聚的动力。Porter（2000）认为城市群内产业集聚现象主要是由于企业的集中所导致的专业化的信息、公共服务以及获得有专业化技能和经验的雇员，这是产业集聚的根本动力，也是产业集聚的结果。Baldwin（2000）等从公共政策和公共管理角度来研究城市群的产业集聚的机制，认为降低货物交易成本的政策会鼓励集聚，导致城市群的规模扩大。Panditetal 等（2001）探讨了城市群集聚效应的外部性，认为城市群固定性资产要素的数量和质量是影响城市群产业集聚效应的主要因素，也是影响城市群竞争力的重要因素。Krugrnan（1998）的集群模型从理论上证明，产业政策可能是城市群产业集聚产生和不断自我强化的促成因素。

（2）关于产业集聚促进城市群经济发展。Forslid 等（2003）通过建立一个可计算一般均衡模型，仿真模拟了欧盟内城市群内部贸易自由化与产业集聚之间的关系，提出城市群促进区域经济发展的关键因素是交易成本费用的降低。Ellison G.（2007）研究了美国 1972～1997 年制造业对城市群集聚效应的作用机制，发现城市群集聚效应的作用机制仍然是沿袭了马歇尔的学说，具体表现为三条途径：交易费用的节约、劳动力市场的汇集以及智力的外溢。

2. 产业转型升级与城市群竞争力

产业升级与转型是城市群发展到一定阶段的必然产物，不仅是城市群成长的重要标志，也是城市群竞争力的重要体现。P. Therrien（2005）发现，创新速度与城市群的规模并没有直接的相关关系，当然，一个人口少于 5 万人的城市是不可能诞生世界一流的创新成果，而大城市群或者大城市才有可能产生一流的创新成果。M. Tanimoto（2007）在考察了日本19～20世纪工业化过程后，认为城市群经济实际上是从单纯的劳动密集型工厂体系到高度自动化的现代科技生产体系的转变过程，比较明确地暗示了城市群中产业升级与转型是城市群现代化的必由之路。E. J. Malecki（2002）等将城市群作为直接研究对象，从区位的角度探讨城市群竞争力问题，认为地方特性对地区经济发展很重要，提高城市群竞争力，就是培养或利用好的地方特性产生吸引力，进而引发集聚，增强已有优势产业或加快新兴产业本地化的过程。

3. 城市群中产业格局与产业整合

城市群产业空间是城市群经济体发展的重要支撑。刘贵清（2006）认为日本典型城市群产业空间特征主要表现为产业空间格局特色鲜明、产业空间联系高度一体化、产业空间分布逆序圈层化、产业空间调控政府主导化，日本推动城市群产业空间演化的经验值得借鉴，如发挥区位条件改善的基础作用、重视交通网络的支撑功能、协调产业集聚与扩散格局、推进产业密集带的阶段演变等。王婷等（2010）认为城市群内产业分工格局的影响因素主要包括相对效用有效价格比优势、群内等级与规模结构、群内人均收入水平及城市间收入水平差距、城市群内各城市已形成的产业结构状况、政府行为对群内产业分工体系建立的作用、跨国公司产业转移及群内产业分工发展的动力等。乔彬等（2006）分析了城市群形成的产业机理，认为产业关联效应、产业聚集效应，产业技术扩散效应、产业转移效应是城市群空间结构演变的内在动力。洪娟等（2012）选择长三角25个设区市1998～2010年的制造业面板数据为样本，认为城市群内产业集聚与经济增长关系表现为倒U形曲线关系，产业集聚的过程中同时存在着集聚效应和拥挤效应，政府在制定区域调控政策时，要合理引导和规划大城市的产业集聚程度，避免由于产业集聚过度而带来的经济损失增加。张艳等（2010）以郑州及中原城市群为案例，从城市群产业整合的角度探讨如何发挥中心城市在城市群中的重要作用，认为城市群的经济重心仅仅是满足了中心城市的必要条件，而是否形成城市群的服务中心、高端制造业中心和创新中心，才是中心城市扩散效应得以有效发挥进而促进城市群产业整合的关键。

四 城市群协调管理

城市群管理的核心在于协调，国内研究的聚焦点主要包括三个方面：城市群管理机构、利益协调机制以及核心城市与区域的协调。

1. 城市群管理机构

张京祥等（2002）评估了行政区划调整的影响，认为被动解决眼前矛盾的行政区划调整并非是处理问题的根本途径，从长远来看，中国都市密集地区的行政区划及行政区经济负效应将会趋于减弱，但在未来相当长一段时间内其影响还会不断强化，由此提出了我国都市密集地区区域管治体系框架，即由两级双层管理体制组合成的三层管理系统，曹现强（2005）基于对以青岛和济南为核心的山东半岛城市群的研究，提出要以制度整合和政府职能转变为手段，建立跨市域并有非政府组织参与的合作机制和合作机构。宗传宏（2001）借鉴国外大都市带协调管理组织的相关经验，认为可以建立三种不同模式的高层次常设协调机构的设想，即以行政型为主、经济型为辅的大都市带联合组织，以经济型为主、具有有限行政权力的都市联盟和数字大都市带组织，通过信息技术网络连接起来的数字大都市带组织联盟。

2. 建立利益协调机制

赵璟等（2008）认为，中国现行的城市群公共治理模式在一定程度上促成和延续了城市群发展过程中的不协调现象，应将新公共服务治理模式引入城市群发展中，进一步从维护城市群公共利益、重新肯定公共权利和保护公共精神三个方面来促进中国城市群的协调发展。张祥建等（2003）通过对长三角城市群的研究，提出通过加强区域政策的整体性，协调区域利益关系，合理进行产业定位和分工，建立区域性投融资管理机制等政策来促进长三角城市群协调发展。石忆邵等（2001）认为长江三角洲都市圈整体利益和地方特殊利益的协调机制，构建圈域创业投资机制、圈域产业联动机制、中小企业融资担保基金运作机制、圈域信息联通机制和圈域具有股份合作制形式的实业性公司。

3. 核心城市与区域的协调管理

胡序威（2005）分析了核心地区与都市经济区的不同协调重点，提出增强核心地区的辐射功能和国际竞争力，加强核心地区对其外围经济腹地城镇和产业发展的辐射、带动和促进作用。薛凤旋（2000）认为，核心城市应以规模效益、发展平台、比较优势作为依据，考虑和其他各个都会经济区的成员如何分工，因此区内各个地方政府应以高层次的常设协调工作机构来统一规划，协调发展。

五　城市群的发展战略

关于城市群发展战略的研究主要集中在总体规划、经济整合、经济社会与生态环境协调三个方面。

1. 城市群总体规划

（1）就规划理念及原则，房庆方等（1997）侧重城市群规划的可持续发展理念。官卫华等（2002）主张，城市群规划范围应以行政区为主体，以跨行政区的经济区为补充，并按照综合性与整体性优势互补的原则来进行。邵波等（2004）提出了战略规划、空间规划以及项目规划相结合的城市群规划原则。姚士谋等（2005）提出了有限开发、资源保护与优化配置、地理分工的城市群规划导向性原则。

（2）规划内容，朱英明等（2001）从保持不同等级城市群规划的衔接性调整城市群管理战略与方针、城市群分配机制以及扩散方式提出了我国城市群规划发展的设想。官卫华等（2002）将城市群规划的内容概括为城市群的功能定位和发展方向的确定、城市群空间结构的优化、城市群支撑体系的规划、区域政策环境和制度环境的营造。谢正观等（2009）通过对大量中外城市群规划中空间管治分区的内容进行比较，逐一剖析国内外城市群规划在空间管治的背景、分区结果、分区特点、实施效果等方面的情况，认为目前国内城市群空间管治普遍失效的情况主要有三方面的因素：一是实施机制上未能体现管治实质，二是技术方法上未能形成有效支撑，三是分区政策的落实缺乏有效保障。

2. 城市群经济整合

林先扬等（2006）认为，城市群经济整合是指在城市群经济发展中，为了提高产业的集约化程度，扩大经营规模，实现经济资源的有效配置和城市群内的优势互补，增强经济竞争力，而对其经济组织结构、产业组织、发展模式、经济资源利用等进行战略性重组和调整的过程，这一过程具有动态性、关联性、整体性、持续性和可控性五个特征。刘静玉等（2005）认为，我国城市群经济整合的内容包括城市群经济系统整合、城市群经济支撑系统整合和城市群区域协调制度建设，可分为产业转移与互补整合、点轴联网辐射整合、职能分工整合以及集群化整合四种模式。陶希东（2010）认为，针对跨省都市圈经济整合过程中与行政区经济的制度瓶颈，应采取跨省区域治理，主要包括对现代区域治理理念体系、现代区域政治体系、现代区域市场经济体系、现代区域社会体系和现代城际合作体系的构建。

3. 协调经济社会发展与生态环境保护

黄志基等（2012）以中国16个城市群为研究对象，从资源、环境、生态三个维度构建了基于国土开发压力的城市群承载力综合评价体系，采用熵值法对中国城市群的承载力进行了研究，认为，城市群国土开发压力的差异主要来自生态维度，城市群的资源紧缺度与资源集约利用度不匹配，城市群环境压力与治理效率未能实现有效耦合。生态共建已经成为城市群协调管理的核心议题。宁越敏等（1998）主张开展跨行政区规划，特别是基础设施的联合建设和环境与生态规划，促进持续发展。张颢瀚等（1999）提出实施以长三角为整体运作模式的可持续发展战略，即资源统一配置战略、重要资源统一保护机制和整体规划体系、长三角环境资源的法制体系、长三角重点经济发展区位整体规划与开发。田嵩等（2012）从诊断城市群生态系统状况出发，按照培育城市群共同价值体系、开展生态资源调查与评价、制定区域生态网络格局和划定基本生态控制线的技术路径，提出我国城市群生态需求分片管制、生态系统分类管制、生态功能分区管制和生态用地分级管制的生态空间管制的“四分模式”。陈群元等（2011）通过对比分析按照区域协调管理、行业协调管理、综合协调管理三种城市群生态环境协调模式的基本类型，结合我国国情，构建了政府主导的、法制化的、资源化管理的、公众参与的、跨地区跨行业的综合协调管理模式，作为现阶段我国城市群生态环境管理的推荐模式。

参考文献

曹现强：《山东半岛城市群建设与地方公共管理创新，兼论区域经济一体化态势下的地方合作机制建设》，《中国行政管理》2005 年第 3 期。

陈皓峰、刘志红：《区域城镇体系发展阶段及其应用初探》，《经济地理》1990 年第 1 期。

陈立人、王海斌：《长江三角洲地区准都市连绵区刍议》，《城市规划汇刊》1997 年第 3 期。

陈群元、宋玉祥：《城市群生态环境的特征与协调管理模式》，《城市问题》2011 年第 2 期。

房庆方等：《区域协调和可持续发展——珠江三角洲经济区城市群规划及其实施》，《城市规划》1997 年第 1 期。

顾朝林、张敏：《长江三角洲城市连绵区发展战略研究》，《城市问题》2000 年第 1 期。

官卫华等：《关于城市群规划的思考》，《地理学与国土研究》2002 年第 1 期。

洪娟、谷永芬：《城市群内产业集聚与区域经济发展——基于长三角 25 市动态面板数据的分析》，《江西社会科学》2012 年第 3 期。

胡序威：《区域城镇体系的协调发展问题》，《城市规划》2005 年第 12 期。

黄志基、马妍、贺灿飞：《中国城市群承载力研究》，《城市问题》2012 年第 9 期。

林先扬、周春山：《论城市群经济整合内涵、特征及其空间过程》，《经济地理》2006 年第 1 期。

刘贵清：《日本城市群产业空间演化对中国城市群发展的借鉴》，《当代经济研究》2006 年第 5 期。

刘静玉、王发曾：《我国城市群经济整合的理论与实践》，《城市发展研究》2005 年第 4 期。

刘荣增：《我国城镇密集区发展演化阶段的划分与判定》，《城市规划》2003 年第 9 期。

倪鹏飞：《中国城市竞争力报告 No. 4》，社会科学文献出版社，2006。

年福华、姚士谋、陈振光：《试论城市群区域内的网络化组织》，《地理科学》2002 年第 5 期。

宁越敏、施倩、查志强：《长江三角洲都市连绵区形成机制与跨区域规划研究》，《城市规划》1998 年第 1 期。

乔彬、李国平：《城市群形成的产业机理》，《经济管理》2006 年第 22 期。

邵波、潘强：《城镇群规划：几个原则与重点》，《规划研究》2004 年第 4 期。

石忆邵、章仁彪：《从多中心城市到都市经济圈，长江三角洲地区协调发展的空间组织模式》，《城市规划汇刊》2001 年第 4 期。

陶希东：《跨界区域协调：内容、机制与政策研究——以三大跨省都市圈为例》，《上海经济研究》2010 年第 1 期。

田嵩、赵树明、刘颖：《我国城市群生态空间管制的“四分模式”》，《城市发展研究》2012 年第 3 期。

王婷、芦岩：《城市群内产业分工格局的影响因素分析》，《理论与现代化》2010 年第 5 期。

吴启焰：《城市密集区空间结构特征及演变机制——从城市群到大都市带》，《人文地理》1999 年第 1 期。

谢正观、黄叶君：《中外城市群空间管治分区比较研究》，《城市问题》2009 年第 9 期。

熊剑平等：《国外城市群经济联系空间研究进展》，《世界地理研究》2006 年第 1 期。

薛东前、王传胜：《城市群演化的空间过程及土地利用优化配置》，《地理科学进展》2002 年第 2 期。

薛凤旋：《都会经济区：香港与广东共同发展的基础》，《经济地理》2000 年第 1 期。

姚士谋等：《我国城市群区空间规划的新认识》，《地域研究与开发》2005 年第 3 期。

叶玉瑶：《城市群空间演化动力机制初探——以珠江三角洲城市群为例》，《城市规划》2006 年第 1 期。

张兵、古继宝：《中外城市群发展经验及其对山东半岛城市群的启示》，《城市发展研究》2006 年第 3 期。

张颢瀚、张鸿雁：《长江三角洲经济协调联动发展的战略选择》，《管理世界》1999 年第 4 期。

张京祥：《城镇群体空间组合》，东南大学出版社，2000。

张京祥、沈建法、黄钧尧等：《都市密集地区区域管治中行政区划的影响》，《城市规划》2002 年第 9 期。

张祥建、唐炎华、徐晋：《长江三角洲城市群空间结构演化的产业机理》，《经济理论与经济管理》2003 年第 10 期。

张艳、程遥、刘婧：《中心城市发展与城市群产业整合——以郑州及中原城市群为例》，《经济地理》2010 年第 4 期。

赵璟、党兴华：《新公共服务治理模式对中国城市群协调发展的现实意义及其应用》，《经济体制改革》2008 年第 3 期。

朱英明：《我国城市地域结构特征及发展趋势研究》，《城市规划汇刊》2001 年第 4 期。

朱英明等：《我国城市群发展特征与规划发展设想》，《规划师》2001 年第 6 期。

宗传宏：《大都市带：中国城市化的方向》，《城市问题》2001 年第 3 期。

Baldwin, R. and Forslid, R., "The Core-Periphery Model and Endogenous Growth," *Economica* 67 (2000).

Bertinelli, L. & D. Black, "Urbanization and growth," *Joural of Urban Economics* 56 (2004).

Ellison G., Glaeser E. L., Kerr W., *What causes industry agglomeration? Evidence from coagglomeration patterns* (Working Paper, Harvard Business School, 2007).

Forslid, R. , Ottaviano, "An analytically Solvable Core-periphery Model," *Journal of Economic Geography* 3 (2003).

Friedman J. , *Regional development planning: a reader* (Cambridge: The MIT Press, 1964).

Gottman J. , *Megalopolis: The urbanization of the northeastern seaboard of the United States* (Cambridge: The MIT Press, 1961).

Krugman, "Increasing Return and Economic Geography," *Oxford Review of Economic Policy* 2 (1998).

Machael E. Porter, "Location, competition, and economic development: local cluster in a global economy," *Economic Development Quarterly* 14 (2000).

Malecki, E. J. , "Hard and soft networks for urban competitiveness," *Urban Studies* 39 (2002).

Panditetal, N. R. , Gary A. S. Cook and G. M. Peter Swann, "The Dynamic of Industrial Clustering in British Financial Services," *The Service Industrial Journal* 21 (2001).

Tabuchi, T. , "Yoshida. Separating Urban Agglomeration Economics in Consumption and Production," *Journal of Urban Economics* 48 (2000).

Tanimoto, M. , *From peasant economy to urban agglomeration* (the working papers of the University of Tokyo, 2007).

Therrien, P. , "City and innovation," *European Planning Studies* 13 (2005).

B.7

城镇化进程中社会治理问题研究综述

刘瑞　胡亚昆*

摘　要：

本章对社会治理理论及其演变，以及城镇化进程中社会治理的主体和模式、问题和原因、具体措施、改革方向及策略进行了综述，研究发现，城镇化过程中必须高度重视主动应对城镇化带来的巨大挑战，职能转变是改善社会治理的必然要求，公共精神是推进合作治理的现实基础，不断改进是完善社会治理的必由之路。

关键词：

城镇化　社会治理　研究综述

2010年党的十七届五中全会通过的《中共中央关于制定国民经济和社会发展第十二个五年规划的建议》中指出，要实现城镇化健康发展，必须科学制定城镇化发展规划，强化规划约束力，加强城市公共设施建设，推进大中小城市交通、通信、供电、供排水等基础设施一体化建设和网络化发展；同时还需要加强和改善大城市人口管理，中小城市和小城镇则要根据实际放宽外来人口落户条件，并在制度上解决农民工权益保护等问题。这就提出了政府在城市化进程中创新治理体制机制的重大课题。党的十八届三中全会明确提出要努力实现国家治理体系和治理能力的现代化改革任务，进一步彰显了城镇化进程中加强和改善社会治理的重要意义。

* 刘瑞，中国人民大学经济学院副院长、教授、博士生导师，主要研究方向为国民经济学、社会经济发展战略与规划、社会发展与社会政策、产业结构与产业政策；胡亚昆，中国人民大学经济学院博士生，主要研究方向为国民经济学、区域经济学。

一　社会治理的发展和讨论

（一）社会治理理论演变

关于治理理论的内涵，西方学术界一直存在着争论。其中最具权威的解释，就是全球治理委员会于1995年发表的题为《我们的全球伙伴关系》报告中给出的定义，它认为治理是各种公共或私人机构和个人共同参与社会公共事务管理的诸多方式的总和，是使相互冲突的利益得以调和并采取联合行动的持续的过程。这既包括有权迫使人们服从的正式制度和规则，又包括各种公众一致赞同或认为符合其利益的非正式的制度安排（靳永翥，2004）。英语中的治理或治理结构（governance）一词本意是“管理”“统治”“统辖”“控制”。但目前英语社会科学文献赋予该词的内涵较丰富，大都含有相关主体相互影响、相互作用、相互制约的意思。如经济学中的“公司治理”（corporate governance）、“契约关系的治理”（governance of contractual relations）等（韩朝华，2007）。

根据社会治理中政治、行政、公民三种基本力量此消彼长的演变，可将社会结构划分为四类：统治型、授权型、管理型、共治型（黄显中、何音，2010；见表1）。

表1　四种社会治理结构的比较

社会结构＼基本力量	公民	行政	政治
统治型结构	臣民	依附者	统治者
授权型结构	投票人	执行者	决策者
管理型结构	公共消费者	公共服务提供者	战略管理者
共治型结构	积极参与者	公共服务者	前瞻性领导者

迄今为止的人类社会治理史一直都是由单一治理主体垄断的社会治理，它使治理者与被治理者的对立成为社会治理关系的基本内容。在不同的时代，社会治理关系中的对立是通过不同的方式和不同的途径来加以解决的（张康之、张乾友，2011）。从现实来看，后工业化已经造就了新的社会形态，在社会治

理的意义上，已经呈现给我们多元治理主体并存的局面。从这一现实出发，我们需要建构的是一种合作治理模式（张康之，2012）。社会治理从最初的统治型结构，在最后的历史阶段产生出共治型结构，在于作为其基础和根据的价值理念因其先进性，只能在历史的最前沿展现在人类面前（黄显中、何音，2010）。

（二）社会治理理论的讨论

国内学术界对社会治理的研究直接借鉴了国外的相关理论成果，但基本问题意识则源于国内政治体制改革的需要，因而国内研究者普遍赋予社会治理模式转型以政治体制改革的内涵（韩朝华，2007）。孙晓莉（2008）认为社会治理模式的变迁是对传统社会管理方式的一次重大变革，即由行政集权式向民主式、参与型转变。多元社会治理的宗旨是根据社会公众的需要，通过多方参与、协同解决的方式提供公共服务与公共产品，从而确定社会管理对公众负责的公共责任机制。张康之（2012）则认为在社会治理的改革完善中，必须将理论与实际紧密结合起来，宏观与微观紧密结合起来，既要谋划长远，更要抓好当前。政府工作的重点应更多地转向提供包括医疗卫生、公共教育、劳动就业、社会保障、公共交通、环境保护等公共产品和公共服务领域，使经济发展成果更多体现在改善民生上，让全体人民都能享受到改革开放和现代化建设的成果。因而政府的一项紧迫任务，就是要改革收入分配制度，构建科学合理、公平、公正的社会收入分配体系，着力提高低收入者的收入水平，扩大中等收入者比重，有效调节过高收入，坚决取缔非法收入，努力缓解地区之间和部分社会成员收入分配差距扩大的趋势，建立促进社会和谐的利益分配格局，建立公正的利益协调机制、友善的社会帮助机制、有效的公共安全机制、灵敏的社会预警机制（肖文涛，2007）。

二　城镇化过程中社会治理的主体和模式

（一）治理主体

关于城镇化过程中社会治理的主体，主要有以下观点。

1. 地方政府主导

社会管理过程以政府为主体，最大限度地体现政党的组织合法性、党务透明性、明显责任性、法治合理性、程序合法性、上下回应性、管理有效性、广泛参与性、发展稳定性、执政廉洁性、社会公正性和社会包容性，有助于推进政党在新形势下进一步持续稳定发展的社会管理的理念创新（邓放，2011）。以地方政府为主导，城市化发展与地方政府治理转型互为动力，用地方政府比中央政府更富有的弹性与灵活性，去回应城市化及其带给人们的各种影响与结果（崔功豪、马润潮，1999）。城市化发展与地方政府治理转型互为目标，以地方政府治理的现代转型实现城市化目标，经由城市化过程，地方政府实现了对传统治理方式的超越与创新，从而使政府治理变得更为现代化（郁建兴、冯涛，2011）。

2. 基层组织自治

建设“和谐乡村”，实现由“统治”到“治理”、从“冲突”到“和谐”的历史性转变，既是新世纪新阶段我国乡村社会的首要问题，也是乡村治理的必然选择（唐利如，2011）。基层治理模式是基层治理的总框架，对城乡基层治理具有制度性的作用。在农村，理论界开始对起始于20世纪80年代的“乡政村治”基层模式进行反思和讨论，提出了多种不同的基层治理模式观点。乡派观点认为乡村治理结构应弱化，改乡级基层政权为县级政府的派出机构，作为县以下的行政组织。村派观点强调村民自治在基层治理和发展中的重要地位，把农村的社会管理职责交给基层自治政府。近来有学者认为新的农村基层治理模式应该是“强县政、精乡镇、村合作”的模式（张成福，1998）。在城市，面对居委会的两难困境与基层治理的低效，目前改革实践也是朝着两个路径演进：一是撤销街道，进一步加强社区的自治功能；二是在街道层面建立大社区，作为基层的治理机构，行政覆盖倾向较为明显（程又中，张勇，2009）。基层治理与地方治理、国家治理相比较，更多地表现为社会管理和公共服务，而经济和政治统治职能相对较弱。农村基层治理（或称乡村社区治理）和城镇基层治理（或称城镇社区治理）是基层治理的两个传统部分。伴随着农村城镇化进程的推进，介于乡村社区和城镇（城市）社区之间的一种过渡型社区的治理问题日益凸显，成为基层治理研究的新课题（钱玉英，

2008）。

3. 市场推动

城镇化应以市场为取向，即市场机制对城镇化起基础性作用。以中心城市为依托，即以特大与大城市为依托形成大、中、小城市协调发展的城镇体系。按区位，即按东、中、西部的区位环境不同形成各具特色的城镇。依时序，即有先有后、有快有慢地发展不同区位的城镇。动态性，即城镇的规模与空间布局不是恒定的，而是可变的。多元化，即大、中、小城市与小城镇协调发展，不拘一格（林国先，2002）。

4. 合作治理

在合作治理的视域下，必须赋予公众在政治与行政生活中的合作地位。公民通过进入非政府组织，从事更为广泛的政治与行政活动。非政府组织与公众的合作，体现了公民团体与公民个体之间在推进社会治理上的共同努力。政府、非政府组织与公众之间构建了一种相互影响、相互依赖、相互连接、相互合作的多元社会治理主体的共同治理（唐秋伟，2011）。

（二）主要模式

1. 广东模式

广东模式中的社会建设与法治建设是相辅相成的，法治建设旨在规范政府行为，同时有序地开放政治，重建权力的正当性。如果广东模式成功，将极大地改变社会与政府、市场与政府的关系（陈长江，2012）。

2. 重庆模式

重庆模式中共同富裕已超越了社会财富的再分配层次，而是将此原则向上游延伸，覆盖财富的生产过程，从而成为全面指导政府的经济、财政乃至社会政策的根本性原则。因而，共同富裕不是简单的民生政策，而是一个最高指导原则，是指导重庆制度变革的基本原则（陈长江，2012）。

3. 温州模式

温州模式注重城乡基层治理体系创新，破除城乡二元分割治理体制，促进了城乡社会一体化发展；改变社会管控体制，促进了城乡社会和谐持续发展；废除村社合一体制，促进了城乡资源的优化配置，从而大大地推进了城镇化发

展。温州经验对于重构城镇化中国的基层治理体系具有重要的示范价值（吴理财、杨桓，2012）。

4. 浙江模式

浙江模式推行“强镇扩权”改革，直接从影响乡（镇）政府社会治理有效性的因素入手改革，赋予乡（镇）政府一定的财政权用以支持其公共物品的自主供给，通过权力下放赋予乡（镇）政府实际的社会管理权限，通过政府与市场的合作，实现多样化的公共物品供给方式（姚莉，2008）。

三 城镇化过程中社会治理存在的问题和措施

（一）现存问题及成因

两院院士周干峙将当前城镇化发展中存在的主要问题归纳为“四个透支”和“三个失衡”，“四个透支”即土地资源透支、环境资源透支、能源资源透支、水资源透支，“三个失衡”即城市内贫富差距扩大、城乡经济差距扩大、沿海和内地差距扩大。两院院士吴良镛也认为：追求高城市化率是一个不正确的现象，或者是追求的目标和手段有简单化的趋向等。目前，统筹城乡社会事业发展的机制没有形成；城镇化社会风险防范政策缺失；城镇化社会风险防范的组织管理制度建设滞后；行政管理体制对城镇化社会风险防范工作的热情不高（刘峰，2009）。从社会治理的角度来看，导致目前社会治理难题的原因是三大新兴群体游离于正式社会治理框架之外。这三大群体包括：体制外新兴群体（主要是指在股份制、外资、私营企业中就业的中高层管理人员、研发人员、技术人员、公人、私营个体群体等）、农民工群体和低收入群体。这三大新兴社会群体的出现，导致社会结构与政府治理结构的错位，造成了中国社会治理失调的严重问题（陈长江，2012）。

（二）具体问题及措施

1. 社会保障

我国原有的城乡二元公共服务分配结构没有随城镇化水平的提高而相应改

变（王伟同，2011）。身份差异导致农村社会保障制度的缺失（冯尚春、丁晓春，2009）。不利于农村市场经济的发育和完善，影响了农村剩余劳动力的转移，成为城镇化进程中的重要阻力（蒋占峰，2007）。在社会保障制度安排上存在严重的市民偏向，迫切需要突破城乡二元保障格局，设计出适应城镇化需要的社会保障制度（余兴厚，2005）。目前，城镇化进程中面临的最大难题，就是将农民变成城镇人口后，如何妥善解决其就业、医疗、教育、住房等各种问题，尤其在住房保障体系、廉租房建设等方面，更是面临较大的考验（王一川，2010）。为了实现城镇一体化的社会保障制度，一定要保障贫困居民的最低生活保障（杨赛男，2012）。对于地方政府而言，努力实现基本公共服务均等化，促使社会和谐稳定。在具体做法上，推进农村土地流转，改革户籍制度，方便农民工就地落户、将农民工纳入城镇社会保障体系等制度创新，加快推进农民工市场化进程。在职业培训、住房供给、子女上学和最低工资等方面制定必要的政策措施，促进农民工在教育医疗等基本公共服务方面享有与城镇居民相同的待遇，逐步改变农民工生活方式（王一川，2010）。

2. 农民工就业

在我国城镇化飞速发展的今天，就业面临着来自城乡的双重压力、总量与结构的彼此困扰、新生劳动力与失业人员的相互交织（刘峰，2009）。未来一段时期，推进我国城镇产业转型升级，至关重要的就是，坚持走新型工业化道路，大力推进产业结构战略性调整，着力构建以高新技术产业为主导、服务经济为主体、先进制造业为支撑、现代农业为基础，结构优化、技术先进、清洁安全、附加值高、吸纳就业能力强的现代产业体系，坚持把扩大城镇就业作为民生之本（沈和，2011）。

3. 土地流转

《2011 中国城市发展报告》估算，目前全国有 4000 万 ~ 5000 万失地农民。据统计，因征地引发的社会矛盾急剧上升，在全国各地土地上访案件中，70% 以上因征地引发，并且这种上访具有明显的组织性、对抗性和持久性（刘峰，2009）。在农村城镇化急速发展中，解决失地农民的生活出路最根本的就是要推进农民市民化。加强农民的综合素质教育，农村城镇化过程中的工作机会和投资项目要尽可能多地考虑向失地农民倾斜，并建立失地农民社会保障机制（瞿志印，2009）。应建立维稳缓冲机制，以县政改革为突破口，建立公共服务型政府和合理的社会利益表达和博弈机制（樊红敏，2011）。

4. 新农村建设

社会主义新农村建设与推进城镇化是社会主义现代化建设中统一过程的两个方面，社会主义新农村建设既不是以城镇取代农村，也不是要保留一个以农民为主的社会。新农村建设是一个自然的历史过程，要做好长远的规划；新农村建设的主体是农民，而不是政府；社会主义新农村建设对各级干部要有一个科学的指标考核体系（钟涨宝，2006）。

5. 城中村改造

城中村改造是农村城镇化进程中极为棘手又急需解决的后续问题，城中村改造中又出现了改造后与城市不协调，农民不愿意拆迁的群体事件屡屡发生等不少现实问题（瞿志印，2009）。这些现象的背后是土地和拆迁问题带来的持续不断的社会冲突，这种社会冲突通过网络情绪化的渲染和扩大，以强烈的社会不满和广泛参与为特点，对公共权威形成挑战，成为社会不稳定的“痛点”和“引爆点”（樊红敏，2011）。在我国一些城镇的城乡接合部或者繁华市区内，来自农村无固定工作、固定住所，从事乞讨、捡垃圾或做无任何资格牌照的街头小贩，在城镇边缘地带搭棚、遮阴、避雨，形成了聚集外来农民工进行生产、生活的特定场所。这些地方规划、建设、管理都比较混乱，外来人口膨胀，所在地的出租屋成为黄、毒、赌的温床，成为制假、贩假的窝点，形成一定意义上的“贫民窟”，与现代城镇的生态、整洁和文明相去甚远（刘峰，2009）。解决上述问题，注意选择改造的时机和改造的方式，尽量在房地产价格较好时进行，具体分析不同地段、不同村落的实际情况，区别对待开发用途，并考虑历史文物保护和风土人情等人文因素；正确处理好开发商、村民、村集体和政府四者之间的利益关系，组织、协调各方，尽量减少税费，提供配套设施，化解社会矛盾，保证城中村的改造按照预期的目标顺利推进（瞿志印，2009）。

6. 道德建设

我国城镇化进程中，绝大多数流动人口对漂泊不定的生活而产生窘迫忧虑，难以产生对城镇的认同感和归宿感，使道德约束在人们的行为和社会秩序的构建中失去了应有的权威性，而代之以对道德义务的冷漠与麻木，具有更大的社会风险（刘峰，2009）。因此，对意识形态方面的治理创新应在提高意识形态建设的实效性上下功夫，坚持用一元化的指导思想去引领和整合多样化的社会思潮，把弘扬主旋律与提倡多样化统一起来。积极探索符合时代要求的意识形态工作新方式，针对多样化的精神文化需求，构建主流意识形态宣传教育的多层次平台，把先进性与广泛性统一起来（王玉珍，2006）。

四　城镇化背景下的社会治理改革方向及策略研究

推进社会治理创新涉及方方面面，需要发挥党委、政府、社会、公众等多方面的合力：充分发挥党总揽全局、协调各方的领导核心作用，不断提高各级党组织社会管理的能力和水平；加强政府的社会管理职能，重点解决“缺位”“越位”“错位”等问题，使政府切实担负起应尽的社会管理责任；充分发挥各类社会组织的作用，加强政府与社会组织之间的协作；大力培育公众的参与意识，不断拓宽公众参与渠道，规范公众参与行为，依靠人民群众实现社会治理创新。

（一）建立健全协调利益、化解矛盾、排忧解难的城乡基层组织社会服务系统

在农村，充分发挥基层自治组织在社会治理中的重要作用，着力建立健全村民自治机制，坚持民主选举、民主决策、民主管理和民主监督，引导群众规范有序地参与村务的决策和管理，促进农村和谐稳定。在城镇，完善社区的居民自治功能，健全社区群众自治组织，吸纳社区成员参与管理，保障社区居民享有充分的知情权、管理权、监督权，维护好自己的合法权益。应以服务群众为主旨，加强城乡基层自治组织建设，增强社会服务功能，拓展社会服务领域，提高社会服务水平（陈福今，2005）。

（二）建立健全提供服务、反映诉求、规范行为的社会组织网络

坚持培育发展和监督管理并重的方针，着力培育发展各类协会和民间组织，

努力建立与我国经济社会发展水平相适应，布局合理、结构优化、功能到位的民间组织体系。加强对民间组织活动的依法监管，建立法制健全、管理规范、分类管理、分级负责的民间组织管理体系，保证民间组织的健康发展（陈福今，2005）。

（三）建立健全社会保险、社会救助、社会福利和慈善事业相衔接的社会保障体系

依法扩大养老、失业、医疗、工伤等社会保险的覆盖面，积极开展特殊群体的社会救助、社会福利和优抚保障服务，以及下岗失业人员的再就业服务和社会保障服务，进一步完善城市“低保”制度，探索建立农村居民最低生活保障。加大收入分配的调节力度，努力解决部分社会成员之间收入差距过大的问题，促进社会公平（陈福今，2005）。

（四）建立健全城镇化社会风险防范的组织管理体制及政策体系

提高党的执政能力，不断加强和改善党的领导。加强政府调控不同阶层利益的机制建设。积极完善社会各阶层利益表达的畅通机制，充分发挥各种利益表达主体的作用。积极出台和完善各种相关法律和政策。积极应对城乡人口流动所带来的风险，建议创新管理模式，实现从“计划控制”向“居民管理”模式转换，并建立流动人口的融合机制，加强流动人口的立法管理和自治（刘峰，2009）。

（五）建立健全城乡社会心态、文化价值观念、生活方式的融合机制

建立思想文化价值整合机制，构建正确的社会价值主导体系；加强城乡文化之间的融合，做好快速城镇化过程中的文化保护工作；加快建立城乡生活方式的融合机制；重视并解决好城镇贫民窟等相关问题，正确认识贫民和贫民窟的存在；在城镇中加大投入建设一批低收入者社区，兴建“廉租房”，供农民工在内的城镇低收入人群或“城镇新移民”居住；加强城镇土地的管理工作，保持农民土地承包经营权的稳定；加强政府的宏观政策调整；以科学发展观为指导，走大中城镇和小城镇协调发展、农村加快发展的道路（刘峰，2009）。

（六）建立健全户籍管理和社会保障城乡统筹机制

实施户籍管理制度改革，消除城乡壁垒。将农民工纳入城市社会保障体系，建立失地农民的社会保障制度，完善农村社会保障制度（余兴厚，2005）。在具体的操作中，以土地承包经营权流转为重点，搭建农民社会保障平台；以强化城乡第二、第三产业为先导，扩大产业吸纳能力，为非农人口参与社会保障创造经济条件；以“家庭账户”为核心建立城乡社会保障的衔接基础；以梯级递进原则提高城乡社会保障制度衔接层次的自供型保障；以有差别的统一来推进中国社会保障体系的城乡衔接，将对城市企业职工实行的养老保险的社会统筹部分与医疗保险的大病统筹部分以及社会救助（最低生活保障）等设计为城乡共享项目，逐步把非公有制经济企业和广大农民纳入进来，建立覆盖城乡全体劳动者的基本养老保险制度、全民统一的大病统筹医疗保险制度和全民统一的社会救助制度政府全供型保障（冯尚春、丁晓春，2009）。

（七）建立科学衔接的基层治理新格局

培育基层自主性，重构国家与社会关系。理顺基层社会关系，选择合适的治理模式。打破城乡二元格局，建立城乡统筹的基层治理新格局。推动政府再造，构建服务型政府。构建基层治理网络，形成国家治理资源与民间社会治理资源的衔接与互动。将协商民主注入基层直选，走出村（居）民自治的困境。打破政府职责同构，完善城乡基层公共服务的管理和供给机制。构建事权财权相匹配的基层财政供给机制，确保城乡基层治理的经济基础（程又中、张勇，2009）。

五　结论和启示

（一）必须高度重视主动应对城镇化带来的巨大挑战

城镇化是产业分化、社会层级分化、社会原有结构解体、社会各种资源、利益重新分配组合的过程，社会矛盾尖锐化激烈化程度与城市的成长速度成正

比，城市规模越大，维持这个系统所需要的能量也越大，条件也越复杂，这个系统保持均衡状态也越难。城市规模越大，也意味着其内部各种要素的分化程度相互依赖程度越高，同时也需要外部输入城市更多的能量、物质和信息，城市才能正常运行。任何一种需要输入的能量、物质、信息的输入渠道短路，都可能造成整个城市功能瘫痪的风险（李建超，2008）。面对风险社会的治理困境，政府应勇于承担起治理责任，在充分意识到政府知识有限性和政府行为可能带来的风险的前提下，提高政府行为的前瞻性与科学性，并通过危机管理常态化、建立广泛的社会合作机制等途径尽可能降低风险的不利影响，提高风险治理的有效性（楚德江，2010）。

（二）职能转变是改善社会治理的必然要求

城市发展的一些领域处于被现代经济学认定的“市场失灵”的边界之内，市场“看不见的手”并非总是有效地提供市政基础设施等公共产品。城市发展需要政府参与调节，提供必要的引导。地方政府作为社会中不可或缺的行政管理主体，即使不直接承担经济发展职能，也要承担必要的行政干预职能和再分配职能，政府的干预和管制不可或缺，但必须对政府的施政过程进行有效的监督和制约。政府治理不等于社会治理，现代市场经济中，仅靠政府本身不足以构成完备、有效的社会治理体系（韩朝华，2007）。中共十六届三中全会通过的《中共中央关于完善社会主市场经济体制若干问题的决定》给地方政府指明了社会治理的发展方向，并从体现公正价值、实现绩效目标、推动政府再造以及重视人本价值四个角度确定了社会治理的价值选择（靳永翥，2004）。从管制行政到治理行政再到善治行政，是我国地方政府模式创新的过程。立足当今时代和中国国情，顺应多元治理、和谐治理的要求，我们应努力构建顺应全球化、立足本土化，以服务为宗旨、以公平为核心、以民主为基础、以法治为保障的管理架构，推进从物本型向人本型、从全能型向有限型、从权力型向责任型、从暗箱型向透明型的职能转变（王艳成，2009）。

（三）公共精神是推进合作治理的现实基础

20 世纪 80 年代是人类历史上的一个转折点，工业社会自此而受到了后工业化运动的挑战，社会治理也自此而开始了走向合作治理模式的建构进程。（张康之、张乾友，2011）。由于中国社会缺乏公共精神，导致社会合作中低效、无效甚至负效的状况普遍存在，政府和市场的运作效率总体上还比较低，从而无法实现更为良好的社会治理。为此，中国须着力培养公共精神。发达的公共精神有赖于众多社会条件的形成，不是一朝一夕就能形成的，但只要我们重视起来，付诸行动，并持之以恒，公共精神就可以得到培育和发展，社会治理也能因之得到改善（笪素林，2006）。通过培育公共精神，规范社会组织，提高社会自治能力。将个人意见在社会化渠道中进行对话、调整和整合，发挥各类社会团体的作用，积极推进社会治理，形成有形的团体行动和无形的协商过程互相补充、共同作用的社会问题治理格局（顾骏，2004）。

（四）不断改进是完善社会治理的必由之路

在思考合作治理形态中的政府模式的时候，是不能满足于以往政府促进社会合作职能的行为的，而是要对这一职能的主体加以解构和重建，以求建构起全面促进社会合作的治理体系（张康之，2008）。作为城市控制系统的政府，必须以动制动，尤其是在城镇化加速阶段，企望有什么一成不变的政策与治理方法，有什么保持城市社会稳定平衡的不变妙方的愿望注定要落空。对称性破缺，是有序之源、秩序之源。城市社会应该向着相关利益群体相互制约的方向演化，保持有机稳定（李建超，2008）。不论何种治理模式，都必须考虑到与现实情况的适应性，合理安排基层治理结构中的权力和利益关系，要防止简单用一种制度去解决另一种制度的弊端而陷入制度化陷阱的泥沼（程又中、张勇，2009）。城镇化在为社会治理带来了新挑战的同时，也为社会治理的改善提供了载体，反过来，社会治理的情况，也直接地影响着城镇化的进程。两者之间，关系紧密。作为社会治理的组织者和服务者，必须长远规划，全面协调，动态管理，统筹推进，妥善处理好公众、企业、政府等多方关系和利益诉求，持续调动各方积极因素和发展资源，推动城镇化和社会治理水平的不断提升。概而言之，政府只有以科学发展观为指导对城镇化风险从结构变革、战略实施、政策运行三个层面进行整体系统治理，才能使我国顺利跨越历史拐点，渡过城镇化加速阶段，平稳进入成熟和谐的城市社会（李建超，2008）。

参考文献

陈长江:《城市化过程中社会治理的重庆与广东模式比较及启示》,《江海纵横》2012年第2期。

陈福今:《推进社会治理创新,提高社会治理水平》,《人民日报》2005年11月25日。

程又中、张勇:《城乡基层治理:使之走出困境的政府责任》,《社会主义研究》2009年第4期。

楚德江:《风险社会的治理困境与政府选择》,《华中科技大学学报》(社会科学版)2010年第4期。

笪素林:《社会治理与公共精神》,《行政学研究》2006年第9期。

邓放:《对社会管理创新几个重要转变的认识》,《哈尔滨市委党校学报》2011年第9期。

樊红敏:《城镇化进程中的社会风险》,《人民论坛学术前沿》2011年第5期。

冯尚春、丁晓春:《中国特色城镇化道路与城乡社会保障制度的链接》,《思想理论教育导刊》2009年第2期。

顾骏:《社会问题需要社会治理》,《解放日报》2004年4月3日。

韩朝华:《利益多元化与社会治理结构转型》,《中国特色社会主义研究》2007年第1期。

胡际权:《中国新型城镇化发展研究》,西南农业大学博士学位论文,2005年。

黄显中、何音:《公共治理结构:变迁方向与动力——社会治理结构的历史路向探析》,《太平洋学报》2010年第9期。

蒋永甫:《治理·宪政·财产》,《湖北行政学院学报》2005年第5期。

蒋占峰:《农村社会保障制度缺失与城镇化论析》,《云南社会科学》2007年第2期。

靳永翥:《"新治理"与中国地方政府社会治理及治理价值选择》,《湖北社会科学》2004年第12期。

瞿志印:《农村城镇化过程中应着重解决的几个问题》,《广东农业科学》2009年第6期。

李建超:《跨越拐点:城镇化加速阶段我国地方政府风险与对策研究》,湖南师范大学博士学位论文,2008年。

林国先:《论城镇化的道路选择与制度供给》,《中国农村经济》2002年第8期。

刘峰:《我国城镇化进程中的社会风险与防范》,《发展研究》2009年第7期。

农业部农村经济研究中心:《中国农村研究报告(1990~1998)》,中国财经出版社,1999。

钱玉英:《城镇化背景下的基层治理:中国的问题与出路》,《苏州大学学报》(哲学社会科学版）2008 年第 9 期。

沈和：《当前我国城镇化的主要问题与破解之策》，《世界经济与政治论坛》2011 年第 3 期。

孙晓莉：《多元社会治理模式探析》，《理论导刊》2005 年第 5 期。

孙晓莉：《社会治理模式的变迁》，《学习时报》2008 年 9 月 1 日。

唐利如：《和谐乡村：现实挑战和模式创新——治理理论视角的中国乡村社会研究》，《西北大学学报》（哲学社会科学版）2011 年第 1 期。

唐秋伟：《探寻合作的社会治理模式——基于民主治理现实困境的思考》，《社会科学家》2011 年第 7 期。

王伟同：《城镇化进程与社会福利水平——关于中国城镇化道路的认知与反思》，《经济社会体制比较》2011 年第 3 期。

王一川：《城镇化进程中的地方治理模式创新》，复旦大学硕士学位论文，2010 年。

王玉珍：《维变动下社会治理模式的创新》，《行政学研究》2006 年第 5 期。

吴理财、杨桓：《城镇化时代城乡基层治理体系重建——温州模式及其意义》，《华中师范大学学报》（人文社会科学版）2012 年第 11 期。

肖文涛：《社会治理创新：面临挑战与政策选择》，《中国行政管理》2007 年第 10 期。

杨赛男：《论城镇化背景下社会保障制度的问题》，《商业经济》2012 年第 10 期。

姚莉：《论乡镇政府的社会治理能力：现状、改革及启示——以浙江“强镇扩权”为例》，《经济与社会发展》2008 年第 10 期。

余兴厚：《中国城镇化进程中社会保障制度的城乡统筹》，《重庆工商大学学报·西部论坛》2005 年第 10 期。

郁建兴、冯涛：《城市化进程中的地方政府治理转型：一个新的分析框架》，《社会科学》2011 年第 11 期。

张康之：《合作治理是社会治理变革的归宿》，《社会科学研究》2012 年第 3 期。

张康之：《论社会治理中的协作与合作》，《社会科学研究》2008 年第 1 期。

张康之、张乾友：《民主的没落与公共性的扩散——走向合作治理的社会治理变革逻辑》，《社会科学研究》2011 年第 2 期。

张康之、张乾友：《民主的没落与公共性的扩散》，《社会科学研究》2011 年第 2 期。

中国人口年鉴、中国社会科学院人口研究中心：《中国人口年鉴（1985）》，中国社会科学出版社，1986。

专题研究

Special Studies

走中国特色的新型城镇化道路

张占斌　黄锟*

摘　要：

城镇化是各国实现现代化的普遍规律和重要标志，是推动我国经济持续健康发展的“王牌”力量，它能够为创造巨大的内需投资提供动力和空间并更好地改善民生，面临国家发展的新问题、新挑战、新任务，我们需要走中国特色的新型城镇化道路。新型城镇化道路主要表现为以人为本、四化同步、城乡互动、科学布局、绿色低碳、传承文化、体制创新七个方面。走好新型城镇化道路，必须正确认识城镇化发展规律，结合中国城镇化的特殊性，牢固树立以质量为核心的发展理念，降低城镇化

* 张占斌，国家行政学院新型城镇化研究中心主任，国家行政学院经济学教研部主任、教授、博士生导师，主要研究方向为政府经济管理、城镇化和城乡统筹发展等；黄锟，国家行政学院经济学教研部副教授，国家行政学院新型城镇化研究中心副主任，主要研究方向为人口、资源与环境经济学、城镇化与“三农”问题。

门槛，建设包容性城镇，积极完善城镇化战略格局，多渠道筹措城镇化资金，积极深化制度改革。

关键词：

城镇化　中国特色　新型城镇化道路

改革开放以来，我国城镇化的实践不断发展，取得了显著的成绩，城镇化持续发展的潜力很大。但我国在城镇化发展过程中也出现了一些问题，如人口城镇化滞后于土地城镇化、半城镇化问题突出、各种“城市病”日益凸显，这些问题都严重制约着城镇化的健康发展。在这种形势下，一方面党的十八大提出了“新四化”协调同步发展，将新型城镇化提到了一个全新的高度，引起人们广泛的关注。另一方面社会上也有很多担忧和批评，担心随着城镇化的推进，会导致很多农民失去土地，进而形成城市贫民阶层；同时，担心会导致城镇化大跃进和新一轮的造城运动。因此，这么一件历史性的伟大事业，需要走出一条好的道路，而不是一条坏的道路。什么是一条好的城镇化道路？怎样才能走出一条好的城镇化道路？是摆在我们面前的一个亟须回答的重大课题。

一　为什么要走新型城镇化道路

党的十八大对我国未来发展进行了顶层设计，如何把顶层设计和基层的创新结合起来落实到位，这是全社会普遍关注的热点问题。在当前复杂的国际国内形势下，靠什么样的力量沉着应对各种不利因素，保证中国经济持续健康发展？这是摆在新一届政府面前最重要的问题。从国际国内看，一种观点持悲观态度，认为中国经济可能面临着严重的衰退；一种观点持谨慎态度，表示对中国经济看不明白；我们持谨慎乐观的态度，认为中国经济仍然具有长期健康发展的潜力，有理由认为持悲观态度的观点是站不住脚的。我们的理由主要是：中国的城镇化正处在加速发展的关键阶段，努力推进具有中国特色的新型城镇化道路，将为我国赢得比较优势和后发优势发挥的空间，新型城镇化将成为我国现代化建设进程中的大战略，是我国全面建成小康社会的强大内生动力，能够推动我国经济持续健康发展的“王牌”引擎。看不到这最重要的一点，仅就中国经济存在的问题来号脉，只能是“只见树木，不见森林”，只能是“盲人摸象”。只有充分认识新型城镇化的战略意义，才能明确新发展阶段新型城镇化发展的重点任务，有决心和勇气不失时机地推进改革，完善推进城镇化发展的体制机制，妥善解决城镇化过程中出现的各种问题，促进城镇化和经济社会的健康发展。

2010年，我国人均国民总收入为4260美元，首次由“下中等收入”经济体转变为“上中等收入”经济体。2011年，我国城镇化率达到51.27%，城镇常住人口首次超过农村人口，我国开始由乡村中国向城市中国转变。这两个“首次”意义重大，标志着我国经济社会和城镇化建设进入了新的发展阶段。在新的发展阶段，到2020年我国要全面建成小康社会，到21世纪中叶新中国成立100周年之际要全面实现现代化，整个国家必将发生深刻的变革，新型城镇化也必将担负起更大的历史责任。面临着国家发展的新问题、新挑战、新任务，我们认为需要对我国的城镇化战略进行继承、调整和优化，走新型城镇化道路。

（一）城镇化是各国实现现代化的普遍规律和重要标志

自18世纪欧洲工业革命开启了人类社会工业化进程以来，城镇化对人类社会政治、经济、文化产生了巨大而深远的影响，从根本上改变了世界。世界发达国家率先实现现代化的过程，就是这些国家城镇化大发展、经济综合实力提升和国民福利水平进步的过程。

1. 城镇化成为推进国家现代化发展的重要引擎

从世界各国城镇化进程来看，一般可划分为三个阶段。城镇化率在30%以下为初期阶段，农业经济占主导地位，城镇化速度比较缓慢。城镇化率在30%～70%为中期阶段，现代工业基础基本确立，城镇化进入加速时期。70%以上为后期阶段，城镇化进入平稳时期，发展速度趋缓，部分国家出现“逆城镇化”现象。城镇化带来了人口的转移与集中、产业的集聚和城市的扩张、社会结构和生活方式的转变，世界发达国家成为强国的过程就是其逐步提高城镇化率的过程。目前，全球城市居民已达36亿人左右，发达国家70%～80%

的人口生活在城市，发达国家城镇化率多在70%～80%，少数80%～90%，个别达到100%。世界各国的城镇化发展，它不仅是人口的简单聚集，而且是整个社会基本形态由农业社会向城市社会的转型，是产业发展、经济增长和社会进步的晴雨表。正是因为城镇化具有的特殊重要地位，有理由把城镇化确定为我国现代化建设的历史任务。

2. 城镇化与工业化相伴相生并为工业化发展提供内生动力

工业化是城镇化的发动机，城镇化又是工业化的促进器，两者之间是共生互动的关系。工业化需要生产要素的集聚状态，只有生产活动集中才能降低工业生产成本，形成集聚效应和规模经济。城镇化能够在较小区域内集聚更多的生产要素，产生规模效益和分工协作效益，为工业化创造有利的条件。城镇化是工业化的必然趋势，伴随着服务业发展和科技进步，城镇化又极大地促进工业化不断提高水平，实现更好的发展。

3. 城镇化密切了各国合作交流并提升了人类福利水平

众多的有重要影响力和活力的城市，为人类的发展提供更加宽阔的舞台，目前和未来，城市群越来越成为各国竞争合作交流的战略性平台，全球城市体系把世界更加紧密的连接在一起，人类福祉得到提升。城镇化是人口持续向城镇集聚的过程，有助于普及和改善公共服务，提高人民教育水平和健康水平。城镇化拉进了民众与政府的距离，民众更容易采取集体行动从多方面影响政府，政府也能够从民众的意愿中寻找到改善治理的途径和方法。

4. 城镇化成为政府与市场共同发挥作用的重要载体

城镇化需要政府与市场共同发挥作用，两个比较优势发挥好，就有助于城镇化的健康发展，反之则容易出现“城市病”。英国是工业革命的发源地，在城镇化进程中遭遇过一些严重问题，逐渐形成了以城乡规划为主体的公共干预政策。美国的城镇化进程过分依从市场需求，在资源和环境上付出巨大代价。日本政府在工业化和城市化进程中发挥了积极的干预作用，根据人多地少和资源匮乏的国情，以较小的社会和环境代价获得较高的经济发展速度。一些拉美国家的城市化过于强调市场机制，大量农民涌入城市，导致过度城镇化，“城市病”丛生。世界各国城镇化的一条重要经验是：需要正确发挥政府和市场两只手的作用。

（二）新型城镇化是推动我国经济持续健康发展的“王牌”力量

从我国中长期发展看，在一个农业大国的基础上推进城镇化，向现代化迈进，这是我们的最大国情。积极稳妥地推进城镇化进程，关系到“三农”问题解决和全面建成小康社会，关系到国家现代化建设的全局，城镇化能够成为推动我国经济持续健康发展的“王牌”力量，实现以人为本的科学发展。

1. 新型城镇化有助于统筹城乡发展

我国要实现现代化重点、难点都在“三农”。解决“三农”问题，根本出路在城镇化、工业化、信息化和农业现代化。加强农业必须发展工业，农村富余劳动力必须减少。城镇化一头连着工业化，一头连着农业农村现代化。积极稳妥推进城镇化进程，不仅可以有效推进工业化，壮大城市经济实力，而且可以为工业反哺农业、城市支持农村，为转移吸纳农村劳动力，促进农业规模经营，增加农民收入，从根本上解决“三农”问题创造条件。信息化能够武装工业化，同时也覆盖全社会。

2. 新型城镇化有助于区域协调发展

近现代以来各国经济发展的一个普遍规律是，沿海国家的经济发展，多从该国沿海地区开始，然后沿着内河向内地延伸。中国也在经历类似的情况，改革开放以来，环渤海、长三角、珠三角等地区率先开放发展，在形成外向型经济格局的同时，也形成了人口经济集聚程度较高的城市群，有力地带动东部沿海地区的快速发展。伴随着东部地区产业转移和中西部地区区域发展战略的展开，中西部地区也加快了城镇化发展。从更长期的角度来看，中西部地区城镇化的发展，能够为我国经济发展创造更多更大的发展空间和回旋余地。

3. 新型城镇化有助于经济社会均衡发展

国内外发展的历史表明，推进城镇化的过程，就是不断推动经济和社会均衡发展的过程。理论上看，城镇化的发展不仅是人口的空间迁移，更重要的是社会结构的转型，以及由此引发的政治体制和经济体制的重大变革。对一个区域来说，城镇不仅是经济的中心，更是教育、文化、科学、艺术、人才的中心。城镇化能够为经济社会均衡发展创造条件，我们必须在经济社会均衡发展的层面上来统筹考虑城镇化进程。

4. 新型城镇化有助于人与自然和谐发展

我国人口多、底子薄，发展很不平衡，推进城镇化的同时面临人口众多、资源紧缺、环境脆弱等问题和矛盾。近年来，我国城镇化发展过程中的区域资源、能源和环境约束日趋明显。这就要求我们在推进城镇化时，时刻关注如何解决人类不断增长的需求与自然有限供给能力之间的矛盾问题，处理好城镇化进程与资源开发、环境保护的关系，处理好眼前利益和长远利益的关系，促进人与自然的和谐发展，实现美丽中国的发展。

5. 新型城镇化有助于平衡国内国外发展

世界经济失衡和再平衡已使我国外贸出口面临巨大的挑战，传统“大进大出”的贸易模式难以为继，扩大内需成为未来我国经济持续增长的国家战略。通过大规模的人口城镇化破解收入分配的城乡差距难题，提高居民收入水平与消费能力、培育壮大中等收入阶层，进而释放庞大的消费需求，是新时期中国实现经济转型的客观要求，将为扩大内需提供最强大、最持久的内生动力。同时，也为世界经济再平衡提供动力和空间。

（三）新型城镇化能够为创造巨大的内需投资提供动力和空间

工业化创造供给，城镇化创造需求。推进新型城镇化将是我国最大的内需和投资所在，也是我国未来发展的最重要的比较优势。

1. 新型城镇化将有效刺激需求并提高居民消费总水平

目前城市居民人均生活消费支出是农村居民的 3.6 倍，若未来 20 年城镇化率每年提高 1 个百分点，从现在起到 2030 年，还将有 3 亿农民将转为市民，将产生巨量的需求和投资。随着大量人口进入城镇，必然会对城市住房、供水、供电、供气、交通和其他基础设施建设提出新的需求，进而衍生出巨大的投资市场。大批农民进入城市，变农民消费为市民消费，新增人口对教育、文化、体育、公共服务等提出新的需求，成为拉动经济和投资的新增长点。只有减少农民，才能富裕农民。城镇化的发展能够加速农村剩余劳动力的转移，农村人口逐步转为城镇居民，有助于推进农业适度规模经营，提高劳动生产率，对增加农民收入和提高农民消费水平具有明显效果，进而使农村潜在的消费需求变为现实的有效需求。

2. 新型城镇化有助于推动服务业发展并提升服务质量

一方面城镇化是服务业发展的重要载体。城镇化的发展不仅能够推动以教育、医疗、社保、就业等为主要内容的公共服务发展，也能够推动以商贸、餐饮、旅游等为主要内容的消费型服务业和以金融、保险、物流等为主要内容的生产型服务业的发展，这都会对劳动力产生持续的巨大需求。另一方面城镇化滞后造成了第三产业在国民经济中所占比例偏低。通过城镇化，每年有大量农民离开农业岗位而成为非农产业从业者，实现人口在城镇的集聚，推动服务业发展，改变城镇发展过于依靠增加物质资源消耗的现状，从而实现发展方式的转变。

3. 新型城镇化有助于拓展就业空间解决更多农村劳动力就业

城镇化是解决日益严重的农村富余劳动力的重要出路。农村经济进一步发展和现代化进程的顺利进行，需要将滞留在农村的大量富余劳动力转移到城市的第二、第三产业，摆脱目前严重失调的人口城乡分布格局对国民经济持续健康发展的制约。积极稳妥推进城镇化，通过城镇经济的发展，创造新的就业领域和劳动力需求，提高吸纳农村富余劳动力的能力。同时，又会带动农村第二、第三产业的发展，拓展农村就业空间。

（四）新型城镇化有助于提高城镇化的质量并更好地改善民生

改革开放以来我国城镇化取得了举世瞩目的成就，但也存在一些问题，主要是城镇化还落后于工业化的发展，病态城镇化问题急需解决，新型城镇化有助于提高城镇化的质量并更好地改善民生。

1. 积极稳妥推进新型城镇化是尽快改变我国城镇化滞后状态的迫切要求

无论是从城市化与工业化和经济发展的相互关系看，还从国际比较的角度看，我国城镇化水平都是滞后的。城镇化滞后会导致聚集经济损失，影响城市功能的发挥；会限制农业剩余劳动力流动和农业现代化进程，阻碍城乡二元结构的一元化进程；会抑制消费和投资增长，导致内需不足；会阻碍第三产业发展和产业结构调整；会加剧资源破坏和环境污染，不利于可持续发展。为了避免城镇化滞后带来的负面效应，必须积极稳妥地推进新型城镇化，改变城镇化滞后状态。

2. 积极稳妥推进新型城镇化是实现人口与土地同步城镇化的迫切要求

新型城镇化实质上是人口和土地同步城镇化的过程。但在过去我国城镇化发展过程中，却出现了土地的城镇化快于人口城镇化的现象，也就是土地非农业化了，而人口并没有随之非农业化。一些地方政府在以地生财的利益驱动下，盲目拉大城市建筑框架，乱批乱占土地，热衷于扩大城区，增加开发区，土地利用十分粗放。一些地方政府人为地、机械地将非城市地区划入城镇，农村人口并入城镇人口，导致城镇人口规模在短期迅速增加。特别是一些地方以农村土地属集体所有为名，不与农民协商就强占和乱占农户的承包地，损害农民的合法权益。这些矛盾和问题，都迫切需要解决。

3. 积极稳妥推进新型城镇化是促进大中小城市协调发展的迫切要求

由于受经济资源禀赋结构和经济发展阶段差异的影响，我国的城镇化在国家层面和区域层面都存在着不合理性和非协调性。一方面与我国区域发展不平衡相连，城镇人口呈现出更多向东部地区和大城市集中的现象，中西部地区城镇化水平明显偏低，拉大了区域之间的发展差距。另一方面在一个区域内部，大中小城市布局不合理，中小城市人口密度较低，加剧了大中小城市发展的不平衡。

4. 积极稳妥推进新型城镇化是保障和改善民生的迫切要求

在现有公共财政体系下，新增城镇人口由于身份、城镇化时间的差异而出现了社会福利的固化和部分城镇人口的社会福利游离于城市社会保障体系之外。典型的例子是1.6亿的农村人口虽已在空间上实现了由农村向城镇的转移，成为城镇常住人口，身份上由农民变成了第二、第三产业的从业人员和主力军，但他们无法获得与城镇居民相同的国民待遇，他们的生产和生活仍处在城镇的边缘化状态，面临着户籍、居住、医疗、社会保障、子女入学等一系列问题，这种城镇内部的“二元结构”现象需要引起我们的高度重视。我们需要通过新型城镇化的发展破解城乡和城市内部“双二元结构”，切实保障和改善民生。

二　新型城镇化道路新在何处

新型城镇化道路是不同于过去的城镇化道路，是具有中国特色的科学的城镇化道路。这里讲的中国特色，主要有三点：一是中国是具有13亿人口的大国，要在实现现代化过程中走新型城镇化道路，应该说是世界上最难的一件事情，我们想问题、办事情，必须从13亿人口出发，比如粮食安全问题。二是工业化、城镇化和生态文明建设，是同步进行、叠加进行的，这个难度也比世界上任何一个国家难度要大得多，与先行的现代化国家的历程不一样。三是中国是一个城乡二元化比较严重的国家，如何破解城乡二元化，是中国推进新型城镇化的一个非常重要的任务，我们要有耐心和定力。到2020年，要解决约1亿进城常住的农业转移人口落户城镇，约1亿人口的城镇棚户区和城中村改造，约1亿人口在中西部地区的城镇化。笔者推测，如果到2050年，我国城镇化历史任务能够真正稳妥完成，就是了不起的世界级水平的成就。这里所说的中国特色，更多的是要考虑中国这三个特殊的国情，在考虑这个国情的基础上推进我们新型城镇化建设。

那么，什么是新型城镇化？简言之是以人为核心、以质量为关键、以改革为动力。如果再具体一些，根据中央城镇化会议的精神，就是走以人为本、四化同步、城乡互动、科学布局、绿色低碳、传承文化、体制创新的道路。

（一）新型城镇化，是坚持以人为本，体现公平共享、包容发展的城镇化

要合理引导人口流动，重点推进农业转移人口市民化，努力提高农民工融入城镇的素质和能力，实现城镇基本公共服务均等化。以人为本，是科学发展观的核心，是我们党的根本宗旨和执政理念的集中体现，也是城镇化科学发展的根本保证。以往的城镇化，一些地方热衷于“盖高楼”“造新城”，对农民工市民化问题没有给予应有的重视，存在着见物不见人的倾向。而一些地方因城镇建设和管理滞后，“城市病”已经显现，影响了城镇居民工作和生活质量。以人为核心的城镇化，就是要努力破解城乡二元体制和城镇内部的二元结构，使城乡居民共享发展成果，过上更加美好幸福的生活。

（二）新型城镇化，是坚持四化同步，体现产业支撑、就业优先的城镇化

城镇化要有产业支撑，要促进工业化和城镇化良性互动、信息化和城镇化

深度融合、城镇化和农业现代化相互协调。有了四化并举，产业发展起来了，城镇就能够集聚人气，有了吸纳就业的能力，实现产城人三方面的融合。没有产业支撑的城镇化，难以提供就业岗位，就是“唱空城计”，就会出现“空城”或“鬼城”。一些发达国家和东亚国家，较好地协调了四化同步，实现了现代化。而一些拉美国家由于四化不协调，就业问题突出，城市里出现了大量贫民窟，现代化进程严重受阻。在城镇化发展中，我们要补上服务业的短板。服务业是城镇就业最大的容纳器，多为中、小、微企业，铺天盖地，潜力很大，要大力扶持，加快发展。

（三）新型城镇化，是坚持城乡互动，体现以城带乡、工农互惠的城镇化

城乡二元结构是制约城乡发展的主要障碍，小康不小康，关键看老乡。推动新型城镇化要与农业现代化相辅相成，要严防死守耕地红线，确保国家粮食安全。要探索农村土地集体所有制的有效实现形式，加快构建现代农业经营体系。土地经营权流转、集中、规模经营，要与城镇化进程和农村劳动力转移规模相适应，鼓励发展、大力扶持家庭农场、专业大户、农民合作社、产业化龙头企业等新型主体。要探索农民变市民、进城不离乡、“就地就近”城镇化的路子。坚持工业反哺农业、城市支持农村和多予少取放活方针，健全体制机制，不断加大强农、惠农、富农政策力度，形成以工促农、以城带乡、工农互惠、城乡一体的新型工农城乡关系，让广大农民平等参与城镇化进程、共同分享城镇化成果。

（四）新型城镇化，是坚持科学布局，体现因地制宜、协调有序的城镇化

全国主体功能区规划对城镇化总体布局做了安排，提出了“两横三纵”的城市化战略格局，要一张蓝图干到底。要根据资源环境承载能力、发展基础和潜力，以城市群为主体形态、东中西地区因地制宜、大中小城市和小城镇协调发展，优化城镇化空间布局和城镇规模结构。目前，我国人口过度向少数特大城市集中，城市过度向东部集中的势头越来越明显，造成大城市规模过大、

小城市规模太小、地区差距日益扩大，城市布局不够合理。这不仅产生大量的经济问题，而且带来大量的社会、政治和生态问题，需要引起高度重视。由于中西部地区城市发育明显不足，这导致人口长距离大规模流动、资源大跨度调运，极大增加了经济社会运行和发展的成本，不仅不利于全面推进现代化建设，也不利于维护民族团结、保障国家安全。要在京津冀、长三角、珠三角城市群的基础上，在中西部和东北有条件的地区，依靠市场力量和国家规划引导，逐步发展形成若干城市群，成为带动中西部和东北地区发展的重要增长极。

（五）新型城镇化，是坚持绿色低碳，体现承载力强、和谐宜居的城镇化

要根据城镇人口增长趋势和资源环境变化态势，着力提高城市综合承载力和可持续发展能力，将生态文明融入城镇化全过程。当前，我国正处于城镇化快速发展阶段，随着城市人口的急剧增长及城市规模的迅速扩张，城市综合承载能力备受考验，高投入、高排放、高污染的路子不能再走下去了，必须坚持绿色低碳发展。要按照促进生产空间集约高效、生活空间宜居适度、生态空间山清水秀的总体要求，形成生产、生活、生态空间的合理结构。减少工业用地，适当增加生活用地特别是居住用地，切实保护耕地、园地、菜地等农业空间，划定生态红线。科学设置开发强度，尽快把每个城市特别是特大城市开发边界划定，把城市放在大自然中，把绿水青山保留给城市居民。

（六）新型城镇化，是坚持传承文化，体现历史文脉、民族特色的城镇化

城市建设水平是城市生命力所在，也是城市的软实力。城镇建设，要实事求是确定城市定位，科学规划和务实行动，既不能闭门造车，也不能邯郸学步，避免走弯路；要依托现有山水脉络等独特风光，让城市融入大自然，要融入让群众生活更舒适的理念，让居民望得见山、看得见水、记得住乡愁；要融入现代元素，更要保护和弘扬传统优秀文化，延续城市历史文脉，体现民族文化的自信；要加强建筑质量管理制度建设。在促进城乡一体化发展中，要注意

保留村庄原始风貌，慎砍树、不填湖、少拆房，尽可能在原有村庄形态和民族特色上改善居民生活条件。既要提升和传播城镇文明，也要保护和尊重乡村文明。

（七）新型城镇化，是坚持体制创新，体现两手结合、改革配套的城镇化

要更加重视市场规律，更好地发挥政府作用，两手结合，两手都硬。正确处理政府和市场的关系是经济体制改革的核心问题，也是城镇化健康发展的根本性问题。实践证明，成功的城镇化，既是市场调节、自然发展的过程，又是政府调控、规划引导的结果。我国城镇化过程中出现的许多问题都与市场和政府两只手的作用没有发挥好、没有协调好密切相关。虽然市场存在着外部性等缺陷，但总体上看，我国过去曾经走过由政府包办、排斥市场作用、忽视民间力量的城镇化道路，政府过分干预是造成市场信号扭曲、不能正常发挥作用的主要因素。同时，政府越位与缺位并存还影响了政府作用的发挥，不该管的管了，该管的却没有管好。今后，一方面要坚持微观交给市场，充分发挥市场资源配置的决定性作用，把错装在政府身上的手换成市场的手；另一方面还要充分认识到我国城镇化是一项复杂的系统工程，具有复杂性、长期性和艰巨性，又要更好发挥政府在创造制度环境、编制发展规划、土地用途管理、建设基础设施、提供基本公共服务、加强生态环境保护和社会治理等方面的职能。

三　新型城镇化道路怎样才能走得更好

走新型城镇化道路，必须正确认识城镇化发展规律，结合中国城镇化的特殊性，牢固树立以质量为核心的发展理念，降低城镇化门槛，建设包容性城镇，积极完善城镇化战略格局，多渠道筹措城镇化资金，积极深化制度改革。

（一）牢固树立以质量为核心的发展理念

城镇化速度与质量协调发展的关键在于提高城镇化质量。从当前的情况看，城镇化已经进入以推进深度人口城镇化为特征、促进城乡一体化的新阶

段，提高城镇化需要处理好以下几个方面的问题。一是要以人为本，妥善解决城市病问题。要提供与城镇经济发展水平相适应的基础设施和基本公共服务，优先解决城镇人口的就业、安居、教育、医疗、交通等问题，提高城镇居民生活质量。二是要转变城镇发展模式，提升城镇的可持续发展能力。要加强城乡不同类别的空间管制，大力推进低碳生态城市建设，促进城镇集约紧凑发展；要围绕提升城镇发展软实力，加快城镇服务功能建设；要加强城镇综合管理，建立统一、协调、高效、合理的城镇管理体制，提高城镇管理服务水平。三是要加强城镇化与工业化、农业现代化同步发展。要适应新型工业化的要求，积极探索新型城镇化道路和模式；要积极探索工业反哺农业、城市支持农村的机制、途径和方法，妥善解决“三农”问题。四是要建立城镇化发展评价体系，确保城镇化健康发展。科学制定城镇化质量评价指标体系，将城镇化质量纳入政绩考核、重大事项督查范围，强化城镇化在经济社会发展中的作用。

（二）降低城镇化门槛

要通过提供均等化的公共服务，降低农民进城务工的落户条件和成本，将符合条件的进城务工人员转化为城镇人口。一是适当降低农民工落户条件，允许符合条件的农民工市民化。根据城市的规模和综合承载能力，以就业年限、居住年限和城镇社会保险参加年限为基准，各类城市制定公平、公正的农民工落户标准。二是坚持房地产调控不动摇，引导房地产市场健康发展和房地产价格理性回归，坚决抑制高房价。同时，积极完善多层次、多元化的住房保障体系，逐步提高保障性住房在城镇住房供给中的比重。三是积极建立和完善城乡一体的公共服务体系。要逐步在全国范围内建立统一的教育、就业、医疗卫生、养老、住房、基本生活保障等公共服务体系。要适应农民工高流动性要求，尽快实现社会保险权益可顺畅转移、接续。四是加快教育和医疗体制改革，切实解决城镇居民在教育和医疗方面的难题。此外，提高农民工的就业能力和收入水平也等同于降低了城镇化门槛。

（三）建设包容性城镇

建设包容性城镇，强调城镇发展在经济、社会、治理、文化等领域的均衡与统一，强调城镇发展过程公平与效率的内在一致，强调城镇不同主体发展权利的同质均等性。一是建设包容性城镇的关键在于建设高水平的公共服务体系。其中，公共服务的普惠化、均等化是完善公共服务体系的核心问题。二是遵循城镇化的社会系统内生的运行规律，逐步减少乃至完全消除主导城镇化过程的“人治”色彩，以法治原则处理经济、政治、社会、法律之间不协调和系统失衡问题。三是逐步消除不利于包容性发展的一切排斥性制度体系，促进农民工等城镇外来人口的城市接纳与融合，使包括农民工在内的城市贫困阶层享有事实上的平等权利。

（四）积极完善城镇化战略格局

城镇化战略格局关系到城镇化的发展方向，是中国现代化发展战略的重要内容。要在国家现代化战略布局框架下，以科学发展观为指导，认真研究制定我国城镇化发展的中长期规划和综合性的政策措施。要合理确定大中小城市和小城镇的功能定位、产业布局、开发边界，形成基本公共服务和基础设施一体化、网络化发展的城镇化新格局。特别要遵循城市发展的客观规律，考虑不同规模和类型城镇的承载能力，以大城市为依托，以中小城市为重点，合理引导人口流向和产业转移，逐步形成辐射作用大的城市群，促进大中小城市和小城镇科学布局，加快构建和完善全国“两横三纵”城镇化战略格局。科学规划城市群内各城市功能定位和产业布局，强化中小城市产业功能，增强小城镇公共服务和居住功能。积极挖掘现有中小城市发展潜力，优先发展区位优势明显、资源环境承载能力较强的中小城市。

（五）多渠道筹措城镇化资金

中国农民数量特别庞大、农民城镇化的总成本特别高，如何有效筹措城镇化所需的巨额资金，是提高城镇化必须解决的重大问题。要多种渠道筹措城镇化资金，除了各级政府加大投资之外，还应该鼓励农民集资建城，也可以采取批租土地、有偿转让土地使用权、合理分配使用土地增值收益、合资开发、发行债券、投资入股、贷款等多种形式和途径，实行各种优惠政策，吸引和筹集更多包括公有、民有、外资和农民的资金，用于城镇化。

由于农民工市民化是当前城镇化的重点，所以现在有效筹措城镇化资金重点要解决的是农民工市民化的资金来源或者说农民工市民化的成本应该由谁承担的问题。应该由谁来支付这个成本呢？自然不能主要由农民工支付，因为农民工的收入已经很低，既无力支付，也不合理。当然，也不能由城市居民承担，因为这种成本开支不是由城市居民引起的。因此，农民工市民化的成本，除了雇佣农民工的企业要支付一部分之外，主要应该由各级政府支付，农民工自身也要直接支付一部分。因为只有权责利对等，制度才公平、合理、有效。农民工的低工资给企业带来低成本、高收入，企业应该对农民工一视同仁，给予城市职工同等的工资福利待遇，而且农民工市民化还能解除农民工的后顾之忧，安心、稳定地在企业工作，满足企业对劳动力特别是熟练劳动力的需求，缓解或消除“民工荒”现象，所以企业应该支付一部分农民工市民化的成本。企业支付农民工市民化成本，主要是用于一部分职工技能岗位培训、社会保障和在城市居住的费用。

从表面上来看，农民工市民化的成本主要不由农民工支付，似乎也不合理，但从实质上来看，农民工市民化的成本只是名义上主要由各级政府和企业支付，实际上主要还是由农民工自己支付的。因为政府和企业支付给农民工市民化成本的资金来源主要是农民工创造的价值。领着低工资的农民工给企业创造了大量的利润收入，支付一部分农民工市民化成本，只不过是减少一点利润而已。当然企业也不能支付太多，否则企业利益受损，不利于增加投资和经济发展。而且，政府支付只是名义上的，实际上是由农民工间接支付的。因为，政府在这方面支付的资金，可以主要来源于由农民工创造的价值转化而来的利润和税收。在政府支付的农民工市民化成本中会有一部分来自工业反哺农业的资金，也是对以往农民对工业发展的巨大贡献和牺牲的必要补偿，或者说是对农民过去创造的价值的返还。

总而言之，农民工市民化所需资金的来源或筹集渠道，主要包括政府的财政支出、土地增值收益、雇佣农民工的企业的支出、农民工的直接支付和农民工转让承包地所得的补偿。政府的钱应用在刀刃上、关键点上，社会保障就是刀刃、城镇化就是关键，政府现在特别需要加大这方面的投入，能够取得一举多得的效果。至于现在政府花钱很多的基础设施建设，应该更多地鼓励民间投资。

（六）积极深化制度改革

城镇化是一系列公共政策的集合，城镇化的健康发展离不开体制机制创新。我国过去30多年城镇化的快速发展与体制创新密不可分，存在的矛盾和问题也与体制机制的不完善直接相关。在今后一段时期，推进城镇化健康发展必须把深化体制改革放在十分突出的位置，尤其需要在土地制度、户籍制度、就业制度和社会保障制度等重要领域和关键环节进行突破。

1. 深化户籍制度改革

必须以去利益化、城乡一体化、迁徙自由化为目标和方向，在中央的统一规划下，剥离户籍所附着的福利功能，恢复户籍制度的本真功能，同时改革嵌入户籍制度之中的其他二元制度，整体推进。

2. 深化土地管理制度改革

一是按照有利于明确和保护土地物权的思路，虚化所有权，强化承包权，建立以承包权为核心的农地产权制度。二是严格界定公益性和经营性建设用地，逐步缩小征地范围，完善征地补偿机制，提高征地补偿标准。三是在不触碰18亿亩耕地红线的前提下，放开农村集体建设用地上市交易，保护农民成为农村集体用地交易主体地位，使农村集体建设用地与城市建设用地真正实现同地、同权、同价，形成集体用地和国有建设用地的土地供应双轨制。四是制定科学的土地利用总体规划和城镇发展规划，建立土地节约集约利用优惠政策，提高土地利用集约度。

3. 深化财税金融体制改革

一是建立健全公共服务能力，调整财政支出结构，强化政府基本公共服务供给的责任，推进建立包括农民工在内的基本公共服务体系。二是加大中央财政转移支付力度，逐步提高中央财政在义务教育、基本养老、基本医疗等基本公共服务支出中的比重。三是加快地方税收体系建设，培育稳定的地方收入来源，加快开征房产税，增强地方政府提供基本公共服务的能力。四是合理确定土地出让收入在不同主体间的分配比例，将政府土地出让收入纳入公共财政进行管理，提高土地出让收入的使用效率，减少地方政府对土地财政的依赖。五是根据城镇基础设施和公共服务性质的不同，建立多元化、多渠道的资金供给模式。

此外，还要通过加快市镇体制改革，提高社会管理能力，加快形成设置科学、布局合理、功能完善、集约高效的行政管理体制。

参考文献

樊纲、武良成：《城镇化：一系列公共政策的集合》，中国经济出版社，2010。

韩康：《中国城镇化发展的最大风险：城乡矛盾内化》，《国家行政学院学报》2013 年第 3 期。

简新华、黄锟：《中国城镇化水平和速度的实证分析和前景预测》，《经济研究》2010 年第 3 期。

李克强：《协调推进城镇化是实现现代化的重大战略选择》，《行政管理改革》2012 年第 11 期。

陆铭等：《城市规模与包容性就业》，《中国社会科学》2012 年第 10 期。

马凯：《转变城镇化发展方式，提高城镇化质量，走出一条中国特色城镇化道路》，《国家行政学院》2012 年第 5 期。

张占斌：《推进我国城镇化的基本思路和体制机制》，《中国经济时报》2012 年 11 月 15 日。

张占斌、黄锟：《叠加期城镇化速度与质量协调发展研究》，《理论研究》2013 年第 5 期。

B.9

从“四化同步”到“五化协调”

简新华 杨冕*

摘 要：

服务化是指由制造业为主导转向以服务业为主导的产业结构变动过程，是产业结构演进和城镇化推进的必然趋势、增加就业的迫切需要、消费结构升级的必然要求、人力资源新优势发挥的重要方式、提高经济效益的有效途径。最新统计数据显示，东部已经开始以服务业为主导，全国服务业的增长速度已经快于制造业，表明中国开始由工业化中期向中后期转变，经济服务化开始成为产业结构演进的大趋势，所以应该适时把“四化同步”调整为“五化协调”，把服务化作为产业结构调整优化的主攻方向之一，而且把“同步”调整为“协调”。

关键词：

工业化 农业现代化 服务化 城镇化 信息化

中国于1964年提出的“四个现代化”包括工业现代化、农业现代化、国防现代化、科学技术现代化，而现在提出的工业化、信息化、城镇化、农业现代化则是所谓“新四化”。这两个“四化”在本质是一致的，都是中国实现现代化的重要内容或主要任务，区别只是“四个现代化”包含国防现代化，而“新四化”则根据中国所处的发展阶段的特点和当前世界经济技术发展的新趋势，把现阶段工业现代化的主要内容明确为工业化，把科学技术现代化具体化

---

* 简新华，武汉大学经济发展研究中心副主任、教授、博士生导师，主要研究方向为中国经济改革与发展、政治经济学、产业经济学等；杨冕，武汉大学人口资源环境经济研究中心副教授，主要研究方向为人口、资源、环境经济学。

为信息化，而且由于城镇化是工业化的必然趋势和世界经济社会发展的大趋势，特别明确提出了城镇化，纠正了以往忽视城镇化的偏差。

近年来，由于城镇化滞后于工业化、人口城镇化滞后于人口非农化和土地城镇化、农业现代化滞后于工业化和城镇化、工农和城乡也还没有实现信息化，而且这种“新四化”的不协调同步，是整个经济社会发展不平衡、不协调、不可持续问题突出的主要表现之一，所以我国特别强调要推动信息化与工业化深度融合、工业化与城镇化良性互动、城镇化与农业现代化相互协调，促进工业化、信息化、城镇化、农业现代化同步发展。但是，从目前所处的发展阶段、经济结构特别是产业结构演进的大趋势和目前出现的新情况来看，中国已经开始由工业化中期向中后期转变，以制造业为主导的产业结构已经开始向以服务业为主导的产业结构演进，经济服务化（由制造业为主导转向以服务业为主导的产业结构变动过程）也是中国经济结构优化升级的重要任务，所以中国现在应该适时把“四化同步”调整为“五化协调”，把服务化也作为经济结构调整优化的主攻方向之一，把“同步”调整为“协调”，这样的方针才更为准确合理，更有利于经济社会持续稳定协调高效发展。

一　“四化同步”的标志、必要性和现状

所谓“四化同步”，应该是工业化、信息化、城镇化、农业现代化推进的速度要适当，实现协调平衡发展的状况，其中任何一化都不要太快、过于超前或者太慢、过于滞后。因此，提“四化协调”可能比“四化同步”更为准确恰当。什么是“同步”，不太好严格准确判断，容易产生误解，会让人们理解为同时以相同速度发展、发展程度也一样，但是“四化”发展的先后、速度和程度总会存在一定的差别，要求速度和水平完全一样、“齐步走”，既不符合实际也不可能达到，所以“同步”的提法可能不太准确；相反，“协调”更接近实际、更好把握、更为准确。所谓“四化协调”，就是“四化”的发展状况、速度、水平互相适应、相互促进、协调平衡，既不过分超前，也不严重滞后。实际上，“四化同步”与“四化协调”的内涵应该是一致的。

（一）“四化同步”或“四化协调”的标志

具体而言，“新四化”协调平衡发展的主要标志应该是工业化能够有效推进城镇化，为农村剩余劳动力转移提供相应的就业机会，为农村提供必要的技术、设备和资金，切实带动农业现代化；城镇化健康发展，适应工业化和经济发展的状况和要求，既不超前也不滞后于工业化和经济发展，农民的非农化与城镇化同步实现，没有产生严重的“城市病”和“农村病”；工业和城市适时反哺农业和农村，真正支持农业和农村的发展；农业产业化、机械化、规模经营水平、劳动生产率和农民收入不断提高，工农、城乡差别逐步缩小直至消失；尽可能发展信息产业，运用信息技术和设备改造和武装工业、农业和城乡，使得信息化与工业化、城镇化、农业现代化相互融合，跟上全球信息化的步伐。

（二）“四化同步”或“四化协调”的必要性

“四化”都是现代化的重要组成部分，它们之间是相互影响、互相制约的关系，只有互相协调配合，才能互相促进、相辅相成、有效实现；否则，“四化”推进不协调、差距太大，就会互相掣肘、互拖后腿，难以成功实现。

工业化是城镇化的发动机，城镇化是工业化的促进器，两者必须协调发展、平衡推进。如果工业化超前，城镇化滞后，就会使得工业发展缺乏市场和条件，从而延缓工业化的进程，无法实现发达的工业化；如果工业化滞后，城镇化超前，则会形成“过度城镇化”，出现大面积的“贫民窟”，带来严重的“城市病”和“农村病”。城镇化必须依靠产业支撑，否则就是“唱空城计”，会造成“过度城镇化”。没有产业的发展和集聚，无法提供推进城镇化所必需的人口、就业机会、资金，即使依靠行政的力量，人为增加城镇人口，进行城市建设，搞“房地产化”，也不可能长久持续，甚至可能出现“鬼城化”。

农业的一定发展是工业化和城镇化的前提，工业化和城镇化是农业现代化的必要条件，农业现代化是工业化和城镇化的必然趋势、能促进工业化和城镇化的健康发展。如果没有工业化和城镇化的发展，会使得农村剩余劳动力没有出路、经济技术条件缺乏，农业现代化也不可能实现。假若农业现代化滞后，

也会使得工业发展缺乏市场和条件、工业化和城镇化对劳动力和土地的需求不能得到有效满足，从而拖了工业化和城镇化的后腿；还可能出现大量贫苦农民盲目涌进城市，也会形成“过度城镇化”“贫民窟化”，带来严重的“城市病”和“农村病”。而且，城镇化不仅是农民向非农产业和城镇转移，城镇数量增加、规模扩大的过程，同时还是城市先进的生产方式和生活方式向农村普及、工农和城乡差别逐步缩小以致消失、城乡一体化和农业现代化实现的过程，如果城镇化只是城镇的土地面积和人口增加，没有相应的城市先进的生产方式和生活方式向农村的普及、工农和城乡差别的缩小及农业现代化的推进，甚至把城镇化搞成剥夺农民、损害农民利益的过程，那就是一种极为有害的病态城镇化。根本解决中国突出的“三农”问题，仅有农业现代化是不够的，更离不开工业化和城镇化，必须依靠工业化、城镇化和农业现代化的协调平衡发展。

信息化是现代科学技术进步和生产生活方式演进的大趋势，没有信息技术和设备的武装和改造，也就没有现代工业化、城镇化和农业现代化，信息化能够促进工业化、城镇化和农业现代化更快更有效地实现；而工业化和城镇化又是信息化兴起和发展的前提条件，没有工业化和城镇化一定程度的发展，信息化不可能出现。并且，包括信息技术产业、信息内容产业、信息服务产业在内的信息产业是信息化的基础，信息产业是新兴产业，信息产业的发展和信息化同工业化和农业现代化一样，也是产业结构演进的大趋势和优化的重要内容。

尽管“四化”的发展有先后、速度和程度的差别，不可能“齐步走”，但是“四化”都是现代化的重要内容，四者缺一不可，只有最后同时都实现了，现代化也才能最终实现。其中任何“一化”的任务没有完成，都不能说实现了现代化。所以，“四化”必须协调、平衡发展，最后同时实现。

（三）“四化同步”或“四化协调”的现状

1. 基本数据

改革开放以来，中国加快了“新四化”的进程，极大地提高了“新四化”特别是工业化和城镇化的水平。第一产业的增加值由1978年的1027.5亿元增加到2012年52374亿元，增长了约50倍；第二产业的增加值由1978年的

1745.2 亿元增长到 2012 年的 235162 亿元，增加了 133 倍多。[①] 中国信息化包括的数字化、网络化、智能化更是从无到有、突飞猛进，截至 2011 年 12 月，中国网民数量有 5.13 亿，互联网普及率达到 38.3%，远远超过 23.8% 的世界平均水平。

从 1978～2012 年，第二产业的增长速度在多数年份是最快的，最高的是 1992 年的 21.2%，期间有 17 年低于第三产业，2012 年是 7.9%，低于第三产业 0.2 个百分点；在国内生产总值中的比重始终是最高的，都超过 40%，最高年份达到 48.2%，2012 年为 45.3%。第一产业的增长速度，除了 1981 年和 1982 年高于第二产业、1990 年高于其他产业之外，都是最低的；在国内生产总值中的比重由 1978 年的 28.2% 逐步上升到 1982 年的最高点 33.4%，以后逐年下降到 2012 年的 10.1%，从 1985 年开始一直是最低的（见图 1、图 2）。

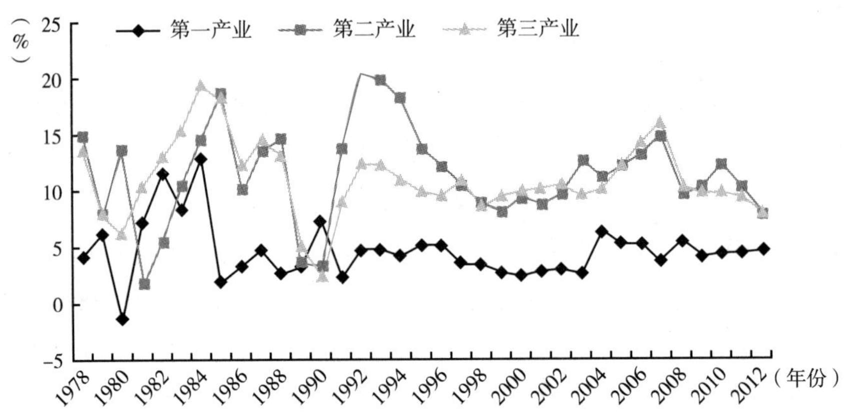

图 1　1978～2012 年中国三次产业增长速度比较图

资料来源：1978～2011 年数据来源于《中国统计年鉴（2012）》；2012 年数据来源于《国家统计局关于 2012 年国内生产总值（GDP）初步核实的公告》。

从 1978～2012 年，中国工业化率（工业产值与国内生产总值之比）一直在 40%～50% 波动，没有较大的变化，但必须看到的是第二产业的增加值增长了 133 倍多，更要看到的是中国的非农化率（第二产业和第三产业增加值

① 国家统计局：《中国统计年鉴（2012）》，中国统计出版社，2012；《国家统计局关于 2012 年国内生产总值（GDP）初步核实的公告》2014 年 1 月 9 日。

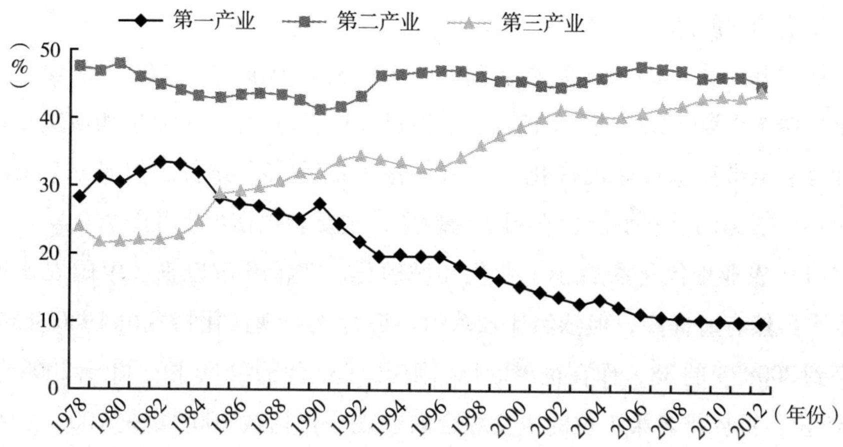

图 2　1978～2012 年中国产业结构（比重）演变趋势

资料来源：1978～2011 年数据来源于《中国统计年鉴（2012）》；2012 年数据来源于《国家统计局关于 2012 年国内生产总值（GDP）初步核实的公告》。

之和与国内生产总值之比，也是反映工业化水平高低的重要指标）已有较大幅度的提高，已经由 1982 年的最低值 66.6% 上升到 2012 年的 89.9%；城镇化率则由 1978 年的 17.9% 大幅度上升到 2012 年的 52.6%，每年平均提高约 1 个百分点，这是人类社会城市化发展史上少见的高速度。

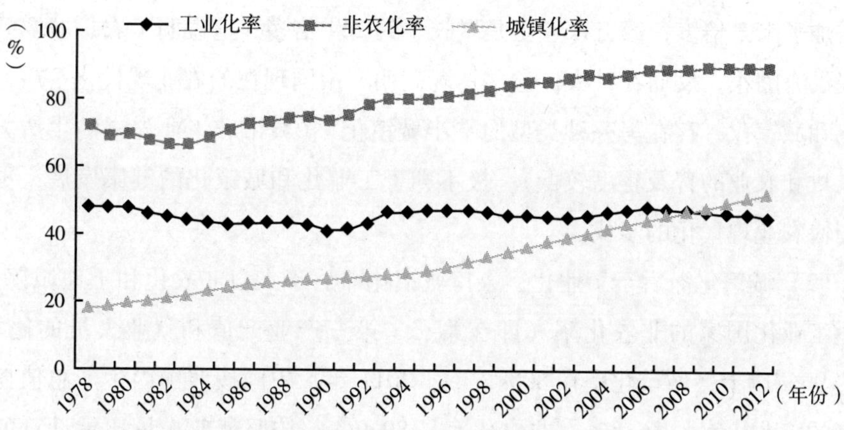

图 3　1978～2012 年中国工业化、非农化与城镇化水平变动趋势比较

资料来源：1978～2011 年数据来源于《中国统计年鉴（2012）》；2012 年数据来源于《国家统计局关于 2012 年国内生产总值（GDP）初步核实的公告》。

2. 存在的问题

从“新四化”的相关关系来看，工业化极大地推动了城镇化，改变了城镇化长期严重滞后的状况，城镇化也有效促进了工业化，工业化和城镇化在一定程度上也带动了农业现代化、为信息化提供了有利条件，但是“新四化”目前存在不协调、不平衡、不同步的现象，主要表现在以下几个方面。

（1）农业现代化滞后于工业化和城镇化。改革开放以来，中国农业现代化水平虽然有所提高，但依然比较落后。综合农业现代化指数由1980年的29提高到2008年的38，而在世界的排名则由1980年的第60位下降到2008年的第65位，世界排名第1位的丹麦综合农业现代化指数2008年是100。农业机械化程度、农业劳动力比重、农业劳动生产率、城乡收入差距是衡量农业现代化的重要指标。发达工业化国家的农业机械化率在90%左右、农业劳动力比重不到10%、工农和城乡差别基本消失。2011年中国的综合农业机械化率则是54.8%，农业劳动力占全社会从业人员比重依然高达34.8%左右。“中国农业劳动生产率比中国工业劳动生产率低约10倍”①，约为世界平均值的47%，约为高收入国家平均值的2%，约为美国和日本的1%。城镇居民人均可支配收入是21810元，农村居民人均纯收入是6977元，前者是后者的3.126倍。而且，2012年与1978年相比，第一产业的增加值增长了约50倍，第二产业则增加了133倍多，第三产业更是增长了约264倍多，这说明工农、城乡差别不仅没有缩小，反而在扩大。这些情况表明，中国现在的农业现代化落后于工业化和城镇化，存在另一种类型的“半城镇化”（城市和工业先进的生产方式在农村和农业的普及程度较低），极不利于工业化和城镇化的健康发展，更需要加快农业现代化的步伐。

（2）城镇化滞后于工业化、人口城镇化滞后于人口非农化和土地城镇化。发达工业化国家的非农化率（即在第二、第三产业产值和就业人员的比重）高达90%以上，城市化率在80%左右。2011年，中国按照国内生产总值比重计算的工业化率是46.8%、非农化率是89.9%，按照就业人员比重计算的工业化率是29.5%、非农化率是65.2%；按照包括进城农民工在内计算的城镇

① 赵晓娜、高红娜：《中科院：中国农业落后美国100年》，《南方日报》2012年5月15日。

化率是51.27%，按照城镇户籍人口计算的城镇化率只有不到40%。由此可见，中国现在的城镇化水平总体上仍然落后于工业化和非农化水平（也就是人口城镇化滞后于工业化和人口非农化），依然需要积极稳妥推进城镇化。

中国2012年52.6%的城镇化率是不完全的、有“水分”的，其中包含有部分“半城镇化”的人口。2012年农民工总量达到2.6261亿人，其中外出农民工1.6336亿人，如果完全扣除这一亿多进城务工的农民工，只计算城镇户籍人口，中国现在的城镇化率就只有不到40%。虽然改革开放初期使城镇化严重滞后的状况有了非常大的改观，但是由于城镇化的不完全或质量不高，使得中国依然没有从根本上改变城镇化滞后的状况，人口城镇化仍然滞后于人口非农化，必须通过提高城镇化质量来加快城镇化步伐、推进健康城镇化。

2011年中国城镇化率是51.27%，比2010年提高了1.59个百分点。“2011年全国批准建设用地61.17万公顷，其中转为建设用地的农用地41.05万公顷，转为建设用地的耕地25.30万公顷，同比分别增长26.3%、21.6%、19.4%。”[①] 据报道，改革开放以来“在长达30年的时间内，我国的城市建成区面积扩大了4倍，但城镇人口只增加了1.6倍”。[②] 据有关研究，中国现在有数以千万计的“三无农民”。这些情况表明，中国现在农地城镇化的速度快于人口城镇化的速度，农地非农化和城镇化的提高速度要比农民非农化和城镇化的提高速度快得多，说明现在城镇化占地增长过快、过多、利用效率不高，也不利于城镇化的健康持续发展。

（3）信息化水平还不高。从国际上衡量信息化发展状况的三个重要指标来看，中国在世界的排名比较靠后，而且近10年呈现“先上升、后下滑”的态势。在2010年“信息通信技术发展指数”的世界排名中，韩国第1位、美国第17位、俄罗斯第47位、巴西第64位、中国第80位，虽然比2002年的第90位上升了10位，但比2007年的第73位下降了7位。在2012年“电子政务发展指数”的世界排名中，韩国第1位、美国第5位、俄罗斯第27位、巴西第59位、中国第78位，比2005年的第57位下降了21位。在2010年

① 国土资源部：《2011年中国国土资源公报》，2012年5月10日。

② 何欣荣、叶锋：《当城市发展遭遇用地“天花板”：“摊大饼”能到几时》，新华网2011年3月28日。

“网络化准备指数”的世界排名中，瑞典第 1 位、美国第 5 位、巴西第 56 位、俄罗斯第 77 位、中国第 36 位，2011 年却下降为第 51 位。[①]

二　中国产业结构调整优化的新趋势

（一）经济服务化的新动向

图 1 和图 2 还表明，改革开放以来，中国服务业也快速发展、比重大幅度提高，尤其是在多重因素的作用下，2012 年开始出现新的发展势头。第三产业的增加值由 1978 年的 872.5 亿元增加到 2012 年的 231406 亿元，增长了 264 倍多，是三大产业中增长倍数最多的产业；第三产业的增长速度始终较快，最高达到 1984 年的 19.3%，期间有 34 年高于第一产业，有 17 年高于第二产业；在国内生产总值中的比重，在 1985 年以前是最低的，不到 30%，除了 1978 ~ 1980 年的比重有所下降之外，以后一直是上升的，1985 年开始超过第一产业，2012 年达到 44.6% 的最高点，只比第二产业少 0.7 个百分点。2012 年全国第三产业增长 8.1%，超过了第二产业的 7.9%；2013 年第一季度中国第一、第二、第三产业的增加值同比增长分别是 3.4%、7.8%、8.3%，上半年分别是 3.0%、7.6%、8.3%，第三产业增长速度最快。而且中国东部地区第三产业的增长速度多数是最快的，大城市第三产业的比重有的已经超过 50%，实际上已经成为主导产业。比如，2012 年第一、第二、第三产业的增长速度，北京是 3.2%、7.5%、7.8%，上海是 0.5%、3.1%、10.6%，广东是 3.9%、7.6%、9.2%，浙江是 2.0%、7.3%、9.3%。2012 年第三产业在国内生产总值中的比重，北京是 76.4%，上海是 60%，广州 63.59%。全国和东部地区的这几组数据表明，东部已经开始以服务业为主导，全国服务业的增长速度已经快于制造业，这是中国产业结构调整优化升级的新动向，也是产业结构调整优化升级已见成效的可喜现象。

---

① 周宏仁：《中国信息化形势分析与预测（2012）》，社会科学文献出版社，2012，第 324 ~ 332 页。

（二）经济服务化加快的原因

为什么中国现在会出现经济服务化的新动向？主要原因有以下几点。

1. 经济服务化是产业结构演进的必然趋势

工业化中期主要是以重工业为主导的阶段，工业化后期主要是以服务业为主导的阶段，由制造业为主导向以服务业为主导转变是工业化中后期产业结构演进的必然趋势。先进地区已经开始以服务业为主导，全国服务业的增长速度快于制造业，在国民经济中的比重已经接近第二产业，表明中国现在已经开始由工业化中期向中后期转变，也就是说，中国的产业结构已经开始由制造业为主导向以服务业为主导转变，经济服务化开始成为产业结构演进的大趋势。

2. 城镇化推进的必然趋势

城镇化水平的高低是第三产业在国民经济中的比重多少的决定性因素，因为第三产业的发展必须以一定数量的人口集中居住和人均收入达到一定水平为前提条件，只有城镇化和人均 GDP 达到一定水平以后，才能形成对第三产业的巨大需求，服务业才能加速发展，才能真正成为社会经济增长的主导产业。比如：发达国家第三产业的比重之所以占整个国民经济的 70% ~80%，与其城市化率也达到 70% ~80%、人均 GDP 达到和超过 1 万美元是相对应的。中国第三产业长期发展落后，尽管学者、官方近年来一再呼吁大力发展第三产业，政府也采取多种举措推进第三产业的发展，可就是不能比第二产业更快地发展起来、不能成为主导产业，其原因不是由于人们不重视，主要在于城镇化水平太低，长期滞后于工业化和经济发展，还没有形成对第三产业的巨大市场需求。2011 年中国城镇化率终于超过 50%，达到 51.27%，2012 年再提高到 52.6%，表明中国城镇人口超过农村人口，城镇化已经接近或者达到 50% 以上的世界平均水平，严重滞后的状况有了很大的改观，而且每年还在按照增加 1 个百分点的较快速度推进。城镇化快速推进必将更快更多地产生对服务业的需求，带来服务业的大发展。可以预言，要不了多久，中国第三产业的比重将很有可能超过第二产业、达到 50%，成为主导产业。

3. 增加就业的迫切需要

中国劳动力总量特别庞大，2012 年劳动年龄人口（15 ~59 岁）有 9.37

亿，即使人口老年化的程度提高，劳动年龄人口的比重会下降，但绝对量还是相当大的，而且与发达国家相比劳动生产率仍然较低，随着技术进步和劳动生产率的不断提高，对劳动力的需求也会相对下降，因此相当长的时期内中国的就业问题依然会比较突出。美国2亿左右劳动力创造的GDP是中国9亿多劳动力创造的GDP的2倍多，造成这种差别的主要原因在于中国现在发展方式不合理、产业结构档次低、经济增长的技术贡献率低、劳动生产率低、经济效率低，随着中国制度的完善、发展方式的转变、产业结构的优化升级、技术的进步、管理的加强，劳动生产率将大幅度提高，制造业对劳动力的需求会逐步大量减少，如果服务业没有相应的发展，就业形势将更加严峻。服务业是劳动密集型产业，现代服务业还是劳动技术密集型产业，创造的就业机会更多、就业率更高，而且现代服务业更适合于大学生就业，服务业的发展更有利于就业问题的解决。

4. 消费结构升级的必然要求

消费结构随着国民收入水平的提高而不断演进升级，而消费结构的演进必然促进产业结构的调整升级，这是消费结构和产业结构变化的客观规律。中国人均国内生产总值现在超过了6000美元，已经达到世界中等收入国家水平。在这个发展阶段中，消费结构必然要由小康型向发展型、富裕型、享受型转变，由追求丰衣足食向要求提高生活质量转变，人们的消费需求将由更多更好的物质产品为主转向更多更好的服务为主，中国现在服务业的加快发展正是消费结构和产业结构演进的必然要求和结果。而且，扩大内需是21世纪中国经济保持持续增长的根本之策，内需主要是消费需求，随着物质需求的不断满足，消费需求中增长最快的将是服务需求，自然会推动服务业更快地发展。特别是当前不少物质生产部门产能过剩，而包括老年服务、信息服务等在内的服务业的许多领域却供不应求，更是要求服务业加快发展。服务业开始成为中国经济新的主要增长点和支柱产业，服务业的发展，能够极大地推动经济增长，增加有效供给，更好满足消费需求，改善民生，提高生活质量。

5. 人力资源新优势发挥的重要方式

改革开放30多年来，中国抓住经济全球化的机遇，发挥劳动力充足价廉的比较优势和后发优势，采取优惠政策引进国外的先进技术和资本，大力发展

劳动密集型产业和加工贸易，经济增长取得了举世瞩目的惊人成就。现在中国人力资源的状况出现了新的变化，一方面劳动力成本和人口老龄化的程度正在不断提高，中国人力资源充足价廉特别是价廉的比较优势正在弱化；另一方面由于教育特别是高等教育的快速发展，使得中国大学生数量多、增加快，而且培养成本和毕业后的薪酬也比发达国家低，开始形成人力资本数量大、增长快、价格便宜的新的人力资源比较优势，并且这种比较优势还会不断增强。比如，中国大陆计算机软件技术人员的年平均工资只有5万~6万元人民币，在香港却能拿到50万~60万港元，在美国的收入则高达7万美元以上。① 人力资源这种新的比较优势的形成会产生双重效应，一方面为现代服务业和承接外包等服务贸易的发展提供了有利条件，这也是现在中国服务业和外包等服务贸易发展加快的原因之一，2012年中国“高附加值服务中的咨询、计算机和信息服务、广告宣传、金融服务、专有权利使用费和特许费出口快速增长，分别比上年增长17.8%、18.6%、18.2%、122.5%、40.1%”②；另一方面服务业特别是现代服务业的发展，又能更好地发挥人力资源的新优势。

6. 提高经济效益的有效途径

服务业特别是现代服务业的附加值高、收入更多、经济效益更好，如沃尔玛公司曾经连续数年在世界500强中排名第1位，主要从事的就是零售业。台湾宏碁集团创始人施振荣先生提出的“微笑曲线”表明，制造业产业价值链的高端即高附加值、高收入的环节是上游的研发、设计、采购、供应和下游的仓储、运输、市场销售、售后服务等，而这些环节大多数都是服务业。服务业特别是现代服务业和外包等服务贸易的发展，不仅本身就是产业结构优化的主要内容之一，能够满足国内外对服务业的需求，而且有助于产业升级、进入世界产业价值链的高端，极大地提高经济效益。服务业还具有资源消耗少、环境污染小的特点，有利于节约资源和保护环境、缓解资源和环境压力、提高经济增长的质量，有助于实现绿色、低碳、可持续的发展。

① 简政：《从劳动力优势到人力资本优势——论中国经济发展新动力的形成》，《经济学消息报》2006年3月3日。

② 商务部服务贸易和商贸服务业司：《2012年中国服务进出口总额创历史新高》，中国服务贸易指南网2013年4月9日。

（三）必须把服务化作为产业结构调整优化新的主攻方向

改革开放以来，中国一直在进行产业结构调整。20 世纪 80 年代，主要是改变重工业优先的赶超战略，调整“重工业太重、轻工业太轻、农业落后、服务业太少”的畸形产业结构，在首先通过实行家庭联产承包经营责任制和提高农产品收购价格以加快农业发展的同时，大力发展轻纺工业，重工业增长速度和比重下降，服务业也加快发展；20 世纪 90 年代，主要发展以劳动密集型产业为重点的出口加工制造业，服务业也保持较快增长速度；1999 ~ 2011 年，出现重新重工业化的趋势，重工业增长最快，在工业中的比重不断提高，最高达到 70%，同时服务业也保持更快的发展。由此可见，改革开放以来中国处于工业化的中期，产业结构调整演进的趋势主要是发展制造业，先是以轻纺工业为重点，后转向以重工业为重点。2012 年全国第三产业的比重已经接近第二产业，首次相差不到 1 个百分点，而且增长速度快于第二产业，可以说出现了经济服务化的新动向，表明中国开始进入以制造业为主导向以服务业为主导转变的工业化中后期，发展服务业也应该成为产业结构调整优化新的主攻方向之一。

三　把“四化同步”调整为“五化协调”的必要性

改革开放以来，中国产业结构、城乡结构和技术结构调整优化的主要任务是推进工业化、信息化、城镇化和农业现代化，要协调、平衡、同步推进的主要也是这“新四化”。以上分析表明，我们现在只讲“四化同步”已经不够、不全面、不准确了，遗漏了现在产业结构演进的主要趋势——服务化，因此经济结构调整优化的主要任务还应该加上“服务化”（即服务业发展成为主导产业的过程），“四化同步”也应该调整为“五化协调”。

在全面分析了“四化协调”的必要性后，为什么包括服务化在内的“五化”也要协调呢？除了服务化已经开始成为中国产业结构演进新的大趋势之外，还由于服务化与信息化一样，是现代化更新、更重要的内容，只有“五化协调”发展，现代化才能真正最终成功实现，实现的才是与世界同等水平

的现代化。与没有信息化和农业现代化一样，没有服务化只是基本实现工业化和城镇化，还不能说实现了现代化。这"五化"虽然都是结构问题，但并不完全是同一个层次上的结构问题，工业化、农业现代化、服务化是产业结构演进问题，是产业结构优化的必然趋势，城镇化是城乡结构演进问题，主要是人口空间分布向城镇集中和城市先进的生产、交往及生活方式向农村普及的必然趋势，信息化则是技术结构演进问题，是现代科学技术发展的必然趋势，同时也是产业结构优化升级问题。只有"五化"都基本实现，现代化才能真正实现，所以必须同时努力推进，任何一化都不可偏废。

而且，服务化是工业化和农业现代化的必然结果，制造业的产业价值链的上游和下游主要是生产性服务活动，服务业的发展能够极大地促进制造业的优化升级；城镇化是服务化的重要条件，服务业既是城镇化的必然趋势，又能够成为城镇化新的产业支撑，促进城镇化的持续发展；信息化则是现代工业、农业、服务业和城市发展的必然要求和技术基础，信息服务是现代服务业的重要组成部分，服务业也要现代化，信息化也是整个服务业现代化的重要表现。所以"五化协调"，能够更好地促进"五化"的有效实现。

为什么不是把"四化同步"调整为"五化同步"，而是"五化协调"呢？如前面所说的道理一样，"同步"容易产生误解，会让人们理解为同时以相同速度推进、发展程度也一样，而"齐步走"不符合"五化"发展的实际也不可能达到，"协调"更接近实际、更好把握、更为正确。所谓"五化协调"，就是"五化"的发展状况、速度、水平互相适应、相互促进、协调平衡，既不过分超前，也不严重滞后。

四　实现"五化协调"发展的战略对策

如何实现"五化协调"，现阶段的当务之急，首先应该是加快目前处于滞后状态的农业现代化、人口城镇化的步伐，同时着力推进信息化和服务化，尽可能在工业化、城镇化、农业现代化和服务化中运用信息技术和设备，提高工业化、城镇化、农业现代化和服务化的技术水平和质量效益，从而实现"五化协调"。

走中国特色新型工业化道路，调整优化制造业内部结构，重点发展高端制造业和战略性新兴制造业，大力发展生产性服务业，进入世界产业价值链高端，生产更多更先进的价廉物美的技术装备，更好地满足信息化、农业现代化、城镇化和服务化的需要，注重发展环保产业、循环经济、低碳经济、绿色经济，节约资源，保护环境，进一步合理有效推进工业化。

走中国特色新型城镇化道路，以人为本，以人的城镇化为核心，以农民工市民化为重点，加快城乡有别的二元户籍、社会保障、就业、土地、住房、教育等制度的改革，合理增加城镇化的投入，着力克服人口城镇化滞后于工业化、人口非农化和土地城镇化、农业现代化滞后于工业化和城镇化、中西部城镇化滞后于东部城镇化、城镇建设和管理滞后于人口城镇化等“六个滞后”现象，切实解决“半城镇化”“被城镇化”“房地产化”“棚户区化”“大跃进”城镇化、“过度城镇化”“鬼城化”“空壳化”、土地城镇化过度、城镇规模结构不尽合理、“城乡差别扩大化”“贵族化”城镇化等缺陷，有效提高城镇化质量，积极稳妥推进健康的新型城镇化。

走中国特色农业现代化道路，深化农村改革，完善现行农地制度和经营方式，实行合理的多样化、兼业化、分工协作专业化的适度规模经营，加大工业反哺农业、城市支援农村的力度，提高农业机械化、产业化、信息化的水平，延伸农业产业链，推进农产品的深加工，增加农业的附加值，大力发展绿色农业、特色农业、优质农业、高效农业和农村服务业，加快农业现代化的步伐。

走中国特色自主创新道路，改革和完善创新制度和机制，增强创新动力，加大信息技术研发投入，扩大信息服务需求，加快发展信息产业和信息服务业，加强信息基础设施建设和相关技术设备生产，尽可能用信息技术和设备武装和改造制造业、农业、服务业和城镇建设及管理，实现信息化与工业化、农业现代化、服务化和城镇化的深度融合，在全社会普及信息化知识和技能，提高整个国家的信息化水平。

加快服务业的发展，根本之策是发展教育事业、进行职业培训、提高劳动力素质，基本途径是积极稳妥推进城镇化、增加服务业的市场需求，重要方针是坚持生产性服务业和生活性服务业并举、现代服务业和传统服务业并举、以现代服务业发展为重点，有效措施是实行财政金融支持（包括服务业企业上

市、营业税改增值税的改革等）、鼓励服务业创业、增加服务业投入、加强服务业基础设施和重大项目建设、注重发展服务贸易、深化服务业领域各项改革，增强各类服务业企业活力、拓展服务业发展的新空间、营造服务业发展的良好环境等。

参考文献

国务院发展研究中心课题组：《中国特色农业现代化道路研究》，中国发展出版社，2012。

何传启：《中国现代化报告2012——农业现代化研究》，北京大学出版社，2012。

简新华：《服务化：中国产业结构调整优化的新主攻方向》，《经济要参》2013年第20期。

简新华：《中国农地制度和经营方式研究》，《政治经济学评论》2013年第1期。

简新华、余江：《中国工业化与新型工业化道路》，山东人民出版社，2009。

简新华等：《中国城镇化与特色城镇化道路》，山东人民出版社，2009。

周宏仁：《信息化论》，人民出版社，2008。

周宏仁：《中国信息化形势分析与预测（2012）》，社会科学文献出版社，2012。

B.10

农民工市民化的成本估算、分摊与筹措

张占斌　冯俏彬　黄锟*

摘　要：

农村转移人口市民化是我国推进新型城镇化建设的核心问题之一。将农村转移人口纳入城镇公共服务体系，各级财政将会为此发生巨量支出。本专题计算了如果将现在已经在城市居住的农民工纳入城市公共服务体系，按现行政策财政必须新增的资金数额。结果表明，以 2011 年不变价格计算，将现有 15863 万名已在城市居住的农民工市民化，财政将新增支出 18091.58 亿元。如果将计算范围扩大到现有的 2.6 亿名农民工，则计算结果将增大到 29651.76 亿元。尽管资金浩大，但只要精心进行时间、空间分布设计，注重全国范围内均衡启动、进行相关财政支出的结构性调整，并从“钱”“地”、转移支付等方面进行机制设计，这一人类历史上从未有过的浩大工程圆满完成是完全可以期待的。

关键词：

农民工　市民化　市民化成本　时空分布

农民工市民化成本是我国推进新型城镇化建设的核心问题之一。针对这一

---

* 张占斌，国家行政学院新型城镇化研究中心主任，国家行政学院经济学教研部主任、教授、博士生导师，主要研究方向为政府经济管理、城镇化和城乡统筹发展等；冯俏彬，国家行政学院经济学教研部教授、博士生导师，主要研究方向为公共财政、政府预算和应急财政；黄锟，国家行政学院经济学教研部副教授，国家行政学院新型城镇化研究中心副主任，主要研究方向为人口、资源与环境经济学、城镇化与“三农”问题。

问题，国内不同的研究机构、专家学者进行了研究，但由于成本口径、计算方法存在很大差异，计算出的结果不尽相同，从2.5万元到119.7万元不等。这些研究成果在媒体上有很多反映，也引起了各方的高度关注与热烈讨论。但是，由于成本测算工作的技术性极强，简要的媒体报告往往难于深入分析不同方案的异同，并进而对方案进行比较并获得相对公允的认识，这在一定程度上增加了各方疑虑，也为决策带来困扰。本文主要分析国内关于农民工市民化成本的几个测算方案的差异，以进一步厘清认识，在此基础上，全面阐述对这个问题的测算与政策主张。

一　对国内三个主要研究方案的评述

农民工市民化成本是新近提出来的一个概念，但“新增加一个城镇人口需要政府投入多少钱”历来是城市建设者关心的问题。资料显示，早在2001年，国家统计局课题组在《我国城市化战略研究》报告中就提到，根据城建部门综合测算，每增加一个城镇人口需投入基础设施建设和安排就业岗位资金约2万元。中国社科院发布的《中国城市发展报告（2001～2002）》称，按2000年不变价格计算，每进入城市一个人，需要个人支付成本1.45万元，公共支付成本1.05万元，总计的社会总成本为2.5万元。这两个测算由于年代久远，且那时所讲的新增城镇人口和今天所说的农民工市民化有着本质的差异，因此这两组数据只能表明很久以前就有人进行过类似的工作，但对于今天的决策意义已基本消失了。

2005年后，直接以农民工市民化为主题的文章开始出现，如中国科学院可持续发展战略研究院研究了农民工市民化过程中的个人支付成本和公共支付成本，甄延临、陈怀录研究了农民变市民过程中城市在基础设施投入和就业岗位设置等所需增加的财政支出。相对完整、详细的关于农民工市民化成本的研究主要出现在近几年。2008年，张国胜发表了关于农民工市民化成本的系列研究文章；2011年国务院发展研究中心出版《农民工市民化——制度创新与基层政策设计》一书，其中有农民工市民化成本问题的专门内容；同年，中国发展研究基金会称，经他们测算，每位农民工市民化的成本大约在10万元左右。2013 年 7 月，中国社科院发布的《中国城市发展报告 No. 6》称，经测算，每位农民工市民化的公共成本为 13. 1 万元。

在以上几个方案中，中国发展研究基金会的报告没有展示农民工市民化成本的详细测算过程，难于深入辨析。下面我们主要对张国胜方案、国研方案、中国社科院方案进行评述。

（一）三个方案的主要内容与基本观点

1. 张国胜方案

在国家自然科学基金和云南省社科基金的资助下，云南大学张国胜在 2008 年就对农民工市民化的成本进行了研究，并公开发表了系列文章。总体而言，张国胜是在"社会成本"的视角下展开研究的，在他看来，农民工市民化成本包括私人发展成本和公共发展成本，具体体现为五项，即生活成本、智力成本、社会保障成本、住房成本和城镇基础设施建设成本。根据他的研究结论，东部沿海地区第一代农民工、第二代农民工市民化的社会成本分别为 10 万元、9 万元，西部地区第一代、第二代农民工市民化成本分别为 6 万元与 5 万元。据此，他提出推动户籍制度、就业制度、社会保障制度和城乡土地制度的综合改革，来实现农民工的市民化。

2. 国研方案

国研中心课题组 2010 对农民工市民化问题进行了全面的研究。他们认为，所谓农民工市民化的成本是指"公共服务成本"，其构成包括：随迁子女的义务教育（含小学、中学的政府事业费投入和校舍建设费用）、居民合作医疗（政府补助部门）、基本养老保险（政府补助部分）、民政其他社会保障费用（含意外伤害保险、低保、医疗救助、妇幼保健、孤寡老人）、城市管理费用、住房等。该中心在对嘉兴、武汉、郑州、重庆四个城市进行实地调研的基础上得出的结论是：一个农民工市民化需要政府增加的支出约为 8 万元左右；其大体构成如下：近期随迁子女教育和保障性住房要占到 1/3，远期的养老保险要占到 40% ~50%。

3. 中国社科院《中国城市发展报告 No. 6》方案

2013 年 7 月，中国社科院发布《中国城市发展报告 No. 6》，此报告以农

村转移人口市民化为主题，其中专文讨论了农民工市民化的成本问题。在这个报告中，对农民工市民化成本定义为农民工到城镇定居获得待遇和均等化公共服务所需的各种经济投入，包括公共成本（政府成本）、个人成本和企业成本三部分。计算结果是，就全国而言，一个农民工市民化的公共成本为13.1万元，个人成本为10.1万元。

（二）三个主要方案的差异比较

综合起来看，上述三个方案尽管都是研究农民工市民化的成本问题，但由于研究角度不同，其研究的具体内容、结论等差异都相当大。具体而言，有以下几个方面。

1. 对农民工市民化成本的定义不同

如上所述，张国胜方案中的成本是指“社会成本”。既包括政府需要支出的成本，也包括农民工在城市生活自己和家庭必须支付的成本。国研方案中所包括的成本主要指政府将农民工纳入城市公共服务体系所需要的成本。中国社科院方案中的成本概念包括公共成本、企业成本和个人成本，但只对公共成本和个人成本进行了测算，这与张国胜类似。定义不同决定了三个方案分别所涉及的成本口径各不相同，如果按大小进行排序，中国社科院方案的成本口径最大、张国胜方案居中、国研中心方案最小。

2. 成本内涵不同

即使是在同一成本名目下，三个方案各自具体的成本含义也不相同。即使在政府所需支付的公共成本上，其具体构成也各不相同（见表1）。

表1　三个主要方案的成本内涵

	公共成本部分	个人成本部分
张国胜方案	智力成本、社会保障成本、城市住房成本、人均基础设施成本	生活成本
国研方案	农民工随迁子女教育成本（主要指义务教育的生均经费部分）、医疗保障成本（政府补助部分）、养老保险（政府补贴部分）、民政部门的其他社会保障支出（低保等）、城市管理费用、保障性住房支出	不考虑

续表

	公共成本部分	个人成本部分
中国社科院方案	含城镇建设维护成本、公共服务管理成本（一般公共服务支出、文化体育支出、医疗卫生支出三项）、社会保障成本（养老保险、失业保险的政府补助部分和城镇低保救助部分）、随迁子女义务教育成本（城乡义务教育补差部分、新学校建设成本两项）、保障性住房成本（保障性住房建设投入、廉租房的租金补贴）	生活成本（以城镇居民的年均消费支出扣除住房支出后的余额）住房成本、自我保障成本

3. 计算方法不同

总体而言，各个方案对于农民工市民化成本的计算都采用了分类加总的方法，即先计算出每个分类成本的数额，然后再相加计算出总成本。但是，在具体的计算方法和采用的数据上，则有很大的差异。以教育成本为例，张国胜方案所指的教育成本是指农民工进城后为了提高劳动技能而需要进行的教育投入，他采用了当地居民的人均教育费支出来替代；而国研方案、中国社科院方案中的教育成本均是指农民工随迁子女入学发生的成本，主要包括财政拨付的生均事业费、生均公用经费和基本建设费。再以社会保障为例，张国胜方案中用的是当地年人均保费的平均支出；而国研中心方案指的是政府补助的那部分社保支出，包括养老、医疗、低保和其他社会救助；社科院方案也是指政府补助的社保部分，但多了一项失业，两者的相同之处都是按标准农民工画像测算了农民工从进入社保再到退出的几十年间政府所需要投入的社保补贴。

以保障性住房成本而言，张国胜方案的思路是以当地人均住房面积乘以当地近 3 年平均住房建设成本；而国研方案是“假设对 10% 的农民工提供廉租房，按每人 30 平方米，每平方米 3000 元建设成本”来进行计算的；中国社科院方案则是按农民工的 20% 建设保障性住房，人均建筑面积为 20 平方米，每平方米 9491 元的建设成本来计算的，另外还计算了廉租房的补贴成本。

可以看出，以上三个方案中，比较符合当下各方面对农民工市民化成本重点（即公共服务和政府负担部分）认同的，第一是国研中心方案，第二是中国社科院方案。就国研中心方案而言，其亮点在于选择了 4 个城市进行实地调研与采集数据，这在一定程度上能反映各地农民工市民化成本的差异。但是，

问题也由此而生，因为仅从这 4 个城市的成本出发，并不能由此得出全国层面上农民工市民化的成本，或者说，对于“为了解决农民工的市民化问题，政府到底要付多少钱?”这一全局性问题，国研中心提供的答案是有限的。另外，在养老保险部分，国研中心方案采用了将一个农民从进入到退出社保体系 44 年间①政府所需给予的全部补贴，看似全面，实则是将未来数十年可能发生支出，不经任何技术处理折现到当下，在很大程度上夸大了相关支出，同时由于政府对于社会保险的补贴不仅内容可能变化，而且标准也会不断调整，这种巨大的变数更使以上计算的准确性大为减弱。

从某种程度上讲，中国社科院方案在考虑政府所需要负担的支出方面更加全面，包括了城镇建设维护成本、一般公共服务成本、文化体育支出等。必须承认，农民工市民化对于这些支出肯定有扩大和提升的作用。但是，这些支出并不仅仅是为农民工市民化而发生的支出，且这些支出与人口数量也不是等比例的关系，如果不能量化到每一个农民工的头上，就不能将这些成本确认为农民工市民化的成本，特别是考虑到现在外出务工部分的农民工已经在城市居住的事实，如此计算就会夸大了农民工市民化的成本。

二　农民工市民化的相关财政支出测算

基于以上分析，我们认为，讨论农民工市民化成本应当有两个基本出发点，一是从决策角度讲，需要搞清楚，将农民工纳入四项基本公共服务体系②，全国财政将为此新增的支出。这又可以分为两步，一步是将“最急需那部分人”（常年外出务工、已在城市实际居住生活的农民工）纳入“最基本的城市公共服务体系”，财政需要新增的支出；二是将全部农民工纳入城市基本服务体系，财政需要新增的支出。当然还可以再看得远一点，即考虑到每年新

① 他们设计了一个标准的农民工画像：将其年龄设为 29 岁，退休年龄设为 55 岁，寿命为当前我国平均人口寿命，即 73 岁。

② 此计算仅考虑农村转移人口市民化所需要增加的政府公共服务方面的支出。为简化起见，此处不考虑地方政府收储农村转移人口宅基地、承包地所需的开支，也不考虑地方政府为增加当地就业而招商引资所发生的各类财政费用。

增加的农村转移人口、逐步提高基本公共服务水平的背景，来预估城镇化率达到70%左右的水平时财政所需的支出，但这已没有实际价值了。二是从技术角度讲，农民工市民化成本应当是指那些可以落实、能够量化到每一个农民工身上的成本，凡是那些具有公共产品的整体属性、不能分割，因此也难以落实到农民工个体身上的支出，不宜直接计算为农民工市民化成本。

由此，我们认可国研中心关于农民工市民化的定义，即将农民工整体融入城市公共服务体系，个人融入企业、子女融入学校、家庭融入社区，在城市“有活干、有学上、有房住、有保障”。由此，农民工市民化的成本支出主要包括四个方面：随迁子女的教育支出、社会保障支出、保障性住房支出和就业服务支出。换言之，我们认为，农民工市民化成本是在农民工实质性地融入城市过程中，政府必须负担且新增加的那部分财政支出，既不包含由企业支付的部分（如社保），更不涉及那些由个人支付的部分（如住房）。这可以称为狭义的农民工市民化成本。下面，我们先测算急需市民化的外出务工农民工市民化，在全国财政层面上所需增加的支出，然后再逐渐扩展到全部农民工。

（一）计算假定与计算模型

我们对农民工市民化成本进行计算的主要假定是：

（1）一次性将现在已在城市居住的农民工全部市民化，以此可求得财政支出的时点数据。

（2）用外出务工农民工人数代表已在城市居住的农民工数量。

（3）所有计算以2011年价格为不变价格、2011年的财政支出水平为基线。个别数据因统计原因找不到2011年数据的，用2010年的数据代替。所有数据均来自于相关部委的当年统计公报。

我们的计算模型是：

$$TC = \sum_{i=1}^{6} C_i = (c_1 n_1 + b) + c_2 n_2 + c_3 n_3 + c_4 n_4 + c_5 n_5 + c_6 n_6$$

其中，TC 为总支出，C_1 为随迁子女财政教育支出，C_2 为养老保险财政补

助支出，C_3 为医疗保险财政补助负担，C_4 为最低生活保障的财政支出，C_5 为保障房的财政支出，C_6 为就业财政支出，对应的 n 为相应的人数。

（二）农民工市民化相关财政支出的分项计算

1. 随迁子女的财政教育支出

资料显示，2011 年全国外出农民工总数为 15863 万人，随迁子女约为 1400 万人。2010 年，经简单算术平均后全国义务教育生均公共财政预算教育事业费为 4613.21 元，生均公共财政预算教育公用经费 1172.11 元，合计 5785.32 元，如一次性将其纳入现有城镇义务教育体系，将新增财政开支为 809.94 亿元；另外，如果全部通过新建学校的方式解决，按教育部关于城镇九年制义务教育学校的建设标准：一个学校 2100 名学生需要建设 16190 平方米的校舍，理论上需要新增学校 6666.67 所；按 2010 年全国竣工房屋平均 2228 元/平方米的造价计算，累计需投资为 2404.76 亿元，两者合计为 3214.70 亿元（见表 2）。

即：$C_1 = c_1 n_1 + b = 809.94 + 2404.76 = 3214.70$（亿元）

表 2　随迁子女的财政教育支出

农民工随迁子女人数（万人）	全国义务教育生均经费（元）	小计（亿元）	新增学校（所）	校舍面积（平方米）	全国竣工房屋平均造价（元/平方米）	小计（亿元）	合计（亿元）
1400	5785.32 元	809.94	6666.67	16190	2228	2404.76	3214.70

资料来源：《2011 年度人力资源和社会保障事业发展统计公报》，教育部、国家统计局、财政部：《关于 2011 年全国教育经费执行情况统计公告》，教育部、发改委、建设部：《城市普通中小学校校舍建设标准》，国家统计局；《中国统计年鉴》，2011。

2. 养老保险的财政补助支出

目前，各级财政主要向城镇居民养老保险体系进行补助，2011 年为 2272 亿元，按当年参保人数 28391 万人计算，人均补助金额为 800.25 元。假定农民工市民化后一次性全部进入城镇养老保险体系，按现有制度，稳定就业的农民工将参加城镇基本养老保险，无稳定收入来源且低于一定标准的将参加城镇居民养老保险。据此计算如下。

（1）城镇基本养老保险。2011 年，全国外出农民工总数为 15863 万人，已参保的农民工总数为 4140 万人，需补助的农民工总数为 11723 万人。假定一次性市民化所有农民工，则按现在补助标准，每年财政将新增加养老保险补助 938. 13 亿元（见表 3）。

即：$C_2 = c_2 n_2 = 800.25 \times 11723 = 938.13$（亿元）

表 3　城镇基本养老保险的财政补助支出

需补助的农民工总数(万人)	人均补助标准(元)	总计(亿元)
11723	800. 25	938. 13

数据来源：《2011 年度人力资源和社会保障事业发展统计公报》。

（2）城镇居民养老保险。2011 年年末，全国已有 27 个省份的 1902 个县（市、区、旗）和 4 个直辖市部分区（县）及新疆生产建设兵团开展国家城镇居民社会养老保险试点，但总人数仅为 539 万人。由于农民工不可能同时参加两种养老保险，且居民养老保险的水平低于基本养老保险，因此即使考虑了居民养老保险的因素后，对前面计算出的财政补助养老保险的总金额只可能往下大幅减少，不可能往上增加。

3. 医疗保险财政补助支出

目前，医疗保险主要是由企业和个人共同缴费，财政仅对新型农村合作医疗和城镇居民医疗保险进行补贴。其中，新农合的财政补助标准为每人每年 240 元；城镇居民医疗保险则主要由各地操作，无统一补助标准。

2011 年，全国外出农民工总数为 15863 万人，已有 4641 万名农民工参加了城镇职工医疗保险。假定农民工市民化后，其余未进入职工医保体系的农民工全部进入城镇居民医疗保险体系，共计 11222 万人。按新农合每人每年 240 元的补贴计算，共计 269. 33 亿元。但必须同时指出，由于我国农村新型医疗保险的参合率已达 97. 5%（2011），换句话说，几乎所有的农村人口（包括外出但未参加本地城镇医保的农民工）都已参加了新农合且得到了各级财政累计每人每年 240 元的补助。如果市民化，则意味着这部分财政补助不过是由农村转移到城市而已，总量上并不显著增加，即使有新增部分，也仅为各地高出

240 元以上的部分。

即：$C_3=0$

4. 最低生活保障财政支出

除了对社会保险的补助支出，农民工市民化后最可能增加的是各类社会救助性支出，特别是最低生活保障支出。2011 年年底，全国共有城市低保对象 2276.8 万人，占同期城镇居民总数的 3.39%；同期全国平均低保补差标准为每人每月 240.3 元，折合为每人每年 2883.60 元。据此，我们计算得出，农民工市民化后财政将每年新增低保支出 155.07 亿元（见表 4）。

即：$C_4=c_4n_4=15863\times3.39\%\times2883.6=155.07$（亿元）

表 4　最低生活保障的财政支出

农民工总数（万人）	低保比例（%）	可能进入低保的农民工总数（万人）	全国平均低保补差标准（元/年）	总计（亿元）
15863	3.39	537.76	2883.60	155.07

数据来源：《2011 年社会服务发展统计报告》。

5. 保障性住房财政支出

农民工市民化后，最急切的需要将出现在住房领域，特别是廉租房。按住建部的规定，目前城市廉租房的建筑标准为人均 13 平方米，2010 年全国竣工房屋造价为 2228 元/平方米左右。借鉴世界上保障房做得最好的香港，政府提供保障房的人口比例为 30%，则总计需要的支出为 13783.68 亿元（见表 5）。

即：$C_5=c_5n_5=15863\times30\%\times13\times2228=13783.68$（亿元）

表 5　保障性住房的财政支出

农民工总数（万人）	政府提供廉租房的比例（%）	人均面积（平方米）	每平方米造价（元）	总计投入（亿元）
15863	30	13	2228	13783.68

数据来源：由互联网上相关数据整理得到。

6. 就业、城市管理等方面的财政支出

在就业方面。政府承担的部分主要是职业介绍与职业培训，这是政府一直在做的工作（2010年，各级财政用于就业方面的支出为624.94亿元），并非新增事项，故不引起财政新增开支。

在城市管理方面。由于农民工已居住在城市，这部分费用早已发生，因此也不存在严格意义上的新增财政开支。

基于上述考虑，农民工市民化中就业、城市管理等的新增财政支出 $C_6=0$。

此外，各地还有名目繁多的计生、医疗、公共卫生、供水（气、热）补贴、法律援助、孤寡老人、殡葬等方面的开支，难于一一计算，此处忽略。

总之，基于一次性将现在已经居住在城市的15863万农民工市民化的假定，所需教育、社保、低保、住房方面的新增财政支出为18091.58亿元。

（三）影响上述计算结果增加和减少的主要因素

在随迁子女的教育支出中，未考虑农民工子女进入城市后，相应农村义务教育支出随之减少的因素；未考虑现在已在城镇入学就读的农民工子女情况。这两项对上述计算都有减少作用。

在基本养老保险中，未考虑农民工从农村转移出来所导致的农村养老保险的减少因素。

在低保中，未考虑农民工从农村转移出来后导致的农村低保支出减少的因素，未考虑到农民工进入城市后，其符合低保条件的比例可能高于同期城镇人口的因素。对上述计算结果，前一个因素有减少作用，后一个有增加作用。

在住房方面，30%的比例是参考国际上住房保障工作做得最好的香港的比例，远高于我国实际水平，因此计算结果偏大。另外，住房建设属于一次性投资，长期逐渐回收（当然并非全部），且租住的农民工本身也要支付一定的租金，这是一项重要的减少因素。

以上所有计算均未考虑物价变动因素。长远而言，物价将维持低通胀特征，因此对以上计算结果有向上拉升的趋势，特别是住房建设方面。

（四）以上计算结果的扩展

以上只是计算了将已在城市居住生活的15863万名农民工纳入城市基本公共服务体系时，财政必须支出的最低支出数额。如果将计算范围扩大到现有

2.6亿名农民工中，则计算结果将增大到29651.76亿元。

再次说明，以上计算只是一种“底线计算”，即将最急需的人纳入最基本的保障所需要花费的支出。现实来看，这一数字可能继续放大。原因有三：一是农民工的基数将扩大，如果将计算范围扩大到现有2.6亿名农民工中，则计算结果将增大到29651.76亿元；此外，有专家估计，以后每年还将新增1200万名农民工。二是财政补助标准提高，如2013年有关方面已提出，新农合的标准将从现在的240元上调到280元。三是纳入保障的基本公共服务范围可能逐渐扩大，如从本文立足的“四有”到包括计生、公共卫生、各类补贴在内的方方面面。

三 构建农民工市民化成本的时空分布机制

将农民工市民化的财政支出必须从现在起积极筹划，在时间、空间上进行分布分担，构建农村人口向城市转移的，并以“较低标准、相对公平、相对稳定”为特征的基本公共服务保障体系，为巨量人口进城做好制度性准备。为此，我们从时间和空间两个方面对农民工市民化成本进行了分布设计。

（一）时间分布

农民工市民化财政支出的时间分布主要是指，以上计算出的支出金额在某一个时间段内，每一年要支出多少。我们设计了以下两个时间点。

（1）根据党的十八大到2020年全面建成小康社会的精神，假定到2020年全面解决15863万名农民工的市民化问题，则在2013~2020年，按简单算术平均且不考虑通胀因素的情况下，每年农民工市民化的新增财政支出为2261.45亿元（见表6）。

表6 2013~2020年农民工市民化的财政支出分布

单位：亿元

2013年	2014年	2015年	2016年	2017年	2018年	2019年	2020年
2261.45	2261.45	2261.45	2261.45	2261.45	2261.45	2261.45	2261.45

必须说明，每年的2261.45亿元仅为指财政为此新增加的支出部分，而非全部支出，原因在于上一年一旦支出，下一年就会被始终保留，呈累加之势。以2015年为例，这一年财政为农民工市民化承担的支出并非仅是当前新增的一个2261.45亿元，而是还包括2013年、2014年已经支出的两个2261.45亿元，共计6784.35亿元。表7是以此为据计算的财政当年的实际支出。

表7　2013～2020年各级财政为农民工市民化发生的实际支出

单位：亿元

2013年	2014年	2015年	2016年	2017年	2018年	2019年	2020年
2261.45	4522.90	6784.35	9045.80	11307.25	13568.70	15830.15	18091.60

（2）由于农民工问题错综复杂，牵一发而动全身，因此用8年时间完成农民工市民化的新增财政支出相对紧张，假定再向后扩展10年，即到“第三代农民工”出现之前必须解决，则从2013年到2030年的18年中，财政每年为农民工市民化所负担的新增支出为1005.09亿元。

笼统观之，鉴于近十年来，我国财政收入始终保持了15%左右的增速，各方估计，我国经济还将保持20年左右的平衡增长，这将为财政收入的增长提供了坚实的基础；保障性住房方面，已有一个三年投资9000亿元的整体考虑。因此，笼统而言，尽管财政支出不菲，但未来10年我国财力状况还是可能负担得起农民工市民化的相关支出。

（二）空间分布

农民工市民化财政负担的空间分布主要是指，以上支出在中央政府、地方政府、农民工流出地政府、流入地政府，大、中、小城市之间的分布情况。

1. 中央政府与地方政府之间

如前，随迁子女的教育、养老保障、医疗保障属于中央政府的事权范围，社会救助、保障性住房、就业、城市管理等则属于地方政府的事权范围。以此为据，推演出农民工市民化财政支出中央政府和地方政府之间有如下分布（见表8，表9）。

表 8　中央政府负担部分

单位：亿元

随迁子女的教育	养老保障	合　计
3214.70	938.13	4152.83

表 9　地方政府承担部分

单位：亿元

最低生活保障	保障性住房	合　计
155.07	13783.68	13938.75

2. 农民工流入地政府和流出地政府之间

总体而言，我国东部是农民工的净流入地区，西部、中部是净流出地区。据国家统计局的调查，2011 年，东、中、西部农民工的比例分别为 65.4%、17.6%和 16.7%。[①] 据此，如果不做调整，农民工市民化财政支出在东、中、西部之间现实上可能会形成表 10 的分布。

表 10　东、中、西部地区农民工市民化财政支出分布

单位：亿元

总　计	东　部	中　部	西　部
13938.75	9115.94	2453.22	2327.77

3. 各层级城市之间

据国家统计局的调查，2011 年外出农民工在直辖市务工的占 10.3%，在省会城市务工的占 20.5%，在地级市务工的占 33.9%，地级以下城市（镇）为 35.3%。据此，如果不做调整，农民工市民化财政负担在各层级城市之间可能形成表 11 的分布。

表 11　各层级城市农民工市民化财政支出分布

单位：亿元

总计	直辖市	省会城市	地级市	地级以下城市(镇)
13938.75	1435.69	2857.44	4725.24	4920.38

① 国家统计局：《2011 年我国农民工调查监测报告》，国家统计局网站，2012 年 4 月 27 日。

四 结论与政策建议

（一）简要的结论

（1）以2011年不变价格计算，如果将现有的15863万名已在城市居住的农民工市民化，各级财政为此将新增支出为18091.58亿元。如果将计算范围扩大到现有2.6亿名农民工，则计算结果将增大到29651.76亿元。

（2）从理论上讲，在18091.58亿元的总支出中，中央政府应当主要承担随迁移子女教育成本和社会保障成本，共计4152.83亿元；地方政府主要承担社会救助、保障性住房成本，共计13938.75亿元。从农民工的现实分布上看，如果中央不做调整，东部地区政府可能承担9115.94亿元，中部地区政府可能承担2453.22亿元，西部地区政府可能承担2327.77亿元；直辖市可能承担1435.69亿元，省会城市可能承担2857.44亿元，地级市可能承担4725.24亿元，地级以下城市可能承担4920.38亿元。

（3）如果到2020年完成农民工市民化任务，各级政府每年为此新增的财政支出为2261.45亿元；如果到2030年完成，则各级政府每年为此新增的财政支出为1005.09亿元。

（4）按金额大小排序，农民工市民化最大的成本项目是保障性住房成本，其次分别是随迁子女教育支出、养老保险补助、最低生活保障支出和医保补助。

（5）按发生的时间先后排序，农民工市民化过程中最急迫的是随迁子女教育、保障性住房支出等，而养老保险总体而言则是远期才会发生的事情。

（二）政策建议

综上所述，高达18091.58亿元的农民工市民化的财政支出总额固然很高，但如果拉长时间界限且纳入多个主体来考虑，再结合我国的经济发展与财政状况，却也并非是不可承受之重。因此，农民工市民化的财政支出，一方面是一个总量能否承受的问题，另一方面更是财政支出结构如何调整的问题。

处理如此巨大支出的关键在于把握两个方面，一是要全国各地均衡起步，

防止一些地方动，另一些地方不动而带来的“凹地效应”进而阻止这一复杂工作的渐次推进；二是要处理好中央与地方、流出地与流入地政府、大中小城市之间的财政平衡关系。这两者都共同指向一点，那就是中央政府必须发挥顶层设计的关键作用，通过相关制度的调整、设计，构造出推进农民工市民化的运作基础。

（1）要核定中央应承担的农民工市民化的财政资金总量。可根据以上分析，将农民工随迁子女的义务教育支出、相关社会保障补助支出确定为中央政府财政负担事项，分担相应部分支出。

（2）调整转移支付制度，促成地方政府在农民工市民化问题上的财力与事权相匹配。由于各地财力水平不同，负担能力有高有低，因此不能随着农民工的自然分布而将相关的财政支出也自发地分布在各地和各城市之间，必须由上级财政主持调剂。在确定中央政府应负担的资金总量的前提下，中央财政就可通过增加转移支付总额、调整转移支付比例、修订转移支付系数等方式，来调节地区间、城市间的实际负担水平，促使地方政府的财力与事权能够相互匹配。

（3）调整财政支出结构。各级财政在安排支出时，都要适应农村人口转移情况，调整本地区财政支出结构，基本方向是从农村向城镇调整，如调整城市义务教育中央与地方的负担比例、调整财政教育支出中农村与城市的支出比例、调整城市与农村的社保补助结构等。

（4）从“钱”“地”两个因素着手，平衡流出地与流入地之间的财政关系。一是可考虑由流出地政府向中央政府上交部分土地收益，然后由中央财政专门用于农民工市民化工作，通过转移支付的方式注入农民工的主要流入地区。二可考虑在流出地和流入地之间建立土地指标的增减挂钩机制，中心意思是流出地政府收储的农民转让出来的承包地指标和宅基地指标，拿出一部分给流入地政府，此举的好处在于，一方面流出地政府当期可以不拿钱或者少拿钱出来；另一方面可以在总体上维持全国土地增减的平衡，保住 18 亿亩耕地红线；另外还顺应我国新型城镇化的进程，提高东部人口自然集聚程度，以集约化利用土地。

（5）中央制定统一政策，保证全国范围内农民工市民化工作的均衡起步。结合实际情况看，相对于财政补偿，更重要的是中央制定统一政策，保证各地农民工市民化工作的均衡起步，在此基础上，再通过土地政策的调整、土地指标的适当倾斜以及适当的转移支付政策，调动各方面因地制宜，积极探索本地农民工市民化之道。

（6）创造条件，积极谋求政府与市场、政府与社会的多方合作，共同分担农民工市民化的支出。为降低政府负担，可积极引入企业、社会组织等主体参与相关公共服务的生产。要进一步创造条件，打开企业、民间资金进入通道，引入更多的市场主体、社会组织参与公共服务的生产，从而间接地分担政府责任、减轻财政压力。当然前提是创新政府与市场、社会组织之间的合作机制与方式。

总之，农民工市民化是一项重大工程，相关成本的确浩大，但综合考虑各方面的情况，如果精心设计方案，妥善运作相关制度机制，在各级政府、市场与社会的共同努力下，并非是不能承受之重。考虑到农民工市民化对于中国现代化建设的重大意义，这是完全值得积极探索并付诸实施的。

参考文献

人社部：《2011 年度人力资源和社会保障事业发展统计公报》，人社部网站，2013 年 5 月 28 日。

民政部：《2011 年社会服务发展统计报告》，民政部网站，2012 年 6 月 21 日。

国家统计局：《2011 年我国农民工调查监测报告》，国家统计局网站，2012 年 4 月 27 日。

国家统计局：《中国统计年鉴》，国家统计局网站。

冯俏彬、贾康：《权益—伦理型公共产品：关于扩展的公共产品定义及其阐释》，《经济学动态》2010 年第 7 期。

国务院发展研究中心课题组：《农民工市民化制度创新与顶层政策设计》，中国发展出版社，2011。

教育部、国家统计局、财政部：《关于 2010 年全国教育经费执行情况统计公告》，教育部网站，2011 年 12 月 30 日。

申兵：《“十二五”时期农民工市民化成本测算及其分担机制构建——以跨省农民工集中流入地区宁波市为案例》，《城市发展研究》2012 年第 1 期。

张国胜：《基于社会成本考虑的农民工市民化：一个转轨中发展大国的视角与政策选择》，《中国软科学》2009 年第 4 期。

中国发展研究基金会：《促进人的发展的中国新型城市化战略》，人民出版社，2010。

B.11

城镇化进程中的基本公共服务体系建设

樊继达　王海燕*

摘　要：

建立基本公共服务体系，保障全体人民福利的增进和经济发展水平相适应，是解决经济和社会发展不平衡、实现中国梦的必由之路。当前建立健全基本公共服务体系主要面临经济发展导向下的民生投入抑制、公共服务职责划分不清、各种附加条件影响转移支付资金的效益、政绩考核的逆向激励等挑战。建立健全基本公共服务体系必须推进政府职能转型，从维护广大人民根本利益的高度，加快健全基本公共服务体系，加强和创新社会管理，推动社会主义和谐社会建设。

关键词：

城镇化　基本公共服务体系　政府职能转型

一　问题的提出

改革开放以来，中国经历了快速的城镇化。截至 2012 年年底，中国城镇化率已达 52.7%，城镇人口规模已超过 7 亿人，一个崭新的城市中国正在悄然改变世界城市格局。粗略估算，平均每两秒钟中国就会增加一名新市民；每一分钟，就会有约 30 人走入城市“落地生根”；每一天，分享城市生存空间、就业机会、公共服务的市民就会增加近 5 万人；由此导致中国城镇人口每年以

---

* 樊继达，国家行政学院生态文明研究中心副主任，国家行政学院经济学教研部副教授，主要研究方向为政府经济管理、公共财政和城乡统筹发展；王海燕，国家行政学院新型城镇化研究中心秘书长，国家行政学院经济学教研部副教授，主要研究方向为国有经济、社会保障。

一两千万的数量成长。

但是，必须清醒地认识到，中国的城镇化应是人的城镇化而非其他的城镇化。中国城镇化必须秉持包容、共享的理念，在城镇化进程中建立健全基本公共服务体系，进而实现基本公共服务的均等化。长期以来，中国实行“一个国家，两种制度”的经济社会体制，由此造成在发展导向上“重工业、轻农业”，“重城市、轻农村”，“重市民、轻农民”，城乡居民在基本公共服务方面差异巨大，突出表现在教育、基本医疗卫生与社会保障等基本民生领域。客观评价，中国近年来在普及义务教育方面取得显著成就，城乡义务教育在入学率上的差距已大大缩小，但城乡义务教育经费支出、办学条件和教师水平仍存在较大差距，农村中小学发展日趋式微。即便农村学生与城市学生接受同等层次的义务教育，受条件所限，农村的教育质量仍不及城市，延伸到后义务教育阶段，高校扩招的成果主要由城市居民子女分享，农村与城市人力资本差距扩大的趋势没有得到有效遏制，城乡之间无形中形成一条教育的鸿沟。在基本医疗卫生服务方面，农民获得医疗保健卫生服务的能力远低于城镇居民，政府财政更多的是投入到城市，造成城乡医疗水平差距较大。城市拥有最优质的医疗资源，农村缺医少药的情况没有得到根本改观。世界卫生组织的统计数据显示，中国是世界上公共卫生资源分布最不公平的国家之一，甚至远远落后于我们视为“贫富差距悬殊”的印度。在城市，目前已基本形成统一的、覆盖率较高，基本适应社会主义市场经济发展需要的社会保障体系，农村社会保障建设才刚刚起步。此外，大量的农业转移人口也并没有真正融入城市；城市内部二元结构问题日益严重，农业转移人口享受公平的公共服务差距依然面临较大阻力。从某种意义上讲，基本公共服务体系建设已成为中国走新型城镇化道路的最大障碍之一，也是未来一个时期需要重视和解决的重大问题。因此，转变政府职能，建立基本公共服务体系，实现基本公共服务均等化，推动中国从“排斥性”城镇化转向“包容性”城镇化既非常必要，也很迫切。

基本公共服务，指建立在一定社会共识基础上，由政府主导提供的，与经济社会发展水平和阶段相适应，旨在保障全体公民生存和发展基本需求的公共服务。享有基本公共服务属于公民的权利，提供基本公共服务是政府的职责。基本公共服务实际上解决的是在特定阶段应提供何种公共服务的问题。衡量公共服务是否属于基本公共服务可将以下几项指标作为判断依据：可获得性，即无论何时何地，无论是哪个群体都能得到同质的服务；基础性，即这些服务是人类生存和发展的基础，和人类的基本人权密切相关；非歧视性，即所有国民都有资格享受同质的服务；普惠性，即服务的价格要使大多数人能够接受，公民不因所处的地理位置差异、所处的社会阶层不同、所拥有的财富多少而得到不同的服务。

基本公共服务范围，一般包括保障基本民生需求的教育、就业、社会保障、医疗卫生、计划生育、住房保障、文化体育等领域的公共服务，广义上还包括与人民生活环境紧密关联的交通、通信、公用设施、环境保护等领域的公共服务，以及保障安全需要的公共安全、消费安全和国防安全等领域的公共服务。

“十二五”规划首次提出把基本公共服务制度作为公共产品向全民提供，并将基本公共服务界定为九个方面，并提出相应的服务范围及工作重点（见表1）。

表1　“十二五”时期基本公共服务范围和重点

范围	重　点
公共教育	①九年义务教育免费，农村义务教育阶段寄宿制学校免住宿费，并为经济困难家庭寄宿生提供生活补助；②对农村学生、城镇经济困难家庭学生和涉农专业学生实行中等职业教育免费；③为经济困难家庭儿童、孤儿和残疾儿童接受学前教育提供补助
就业服务	①为城乡劳动者免费提供就业信息、就业咨询、职业介绍和劳动调解仲裁；②为失业人员、农民工、残疾人、新成长劳动力免费提供基本职业技能培训；③为就业困难人员和零就业家庭提供就业援助
社会保障	①城镇职工和居民享有基本养老保险，农村居民享有新型农村社会养老保险；②城镇职工和居民享有基本医疗保险，农村居民享有新型农村合作医疗；③城镇职工享有失业保险、工伤保险、生育保险；④为城乡困难群体提供最低生活保障、医疗救助、殡葬救助等服务；⑤为孤儿、残疾人、五保户、高龄老人等特殊群体提供福利服务
医疗卫生	①免费提供居民健康档案、预防接种、传染病防治、儿童保健、孕产妇保健、老年人保健、健康教育、高血压等慢性病管理、重性精神疾病管理等基本公共卫生服务；②实施艾滋病防治、肺结核防治、农村妇女孕前和孕早期补服叶酸、农村妇女住院分娩补助、农村妇女宫颈癌乳腺癌检查、贫困人群白内障复明等重大公共卫生服务专项；③实施国家基本药物制度，基本药物均纳入基本医疗保障药物报销目录
人口计生	①提供免费避孕药具、孕前优生健康检查、生殖健康技术和宣传教育等计划生育服务；②免费为符合条件的育龄群众提供再生育技术服务

续表

范围	重　点
住房保障	①为城镇低收入住房困难家庭提供廉租住房；②为城镇中等偏下收入住房困难家庭提供公共租赁住房
公共文化	①基层公共文化、体育设施免费开放；②农村广播电视全覆盖，为农村免费提供电影放映、送书、送报、送戏等公益性文化服务
基础设施	①行政村通公路和客运班车，城市建成区公共交通全覆盖；②行政村通电，无电地区人口全部用上电；③邮政服务做到乡乡设所、村村通邮
环境保护	①县县具备污水、垃圾无害化处理能力和环境监测评估能力；②保障城乡饮用水水源地安全

资料来源：《中华人民共和国国民经济和社会发展第十二个五年规划纲要》，人民出版社，2011年，第89~90页。

理论上，为本国居民提供均等化的基本公共服务，是政府义不容辞的责任与义务。建立基本公共服务体系目标的提出，是中国从以阶级斗争为纲转向以经济建设为中心后的又一次重大转型，其价值在未来几十年将会逐步显现。2010年，中共十七届五中全会提出："着力保障和改善民生，必须逐步完善符合国情、比较完整、覆盖城乡、可持续的基本公共服务体系，提高政府保障能力，推进基本公共服务均等化。""十二五"规划将推进基本公共服务作为政策导向之一。强调坚持民生优先，完善就业、收入分配、社会保障、医疗卫生、住房等保障和改善民生的制度安排，推进基本公共服务，努力使发展成果惠及全体人民。党的十八大报告则强调到2020年人民生活水平全面提高，基本公共服务目标总体实现。

首先，建立健全基本公共服务体系是中国矫正发展失衡的需要。在城镇化进程中，中国基本公共服务供给的主要问题是城乡之间基本公共服务的非均等化、区域之间基本公共服务的非均等化等。城乡之间的基本公共服务已为公众所熟知。其实，中国区域之间基本公共服务的非均等化也比较严重。改革开放以后，中国经济发展格局发生重大变化，原有发展格局被打破，东部指向的非均衡梯度区域发展战略取代均衡发展的战略，形成以优先发展的东部外向型经济区域、承东启西的中部过渡型经济区域和以开发资源为主的西部资源型经济区域的三大经济地带。客观评价，这种发展战略对于中国综合国力的提升起到了不可低估的作用，但区域间发展的不平衡由此开始显现并逐步加大，区域间发展差距在经过20世纪80年代的短暂缩小之后一直呈持续扩大趋势。在公共服务领域，各地区之间的差距同样十分明显。有学者称为，“一个中国，四个世界”。

其次，建立健全基本公共服务体系是对人类基本权利的保障。基本公共服务强调满足全国人民最低水平的公共服务需求，保障人民基本权利的实现。世界组织对这些必须予以保障的基本权利有明确的规定。1976年，联合国人权公约之一《经济、社会及文化权利国际公约》中规定的人权包括享受社会保障权、受教育权等。《世界人权宣言》指出，人人有权享受为维持本人和家属的健康和福利所需的生活水准，包括食物、衣着、住房、医疗和必要的社会服务；在遭到失业、疾病、残废、守寡、衰老或在其他不能控制的情形下丧失谋生能力时，有权享受保障。联合国开发计划署《2000年人类发展报告》也提出，体面的生活水平、足够的营养、医疗以及其他社会和经济进步不仅是发展的目标，也是与人的自由和尊严紧密相连的人权。这些基本权利，是不可或缺的，政府必须均等提供。

最后，基本公共服务是反贫困的重要举措。研究表明，在没有外部力量的干预下，贫困和不平等很容易在代际进行复制转移。尤其是在快速的城镇化进程中，贫富差距可能进一步拉大。拉美国家城镇化的重要教训之一就是政府未能有效提供基本公共服务，形成大量贫民窟，带来巨大的社会隐患。政府通过提供均等化的基本公共服务，将有助于避免贫困和不平等在代际间的传递。联合国开发计划署《2003年人类发展报告》提出，摆脱贫困陷阱要求相关国家在卫生保健、技术、教育和基础设施和良好的治理等方面跨过关键的门槛，从而实现可持续经济增长的起飞。更好的健康与教育状况既是人类发展的目标，也是可持续增长的前提，在人均收入取得实质性提高之前，卫生保健和教育能够而且应该取得巨大进步。近年来，基本公共服务的个人承担费用上涨过快，远远超过中低收入家庭可支配收入的增长速度，是造成许多贫困家庭无法脱贫的重要原因之一。通过提供均等化的基本公共服务，保证贫困家庭享有基本的医疗卫生和生活保障，子女接受必要的教育，有助于这些家庭实现永久性的自我脱贫。

二　城镇化进程中建立健全基本公共服务体系的挑战

建立健全基本公共服务体系既有助于维护社会公平正义，实现经济成果全民共享，也有助于促进经济发展方式转变，打造中国经济升级版。必须深刻认识到，基本公共服务体系不健全，不仅难以保障发展成果惠及全民，也不利于社会和谐稳定，而且还会制约经济社会健康协调可持续发展。因此，建立基本公共服务体系，保障全体人民福利的增进和经济发展水平相适应，是解决经济和社会发展不平衡、实现中国梦的必由之路。当前建立健全基本公共服务体系主要面临以下挑战。

（一）经济发展导向下的民生投入抑制

改革开放以来，政府在经济增长中发挥不可磨灭的作用，中国经济增长被打上深刻的政府“烙印”，从中央政府到地方政府都具有强烈的“公司化”“企业化”特征。以地方政府为例，作为区域经济利益主体，地方经济利益成为政府行为的驱动力和源泉，党的各级书记成为“辖区公司”的董事长，政府领导成为“辖区公司”的总经理，各级政府专注于经济增长，与兄弟辖区展开激烈竞争，创造诸多经济奇迹。企业从追求自身利益最大化出发，将资源、环境成本的负外部性转嫁给全社会，政府为了 GDP 及财政收入对企业行为缺乏有效的约束机制，有时甚至与企业合谋，由此导致经济发展带来的环境和生态压力不断加大。在经济总量和财政收入一定的情况下，政府将过多的财力投向招商引资、修桥筑路、政绩工程，必然会抑制其在教育、基本医疗、社会保障等方面的投入。

（二）公共服务职责划分不清

1994 年分税制是一次成功的财政体制改革，为中国经济多年持续高速增长奠定了基础。但这次分税制仅是对中央与地方政府之间的财权进行划分，不同层级政府之间的事权划分没有实质性突破，不同层级政府间的公共服务职责亦是如此。上级政府决策，下级政府埋单成为常态。按照公共经济原理，应按公共服务的层次性和受益范围划分各级政府的事权责任。全国性公共服务由中央政府来提供，受益范围局限于某一辖区的区域性公共服务由该地区政府负责提供，介于两者之间、具有明显外部性的公共产品，分清主次责任，由中央和不同地区的政府共同协商提供。

但在实际经济运行中，一方面中央与地方之间事权没有做出明确的划分，地方政府的事权支出随经济社会发展不断做出调整，支出责任较重而缺少相应的财力与之相匹配。另一方面，在税种划分中，地方税种数量多但增长慢，中央税种数量少却增长快；共享税中中央分成比例占大头，地方财力与事权不均衡、不匹配，由此“激励”地方政府在分税制约束下竭力做大地方可支配财力。应该说，分税制后地方政府更加重视培育能够为地方带来财税收入的企业，许多地区更是患上严重的“土地财政”依赖症，其背后的症结都在于激励性的财政制度设计。

（三）各种附加条件影响转移支付资金的效益

国际通行的转移支付方式有两种，即一般性转移支付和专项转移支付。一般性转移支付的目的在于缩小地区间财力差距，增强其提供公共服务的能力；专项转移支付的目的则在于实现中央政府的某些特殊政策意图。目前转移支付制度不合理，“碎片化”严重，不利于资源整合，转移支付资金效率低，中央对基本公共服务的财政转移支付难以落到实处。中国在转移支付结构中，真正有助于缩小地区间财力差距的一般性转移支付资金所占比重偏低。大量的专项转移支付又需要相应的配套资金予以保证，很多地区根本无法提供足够的配套资金，使专项转移支付资金的效用大打折扣。

（四）政绩考核的逆向激励

诺贝尔经济学奖获得者萨缪尔森认为，GDP 是 20 世纪最伟大的发明之一。作为容易操作的比较指标，GDP 的多寡，增长快慢成为衡量地区发展优劣和考核各级官员政绩的关键指标之一，由此诱导地方政府错误地将 GDP 当成衡量其工作绩效的唯一标准，“GDP 万能论”对地方发展影响甚大。对于地方官员而言，更符合自身利益和本地利益的是大力发展工业项目，由此获取高

额的GDP和财政收入，而对于涉及民生的公共服务的供给则处于相对次要的地位。作为“理性经济人”，不论其他同级地方政府采取何种策略，参与竞争的地方政府官员都会有强烈的动机去推动本地GDP的增长和获取良好的政绩，GDP、招商引资额、财政收入等成为政府的“必修课”，是有强约束力的“硬指标”；而义务教育、医疗卫生等基本公共服务是政府的“选修课”，是次要的“软指标”。在改革进入深水区后，这一评判指标的弊端日益显现出来，只关注GDP等经济类指标体系，忽略资源消耗、环境、生态保护等社会指标的考核与评价，导致改善基本公共服务知易行难，效果不佳。

三　建立健全基本公共服务体系的路径选择

在新型城镇化进程中建立健全基本公共服务体系是一项系统性工程，决不可一蹴而就，必须采用“组合拳”，避免“单打一”。党的十八大提出，必须从维护最广大人民根本利益的高度，加快健全基本公共服务体系，加强和创新社会管理，推动社会主义和谐社会建设。我们应牢牢抓住难得的历史机遇，顺应各族人民过上更好生活新期待，努力提升基本公共服务水平和均等化程度，推动经济社会协调发展，为全面建成小康社会夯实基础。

（一）建立健全基本公共服务标准体系

基本公共服务标准，指在一定时期内为实现既定目标而对基本公共服务活动所制定的技术和管理等规范。《中华人民共和国宪法》明确规定，社会保障、医疗保险、社会救助、基础教育和就业是每个公民的基本权利，而保证公民均等、公平地分享这一权利是政府的重要职责之一。当务之急是建立健全基本公共服务的标准体系。根据“十二五”规划对基本公共服务范围的界定，制定完善全国及各省级层次的基本公共服务设施、设备、人员及日常运行标准，并给予相应的财力保障。从政府工作角度来讲，应尽快制定并完善基本公共教育服务国家标准体系、劳动就业公共服务国家标准体系、社会保险服务国家标准体系、基本医疗卫生服务国家标准体系等，同时根据经济社会发展及群众公共需求的变化及时调整相关标准。如在基本公共教育服务方面，应依据国家相关教育法律法规，明确不同层级政府教育任务的事权与支出责任，制订校舍建设、设备配置、师资配备、教学管理规范等具体标准，当然，各省份可结合本地区实际情况，适当拓展基本公共教育服务范围和提高服务标准。

（二）加大对基本公共服务领域投入

根据公共经济学家马斯格雷夫和罗斯托的经济发展阶段理论，政府在不同的经济发展阶段公共支出是有所侧重的。在经济发展的早期阶段，政府主要投资于基础设施等领域以促进经济起飞；而进入经济成熟期以后，政府的公共支出要更多转向公共福利的再分配，即投向公共服务支出应增多。

近年来，政府对公共服务领域的投入力度不断加大，如财政性教育支出占GDP比重在2012年达到4%，这是非常大的成就。但与世界平均水平相比，中国在公共服务的投入还有相当大的提升空间。在人口快速老龄化、城镇化进程提速及劳动力结构出现拐点的情况下，应在科学测算的基础上稳步加大对公共服务的投入，提供公共服务支出占GDP的比重，从根本上解决“经济腿长、社会腿短”的问题。当然，鉴于福利存在的棘轮效应，我们所建立的公共服务体系应是从中国基本国情出发的、普惠的、动态的、与经济发展水平相适应的，而非欧洲国家的高福利模式。当前的重点领域包括：一是养老服务需要未雨绸缪，提前谋划，顶层设计，科学测算，消除民众的养老恐慌。二是走新型城镇化道路必须切实改善农民工的公共服务，不能让其成为“两栖人”，保障其生存和发展权利。实现党的十八大提出的“有序推进农业转移人口市民化，努力实现城镇基本公共服务常住人口全覆盖”的奋斗目标。三是提供更好的生态公共服务。从以往仅关注财富的表面增长转向关注实际福祉水平的提高，不能以污染换发展，将生态公共服务、基本环境质量作为一种公共产品向全民提供。四是实现基本公共服务均等化，优先向少数民族地区、革命老区、边疆地区及特殊连片贫困地区倾斜，让更多欠发达的群众享受改革开放的成果。五是强化成本效益观念。不能认为成本仅是企业需要考虑的问题，政府部门既要提供更好的服务，也要重视成本，提高投入产出比，切忌只看结果，不讲成本。

（三）及时启动新一轮财政体制改革

财政能力是提供基本公共服务的基础，没有有效的财力做保障，建立基本公共服务体系就会变成纸上谈兵。在城镇化推进的关键时期，应以基本公共服务为导向改革公共财政体制，实现财力与事权相匹配，在完善分税制的基础上尽快依法确定各级政府的事权责任，以均等化为旨向完善公共财政体制，从“激励型”财政体制转向“均等化”型财政体制。

1. 建立有利于欠发达地区又好又快发展的公共财政体制

健全“分钱的政策”——推进资源税改革，彻底改变“产品有价、资源低价、环境无价”的不合理格局，完善矿产资源补偿费中央与地方的分配关系。出台“补钱的政策”——开征环境保护税，建立健全惠及欠发达民众的生态补偿机制，让当地老百姓享受到更多资源开发与环境保护的“红利”。完善“给钱的政策”——健全转移支付体系，调整现行税收格局，构建财力与事权相匹配的税收体系，增强欠发达地区提供公共产品的自生能力。对西部地区应实行与东部有别的税收分配体制，加大西部地区分成比例。

2. 增强基层政府财力

当各级政府的事权责任与支出范围合理划分之后，政府间的税收划分就成为保证基本公共服务均等化的重要因素。改革开放初期至20世纪90年代中期，中国在财税体制方面进行了大规模的改革，给经济社会发展带来重大、积极的影响。但进入21世纪后，税收体制一直是被动式的改革，推出的改革项目基本上是小税种，大的税种都没有进行调整。实现基本公共服务需要有基本的税种为基础。因此，在明确各级政府职权与相应责任的基础上，合理界定地方各级收支范围，理顺各级政府间的财政分配关系，使每一级政府所拥有的财力与事权相对称、支出与责任相统一。只有使各级政府财力与其事权相匹配，才能使各级政府都能提供本层级上应提供的公共产品和公共服务，履行好政府“取之于民，用之于民”的财政分配责任和公共服务职能。

（四）完善促进基本公共服务能力均等化的财政转移支付体系

国际经验表明，财政转移支付能够有效改善落后地区贫困人群的生存和发展。在未来一个时期，尤其是在主体功能区战略实施后，限制开发区和禁止开发区面临较大的财力缺口，财政转移支付将是保障各地建立健全基本公共服务体系，实现基本公共服务均等化不可或缺的重要手段。

1. 完善纵向一般性转移支付

逐步提高均衡性转移支付的比重。据测算，目前我国真正具有均等化功效的均衡性转移支付占全部转移支付的比重偏低。建议中央财政在均衡性转移支付标准财政支出测算中，尝试采用权数因素法对转移支付的数额进行合理分配，综合考虑资源环境、人口数量、辖区面积、边境安全稳定、经济社会发展、基本公共服务现状、地方财政收支等因素，适当提高限制和禁止开发区的转移支付系数。

2. 改进专项转移支付

规范整合专项转移支付，增强其公平性与透明度，将政策稳定、具有长期性、规模只增不减的转移支付项目调整为一般性转移支付。对种类繁多，覆盖面广的项目予以清理合并；对有些内容交叉重复的项目，应逐步取消。逐步降低乃至取消专项转移支付的资金配套要求。对于地方财政自给率低于30%的地区应免除资金配套要求，关键是建立严格的绩效评价制度。督促省市级政府切实担负起调节省以下财力差距的职责，做实县乡（镇）级财政，形成合理的财力布局。针对专项转移支付制订更为科学的转移支付条件和标准，建立严格的科学论证和审批程序，减少专项转移支付项目的随意性和盲目性，相关政府部门应做好项目设置前的调研工作，加强动态监控机制，防止资金被挤占、滞拨、套取、挪用等。

3. 积极探索横向转移支付

同为一国国民，彼此之间享受的基本公共服务差距不应太大，否则不利于国家的团结与稳定。中国长期实行的地区间对口支援制度尽管帮助欠发达地区解决一些实际问题，但缺乏规范性、稳定性和科学性，亟须改进完善。可借鉴东中部19省市对口支援四川地震灾区及新疆的做法及德国经验，探索建立地区间横向转移支付机制。按照“谁开发谁保护，谁污染谁治理，谁受益谁补偿”的原则及“先富帮后富、无火帮有火”的共同富裕理念，合理确定区域之间的横向转移支付规模，让生态保护的受益者向

生态保护提供者（限制和禁止开发区的地方）进行横向转移支付，从而改变不同功能区之间既得利益格局，缩小各主体功能区之间的公共服务差距。

（五）创新基本公共服务供给制度

政府在提供基本公共服务方面应承担主要责任，但这并不意味政府必须直接负责生产所有的公共产品。可以通过构建多元化的参与机制，让企业或第三方参与公共服务的生产，构建多元化的基本公共服务供给体系。也就是在政府等公共组织承担供给责任的前提下，把市场激励机制和企业管理手段引入基本公共服务供给之中，构建政府诱导与市场竞争相结合的新模式。从市场需求机制看，只要市场有获利机会存在，基本公共服务的市场供给就成为可能。从市场供给机制看，只要政府对私人提供基本公共服务给予必要的补贴及税收等方面的优惠政策，基本公共服务的市场供给也就成为可能。这就要求：凡有盈利能力、市场能解决的基本公共服务供给，就要取消对私人资本进入的限制，通过市场的办法去解决；凡盈利能力太低、市场不能完全解决，但政府提供优惠政策后市场可以解决的农村基本公共服务供给，就要吸引、激励私人资本进入，尽量通过市场的办法去解决；凡不能盈利，市场不能解决的基本公共服务供给，也要引入市场机制，实行企业化管理，以降低成本，提高效率。实践证明，群众的主体作用及其有效参与是推进经济社会发展，确保基本公共服务满足群众需求的重要保证。应尊重群众意愿，探索“自下而上”的基本公共服务供给模式。改革基本公共服务供给决策制度，建立“自下而上”的能够有效反映民众需求真实偏好的表达机制，鼓励民众参与基本公共服务供给过程决策，形成政府与民众共同决策与管理的模式，防止提供的公共服务偏离民众的需求。当然，必须指出的是，在公共服务相关领域，无论是义务教育还是医疗卫生乃至社会保障都引入了市场机制，用价格进行配置。由此带来的好处是效率的提高，但同时也出现获得基本公共服务不均等的情况。所以，必须指出的是，在构建多元化基本公共服务体系的同时，要防止基本公共服务过度市场化，政府在其过程中必须独立公正，不能被市场所“俘虏”。

（六）建立健全基本公共服务法律法规体系

从历史上看，基本公共服务投入不足、结构失衡及效益不高不仅与社会经济发展水平相关，也与缺乏有效的法律法规体系以及财政投入及其管理体制不健全直接相关。从理论上讲，法律法规是一种应由政府提供的“公共产品”，也是一种政府应为民众提供的“公共服务”。

1. 制定《中央与地方关系法》，明确各级政府提供基本公共服务的职责

中国实行的是“经济分权，政治集权”的管理模式。多年来，中央政府对地方政府的考核是“以经济成就论英雄”，现行的制度约束造成地方政府把更多的精力用在做大经济蛋糕和增加财政收入方面，前者使其有与同级兄弟政府竞争的资本，后者让其有真实的财力去“经营城市”。不改变中央与地方的关系，地方政府缺乏提供基本公共服务的理性动力。

纵览世界发达国家处理中央与地方关系的主要经验，大多都是以明确的宪法和法律为依归，通过法律对中央与地方关系予以确定，详细规定地方政府的权限，使地方政府行为有法可依。

中国应适时推出《中央与地方关系法》，用法律的形式将中央与地方的公共服务权责明确下来，以法律形式确定中央与地方政府各自的经济、行政和立法方面的职责权限，形成新型的中央与地方政府之间法定的权力与利益关系。以法律形式具体规定政府间事权财权划分的详细内容，保持中央与地方关系的相对稳定性，彻底将“以经济总量为导向”转变到“以基本公共服务为导向”上来，在法治基础上形成新的中央与地方之间的权利与义务关系。这样，既可以防止中央政府随意收权或放权，又可防止地方政府利用信息不对称经常性的“越位”或“缺位”。

2. 出台《基本公共服务法》

作为公共机构的政府，基本公共服务均等化不仅是其道义性义务，而且是法定性义务。中国基本公共服务供给不足且非均衡的一个重要原因是缺乏可靠稳定的制度保障。为此，应加快基本公共服务的法治体系建设，推进符合中国国情的基本公共服务的相关立法，研究制定《基本公共服务法》，从法律上规范基本公共服务提供主体，建立相关主体的责任追究机制，以便使每一个环节切实落实均等化措施，确保广大人民群众在享有基本公共服务方面权利平等。

3. 完善《预算法》，增强公共预算的权威性

现行预算编制与执行不分，缺乏必要的制衡机制，与基本公共服务均等化等国家宏观政策的要求甚远，对预算支出缺乏制度约束力和民主监督。建立编制、执行、监督相制衡的预算管理体制是完善公共财政制度的当务之急。因此，应借鉴国际经验，尽快完善《预算法》，增强公共预算的权威性，确保财政对基本公共服务领域的持续投入。具体而言包括细化政府预算收入，提高预算透明度，强化预算监督等。

四　建立健全基本公共服务体系与政府职能转型

政府职能的核心是政府与市场、企业、民众、社会的关系，实质是政府该做什么，不该做什么。当前必须以建立健全基本公共服务体系、经济成果全民共享为导向，解决好人民最关心、最直接、最现实的利益问题，在学有所教、劳有所得、病有所医、老有所养、住有所居上持续取得新进展。换言之，政府职能转型顺利与否直接关系到基本公共服务体系的绩效，政府“缺位”的职能必须“到位”，“错位”的职能必须“正位”，“越位”的职能必须“退位”。管好政府“闲不住的手”，做到“政府的归政府，市场的归市场”，更好地发挥其在提供公共服务方面的主导作用。

（一）基本公共服务导向下的政府职能转型

在公共服务中，政府发挥着关键性的作用，这与其公共职能定位高度相关。政府如果不能充分体现民意，顺利进行职能转变，则公共服务体制很难建立和完善。世界银行 1997 年的报告将政府的作用界定在两个方面：一是提供公共产品，弥补市场失灵、信息不对称的缺陷；二是保护穷人、提供社会保障、进行再分配，以促进社会公平。关注民生，更好地为民生服务，建立健全基本公共服务体系显然离不开政府作用的发挥。可以说，目前为增长而竞争的政府模式显然已不适应要求，必须尽快转向服务型政府。

建设公共服务型政府，并不意味着扩大行政权力；强化公共服务职能，并

不意味着集中资源，强化行政控制，而是要将无所不为的“万能政府”转变成有所为有所不为的“有限政府”，其工作重点是创造良好发展环境、提供优质公共服务、维护社会公平正义。首先，“缺位”的职能必须“到位”。在公共服务领域，政府职能在许多方面是缺位的，目前的公共服务供给已不能满足全体居民的需要，离均等化的目标差距尚大，务必在下一步改革中“到位”，逐步建立起惠及全民、公平公正、水平适度、具有持续性的基本公共服务体系。其次，“错位”的职能必须“正位”。基层政府在事权无法转移的前提下，通过权力敛取不合理的收入以应对不合理的事权，使辖区居民承受与政府提供的公共服务不相称的负担，基层矛盾也因此频发。按照权责一致原则，合理界定政府职能，理顺各层级政府之间的职责关系，解决好政府间的非对称性分权问题。最后，“越位”的职能必须“退位”。要管好政府“闲不住的手”，将不应由政府承担的事务转移出去，做到“政府的归政府，市场的归市场”，更好地发挥市场在资源配置中的基础性作用，更好地发挥政府在提供公共服务方面的主导作用。

（二）处理好政府与市场、政府与政府的关系

处理好政府与市场的关系，政府要把微观主体的经济活动交给市场调节，让市场主体分散决策并承担经济后果和社会影响，同时进一步培育市场体系，扩大市场发挥作用的空间及配置资源的基础性作用。同时，政府由原来对微观主体的指令性管理转向为市场主体服务，提供各类市场自由竞争、公平交易的市场环境。当下亟须提高政府的宏观调控水平及能力，增强预见性与科学性，完善市场准入机制，避免盲目追求经济增长速度，提高经济增长的质量和效益。

政府间关系是大国治理中非常重要的一个方面，在保障中央权威、政令畅通的同时又有效调动地方积极性。在新的改革战略机遇期，应进一步理顺关系，按照公共服务的层次性、外部性、厘清中央与地方之间，各不同层级地方之间的权责，实现事权与财力的匹配。中央政府应侧重促进科学发展，加强宏观调控，提供全国性公共产品；地方政府在执行好中央决策的基础上注重加强公共服务及社会建设，促进经济社会协调发展。同时要兼顾信息对称与激励相容，从而更好地发挥中央与地方的积极性。

（三）构建体现公共服务理念的新考核模式

GDP 考核的局限性已为越来越多的人所认同，如 GDP 不能反映经济增长的质量及效益，无法反映增长所造成的环境成本，无法反映人民福祉的改善程度等。因此，瞄向基本公共服务的政府职能转型必须构建完善更为合理的考核体制，从偏向“物”的考核转向关注“人”的考核，从追求数量转向关注质量，从重视短期成就转向关注长远发展，在经济指标之外还应将生态环境、社会建设、人民生活水平和福利指数等指标纳入考核体系。对于那些以损害环境、寅吃卯粮、过度负债、影响稳定为代价追求短期政绩的不得提拔重用。此外，还应改变“唯上不唯下”的做法，尊重基层及群众，让人民群众参与考核，赋予群众“用脚投票”的权力，这样必然会激励官员“瞄向”群众，以满足辖区群众的公共需求为己任。促使政府主动接受社会民众监督，实现从全能政府向有限政府、有效政府、透明政府与阳光政府的转变。通过政府职能转型，更好地瞄向公共服务，实现民富国强、社会和谐与长治久安。

参考文献

北京师范大学管理学院：《2012 中国民生发展报告》，北京师范大学出版社，2012。

樊继达：《统筹城乡发展中的基本公共服务均等化》，中国财政经济出版社，2008。

世界银行、国务院发展研究中心：《2030 年的中国建设现代、和谐、有创造力的高收入社会》，中国财政经济出版社，2013。

宋晓梧：《社会发展转型战略》，学习出版社，2012。

万广华等：《中国的城市化道路与发展战略：理论探讨和实证分析》，经济科学出版社，2012。

张占斌等：《中国新型城镇化建设研究》，河北人民出版社，2013。

B.12

城镇化视角下我国农村土地银行的构建

张占斌　郑洪广*

摘　要：

资金问题是城镇化过程中“三农”问题的核心。农村土地银行是一些国家（包括地区）为土地开发利用提供金融服务的金融机构，是破解融资瓶颈的有效手段。农村土地银行的重点不在于其机构设置，而在于对其功能的设定，即农村土地银行一定要具备“银行”本身所固有的“货币创造”功能，并以土地为媒介来融通资金。建设农村土地银行任重而道远，必须明确土地使用权的权利属性、完善社会保障体系、健全土地评估体系、建立规范农村土地银行及其业务的法律，做好相关的配套制度。

关键词：

城镇化　农村土地银行　配套制度

城镇化是我国发展的一个大战略，城镇化不是简单的城市人口比例增加和面积扩张，而是要在产业支撑、人居环境、社会保障、生活方式等方面实现由“乡”到“城”的转变。① 城镇化的内核是让广大农民分享社会物质、文化成果，提高生活质量。在城镇化过程中“三农”问题仍然是核心。农业关系国计民生，我国农业进入“高投入、高成本、高风险”发展时期，对资金的需

---

* 张占斌，国家行政学院新型城镇化研究中心主任，国家行政学院经济学教研部主任、教授、博士生导师，主要研究方向为政府经济管理、城镇化和城乡统筹发展等；郑洪广，中国刑事警察学院经济犯罪侦查系讲师，主要研究方向为政府经济管理。

① 李克强：《加快资源型城市转型发展及棚户区改造破解城市二元结构难题　走新型城镇化道路》，《人民日报》2012 年 9 月 26 日。

求日益旺盛，但资金短缺的现状没有得到有效改善。如果资金问题得不到妥善解决，不仅会影响农业的发展，还会影响农民收入的增加，甚至会动摇农民城镇化的积极性。农村土地银行是破解融资瓶颈的有效手段。

一 什么是农村土地银行

农村土地银行是一些国家或地区为土地开发利用提供金融服务的金融机构，主要业务是提供土地抵押贷款和发行土地债券，主要的服务目标物为农地。发达国家或地区成立农村土地银行，大多是基于当时农业资金短缺和高利贷盛行。

关于农村土地银行，国内有的学者认为，农村土地银行是一部分农民自愿将零散、小块、界线明晰的土地承包经营权存入土地银行，土地银行按照一定的价格给付农民租金（土地存款利息）；土地银行再将土地划块后贷给愿意种植的农户或企业，收取租金（土地贷款利息），种植农户或企业则按照规划和土地银行的要求进行种植；土地银行赚取差额利息用于自身发展和建立风险资金等。[①] 农村土地银行是主要经营土地存贷及与土地有关的长期信用业务的金融机构，是解决农村长期资金来源的重要途径，以土地抵押贷款为核心业务。[②] 农村土地银行的业务可以概括为：土地存贷、土地整理与开发经营、开展土地金融业务、信息咨询与纠纷调处业务。这些观点的共性之处在于，认识到农村土地银行的融资功能，但用何种手段实现融资功能则是仁者见仁、智者见智。但从国外的经验来看，土地抵押是土地银行的核心业务。

二 我国为什么需要设立农村土地银行

在我国，设立农村土地银行是必要的，农业资金及农村土地使用权流转对土地银行的需求是十分迫切的：

---

① 陈家泽、周灵：《成都探索“土地银行”》，《决策》2009 年第 9 期。

② 陈少强、孙艳丽：《农村土地银行的中外比较与借鉴》，《中国发展观察》2010 年 3 月。

1. 完善农地金融制度，增加农业资金

中国农业银行在农村金融中占主导地位，但在商业化改革中，资金投放由以农村为主转向以城市工商为主，这种现象在其他商业银行中也同样存在。并且，在我国农村不少地区，适销对路的金融产品少、金融服务方式单一、金融服务质量和效率与农村经济社会发展和农民多元化金融服务需求不匹配的问题仍然突出，[①] 这导致农户贷款矛盾十分突出，截至2010年，“农户贷款占全部信贷余额只有5.1%，这个数字，几乎是20年没有变化”[②]，国务院农村综合改革工作小组办公室课题组的研究表明，从2009～2020年，中长期农业信贷缺口年平均为4017.09亿元。

国务院发展研究中心2006年调查显示，农地流转年租金全国平均为293元/亩，据此粗略估算，全国农用土地流转每年将会产生近3万亿元的资金。设立农村土地银行，实施农地使用权抵押、发行土地债券，可以融通农业资金，特别是农业中长期发展资金，解决资金不足问题。农村土地银行促进土地流转，增加农民财产收益，会带来巨大的财富效应。

2. 实现农业规模化经营，确保国家粮食安全

农业经济随着经营规模的扩大，单位农产品平均成本不断降低。马克思指出：“大规模的耕作，从经济的观点来看，既然证明比小块的和分散的土地耕作远为优越，那么，要是采用全国规模的耕作，难道不会更有力地推动生产力吗？”[③]

家庭承包制度将土地按人口均分，好坏远近搭配，造成承包经营的土地过于零散，阻碍了土地利用效率的提高，易造成土地资源的浪费，难以形成经营规模。2000年的统计资料表明，我国已有5个省市的666个县（区、市）的人均耕地低于联合国粮农组织确定的0.8亩警戒线。其中有400多个县（市）低于0.5亩。[④] 2012年中央农村工作领导小组副组长、办公室主任陈锡文在发

① 中国人民银行金融市场司：《“一行三会”有关部门负责人就全面推进农村金融产品和服务方式创新答记者问》，2010年7月28日，中国人民银行网站：http://www.pbc.gov.cn/publish/jinrongshichangsi/1024/2010/20100910135629456433356/20100910135629456433356_.html。

② 曾庆芬：《土地承包经营权流转新趋势下农地金融问题研究》，中国农业出版社，2011。

③ 中共中央编译局《马克思恩格斯选集（第三卷）》，人民出版社，1995，第128页。

④ 喻非、石永红：《我国耕地保护形势严峻》，人民网，2000年11月9日；http://www.people.com.cn/GB/channel1/10/20001109/305631.html。

布会上表示，中国目前人均耕地只有1.38亩左右。[①]

建立农村土地银行，通过土地存贷及土地抵押业务，能够实现承包土地向专业大户、家庭农场、农民合作社流转，实现粮食生产的规模效益，保障国家粮食安全。

3. 增加农民收入，推动城镇化建设

当前，我国全面建设小康社会进程中最严重的制约仍然是城乡发展和居民收入差距过大，2011年中国的城乡收入差距大约是3.13∶1[②]，增加农民收入是建设社会主义新农村的核心目标。农民收入的增加，又会促进农村经济的发展，有学者估算未来几十年，如果农村居民收入能够提升到城镇居民2008年的水平，将创造一个大约10万亿元的农村需求市场。[③]

李克强指出，我国“城乡差距量大面广，差距就是潜力，未来几十年最大的发展潜力在城镇化”[④]。推进城镇化，大部分农民将从农村转移到中心城镇，从事非农产业。根据《2010年第六次全国人口普查公报（第1号）》，我国居住在乡村的人口为674149546人，大量的人口需要转移，由此会带来巨大的服务业发展空间。农民可以通过土地银行，实现土地经营权的流转，获得土地增值收益，从而实现向非农产业的转型。

4. 解决土地流转信息不对称，降低交易风险

农村土地银行通过网络化及时发布土地供需信息，在某一地区或者某几个地区甚至全国范围内实现土地流转，可以解决农村土地流转中普遍存在的信息不对称所造成的交易受阻等问题。当前农地流转大多是农户与农户或者农户与大企业之间进行，没有统一而有力的机构作保障，交易风险高，农村土地银行在交易前审查各方的资信、技术力量、产业规划、风险防范等情况，规范流转行为，并建立相关资信档案，为农户把关，确保农户的利益，从源头上抑制“非农化”行为。

---

① 《中央农办主任：我国目前人均耕地只有1.38亩》，中国经济网，2012年2月2日；http://www.ce.cn/xwzx/gnsz/gdxw/201202/02/t20120202_23037635.shtml。

② 林毅夫：《解读中国经济》，北京大学出版社，2012。

③ 牛凯龙、张薄洋：《金融抑制、金融改革与“三农”发展》，中国财政经济出版社，2011。

④ 熊争艳：《李克强会见世界银行行长金墉》，新华网，2012年11月29日；http://news.xinhuanet.com/politics/2012-11/29/c_113845128.htm。

5. 农地作为一种要素，应实现资本化

土地作为一种稀缺资源，历来受到重视。英国经济学家威廉·配第提出了“劳动是财富之父，土地是财富之母”的著名论断。他从同等肥力地段的不同位置、它们对市场的不同距提出级差地租概念。马克思在李嘉图研究的基础上将地租分为绝对地租、级差地租Ⅰ、级差地租Ⅱ。

无论是古典经济学派还是新经济学派抑或是马克思主义，都把土地作为一种要素，揭示了地租的合理成分，因此要发挥地租在配置农业资源中的经济职能，任何对地租的压抑都有损于指导和引诱农民有效地使用土地的信号和刺激。① 我国农村土地流转要充分发挥土地的要素作用，使农村土地使用权实现资本化。

城市土地早已资本化，并成为银行机构最受青睐的融资媒介，农村土地“资本化”将成为一个不可避免的趋势。在市场经济条件下，一切要素都应资本化。农村土地使用权作为一项权能，也是生产要素，只有充分流动才能提高土地利用效率。农村土地使用权资本化也是现阶段农民财富量上升的主要途径，地利归农，是工业化带给农民的自然结果。② 农村土地银行的构建，可以盘活农村土地，通过价格机制鼓励土地实现规模化经营。同时涉农产业的生产、营销形成新的产业集聚，并产生乘数效应。

三 我国需要设立什么样的农村土地银行

美国学者 R. Merton 和 Z. Bodie 认为，任何金融体系的主要功能都是为了在一个不确定的环境中帮助在不同地区或者国家之间在不同的时间配置和使用经济资源。我国农村金融体系构建首先要确定金融体系应具备哪些经济功能，然后再设置或者建立可以最好地行使这些功能的机构与组织。③

我国农村土地银行制度设计要明确我国农村土地流转中存在哪些问题，这

---

① 〔美〕T. W. 舒尔茨：《改造传统农业》，梁小民译，商务印书馆，1987。

② 冯子标、王建功：《以土地银行主导农地使用权流转》，《当代经济研究》2009 年第 11 期。

③ 雷启振：《中国农村金融体系构建研究——基于“三农”实证视角》，中国社会科学出版社，2010。

些问题能否通过现有的体制解决，只有在得到肯定答案后，再根据存在的问题来考虑农村土地银行需要具备哪些功能，最后探讨机构如何组建的问题。所以，农村土地银行的重点不是在于其机构设置，而在于对其功能的设定。

当前实践中，我国农村土地银行主要从事土地“存贷”业务，通过调剂土地余缺来解决土地使用中的供求矛盾，起到的只是中介组织的作用。“土地银行”一定要具备“银行”本身所固有的“货币创造”功能，只不过“农村土地银行”是以土地为媒介来融通资金的。

农村土地银行在保证不改变农地性质及用途的前提下可以开展下列业务。

（一）土地“存贷”

目前，土地“存贷”业务是我国农村土地银行的主要业务。

农户转让土地承包经营权给“土地银行”后，依旧可以通过“企业＋农户”合同，在龙头企业的统一管理下继续在原有土地上耕作。如此一来，存地农户不但可以从“土地银行”领取存地利息，还可以从龙头企业或种植大户领取固定薪水。①

在我国，也有人将“土地存贷”业务称之为“土地信托”，从严格意义上来讲，两者是有区别的。

土地银行的存贷业务与信托业务的区别在于：在土地存贷过程中，合同的签订主体是土地使用权存贷双方，也就是出租土地的农户和租赁土地者，土地银行不是合同主体，只起到为双方提供信息的中介作用。在土地信托业务中，土地银行以自己的名义与租赁土地者签订租赁合同，土地银行是独立的合同主体，原土地承包经营权人不是合同主体。在土地存贷中，出租土地的农户从承租方取得土地租金；而在土地信托中，原土地承包经营权人是从土地银行获取收益，并承担土地银行经营不善所带来的风险。

（二）土地开发整理

土地开发整理，是指运用财政专项资金，对农村宜农未利用土地、废弃地

---

① 王劲屹：《土地银行：促进农地流转效率的制度创新》，《三农经济》2012 年第 8 期。

等进行开垦，对田、水、路、林、村等实行综合整治，以增加有效耕地面积、提高耕地质量的行为。

农村土地开发整理的主要内容是：调整农地结构，归并零散地块；平整土地，改良土壤；在“四荒土地”等原来不能耕种的土地上，使用科学有效的施工技术对土地进行规划和改良达到耕种需要，增加耕地面积；在矿山生产及自然灾害损毁的废弃土地上，使用科学有效的施工技术使土地恢复开垦耕种；修建田间道路、生产道路、挖设沟渠、布置林网以及埋设浇水管线等综合建设；改善环境，维护生态平衡。

土地开发整理是政府的责任，土地开发整理的费用，列入各级财政，由国家承担。农户是土地开发整理的受益人，农户是否应该承担费用以及承担多少，我国没有明确规定。在德国土地整理的费用，一般由国家资助80%（其中联邦60%，州40%），20%为土地整理参加者自筹。对困难的地区，特别是边远地区和山区，国家资助比例较高，尽量减少自筹资金。[①]

农村土地银行发放土地开发整理贷款，属于特定贷款业务，该贷款原则上应不收取利息，也不需要担保手续，但土地银行应负责监督贷款的使用。政府或者农户没有将贷款用于土地开发整理，银行将贷款全额收回，并且加收贷款利息。

农村土地银行经营土地相关业务，利用自身的信息优势和资金优势，对农户存入的土地或者对依法取得的“四荒土地”进行开发整理，进行规整划片，修建基础设施，增加土地价值，以便贷给用地需求者进行经营使用。经过前期的开发整理，土地银行既可以将其出让给贷地方以收取贷地利息，也可以在相关法律法规的限定条件下，自己进行开发经营，获取收益。

（三）土地抵押

土地抵押是农村土地银行的核心业务。国外土地抵押是建立在土地私有制基础上的，我国农村土地归国家或者村集体所有，农民只享有土地使用权，也就是承包经营权，所以我国的土地抵押指的是土地承包经营权抵押。按照我国

① 贾文涛、张中帆：《德国土地整理借鉴》，《资源·产业》2005年第2期。

现行的法律规定，不允许耕地使用权抵押。近年来，土地抵押贷款的限制有所松动，如“一行三会”出台文件，提出有条件的地方可以探索开办土地经营权抵押贷款。

农村土地承包经营权抵押，是指土地承包经营权人在法律许可的范围内，在不转移土地占有的情况下，将土地承包经营权作为债权的担保，当债务人不履行债务或者发生当事人约定的实现抵押权的情形时，债权人有权依法处分该土地承包经营权，并有权从所得价款中优先受偿。

土地融资通常要求以土地作为抵押物来发行债券，农业经营具有风险大、周期长的特点，农业贷款期限短、数额小、风险高，无法解决农业生产对资金的需求，土地承包经营权抵押可以化解银行信贷资金的风险，为农户获取中长期信贷支持，土地银行贷款的利息低，不会对农民造成太重的负担，同时还可以激励农民对土地经营的积极性。

农户申请贷款应与土地银行签订抵押借款合同。借款的用途是从事农业生产，禁止改变借款的用途。农户是合法的土地承包经营权人，抵押期限不得超出土地承包经营权的剩余期限。

土地银行提供的土地抵押贷款是政策性的，因此利息较低，例如，美国通常为5% ~7%①，美国联邦土地银行“不动产贷款利率仅为私人银行的70%左右，也只相当于农业部所属农场主家庭管理局同类贷款利率的89%”②。德国抵押贷款的利息是随当年农业生产情况与市场利率变化而定，年利率约为5%。③

土地承包经营权抵押贷款到期后，农户归还借款，则抵押合同解除，土地由民户继续经营；如未按期归还贷款，土地银行依据抵押合同，取得土地承包经营权。土地银行采取竞拍或其他途径，由其他人承包经营土地。新的承包期限不得超过抵押期限，新的土地承包人不得改变土地用途。

有人认为，我国农村土地承包经营权抵押难以放行的最重要原因是在农村社会保障体系尚未建立的情况下，农民大规模将自己的土地承包经营权抵押给银行，如果无法还贷，土地被银行收走了，失地农民缺乏生活保障，演变为

① 叶良红、王卫华：《德、美土地金融制度比较及启示》，《经贸世界》1995年第1期。

② 李淳：《美国农业考察报告（下）》，《山西区域经济》1999年第1期。

③ 陈翚：《土地银行学》，生活·读书·新知上海三联书店，1996。

“流民”，进而危及社会稳定。其实这种担心放大了土地的保障功能，土地承包经营权抵押不会影响社会的稳定。因为土地承包经营权抵押不是改变土地所有权的性质，农民抵押的只是土地使用权；土地承包经营权抵押不是对农民土地承包经营权的永久剥夺，农民只是在抵押期限内不得经营该土地，抵押期限届满后，农民仍可以取回土地使用权。对此我们可以通过相应制度，防范或者降低由此产生的消极效应。一是必须明确实现土地经营权抵押时“不改变土地用途、不破坏农业综合生产能力”。二是因被实现抵押权而丧失土地承包经营权的农民，有向土地银行租赁耕作原承包地的优先权，并可以在同等条件下通过清偿贷款或竞价等方式优先收回自己丧失的承包经营权。三是联合国粮农组织将耕地的警戒线规定为人均0.8亩，对于人均耕地低于0.8亩的，不允许抵押；只有高于0.8亩部分的承包经营权才能抵押。

（四）土地债券

债券是政府、金融机构、企业等机构直接向社会借债筹措资金时，向投资者发行，承诺按规定的期限、利率支付利息并偿还本金的债权债务凭证。在现代经济生活中，债券是一种重要的融资手段和金融工具，它有着安全性，流通性，偿还性，收益性等特点。土地债券作为专项发行的债券，具有融资功能、投资功能、资本功能、利率功能以及信用等功能。发行土地债券是土地银行的主要业务，也是其资金的主要来源。

我国可借鉴发达国家及地区的成功经验，通过发行土地债券吸收社会资金。鉴于我国的土地政策，有关管理部门应在发行前做好土地的数量、质量、权属等统计准备工作，对需要抵押的土地承包经营权进行详细评估。债券发行部门可根据我国的土地情况决定发行的数量、面额，证券管理机构根据土地债券的特点开辟土地证券市场。土地债券发行时必须考虑发行金额、票面价格、期限、票面利率等因素。

土地债券的发行金额是根据发行人所需资金的数量、资金市场供给情况、发行人的偿债能力和信誉来确定的。农村土地银行发行债券，以土地银行的全部资产及其放款取得的土地抵押权作为担保。各国发行土地债券都保持一定的比例，美国每个联邦土地银行发行债券的总额，不超过该银行所有股金和公积金总额的20倍，[①] 德国“发行债券的总额不得超过所有土地的总值”[②]。我国农村土地债券的发行总额，不应超过土地抵押贷款的总额。

德国土地债券的利率约通常为4%，美国债券的利率约一般为4%～5%。[③] 从我国发行的各类债券来看，债券利率一般低于银行贷款利率，略高于银行存款利率，债券的利率参照中国人民银行的基准利率确定，一般不得高于同期银行存款利率的40%。有学者建议土地债券利率的范围在国债利率或者是定期存款利率与土地抵押贷款利率之间。

土地债券期限是指从债券的计息日起到偿还本息日止的期间，根据发行人的资金需求、未来市场利率水平的发展趋势、土地开发整理的周期等因素考虑，可以分为长期债券、短期债券和中期债券。美国债券的偿还期一般是3～10年[④]，属于中长期债券。我国农村土地债券的偿还期设定为长期较为合适。我国农村土地债券的面额不宜过小，可以设定为50元及100元两种。土地债券按面额发行，不允许溢价或者低价发行。土地债券一般采取记名方式，必要时也可以采取不记名方式。

（五）土地银行的其他业务

许多国家农地金融体制建立是为农业、农村发展提供长期、低利资金或服务于土地制度改革，因此，这些国家的农地金融机构在设立之初就只从事农地贷款业务，并不从事诸如吸收储蓄存款、结算等银行业务，形成只从事农地贷款业务的专业性金融机构。德国的土地信用合作社、美国的联邦土地银行都属此类。也有的已经实现多元化经营，如中国台湾土地银行已从原来的“配合推行平均地权、耕者有其田等土地政策”，已发展成为“从上游土地贷款、中游建筑融资、土地信托，带动营建业下游厂商融资、不动产证券化及房屋贷款、个人理财等，提供完整的不动产一条龙金融服务”的全方位银行。[⑤]

---

① 刘书楷：《土地经济学》，中国农业出版社，1996。

② 陈翚：《土地银行学》，生活·读书·新知上海三联书店，1996。

③ 叶良红、王卫华：《德、美土地金融制度比较及启示》，《经贸世界》1995年第1期。

④ 张月蓉：《美国的土地信贷》，《世界农业》1994年第4期。

⑤ 台湾土地银行网站，http：//www. landbank. com. tw/。

我国农村土地银行应该只能从事涉农土地业务。正如有的学者所言，“正因为具有特殊的融资性能，所以政策性金融机构不参与信用创造和货币供给。这是政策性金融组织与商业银行、中央银行的最本质区别。它不需要吸收活期存款、不办理承兑、结算和现金收付等业务，其负债是货币体系已创造出来的货币，资产一般是专款专用”①。这种观点非常有见地，我国农村土地银行作为政策性金融机构，应坚持不盈利、不争利的经营原则。土地银行开展业务，应不增加营运风险，决不能把农村土地银行建成大而全的“金融超市”。涉及农村土地的中间业务，不会影响银行资产与负债比例的变化，不会带来经营风险，并且可以支持“三农”发展，因此该业务是可以开展的。这类业务主要包括：涉及土地的支付结算类业务、土地基金托管类业务以及在土地承包经营权流转方面的信息沟通、政策咨询、合同签订、价格评估等。而形成银行负债业务活动的，应不予考虑。

四　我国需要怎样设立农村土地银行

20 世纪以来，我国有关农村土地银行的探索实践层出不穷，据不完全统计，近年来全国各地以不同方式组建的农村“土地银行”达 100 余个。但通过对比可以发现，我国农村土地银行在名称上叫作“银行”，其实并不具备银行最基本的货币创造功能，这与国外通行的农村土地银行有明显的差别，我国农村土地银行建设任重而道远，我们必须做好相关的制度配套工作，为土地银行的成长助力。

（一）明确土地使用权的权利属性

西方经济学认为，经济增长的关键在于制度因素，一种提供适当的个人刺激的有效的制度是促使经济增长的决定性因素。而在制度变量集合中，产权关系的作用最为突出，它是最主要的约束因素。产权改革是我国经济体制改革的核心。上地产权的约束、激励和分配功能能够保证上地的集约利用和合理利

① 于海：《中外农业金融制度比较研究》，中国金融出版社，2003。

用。从产权理论看，这种制度（家庭联产承包制）之下的土地产权，仍然是一种残缺的产权。我国农村土地使用权属不充分，土地使用权流转无法在更大范围内进行。而土地使用权的转移会使资源配置更加有效，并刺激对土地资源开发利用的深度投资，减少农户的风险规避行为。我国农地使用权主体的经济地位、法律地位、财产地位和职能范围、行为方式等还有很多需要进一步明晰，这就极大地削弱了国家对农民土地财产权利进行统一界定和保护。建立归属清晰、权能完整、流转顺畅、保护严格的农村集体产权制度，是激发农业农村发展活力的内在要求。Erik Stubkjaer 认为："抵押贷款的安全性取决于是否有一个良好的土地登记和地籍管理制度。"健全农村土地承包经营权登记制度，能够强化对农村土地承包经营权的物权保护。2013 年中央一号文件确定，要用 5 年时间基本完成农村土地承包经营权的确权登记颁证工作。并要求加快对农村耕地使用权地籍调查，尽快完成农村土地承包经营权确权登记颁证，解决农户承包地块面积不准、四至不清等问题。

（二）完善社会保障体系

我国农村社会保障制度不健全，没有建立完善的社会保障体系，农村基本医疗保险、农民养老保险及社会救助体系等严重缺乏。土地不仅是农民的就业保障，也是农民最基本的生活保障。只有建立健全社会保障体系，实现农民平等享有劳动报酬、子女教育、公共卫生、计划生育、住房租购、文化服务等基本权益，实现城镇基本公共服务常住人口全覆盖，解除农民的后顾之忧，农民才能放心地把土地流转出去，土地银行的建立才能顺利进行。

（三）健全土地评估体系

国内还没有权威的农地价值评估机构，也缺乏系统科学的评估体系，在农村土地流转过程中，一直存在土地价格由谁评估、如何评估的问题。土地使用权流转中的评估往往依靠村委会与农户、龙头企业协商的模式，没有参照标准，也没有事后监督，随意性较大，经常与土地经营权的公允价格相背离。建立农地经营权价值评估体制，尽快成立专业的土地价值权威评估机构，公平、公正、公开地评估农地价值，切实保护农民在土地流转过程中的合法利益。

（四）建立规范农村土地银行及其业务的法律

我国农村土地银行构建缺乏法律依据，为此，要完善相关的法律制度。土地使用权抵押是土地银行的核心业务，“德、美两国在农村土地使用权抵押方面的成功经验中有一个共同特点，即具有完善的法律制度，让整个过程有法可依，有章可循”①。1995 年《中华人民共和国担保法》规定农地使用权不得抵押。2005 年《最高人民法院关于审理涉及农村土地承包纠纷案件适用法律问题的解释》规定“承包方以其土地承包经营权进行抵押或者抵偿债务的，应当认定无效”。《中华人民共和国物权法》规定耕地使用权不允许抵押，但“法律规定可以抵押的除外”，为农地使用权抵押预留了法律许可。“一行三会”提出的“有条件的地方可以探索开办土地经营权抵押贷款”，便是使用《中华人民共和国物权法》的许可规定。但“一行三会”的文件属于部门规章，不属于严格意义上的法律，因此农地使用权能否抵押，还是存在疑问的。从实践情况来看，各地的“土地银行”也是比较谨慎的，几乎都没有开展农地使用权抵押业务。在发行土地债券方面没有法律规定，更是无从谈起。因此，要排除对农地使用权抵押的禁止性规定，制定土地债券法，为农村土地银行核心业务的开展提供法律保障。

参考文献

〔美〕T. W. 舒尔茨：《改造传统农业》，梁小民译，商务印书馆，1987。

安义宽：《中国公司债券——功能分析与市场发展》，中国财政经济出版社，2006。

陈翚：《土地银行学》，生活 · 读书 · 新知上海三联书店，1996。

陈少强、孙艳丽：《农村土地银行的中外比较与借鉴》，《中国发展观察》2010 年 3 月。

冯子标、王建功：《以土地银行主导农地使用权流转》，《当代经济研究》2009 年第 11 期。

国务院农村综合改革工作小组办公室课题组：《建立现代农村金融制度》，中国财政经

① 韩立达、彭迎：《国外农村土地使用权抵押的经验借鉴及启示》，《安徽农业科学》2009 年第 37 期。

济出版社，2011。

韩立达、彭迎：《国外农村土地使用权抵押的经验借鉴及启示》，《安徽农业科学》2009年第37期。

黄通、罗醒魂：《土地金融论》（第3版），台湾新北正中书局，1970。

蒋耘：《国民政府相关部门讨论设立中央土地银行函件一组》，《民国档案》2012年第3期。

雷启振：《中国农村金融体系构建研究——基于"三农"实证视角》，中国社会科学出版社，2010。

李淳：《美国农业考察报告》（下），《山西区域经济》1999年第1期。

李克强：《加快资源型城市转型发展及棚户区改造破解城市二元结构难题　走新型城镇化道路》，《人民日报》2012年9月26日。

李延敏、罗剑朝：《国外农地金融制度的比较及启示》，《财经问题研究》2005年第2期。

林毅夫：《解读中国经济》，北京大学出版社，2012。

刘书楷：《土地经济学》，中国农业出版社，1996。

〔美〕罗伊·普罗斯特曼等：《中国农业的规模经营：政策适当吗?》，《中国农村观察》1996年第6期。

牛凯龙、张薄洋：《金融抑制、金融改革与"三农"发展》，中国财政经济出版社，2011。

秦琼华：《构建我国农村土地银行制度的思考》，《三农金融》2012年第8期。

舒智华：《农村土地承包经营权抵押探析》，暨南大学硕士学位论文，2010。

王秀兰：《土地信托模式的国际借鉴思考》，《商业时代》2007年第16期。

温铁军：《三农问题与世纪反思》，生活·读书·新知上海三联书店，2005。

叶良红、王卫华：《德、美土地金融制度比较及启示》，《经贸世界》1995年第1期。

于海：《中外农业金融制度比较研究》，中国金融出版社，2003。

曾庆芬：《土地承包经营权流转新趋势下农地金融问题研究》，中国农业出版社，2011。

曾文涛：《论中国前近代时期私营经济发展的制度障碍》，《经济评论》1999年第3期。

张宇、陈功：《农地使用权抵押贷款证券化研究》，《经济与管理》2010年第4期。

张月蓉：《美国的土地信贷》，《世界农业》1994年第4期。

郑智：《央行最高院会商：土地承包权抵押新边界》，《21世纪经济报道》2010年5月28日。

Besley, T., "Property Right and Investment Incentives: Theory and Evidence from China." *Journal Political Economy* 103 (1995).

Erik Stubkjaer, *Cadastie and Economic Development* (Heidelberg: Springer Berlin Heidelberg, 2009).

Merton, R. C. and Z. Bodie, "Deposit Insurance Reform: A Functional Approach" A. Meltzer and C. Plosser, eds, Camegie-Roc. *Series on public Policy* 6 (1993).

B.13

生态文明融入城镇化全过程研究

张占斌 陈 军*

摘 要：

工业文明、城市文明在给人类创造巨大财富和技术进步的同时也给人类造成了规模空前的灾难。党的十八大提出要将生态文明建设纳入中国特色社会主义事业总体布局，为如何走新型城镇化道路提供了方向和理论指导。能否把生态文明真正融入我国的新型城镇化全过程中，不仅关系城镇化能否可持续发展，更关系我们国家能否实现稳定、健康和持续的发展。本专题着重研究了生态文明融入城镇化全过程的理论依据、国外经验、表现形式和具体路径。

关键词：

生态文明 城镇化 可持续发展

党的十八大提出要将生态文明建设纳入中国特色社会主义事业总体布局，强调“五位一体”建设中国特色社会主义，这是把生态文明作为执政理念上升为国家战略在全社会推行，为我国的可持续发展提供新的目标，为我们如何走新型城镇化道路提供了方向。因此，能否把生态文明真正融入我国的新型城镇化全过程中，不仅关系城镇化能否可持续发展，更关系我们国家能否实现稳定、健康和持续的发展。

---

* 张占斌，国家行政学院新型城镇化研究中心主任，国家行政学院经济学教研部主任、教授、博士生导师，主要研究方向为政府经济管理、城镇化和城乡统筹发展等；陈军，贵州行政学院经济学教研部副教授，主要研究方向为产业经济、低碳经济、城乡经济。

一　生态文明推动城镇化可持续的观念和方法论

（一）“天人合一”的朴素生态观是城镇化可持续的传统思想基础

中国古代的思想家不仅关注人的问题，还关注宇宙与人生，有着丰富的关于人与生命、人与自然的深刻思想，对人与自然和谐发展的问题有过深刻的阐述。中国经历几千年的发展，形成了具有高度包容性、稳定性和继承性的传统文化，它能够包容各种先进思想，具有很强的融合能力。他们在实践中认识人与自然的关系，形成了“天人合一”的朴素生态自然观。

在“天人合一”的思想中，“天”指的就是自然界，并已经有了“天”是创造人和万物的自然朴素观点。同时，它还进一步强调“有天地然后有万物，有万物然后有男女”，即天之道是“始万物”，地之道是“生万物”，人之道是“成万物”，这三者不可分割。也就是说，人的行为要与自然界所生成的万物相协调，要遵循一定的自然规律，这就是“天人合一”的核心。正如张岱年先生所认为，“天人合一”的深层含义是，人来自于自然界，人与自然的关系就是部分与整体的关系，两者不是对立的关系，因此两者应该是和谐共处的。我国古代哲学家在思考人与自然之间的关系时，大多以“天人合一”思想为基础，注重人与自然万物之间有机而密切的联系，强调保持人与自然的和谐。《荀子·王制》中提出的“春耕、夏耘、秋收、冬藏，四者不失时，故五谷不绝，而百姓有余食也。污池渊沼川泽，谨其时禁，故鱼鳖优多，而百姓有余用也。斩伐养长不失其时，故山林不童，而百姓有余材也。”它所表明的就是要从根本上规范人类自身的行为，在保持人与自然和谐的基础上，坚持走可持续发展之路，遵循自然规律而使人自身获得发展。因此，我们的城镇化发展过程，必然也是要通过节约资源、降低能耗、发展绿色、低碳和循环经济，增加环保投入，重视对历史文化资源的传承与开发等措施，实现对生态环境建设与保护，使城镇化过程中的经济发展与生态良性循环相适应。所以，“天人合一”为市场经济条件下的新型城镇化道路奠定了天然的思想基础，就是要坚持城镇化与资源环境相结合的原则，以整体性的观念处理人的发展与自然保护的关系，把城镇化发展建立在对自然资源合理利用、良性循环的基础之上，实现可持续性的发展。

（二）“阴阳消长”的循环观为城镇化循环发展提供思想萌芽

我国古代思想家所提出的“天、地、人”的结构与现代所提出的“自然—经济—社会”世界复合系统是基本一致的。就是要实现自然、经济、社会的可持续和循环发展。“阴阳消长”的思想揭示的是关于事物循环运动的规律，这也是循环经济思想的萌芽。道家创始人老子认为人与万物为一体，强调万物运行的法则是“道法自然”，要遵循自然自身的规律，提出“周行而不殆”返本复初的思想，即同样赞同“阴阳消长”的物质循环运动的规律。生态文明强调人与自然的和谐关系，城镇化过程就是要处理好这种关系，要懂得事物循环运动的规律，构建一个循环发展的系统。“阴阳消长”体现的是道家的“中和之道”哲学，无论是在处理人与自然关系，还是在处理人与人的社会关系时，都具有一定的指导作用。满足人自身的需要所消耗的一切物质都要实现循环利用，世界才能永续发展。因此，城镇化过程中充分利用循环发展的思想，实现人与人的关系和谐，以及人与自然关系的和谐，既是生态文明的本质要求，也是生态文明的根本目标。

（三）“人的全面发展”为城镇化可持续发展提供持久动力

城镇化的本质是实现人口向城镇的聚集。因此，如果聚集了相当数量人口的城镇无法为绝大多数人提供实现全面发展的机会，必然要导致大量社会问题的出现，从而无法为城镇健康、持续发展提供良好的社会环境。人的全面发展包括多个方面，不仅有物质水平的发展，而且还有精神文化和生态环境的发展。社会生态学从“人—社会—自然”的逻辑框架研究人与自然关系的重构，主张建立生态化社会。这是关于社会发展的一种生态社会哲学观点（叶平，1996）。也就是说，要在尊重自然、顺应自然和保护自然的原则下，实现人的发展。“人的全面发展”保证人获得基本的物质生活需要，同时使人们形成一个科学正确的世界观和价值观，形成对人与自然、人与人关系的正确认识。从而使人们在社会实践中不断地发挥主观能动性，为社会的可持续发展提供正能量。因此，城镇化的真正内涵就是实现人的全面发展，反过来，人的全面发展也为城镇化的可持续发展提供源源不断的动力。

（四）生态学马克思主义理论为生态文明融入城镇化提供了科学的方法

长期以来马克思主义理论被关注的主要是其对资本主义社会关系的剖析，人们对于马克思和恩格斯关于生态方面的论述并没有十分注重。西方学者霍华德·帕森斯（1978）认为，马克思和恩格斯提出了明确生态学思想，主要体现在他们关于社会和自然辩证关系的观点，通过劳动和技术实现人与自然的相互交换。马克思和恩格斯认为，人与自然的关系，人是主体，自然是客体，通过对人化的世界实现人与自然的统一。在这个统一过程中，人类借助科学技术的力量，不断深化对自然客观规律的认识，并将更多更广泛的自然存在与人的活动融在一起。正如美国学者约翰·福斯特（2004）所总结的那样，贯穿于整个马克思学说的根本生态观就是，人与自然之间的新陈代谢或物质交换关系。马克思关于自然和物质交换的观点，为解决社会发展中出现的生态问题[①]提供了一个唯物主义和社会历史学的角度和基础。随着研究的深入，逐渐形成了以生态学和马克思主义为基础的生态学马克思主义理论。它的主要代表人物有 A. 高兹、W. 里斯、B. 阿格尔等。他们认为，生态危机不仅表现在资本主义的生产过程中，也表现在社会生产与整个自然生态系统的关系中。以生态危机表现出来的社会发展危机，起因于资本主义社会为了追逐无穷的贪欲，过度消费，过度生产，最终形成严重的过剩。而过度消费和过度生产又以损害自然资源和生态环境为代价，不断加剧的资源浪费和环境污染造成了日益严重的生态危机。生态学马克思主义指出，必须使技术适应自然，而不是用来破坏自然；必须要强化生产者的控制力，不能随心所欲地生产和消费。因此，生态学马克思主义理论为我们将生态文明融入城镇化过程中提供一种科学的方法论。

---

① 这些问题包括：耕地过度使用化肥所带来的后果，城市化和工业化对土地、大气以及水资源的污染和破坏等等。

（五）深层生态学理论为生态文明融入城镇化提供了一种生态世界观

深层生态学首先是一种生态整体主义世界观，是阿伦·奈斯在 1973 年提出的概念。所谓的“深层”就是对生态环境问题的深入研究，它寻求的是环境问题深层根源的揭示和解决问题的现实途径。深层生态学认为人是自然的一部分，人要与自然和谐相处，必须要服从自然规律。生态意识的建立是解决社会和自然关系问题的基础。人的生态意识的培养，要认识到人与自然是统一的整体，确立生态系统整体性的意识，这是城镇化过程中系统规划的重要思想基础。深层的生态意识要求通过价值观的转变，不仅限制人的某些行为，还要改变生产方式和生活方式，要提高资源利用效率和开发新的资源。对于环境问题不仅要关注它的危害性，更重要的是要把解决环境问题作为一种“契机”，推动发展方式转变，走可持续发展的道路，在发展的同时做到环境保护。就是要求在城镇化的过程中充分体现生态的、系统的世界观和价值观。

二　城镇化过程中出现的不可持续问题

20 世纪工业文明、城市文明在给人类创造巨大财富和技术进步的同时，也给人类造成了规模空前的灾难。不同城市化模式的国家在城市化过程中经历了不少惨痛教训，如“环境公害”事件（比利时马斯河谷烟雾事件，美国多诺拉烟雾事件、洛杉矶光化学烟雾事件，英国伦敦烟雾事件，日本四日市哮喘事件、爱知县米糠油事件、水俣湾怪病事件、富山县痛痛病事件）、“城市病”（环境污染、水资源缺乏、交通堵塞、住房短缺、失业、贫困、犯罪、财政拮据等）等。这些教训主要表现在自然资源与环境、社会环境、人与人的关系等方面。

（一）粗放的发展方式造成自然资源与环境承载力不可持续

伴随工业化兴起的城镇化初期是自然资源和环境承载力最大的时期，在人们的认识中还没有承载力阈值的概念，一切以获得最大化的物质利益为先。因

此，在城镇化过程中，城市规模、资源利用、环境保护等生态问题，几乎不受重视。所以就会出现诸多的城市化规模过于庞大、土地和矿产资源浪费严重、城市管理服务远远落后于人们的需求等现象。例如，第二次世界大战后的日本，大都市区急剧膨胀，住房紧张、地价高昂、交通拥堵、远距离通勤和生活环境恶化，像东京、大阪和名古屋三大都市圈，虽然土地面积仅占日本国土面积的14.4%，但人口和国内生产总值却占全国的50%以上；尤其是首都东京，集聚了3722万人口，占全国总人口的29.4%。同时，在农村和边缘地区，空心化、高度老龄化、劳动力不足、适婚女子少等问题突出，出现了一批老龄人口超过村庄总人口50%的“极限村落”。特别是钢铁、化工、石油等工业成为国家工业化的主要推动力，以及城市汽车数量的增加，工业污染状况的加剧成为困扰经济发展和居民生活的严重问题。

同样，韩国在以“工业为主、大企业为主、大城市为主”的政策下，依托工业化优先发展大城市，依托既有城市集中布局工业，使得人口和产业向少数大城市高度集聚。韩国的城市人口近60%集中在8个百万人口以上的大城市。特别是以首尔为核心的首都圈，虽然土地面积仅占全国土地面积的12%，但集中了韩国近一半的人口、近六成的制造业和七成的国内生产总值，从而造成了城市空间扩张与土地资源的矛盾。美国在20世纪50年代的住宅郊区化、60～70年代的产业郊区化和办公活动郊区化趋势也同样造成了其土地资源浪费严重、经济成本居高不下、生态环境破坏愈演愈烈、资源能源消耗过度。因此，在这样的发展模式下，地区的自然资源和环境的承载力逐步在下降。

（二）不可持续的生产和生活方式造成生态环境的恶化

多数国家在城镇化和工业化同步发展的过程中，面临的生态环境危机，很大程度上是由不可持续的生产和生活方式造成。由于这个阶段，人们的生态意识淡薄，对大自然环境自我修复能力的认识不足，对于发展什么样的产业有利于生态环境并不是十分关注。因而，形成了大量的高污染、高排放、高能耗的产业。正是这样的产业结构造成了对水和大气环境、土壤以及生态系统的破坏，生态环境越来越恶化。例如，地表水的污染以及湖泊、河流等水系水质的污染，我国就在这几十年的城镇化过程中有将近25%的地下水体遭到污染，平原区约有54%的地下水不符合生活饮用水水质标准；酸雨、雾霾等大气环境污染问题越来越突出。同时，虽然人们的生活水平提高了，但是人们的生活方式却变得有些不可持续了。过度追求大的居住空间、随意浪费粮食和资源，以及对环境的破坏等都在压缩着我们可生存的空间，城镇化过程越来越需要加强生态文明的指导。

（三）缺乏科学系统的规划减弱了城镇可持续发展能力

无论是发达国家还是发展中国家，工业化进程初期在空间布局、产业选择、城镇规模等方面都无一例外地选择经济成本最低的方式。例如，在选择地点上考虑资源丰富、交通便利的地方，在选择生产工艺上考虑成本最低的方式，在人员管理上选择最低的报酬福利。最终形成的后果就是，伴随工业化而建立起来的城镇资源越来越紧缺、环境越来越恶化、人们普遍感受越来越不幸福。因此而出现了“逆城市化”现象。同时，一些城市缺少科学系统规划，使得城市的各项必要服务功能缺失，城市的自我循环能力和自我修复能力严重不足，导致城市的可持续发展能力也不足。这种可持续发展能力既包括土地、资源、生态环境上的可持续能力，也包括城市经济社会发展上的可持续能力。另外，缺乏科学系统的规划还导致一种现象，即出现了有的城市人口膨胀、社会问题突出、人的发展受限等问题，而“摊大饼”式城市化所新建的城镇有的却成了空城甚至荒城。

（四）忽视生态文明的城镇化危及公共安全和社会和谐

没有生态文明理念指导的城镇化过程，过度追求物质利益的最大化，对于环境等外部性问题视而不见，造成的污染事故严重威胁环境安全。这些不仅影响了正常的生产和生活秩序，而且有些危害是短期内难以消除的，造成对区域环境安全的长期威胁。因此它不仅影响着当代人的发展，还影响着后代人的发展。另外，在这个过程中出现的物质利益至上的思想以及扭曲的市场极可能导致商品使用价值的异化，甚至还会引发社会的不公平。这些城镇化过程中出现的环境安全和社会问题引发的群体性事件成为影响社会稳定和社会和谐的因素之一。

三　国外城镇化持续发展的实践与经验

国外城镇化所走过的道路是一条不断探索城镇化可持续发展的道路，其城镇化过程的实践和经验为我们如何将生态文明与城镇化建设融合起来，实现城镇化可持续发展提供了借鉴。

（一）运用公共干预政策推动城镇化的可持续发展

英国是世界上最早开始工业化过程的国家，伴随这个过程而来的是其城市的兴起以及城市的快速发展。从 15 世纪末的“圈地运动”开始到 19 世纪中叶，英国大约用了三个世纪的时间完成城市化。1760 年，英国城市化水平为 10%，1800 年为 26%，19 世纪中叶便超过 50%，到 19 世纪晚期，英国 70% 的人口居住在城市中，1900 年达到 75%。成为世界上第一个初步实现城市化的国家。由于城市是自由放任的发展，因此大量人口流入城市后带来的社会问题没能有效加以解决。比如，住房短缺，贫民窟普遍存在于城市中；盲目的城市化带来了环境的污染和破坏，造成流行病的泛滥和大量人员的死亡；生活在城市中的下层阶级艰难度日，形成了严重的贫困积累；恶劣的生活环境和社会环境也带来了社会秩序的混乱和社会治安的不稳定；没有规划的城市化造成城市功能的缺失。

多次惨痛的教训和日益觉悟的民众，促使欧洲各国政府相继采取了有力的行政干预来改变城市的环境。首先是着眼于城市卫生防疫和环境保护。例如在英国卫生部成立后的 50 年中，其城市规划一直由卫生部负责。面对日益严重的城市问题，英国先后制定了《公共健康法》（1848 年、1875 年）、《住宅补贴法》（1851 年）、《住宅改进法》（1875 年）、《工人阶层住房法》（1890 年）、《住宅与规划法》（1909 年）等一系列有关环境卫生和住房标准的法规，采取公共干预政策引导城市化发展。其次，第二次世界大战结束以后，随着大规模重建、人口快速增长和小汽车日益普及，英国出现郊区化趋势，为了遏制大城市的无序蔓延，政府采取设置环城绿化带和建设新城的城市规划政策，强调新城居住人口和就业岗位之间的相对平衡。1947 年，英国颁布的《城乡规划法》奠定了其现代规划体系的基础，并强调中央政府要在城市规划体系中发挥显著的主导作用。

1960 年联邦德国颁布《联邦建设法》，以确保所有地区均衡发展和共同富裕，并大力发展中小城镇，限制发展超大城市。在现代的城镇建设中，为力求保持城镇原有的风格和特色，采取改造古旧建筑，更新基础设施，并不是以大并小、拆毁重建，完好地保存各个城镇历史遗产和文化传统。通过加强功能分区的整体规划，建立了互补共生的有机城市圈，实现以核心城市将小城镇有机地组合起来，城市圈内的各部分有着明确功能分工，进行相互协作，形成一个具有市场竞争力的产业功能区和若干功能互补的多极城市圈。

日本政府通过积极的公共干预，以较小的社会和环境代价获得了较快的工业和城市发展。20 世纪 50 ~70 年代，以技术进步为主导的工业高速增长，带动城市化的加速发展，为大量农村富余劳动力提供了就业岗位，城市化水平从 1950 年的 37. 3% 迅速上升到 1975 年的 75. 9%，年均递增 1. 5 个百分点。这同时也带来了大都市圈的过度集聚，以及区域发展的不平衡问题。为了缓解这些矛盾，1961 ~2000 年，日本先后制定了五次全国综合开发规划、两次国土利用规划、五次首都圈基本规划和四次中部圈基本开发整备规划和一系列法规，并编制三大都市圈发展规划。

韩国政府也同样在城市化过程中重视公共干预的作用。在工业化和城市化初期，由于忽视农村发展，导致城乡差距不断扩大，韩国的非均衡城市化发展不可避免会出现人口相对过度集中、城市空气污染和交通拥堵，导致城市人居环境质量下降。为了解决这些问题，从 20 世纪 70 年代初开始，韩国政府将农村发展列入国家战略，开展了“新农村运动”，在工业化和城市化过程中同步推进农村现代化。韩国政府出台一系列法律法规，从城市规划、工业布局、发展战略、土地管理和环境保护等多方面进行纠正和规范城市化过程存在的问题。并始终把文化政策和对生态环境的改善放在城市化建设的首位。针对首尔和首都圈的过度集聚发展，韩国政府在各个时期制定了相应的法律、政策和规划，从 20 世纪 70 年代初开始编制国土综合开发规划，到 2011 年已经实施了第四次国土综合开发规划，通过新的城市增长极的形成和发展，有效地分散了大都市区的人口和产业过度集聚。自 20 世纪 90 年代以来，为了应对经济全球化的挑战，改善区域发展的不均衡状态，韩国政府开始实施地方都市圈战略，实现地方与首都圈经济的协调发展。

（二）以生态系统观构建合理的城镇体系

美国的城市化进程是在农村与城市的平衡发展中进行的，形成了城市化与农业经济相协调的典型模式。它在城市化过程中经过不断调整，形成合理的城镇体系。这种城镇体系体现了生态的系统观。在建设规模上，它强调大城市、中城市、小城市的协调统筹；在布局上，注重不同地区城市功能上的互补和协同；在内部设计上，注重城市化内部功能的完善和服务的配套，强调围绕城市居民来设计规划城市。将城市化作为一项系统工程来规划建设，突出人与自然的和谐，体现生态文明的发展理念。美国共有 51 个州，3043 个县（郡），35153 个市、镇。其中，300 万以上人口的城市有 13 个，20 万 ~100 万人口的城市有 78 个，10 万 ~20 万人口的城市有 131 个，3 万 ~10 万人口的城市 878 个，3 万人口以下的小城市（镇）达 34000 多个。可见，美国城市的规模差别很大，但以 10 万人以下的小城市（镇）居多，大约占城市总数的 99.3%。另外，美国不仅城市数量多，以中小城（市）镇为主，而且城市的聚集度很高。大量小城市（镇）在快速发展过程中，围绕大中城市周围布局，逐步形成密集的城市群（带），从而形成了大中小城市（镇）相互配合、错落有致的城镇体系。从区域布局看，美国有 3 个主要的城市群（带），分别是东北部都市群、五大湖南部的工业城市连绵带、加州城市群。

德国城市分布的特点是“多中心”格局。德国通过加强功能分区的整体规划，并建立互补共生的有机城市圈，实现以核心城市将小城镇有机地组合起来，城市圈内的各部分有着明确功能分工，进行相互协作，形成一个具有市场竞争力的产业功能区和若干功能互补的多极城市圈。这样的功能城市圈有：柏林—勃兰登堡区、大汉堡区、慕尼黑区、纽伦堡区、斯图加特区、莱茵—鲁尔区、法兰克福及莱茵—美茵区、不来梅—奥登堡区、莱茵—内卡区、汉诺威—布伦瑞克—哥廷根—沃尔斯堡区和萨克森三角城市圈。这 11 个城市圈涵盖了德国所有主要的商业、文化和政治中心，聚集着 4430 万人口，占全国总人口的一半以上。德国建立之前，是由 38 个各自为政的小邦国组成的，由于这些邦国都有各自的政治、经济中心城市，从而使德国的城镇化可以比较均匀地在全国铺开，布局较为合理。全国大中小城市580多个，其中百万人以上城市只有3个，而人口在2万~20万左右的城市却占了60%左右。在全国8200多万人口中，有1/3左右的人口居住在2000~2万人规模的小城镇里。日本、法国等发达国家也以发展中小城市为主，如日本在1980年，全国共有城市约670个，而百万人城市只有20个，中小城市占97%。

城市带的形成和大量卫星城的兴起，不仅有效地解决了传统上靠无限扩张中心城市管辖范围来实现城市规模扩张所带来的缺陷，抑制了大城市规模过于膨胀的问题，而且有利于大中小城市在空间和产业布局上相互依存和配套，形成功能互补的城镇体系。在城镇的规模上，强调降低土地和开放空间的消耗，提高现有城市土地和开放空间的利用效率。而在处理中心城市与远郊乡镇的关系时，通过双方合作投资建设的方式，有偿地维持农业、林业用地和环境保护用地，帮助远郊区开发新的服务经济，解决生态环境保护和地方增长之间的矛盾（叶齐茂，2009）。

（三）逐步形成生态绿色的城镇产业结构

发达国家的城镇化都是伴随工业化过程出现和完成的，在这个过程中城市的产业结构逐渐得到优化调整，形成了生态绿色的城镇产业结构，进入后工业化的阶段（见表1）。有不少城市立足于自己的资源特色、环境条件，定位城市的产业发展战略，使城市迅速形成了自己的核心竞争力。从美国城市化进程看，许多城市和小城镇原先都是伴随企业发展起来的。例如西雅图市的林顿镇，因为波音公司而出名；硅谷高科技企业云集，成为世界上最充满活力的小城镇群带。尽管各国城市的规模大小不一，历史文化和市容市貌各不相同，但不同城市的主导产业突出、特色鲜明，并且都在向生态绿色产业发展转型升级。比如纽约是美国的商业、金融、文化娱乐和出版中心，即现代服务业高度发展的地区；西雅图是微软总部所在地，电子信息高科技产业非常发达；迈阿密是美国南部著名的旅游城市，是生态自然环境优美的地区。工业化国家在城镇化初期都经历了重污染、高能耗的产业发展阶段，这既有科学技术水平落后的原因，也有人们在思想观念上认识不足的原因或是人们的价值观问题。伴随着越来越严重的生态环境问题出现，工业化国家通过一系列措施逐步实现了产业结构向生态绿色方向转型（见表1）。比较典型的例子，如法国洛林地区由传统的煤炭、钢铁工业向高新技术产业、复合技术产业的转型；有“德国工业引擎”之称的鲁尔区由以煤炭、钢铁为主的产业向贸易、信息产业等的转型；以及英国伦敦由过去的“雾都”向现代金融、物流服务中心的转型；等等。

表1　产业结构与城市化进程的关系

单位：%

阶段特征		前工业化阶段	工业化阶段			后工业化阶段
			早期	成熟期	后期	
从业人员比例	第一产业		>80	50~20	20~10	<10
	第二产业		<20	20~40	50~25	<25
	第三产业		<10	30~50	40~70	>70
非农人口占总人口的比例（城市化水平）		<20	20~30	30~50	50~70	>70

四　生态文明融入城镇化过程的内涵和表现形式

（一）生态文明融入城镇化过程的内涵

城镇化的实质就是伴随工业化的进程，非农产业不断向城镇集聚，从而农村人口不断向非农产业和城镇转移、农村地域向城镇地域转化、城镇数量增加和规模不断扩大以及城镇生产生活方式和城镇文明不断向农村传播扩散的历史过程。在这一历史过程中，城镇化的方向和路径成为其最终能否可持续的关键。而决定城镇化方向和路径的则是以什么样的理念作为指导。生态文明作为一种理念和文明形态，从人与自然关系的角度来反映人类文明的程度，强调人与自然的和谐共处、良性互动和可持续发展，主张建设以资源环境的承载力为基础，以自然规律为准则，以可持续发展为目标的资源节约、环境友好型社会。因此，将生态文明融入城镇化过程不仅具有理论上的意义，更具有现实的意义。它为城镇化可持续发展提供指导和方法论。

首先，在价值理念上，生态文明要求城镇化过程必须尊重自然、顺应自然和保护自然，努力构建城镇的生态文化、提高城镇居民的生态意识、倡导社会生态道德等生态文明理念的牢固树立。

其次，在社会实践上，生态文明要求城镇化在资源的利用、环境的保护、社会的和谐等方面做到合理和有效。在利用自然的同时又保护自然，形成人类社会可持续的生存和发展方式，要求城镇化从一个区域整体的角度考虑人与自然的平衡，强调大城市、中小城市和小城镇之间的功能协调互补，注重地区各自的主体功能的发挥。同时，要对城镇内部进行合理的功能规划，必须使城镇内部的交换从开放的、直线的、单通道的模式变成一个闭路的、多循环的、仿生的模式。使得大、中、小城市以及城镇之间既有交换的外循环，也有交换的内循环，甚至还有微循环。

最后，在时间维度上，生态文明是一个动态的历史过程，同样城镇化也是一个动态的历史过程。因此将生态文明融入城镇化过程不能只看当前，要看得更加长远。生态文明不断地从低级向高级进步，所以认识生态文明融入城镇化过程必须要有辩证的观点、历史的观点和与时俱进的观点。要实现这两个历史过程的同步协调发展。生态文明融入城镇化过程也不是一劳永逸的过程，这是一个不断实践、不断认识和不断解决矛盾的过程。而且随着内外环境的变化，出现的矛盾也会变得越来越复杂和多样，这就更加需要用发展的历史观来认识生态文明指导下的城镇化规律和内涵。

（二）生态文明融入城镇化过程的表现形式

1. 生态文明要求城镇化过程牢固树立生态保护意识

将生态文明融入城镇化过程中关键的因素是人的行为，而指导人的行为的是人的观念意识。因此，只有形成普遍的生态保护意识，生态文明的理念观点才能切实地在城镇化的过程中体现。中华民族自古就有着保护生态环境的思想和传统，例如《吕氏春秋》的《十二纪》在系统地介绍一年十二个月的天象规律、物候特征、生产程序以及应当分别注意的诸多事项时，其中就有关于生态环境保护的内容：孟春之月禁止伐树、不毁坏鸟巢、不杀害怀孕的动物和幼小动物、不取禽类的卵；仲春之月禁止破坏水源、禁止焚烧山林；季春之月禁

止用弓箭、网罗、毒药等各种形式猎杀禽兽，不伐取桑树和柘树；孟夏之月不进行大规模的围猎；仲夏之月不烧炭；季夏之月禁止砍伐山林等。虽然古代人对自然的认识还处于蒙昧的状态，但是他们所表现出来的生态保护意识是遵循自然发展规律的。可是，随着人们对自然认识的深入以及对自然控制能力的增强，这样的生态保护意识却越来越淡薄了。因此，重新建立正确、科学的生态保护意识是保证生态文明真正融入城镇化过程的重要前提。

2. 生态文明要求城镇化过程优先规划空间格局

城镇化的推进必然要依托于特定的土地空间，特定的土地空间有其特定的资源禀赋和自然属性，它既是经济社会发展的必要条件，又是经济社会发展的限制因素。生态文明融入城镇化过程必然要求根据土地空间的自然属性和自身特点，优先规划土地空间的格局，做到合理开发和有序开发。规划空间格局的重点是优化土地空间结构和提高土地空间的利用效率，从占用土地的外延扩张为主转向调整优化土地空间结构为主，按照生产发展、生活富裕、生态良好的要求，逐步扩大绿色生态空间、城市居住空间、公共设施空间，保持农业生产空间，压缩工矿建设空间和农村居住空间。从宏观上来看，空间格局需要从国家级和省级两个层面来系统规划，既要从国家的全局着眼，也要从地方的优势和劣势着眼，避免空间格局的凌乱无序。从微观上来看，要按照主体功能的要求进行规划，土地空间可以分为城镇化区域、农产品主产区和生态功能区，城镇化地区主要支持经济和人口的集聚，农产品主产区主要支持农业综合生产能力建设，生态功能区主要支持生态环境保护和修复以增强生态产品生产力。

3. 生态文明要求城镇化过程合理调整产业结构

城镇化过程既表现为人口的聚集，也表现为产业的聚集。两者的关系是互为前提和基础，产业的聚集为人口提供大量的就业机会，使得进入城镇的人口可以有很好的发展机会；同时，大量人口向城镇集中，又为产业发展提供充足的劳动力。然而，产业结构是否合理、是否符合生态文明的要求既关系到产业本身能否持续发展，又关系到城镇的发展是否具有可持续的动力。按照资源节约、环境友好的要求，通过新型工业化来促进城镇化良性发展，并通过因地制宜发展农业产业化和生态经济、特色产业，探索生态经济发展的新路子。要推进产业的生态转型，城镇化需要以城市与农村、工业与农业、生产与生态相互之间的联动和促进。要在弄清资源和市场、机会和风险的前提下规划和建设新兴园区、新兴产业、新型社区和新型城镇。以发展环境友好型产业，推进环境友好型消费，建设环境友好型社会，来实现绿色发展。以发展资源节约型产业，促进资源的循环利用，推进资源节约型消费，建设资源节约型社会，来实现循环发展。以改善能源结构、调整产业结构、提高能源效率、增强技术创新能力、增加碳汇等措施促进低碳发展。

4. 生态文明要求城镇化过程实现人的全面发展

生态文明关注的是人与自然的关系，强调人与自然和谐共处。而城镇化首先是人的城镇化，即城镇是为人的聚集和发展提供场所，因此城镇化就需要围绕着人的全面发展来展开。不仅要给城镇居民提供必要的物质产品，还要提供良好的精神文化以及生态产品。要建设包容性城镇，强调城镇发展在经济、社会、治理、文化等领域的均衡与统一，强调城镇发展过程公平与效率的内在一致，强调城镇不同主体发展权利的同质均等性。城镇化作为社会发展过程中的产物，既能提高人的生产效率，又能为人类提升生活质量和水平创造更优越的条件。随着城镇化的推进，城镇的水、电、路、气等基础设施逐步完善，公共服务能力不断得到增强，文化事业不断发展，生态环境持续得到改善，城镇运行效率会进一步提高，居民生活会更加舒适便捷，精神文化生活会更加丰富多彩。以生态文明为指导的城镇化就是要为所有人提供均等的公共服务，实现基本的社会福利保障，满足人们的物质、精神和环境等的多元化需求，实现人的全面发展。

5. 生态文明要求城镇化过程培育健康生态文化

生态文明需要通过生态文化这个载体在人类社会中传承，而城镇化过程是培育健康生态文化的重要途径。生态文化的功能主要表现在：正确引导人们科学认识生态价值，树立生态生产力理念，实现人们思维方式的生态转型；科学地协调好人类社会与生态环境系统之间的整体平衡关系；促进人与自然的关系达到一种和谐的、可持续发展的状态。这种健康生态文化包括：一是在生产领域，倡导绿色、循环、低碳的生产方式，采用节约资源、保护环境的生产技术，建立循环的、可持续的发展方式。二是在消费领域，树立健康的消费理念，形成崇尚节约的新风尚，养成与经济发展水平、社会承受能力和个人收入水平相适应的合理消费行为。生态文明融入城镇化过程需要全社会培养健康的生态文化素质，要从物质、行为、制度和精神四个层面培育完整的生态文化体系和传统。并通过长期的教育和传承，促进生态文明利用生态文化这个载体渗透到社会生活的各方面，包括城镇化过程，从而为城镇化的可持续发展提供精神动力。

五　生态文明融入城镇化过程的路径

我国的城镇化过程正处在诺瑟姆曲线的加速发展阶段，在这个阶段注重城镇化的质量成为实现其可持续发展的关键。而要破解在城镇化过程中出现的问题，保证城镇化的质量，需要生态文明理念和思想的指导。只有将生态文明融入城镇化的过程中，才能使城镇化过程向着健康城镇化、生态城镇化以及可持续城镇化发展。为此，建立和完善相应的制度体系，形成生态文明融入城镇化过程的长效机制，采取科学、合理、有效地实现路径就显得十分地重要。

（一）以主体功能区战略为指导，制定科学系统的城镇规划体系

一个国家、一个区域经济社会的发展存在于特定的土地空间。而土地空间必有一种主体功能。推进形成主体功能区，就是要根据不同区域的资源环境承载能力、现有开发强度和发展潜力，统筹谋划人口分布、经济布局、国土利用和城市化格局，确定不同区域的主体功能，并据此明确开发方向，完善开发政策，控制开发强度，规范开发秩序，形成人口、经济、资源环境相协调的国土空间开发格局，构建高效、协调、可持续的城镇发展空间（马凯，2011）。因此，要严格按照主体功能区战略的要求，从全局出发，注重地区之间的差异性，着力发挥地区的优势发展潜力，科学制定与资源环境承载能力相适应的城镇化规划，形成生态良好、功能定位准确、产业布局合理、区位优势凸显的城镇化格局。

（二）以转变经济发展方式为契机，促进城镇生产方式转型

国外发达国家和发展中国家的城镇化实践都表明，城市的可持续发展最终

都要落实到经济发展方式的转变上来，都要在生产方式转型上做好文章。我们国家城镇化进程虽然起步较晚，但是这些实践经验给了我们少走弯路的启示。因此，我们的城镇化一是在产业结构上要注重服务业和战略新兴产业的培育和发展，在生态环境和资源承载力范围内适度发展各类产业，形成符合“标准结构”、适应市场需求、合理利用资源、可持续发展的产业结构体系。二是节约集约使用各种资源。破解后发发展的资源约束是关键的课题，也是转变经济发展方式的客观要求。对能源、水资源、土地资源以及矿产资源要制定合理的开发规划，通过理念创新、技术创新、管理创新等手段提高资源的利用效率。三是推进城镇生产方式向绿色、循环和低碳化转型。各类产业要按照“两型”社会的要求实现生产方式的转型，彻底抛弃高投入、高污染的粗放式发展，按照减量化、再利用、资源化的原则实现循环发展，按照低能耗、低污染、低排放的原则实现低碳发展。

（三）以实现人的全面发展为内容，完善城镇综合服务功能

健全公共服务和社会保障制度，积极推进农民的市民转化，实现公共服务的均等化。以社保、医疗、教育等公共服务为突破口，为农民提供基本社会福利，切实解决农民工实际生活困难，对进城农民给予充分的身份认同。同时，提高农村公共服务供给水平，继续推进新农村建设，基本消除城乡的二元化结构。增强地方政府提供基本公共服务的能力，努力使城镇财力与事权相匹配。加快教育、医疗、住房等社会保障体系改革，改善农业转移人口的子女教育机会公平。构建适合农业转移人口特点的医疗、住房及社会保障制度，实现基本公共服务均等化。城镇化的过程要围绕实现人的全面发展，从创造公平公正社会环境、保证就业、提供社会保障、改善生活环境、完善城镇设施等诸多方面加强城镇综合服务功能的建设。

（四）以生态文明建设为要求，积极培育城镇生态文化

生态文明建设要求坚持以尊重自然、顺应自然、保护自然为根本，坚持节约优先、保护优先、自然恢复为主的基本方针，通过改革创新和制度创新，可持续地满足人民群众日益增长的物质文化需要。城镇化过程通过培育健康的生

态文化，不仅可以满足城镇居民的精神需求，还能够有利于城镇化质量的提高。一是加大对生态文明意识的培育，通过各种宣传手段使生态文明的理念深入人心，并能转化为自觉的行动。二是完善生态文化基础设施和公共服务载体建设，为生态文化的传播提供渠道和途径。三是通过发展生态文化产业，选择以普惠性为主，以定向性为辅的发展模式，向公众和社会提供生态文化创意产品与服务，形成可以永续传承的生态文化。

（五）以生态补偿机制为手段，促进区域城镇化的协调发展

由于各地区资源环境禀赋不同，承载的生态功能不同，因此在各区域实现城镇化的途径也会存在差异。对于优化开发区域和重点开发区域，应发挥其经济基础较好、资源环境承载能力较强、发展潜力较大、集聚人口和经济的条件较好等优势，实现人口聚集和经济聚集的主体功能。同时，对于限制开发区域和禁止开发区域，应发挥其土地生产力较高、生态涵养较好的优势，实现农产品和生态产品的主体功能。建立以生态补偿机制为主，均衡性转移支付和地区间横向援助机制为辅的经济手段，消除地区间的发展差距，实现不同区域的经济互补和环境互补，推动不同区域城镇化的协调发展。

（六）以建设生态文明的城镇化为目标，发挥财政金融手段的引导作用

财政金融渠道作为城镇化重要的资金来源，关系到城镇化能否健康有序地向生态文明的方向推进。因此，只有建立有利于推动生态文明城镇化的财政金融政策，城镇化才能持续健康发展。一是建立合理的财政支出结构，强化政府基本公共服务供给的责任和义务。二是构建合理的中央与地方的财政关系，中央财政在转移支付中对义务教育、基本养老、基本医疗等基本公共服务支出的比重要逐步提高，帮助地方建立基层政府基本财力保障制度，增强限制开发区域基层政府实施公共管理、提供公共服务和落实各项民生政策的能力，并加大对重点生态功能区特别是中西部重点生态功能区的均衡性转移支付力度。三是建立有利于构建合理地区产业结构的财政金融引导机制，财政政策要着眼于支持产业结构的进一步调整和优化，推进新型工业化进程，实现工业化和城镇化

的良性互动。根据不同地区的发展潜力，推进产业特色化发展，利用财政政策杠杆有效引导城际产业分工与协调。四是优化金融生态环境，充分利用合理的金融手段拓宽城镇化过程中的资金来源渠道，鼓励多元化的资金来源，发挥地方金融机构的作用，大力发展适合城镇化建设的金融产品和服务。

（七）以科学的考评机制为载体，落实城镇化的生态文明“绿色导向”

随着城镇化的发展，生态环境问题日益严重，人与自然的和谐成为可持续发展的核心，实现人口、经济、社会环境和资源的相互协调发展，成为城镇化进程可持续发展的必然途径。因此，就要建立符合生态文明理念的科学考评激励机制，要将资源消耗、环境损害、生态效益等指标纳入经济社会发展评价体系。不仅要提高全民的生态文明意识，更要强化领导干部的生态文明意识，根据主体功能定位确定不同的考核目标，加大生态文明相关指标在城镇化考评中的权重。通过科学有效的考评激励机制，充分调动各方面的积极性、主动性走一条体现生态文明的城镇化道路。

参考文献

陈强：《美国小城镇的特点和启示》，《学术界》2000 年第 2 期。

方立天：《佛教哲学》，中国人民大学出版社，1986。

江泽慧：《弘扬生态文化　推进生态文明　建设美丽中国》，《人民日报》2013 年 1 月 11 日。

马凯：《推进主体功能区建设　科学开发我们的家园》，《行政管理改革》2011 年第 3 期。

马凯：《转变城镇化发展方式　提高城镇化发展质量　走出一条中国特色城镇化道路》，《国家行政学院学报》2012 年第 5 期。

孟祥林：《城镇化进程模式：从发达国家的实践论我国存在的问题》，《广州大学学报》（社会科学版）2010 年第 4 期。

宋林飞：《生态文明理论与实践》，《南京社会科学》2007 年第 12 期。

孙久文、叶振宇：《走中国特色城镇化道路的若干问题探讨》，《中州学刊》2009 年第 5 期。

王春艳：《美国城市化的历史、特征及启示》，《城市问题》2007 年第 6 期。

王子今：《中国古代的生态保护意识》，《求是》2010 年第 2 期。

余谋昌：《环境哲学：生态文明的理论基础》，中国环境科学出版社，2010。

张占斌：《包容性城镇：新型城镇化之路》，《决策》2013 年第 1 期。

张占斌：《新型城镇化的战略意义和改革难题》，《国家行政学院学报》2013 年第 1 期。

B.14

构建城镇化健康发展的投融资新体制

李万峰*

摘　要：

在中国的城镇化进程中，财政投入一直是城镇基础设施建设的重要资金来源，但是地方政府特别是基层政府财力薄弱，投入到城镇化建设之中的资金十分有限，特别是与当前迅速扩大的城镇规模相比，公共服务体系建设与城镇软环境承载能力明显滞后。如何走好中央提出的新型城镇化之路，找到发展过程中投融资体制的可持续发展之道，从而推进我国城镇化投融资发展的顶层设计与创新发展我国城镇化投融资体制机制的具体措施，构建科学、完善和发达的投融资体系，需要我们认真研究。

关键词：

城镇化　投融资体制　顶层设计

促进城镇化健康发展，需要解决好两大问题，一是人往哪儿去？二是钱从哪儿来？城镇化不仅会使大量农村人口进入城镇，带来消费需求的大幅增加，还会产生基础设施、公共服务设施以及住房建设等庞大投资需求。“钱从哪儿来”的问题就是城镇化投融资问题，要将新型城镇化带动的巨大潜在投资需求转化为现实需求，要从根本上克服原先城镇化发展过程中出现的土地财政发展模式和半城镇化、被城镇化等病态城镇化的不良现象，就必须对城镇化投融

* 李万峰，国家行政学院新型城镇化研究中心副主任，国家行政学院经济学教研部副教授，主要研究方向为县域经济、城乡经济。

资的体制机制进行顶层设计和顶层推进，因势利导、趋利避害，提高城镇化质量，保证城镇化健康发展。

一　投融资体制研究述评

目前我国城镇化正处于快速发展阶段，从国际经验看，该阶段的一个突出特征就是需要大量的资金投入基础设施、公用事业和公共服务领域，以形成有效供给支撑城镇化的发展。中国社会科学院发布的《中国城市发展报告（2012）》预计，未来二十年中国将有近5亿农民需要实现市民化，而仅解决社会保障和公共服务，农民市民化成本至少人均10万元，这就意味着未来20年，中国城镇化进程至少需要支付40万亿～50万亿的成本。满足城市化庞大的资金需求，仅依靠各级政府的财政收入和现有投融资模式难以为继，科学规划投融资体制机制的顶层设计、妥善解决资金投入问题，是保持城镇化健康发展的首要前提。但关于如何构建科学、合理的支撑城镇化发展的投融资体制机制问题，不同学者和相关从业智士有不同的看法和争论。从目前情况看，争论主要存在于以下几个方面：关于城镇化投融资体制中政府与市场关系之争，关于城镇化投融资方式方法之争，以及关于城镇化投融资改革方向与路径之争。

（一）关于城镇化投融资体制中政府与市场关系之争

根据政府和市场在基础设施、公共服务和公用事业的投资方面的不同作用，可以将城镇化投融资模式划分为政府主导型、政府与市场协作型和市场主导型三大类。国内学者普遍对政府主导型投融资模式在我国城市化发展初期的作用持积极态度，多数学者倾向于现阶段更多的引入市场因素和市场机制，但也没有明确反对政府在城镇化投融资中的主导作用。

1. 政府主导型

萨缪尔森认为，公共产品具有非竞争性和非排他性特征，免费搭车者的存在使得市场很难或者不可能有效地提供商品，因此必须由政府介入以扩大公共产品的生产与供给。贾康认为，从国际经验来看，城镇化中三方面基础设施、公共服务和公用事业的投资都经历了从政府主导投资到私人投资再到目前广泛

采用的公私合作模式。李宝庆认为，新中国成立后，在传统计划经济体制下，将政府投资作为推进社会主义城市化和工业化的主要方式，形成政府主导型投资体制，尤其是在基础设施建设中，政府主导地位更加突出。在此阶段，政府主导型投资体制，对我国城镇基础设施建设起到重要促进作用。何佰州认为，公共物品理论和外部性存在，为政府投资基础设施建设提供了理论依据。但这种模式的缺点也日益显现，主要表现为资金不足、效率低下和管理不当。温铁军认为，我们要走的城镇化道路包括了一系列的反思和政策重新调整，也就是我们要靠新农村建设，用政府看得见的手，去把投资特别是公共投资、基本建设投资返还到农村地区。

2. 政府与市场协作型

斯蒂格利茨从信息经济学的角度，以不完全信息与不完备市场为分析前提，重新审视了西方经济学中关于“市场失灵”与“政府失灵”的论述，提出政府与市场之间应建构一种新型伙伴关系的模式。世界银行在 1991 年与 1997 年的发展报告中，也提出了政府与市场之间形成合作关系的必要性。贾康认为由于基础设施、公用事业、公共服务三个方面都是准公共产品的提供，无论是政府投资还是私人投资，都存在严重不足或缺陷，实践证明较为理想的模式是公私合作模式。杨志勇认为城镇化投融资方式要多样化，应由政府主导，但并不意味着要放弃市场力量，市场力量在改善城市基础设施和公共服务中的作用不可忽视。马庆斌认为，经过多年推进市场化，我国城镇化投融资由早期的政府计划控制、财政预算支付，逐步转变为财政资金引导、市场资金介入的市场化融资模式，政府作为城镇化投资唯一主体的形势有所改变，日益形成社会各方资金共同参与建设城镇化的投资主体多元化格局。刘尚希认为，城镇化建设中处理好政府与市场的关系，要防止“政府大包大揽”和“政府该管不管”这两种倾向，推进城镇化建设，需要采用、借助市场机制和市场运作形式，这样有利于提高城镇化建设的质量和效率。

3. 市场主导型

弗里德曼反对政府干预、主张修复“看不见的手”，政府不应像凯恩斯主义主张的那样调节和干预经济，应该仅仅维持市场经济的秩序；而哈耶克的新自由主义更为彻底，他反对任何形式的政府干预，宣扬“自由胜于一切”。中国学者虽不像弗里德曼和哈耶克那样回归斯密的主张，但也普遍认为应该适当限制政府行为，让市场发挥更大作用。唐启国认为，市场化是经济体制改革的目标，城建投融资体制改革也要实现市场化。经营性城市基础设施建设投融资市场化是必然的，非经营性城市基础设施建设和准经营性城市基础设施建设，投融资也应实行市场化原则。巴曙松认为，中国的城镇化投融资模式已由早期的政府完全计划控制、财政预算支付，逐步转型为财政资金引导、市场资金配合的市场化融资模式。李宝庆认为，20 世纪 70 年代末开始，世界大多数国家都在积极推进城市建设的体制改革，掀起了一股市场化改革浪潮。回顾我国地方政府城市化建设投融资体系构建的变迁，也可以发现一个基本脉络，即行政计划性向市场化的逐步推进，这一改革历程可以理解为投融资方式市场化的过程。

（二）关于城镇化投融资方式方法之争

理论界对城镇化投融资方式方法的研究和争论，主要集中在银行贷款、土地财政、城投债和投融资平台 4 种方式上，另外对地方税收和中央转移支付作为地方债务的最终偿款来源也有提及。目前学者们在此方面的争论主要集中在：各地城镇化投融资是否以银行贷款为主要资金来源；土地财政是否不可持续需要变革；城投债是否在适度发展；投融资平台应如何加强风险防范等几个方面。

1. 银行贷款

巴曙松认为，银行贷款作为传统的融资方式，是地方政府城镇化建设重要的资金来源之一，其中以地方政府融资平台贷款为主。孟亚平认为，从国际经验上看，欧美发达国家对城镇化建设的融资很大程度上依赖于发达的资本市场，而我国资本市场不发达，财政融资有限，因此目前城镇化建设的主要支持力量是信贷融资。高坚认为，1998 年以来，基础产业“瓶颈约束”有所缓解后，城市化成为新一轮经济增长的主要推动力，银行信贷支持重点也逐渐转移到新的瓶颈领域——城建基础设施。李扬认为，中国金融体系是由银行主导，储蓄的分配都是通过金融中介机构来进行。这种模式有利于推动工业化进程，但是并不非常适合以城镇化为主导的经济发展方式。郭新双认为在我国目前的

金融体制下，短期内资本市场还无法解决城市建设所需要的集中大额资金，“十二五”期间，国家开发银行等中长期债券类金融机构提供的信贷融资仍将是城市建设巨额资金需求的主要来源。沙伟斌认为，新型城镇化建设资金供给的根本来源，由当前存在资金富余（通常以存款方式体现）的国民经济各部门提供。

2. 土地财政

杨志勇认为，在三十多年的改革开放中，特别是1994年以来，土地融资在城镇化融资中的地位不容忽视。巴曙松认为，“土地财政”型经济发展模式得到快速运用，有赖于城镇化进程加速推进凸显土地价值，而且地方政府确实也缺乏可靠且充足的城镇化建设资金。刘尚希认为在城镇化快速推进的过程中地方政府通过以“土地财政”为支撑，搭建地方政府投融资平台筹集资金，一度成为城镇化建设融资的主要模式和资金来源。贾康认为，在我国各地加速推进城镇化过程中，普遍面临融资难题。土地财政在我国城镇化融资中发挥了重要作用。马庆斌认为，首先土地出让金应纳入财政预算管理，规范征收与使用；其次征收方式应进行改革，由原来的一次性征收转变为分期征收，促进政府代际公平；再次土地增值收益使用的用途应予以严格管制，应按照“涨价归公”的原理，投入到公共事业建设之中，朝公共服务均等化的目标迈进。

3. 城投债

郭新双认为目前中国不存在真正意义上的市政债券，基础设施直接融资主要以城投债或地方债的形式，由于城市建设的巨大需求，城投债发展迅速，但是仍远远不能满足城市建设的资金需求，而且城投债长期存在担保机制不健全、信用主体不明确、信用评级不透明、信息披露不全面等问题，阻碍了城投债有效、健康的发展。巴曙松认为，已有理论研究通过对城镇基础设施建设按照世界银行项目分区理论分类，认为非经营性项目属于纯公共物品，投资主体应为地方政府，主要的资金来源应以财政资金或城镇化建设债券投入为主。郭兴平对以市政债券融资为主要来源进行城镇化基础设施建设投融资的美国模式和以政府设立区域融资机构为主导的加拿大模式进行了较详细介绍，认为证券市场应成为城镇化建设的长期、稳定的融资渠道，主张建立“县报省批”的城镇化债券两级政府发行模式。温来成认为我国的城镇基础设施管理体制，并没有从根本上突破政府垄断经营、财政投资为主的格局。推行市场化改革、发行城投债、允许民间资本进入、开展特许经营制度、推广 BOT 经营模式等，还处在起步阶段。马庆斌认为，应该对投融资平台的准市政债进行适度放松。我国地方投融资平台发行的企业债，其实质为代理政府发行的准市政债，城投债除没有免税待遇外，具备市政债券的其他一般特征。

4. 投融资平台

周小川认为国际金融危机爆发后，中央考虑到加速推进城市化是反危机的重要手段之一，允许地方搭建投融资平台。[①] 刘尚希认为在城镇化发展背景下，政府需要积极拉动投资并完善基础设施建设，投融资平台作为统一的政府融资平台，有利于整合政府优质资源，利用市场化手段，通过多种渠道为政府募集资金，实现政府的投资引导意图。巴曙松认为，地方政府投融资平台作为地方政府突破财力限制、综合运用社会资源服务经济发展的一种体制创新，在金融危机期间为推动城镇化建设发挥了重要作用。陈柳钦认为投融资平台的出现，拓宽了地方政府的投融资渠道，提高了地方政府对各种资源的综合运用能力，也使得城市基础设施建设项目的运作更加市场化、专业化。高坚认为，作为投融资体制改革的产物，融资平台是我国投融资领域的重大机制创新，满足了经济建设快速发展的资金需求，弥补了地方政府财力不足的缺陷，大大推进了我国的城市化和工业化进程。陈柳钦认为投融资平台的出现，拓宽了地方政府的投融资渠道，提高了地方政府对各种资源的综合运用能力，也使得城市基础设施建设项目的运作更加市场化、专业化，同时也为吸纳商业银行贷款提供了一重要的平台。马庆斌认为，应将融资平台的项目需求限定在基础设施建设和公用事业上，严禁参与竞争性商业项目，防止政府与民争利；严禁随意更改项目资金用途，使项目风险可控并预防官员腐败。

（三）城镇化投融资改革方向与路径之争

对于城镇化投融资的改革方向与路径，学者们从不同领域不同视角进行了探讨和研究，在大的方向和路径上思路较为清晰，即以投资主体多元化、融资

---

① 中国人民银行行长周小川 2011 年 4 月 18 日在清华金融高端讲台的演讲。

方式多样化为主要目标，规范政府行为，引入市场机制，防范融资风险等。但在具体主张的体现上则有不少争论。具体包括以下几类：

1. 如何妥善处理央地财政分配关系

George Stigler 认为，地方政府接近管辖区域内的居民，比中央政府更了解居民的偏好，因而决策应该留在地方政府，以便实现资源的优化配置和财富的公平分配。Oates 认为，如果中央政府和地方政府提供任一产量的某种区域性公共产品的成本相同，那么由地方政府提供该产品将更有效率。Sharp 强调，就公共产品而言，消费者的意愿一般具有明显的地域性，而地方政府由于信息优势能够很好地满足管辖区域公民的要求，取得资源配置的最好效果。

国家发改委宏观经济研究院课题组认为，1994 年的分税制改革通过中央与地方财权与事权的“剪刀差”产生了的中央财政“结构性剩余”和地方财政“结构性赤字”。刘煜辉认为，地方政府投融资平台的大量借贷在本质上是一个体制性问题，要高度重视其产生的“宏观风险”即地方政府融资膨胀和地方融资平台风险。马庆斌认为，目前中央将数额较大、较稳定的税种均划归本级或作为共享税，而留给地方的税种小而杂，地方政府可支配财力中有大量来自税收返还和转移支付形式，这既不利于地方政府积极性的发挥，又增加了资源转移过程的成本。杨俊认为，中央政府“抽肥补瘦”式的转移支付制度无法根本缓解由于事权与财权分离所造成的地方财政困难；分税制下中央和地方财政分配存在“隐性博弈”关系，行政管理的集中控制和经济活动的分权张力之间存在利益冲突。牛文安认为，地方政府投融资由于调动了更多的私人资本，放大了“财政乘数”倍数，且不被中央政府掌控，客观上增加了国家宏观调控的难度；另一方面地方政府债务风险积累到一定程度，便有向中央转移的危险，最后只能由中央政府作为“最后贷款人”来“兜底”，这在本质上是“预算软约束”形成的“道德风险”。

2. 如何积极推进金融配套改革

李扬认为，支持城镇化发展的金融改革需要：一是发展多层次资本市场；二要提高股权性资本比重；三要引进外资，加快形成资本；四要聚合资本，聚合各种性质的投资如 PE、VC；最后是要进行金融创新。孟亚平认为，要坚持金融创新，将开发银行特点与金融产品丰富化、服务方式创新相结合，加快完

善开发性金融支持我国城镇化发展的运作模式。郭励弘认为应该建立完善的信用评级制度对地方政府的融资规模实行差别化管理，针对不同资信等级的地方政府给予不同的贷款规模和债券额度，促使地方政府的信用进入良性循环的轨道。陆茵秋认为应该把地方政府债券培育成为金融安全资产，中国应该推进利率、汇率和资本项目开放，吸引国外投资者，继续提升中国金融体系的吸纳能力，扩大包括国债和地方债市场在内的金融市场规模。

3. 如何健全地方投融资平台运行机制

Hana Polackova Brixi 在《政府或有负债：一种对财政稳定性构成威胁的风险》一文中提出了著名的财政风险矩阵，将政府的债务风险来源划分成四个方面，并系统地分析了政府或有负债对财政稳定性的巨大威胁。William Easterly 认为政府在减少直接显性债务的同时，往往伴随着等量隐性债务的增加，许多国家政府具有明显的财政机会主义特征。2002 年 Hana Polackova Brixi 和 Allen Schick 编辑出版的《风险中的政府：或有负债与财政风险》一书，从理论上奠定了财政风险的分析框架。

封北麟认为要控制地方投融资风险，就要提高投融资平台市场化程度，引入战略投资者，利用市场机制提高投融资平台的管理效率，降低政府债务风险；强化投融资平台风险内控机制和外部监管，加快建立政府债务风险管理机制。刘尚希认为健全地方政府投融资平台风险控制机制，首先要建立投融资平台的风险外控机制，为投融资平台发展创造良好条件。要建立科学的决策机制、严格的监管机制、清晰的责任追究机制、高效的债务管理机制和灵活的债务风险处置机制、充分发挥财政部门作为“首席风险官”的作用，参与投融资平台风险监控的全过程。其次，完善投融资平台的风险内控机制，提高自我发展能力。要改进投融资平台治理结构、完善投融资决策程序、积极采取市场化方式拓宽融资渠道，引入绩效管理机制，让投融资平台资金起引导而非主导作用。牛文安认为，地方政府投融资活动是政府活动的一部分，理应在预算内得到体现，并接受立法机构的审议和批准。使地方政府投融资受到财政支出总额、财政收入总额、预算盈余以及债务负担总额等一系列指标和政策的限制，并将政府投融资方向限定在能够产生收益的“准公共产品”和符合“代际原则”的“准公共产品”之内。

4. 如何加快推行市政债券改革

郭新双认为，从发达国家经验来看，不论是市场主导的金融体系还是银行主导的金融体系，通过发行市政债券来为城镇基础设施建设进行融资，都是最重要的市场化融资手段。从长期来看，推行市政债券是发展我国资本市场的重要方向，也是支持城市化发展必需的金融基础要素，有利于积极推动和促使地方行为理性化。魏加宁认为，基础设施建设容易导致不同代际的“纵向不公平”，和不同地区人口流动产生的“横向不公平”，应该允许地方政府通过发债来建设基础设施项目，这样既可以解决纵向和横向不平衡，还能避免商业银行短存长贷风险。刘煜辉认为彻底改变当前以地方政府融资平台为主体、以土地储备作为抵押支持、以银行信贷作为主要资金来源的地方政府融资模式，构建以市政债券为基础的多元化的地方政府公共资本融资模式，如今地方债务的显性化和透明化，是现阶段推进地方政府金融管理体制改革的关键。国家发改委经济研究所课题组认为，“城投债”作为标准化的债务性融资方式，需要认识到其存在的合理性，尽快给予其合法的地位，使其发挥更大作用。

5. 如何完善公私合作（PPP）模式

巴曙松认为，要引入市场约束机制，鼓励地方政府融资平台通过资本市场进行融资。对地方政府合理的债务，可借鉴已经成熟的市场相关经验进行估算，鼓励基础设施建设采取直接融资。贾康认为，公私合作模式将在未来我国推进城镇化进程中发挥越来越重要的作用。就城镇化基础设施来说，采用公私合作模式与民营企业合作应根据不同形态来确定，对已有基础设施，政府可通过出售、租赁、运营、维护合同承包等形式；对扩建和改造的基础设施，可通过租赁—建设—经营（LBO）、购买—建设—经营（BBO）和外围建设等形式；对新建基础设施，可采用建设—经营—转让（BOT）、建设—转让—经营（BTO）和建设—拥有—经营（BOO）等形式。公用事业方面，采用PPP模式，可通过使用者付费和政府补贴结合的方式，使投资者顺利收回投资并获得合理回报。公共服务方面，可通过政府购买服务方式实现，政府的公共部门要确定所需服务的质量和数量、私人部门提供具体服务、通过公开招标的价格听证会或者是双方议价等方式提供价格。范从来认为，对于城建范围内纯公益性项目的建设，由于不能产生直接的经济效益，仍应以政府部门为投资主体，资金以财政为主要融资渠道，配之以国内外贷款和社会公共债券、基金等；对于有收益的准公共品，建议实行完全的市场化运作，以政府投资为导向，积极引进市场主体，允许各种类型的企业、个人进行项目投资，形成多元化主体结构，并利用部分政府投资于此的收益补充给纯公益性项目的建设，解决后者的融资问题，形成纯公益性项目投资的良性循环。

二 当前投融资体制存在的问题

应该说，改革开放以来特别是近10年来。我国快速城市化进程中的城建投融资结构已由原来的单一结构向多元化结构转变，初步形成以国家预算内投资为主，国内贷款、利用外资、自筹资金为辅的投融资结构。在投融资体制改革方面也进行了一系列探索，但从总体上看，城建投融资仍在传统体制的框架内进行，以政府为主控制投融资活动全过程的计划型投融资体制尚未根本转变，投融资体制不适应大规模城建基础设施建设的需要，城建资金短缺仍然是制约城市基础设施建设的根本性矛盾。具体有以下几个方面的表现：

（一）投资比例偏低，投资总量不足

当前，许多省市都提出发展重点中心镇，带动农村城镇化。但是多数中心镇原有基础设施比较落后，需要大量的资金投入，虽然中央以及省市财政都有资金支持，但大多采取以奖代补的形式，也就是说不搞项目建设就没有资金支持，不自己配套资金就拿不到补助资金。每个项目都要投入配套资金致使基层财力捉襟见肘，一些急需建设的基础设施难以落实，大大制约了小城镇发展。根据国际发展的一般经验，城市基础设施投资占国内生产总值和固定资产投资的比例，会随着经济发展程度的提高而有所下降。世界银行曾做过统计，“发展中国家对新建基础设施的投资一年为2000亿美元——相当于其国民产出的4%和投资总额20%”。世行的统计是针对经济基础设施，其统计口径与建设部《城市建设统计年鉴》中对基础设施的界定范围基本一致，所以在进行国际比较时选取建设部城市建设投资口径。1996~2007年，我国城市建设基础设施投资占全社会固定资产投资年均5.94%，最高为8.1%，占GDP比重年

均仅为2.55%，最高为3.3%，均未达发展中国家的平均水平，逐年累积形成了巨额的投资欠账。以城市建设基础设施投资占全社会固定资产投资20%的一般比重计算，从1996年我国进入快速城市化阶段到2013年，国内城市建设投资是远远不够的，欠账较多。

（二）资金构成不合理，融资模式单一

改革开放以来，虽然我国融资渠道不断多元化，但金融体系仍不发达，间接融资占比过高一直是我国金融市场长期面临的突出问题之一。在城市建设融资领域，间接融资比重近50%，直接融资比重基本不到1%，绝大部分是债券。1999～2007年，我国城市建设资金来源中财政拨款、国内贷款和自筹资金各占1/3，考虑到自筹资金中有相当一部分实际是银行贷款，金融支持城市建设的融资比重大概有50%，其中绝大部分是银行信贷。在资本市场尚不发达的阶段，银行信贷成为城市建设的主要资金来源是必要的，但同时也使得银行体系与地方经济发展产生了更加复杂的关联和风险因素。

以公用事业为例，现阶段还没能从根本上打破“建设靠财政、经营靠政府”的状况，财政投入和银行贷款在投资中所占比重偏高，而市政债券和股票融资所占比重过低，特许经营、社区公有制等现代运营模式更是有待完善。虽然地方政府不断创新投融资机制，拓宽融资渠道，建立投融资平台引导社会化资金介入城镇化建设，但是与迅速扩大的城镇规模相比，公共服务体系建设与城镇软环境承载能力明显滞后，交通拥堵、污染加剧等情况普遍存在。市场化融资渠道不通畅，而城镇化发展的刚性支出过多，导致地方政府特别是处于基层的县乡政府财政运转困难，有限的财力难以满足城镇化在基础设施建设和公共服务提供等方面的资金需要。

（三）债券市场规模小，土地财政则难以为继

目前中国不存在真正意义上的市政债券，基础设施直接融资主要是以地方债或城投债的形式，其中地方债性质类似于美国市政债中的一般责任债券，城投债类似于收入债券。2009年，中国首次公开发行地方政府债券，由财政部

代理发行，规模仅有2000亿。参照联合国推荐的发展中国家城市基础设施投资举债额度，我国地方政府发行债券规模应控制在发债城市当年GDP的1%～2%，每年滚动发行，余额控制在该城市当年GDP的20%以内。以北京为例，2009年GDP为11866亿元，按2%发债，一年可发237亿元，然而2009年我国地方债额度的区域分配中，除广东、四川两省分到100亿元以上的额度，其他省份都在30亿～80亿之间。此外地方债券期限很短，仅为3年，不能适应城市基础设施建设投资期限长的要求。地方政府债券在我国刚刚起步，缺少法律基础，在定价机制、期限设计等方面还存在一系列问题，以致2009年地方债上市后出现了“破发”、二级市场“零交易”等现象。

地方政府通过债券为基础设施建设融资的第二种方式就是依托城市建设投资公司发行的城投债。近年来，由于城市建设的巨大需求，城投债发展迅速，2005～2008的4年间，城投债累计发行739.5亿元，2009年发行额达到2087亿元，但是仍远远不能满足城市建设的资金需求，而且城投债长期存在担保机制不健全、信用主体不明确、信用评级不透明、信息披露不全面等问题，阻碍了城投债有效、健康的发展。

因此，土地财政还是目前我国城镇化融资的重要形式，是地方政府财政预算外收入的主要来源，在我国城镇化发展进程中发挥了重要和积极的作用。但土地融资的发展也带来了一些突出问题：一是不可持续，土地作为稀缺性资源，仅仅依靠一次性批租收入不具备可持续发展性，也助长了地方政府追求政绩的短期行为；二是引发矛盾和腐败，土地批租存在巨大的利益空间，地方政府往往压低土地补偿标准而抬高招拍挂价格，容易导致群众利益受损，引发暴力冲突并滋生官员腐败现象；三是不利于城镇化的长远发展，一方面地方政府抬高地价获取资金的同时也引起了房价和各种租金的上涨，增加了城镇居民生产生活成本，与城镇化发展初衷相违背，另一方面土地城镇化增加政府财力，而人口城镇化加重政府负担，所以地方政府更愿意追求土地城镇化，而不愿意进行人口城镇化。

从城镇化发展的国际经验来看，没有一个国家的城镇化发展是依靠土地批租来完成融资的，在土地财政弊端日益明显、部分地区难以为继的情况下，进行征地制度改革，破除地方政府对土地财政的依赖势在必行。

（四）投融资平台有待健全

投融资平台作为地方政府突破财力限制、综合运用社会资源服务经济发展的一种体制创新，拓宽了地方政府的投融资渠道，提高了地方政府对各种资源的综合运用能力，也使得城市建设项目的运作更加市场化、专业化。但投融资平台反映出的一些问题也值得我们密切关注：

（一）是快速增长的融资规模，容易造成巨量的政府隐性债务，融资平台的贷款名义上是公司贷款，但由于平台公司由政府财政注资或提供贷款担保，这些贷款归根结底仍是地方政府的隐性负债；

（二）是融资主体设立和运作不规范，目前省、市、县甚至一些经济实力较强的乡镇街道都设立了专门的融资平台公司，但主要管理人员多由政府部门工作人员调任或兼任，往往缺乏市场预测、企业管理和风险防范等投融资方面的知识素养，容易在融资过程中发生决策失误；

（三）是融资平台缺乏外在约束机制，由于可融资金额不存在明确约束，一些地方政府极力扩大融资量，远超政府财政的实际承受能力，地方政府债务风险积累到一定程度，便有向中央转移的危险，最后只能由中央政府作为“最后贷款人”来“兜底”，这在本质上是在“预算软约束”情况下形成的“道德风险”。

（五）中央与地方财政关系需要理顺

1994 年分税制改革将数额较大、较稳定的税种均划归中央或作为共享税，留给地方的税种小而杂，使得地方政府逐渐陷入财权不足、事权过多的困境，地方政府不得不开始片面追求“预算外收入”，多渠道、多途径进行融资。在这种背景下，中央代发债、地方融资平台、国债转贷以及土地财政逐渐成为重要补充，其中土地财政甚至一度成为地方政府预算外收入的主要来源。

为了平衡各地的经济发展和民生保障，中央政府转移支付制度采取的是“抽肥补瘦”的方式，并明确要求各项转移支付项目支出要设立专门账户、专款专用，因此即使财政资金转移过程不产生任何成本损耗和故意克扣，中央转移支付也无法缓解事权与财权分离所造成的地方财政困难，更无法为城镇化提供所需的大量资金。

虽然中央以及省市财政对城镇建设都有一定财政支持，但大多采取以奖代补的形式，这就意味着不搞项目建设就没有资金支持，没有地方配套资金就拿不到上级补助资金。对于一般的的县市和小城镇而言，由于所辖区域较小、经济欠发达、原有基础设施落后等诸多可能原因，基层财力捉襟见肘，一些急需的建设项目难以动工，项目配套资金更是难以落实，结果越是与广大农村联系密切、需要重点发展的中小城镇，越缺少资金、难以发展。

（六）城乡发展亟待统筹

虽然我国总体上进入以工促农、以城带乡的发展新阶段，近年来中央取消农业税，各级财政支出也努力向三农倾斜、积极加大对农村公共品的投入力度，但整个财税体系城乡分割、重城镇轻农村的倾向并未彻底改变，加上农村积压的历史欠账较多，致使农村的社会事业发展还很难在短时间内达到城镇的水平，城乡经济社会差距仍有扩大的趋势，从而制约了城镇化的健康发展。

另外财政支持“三农”投入缺乏追踪问效和问责机制，容易造成政策走样和资金流失。尽管近几年各级政府健全了农业财政资金的制度建设，加强了农业财政资金的管理和监督检查，但是由于资金来源、支付途径和服务对象分散，管理制度不统一，追踪问责机制不健全，导致专款不专用、资金流失现象时有发生。

现行金融机构和金融政策“一刀切”的做法削弱了金融体系对三农的支持力度。即使是各地农业银行和信用社等专门涉农金融机构，也往往在发放贷款时实行“不论工农商、只管利润高”的一刀切做法，而农业生产周期长利润低、小农经济规模小力量弱，因而三农很难受到商业银行的青睐。

三　我国城镇化投融资体制机制的顶层设计和具体措施

在中国的城镇化进程中，财政投入一直是城镇基础设施建设的重要资金来源，但是地方政府特别是基层政府财力薄弱，投入到城镇化建设之中的资金十分有限，特别是与当前迅速扩大的城镇规模相比，公共服务体系建设与

城镇软环境承载能力明显滞后。如何寻求城镇化发展过程中投融资体制的可持续发展之道，构建科学、完善和发达的投融资体系，从而有力促进我国城镇化进程，实现城镇化发展战略目标，为现代化的实现奠定坚实基础，值得认真研究。

（一）推进我国城镇化投融资发展的顶层设计

构建城镇化投融资的顶层设计，就是中央权威部门站在国家的战略高度、从人民的根本利益出发，对制约我国城镇化投融资发展的全局性、关键性问题进行判断，提出解决通盘问题的整体思路和框架，作为具体改革政策制定的根本依据，最终形成涉及城镇化投融资改革各阶段、各方面“一揽子改革”的总体方案和具体时间表、路线图，从而最大限度地化解投融资改革的阻力，降低城镇化的风险，确保城镇化进程的顺利推进。城镇化投融资过程中必须下大气力解决好以下几个全局性、关键性问题：

1. 政府引导和市场机制相结合

公共物品理论和外部性理论，为政府主导城镇化建设提供了部分理论依据，而我国在传统计划经济体制下形成的政府主导型的投资模式，更使许多人认为，政府主导型城镇化是我国城镇化发展的现实选择。其实基础设施、公用事业、公共服务中的许多内容并非纯公共物品，而是具有准公共产品的特征，无论是政府投资还是私人投资，都可能引起产品服务供给严重不足或存在缺陷；而政府主导城镇化进程中出现的资金不足、效率低下、人才缺乏和管理不当等诸多问题，也使政府主导型城镇化投资模式面临广泛质疑。

城镇化建设中要妥善处理政府与市场的关系，既要防止政府大包大揽又要避免政府该管不管。市场经济体制是我国经济体制改革的目标，城镇化投融资也应该坚持市场化导向，更加借助市场机制和市场运作形式，逐步形成财政资金引导、市场资金介入的市场化融资模式。

从国际经验来看，城镇化投资大都经历了从政府投资到私人投资再到公私合作的发展模式，我们应该根据各地城镇化发展的实际情况，更多地采用公私合作模式，引入社会资本和专业人才，以提高城镇化建设的质量和效率。

2. 各级政府财力与事权相匹配

在城镇化进程中，地方政府应该比中央政府发挥更加重要的作用，因为地方政府更加贴近居民，了解居民的实际需求，提供的公共产品和服务更有针对性；地方政府更加熟悉地方情况，在进行公共产品和服务分配时也就更有效率，这对于在城镇化过程中实现资源的优化配置和财富的公平分配具有重要意义。也正因为如此，一些公共产品和服务带有鲜明的地域性特点。

中央和地方财税体制变革是城镇化投融资模式变迁的主要推动力，明晰各级政府的财政责任，建立起财力与事权的动态匹配机制，是应对城镇化发展挑战的关键。在现行财政管理分配制度，中央与地方财力与事权不匹配，形成了中央财政“结构性剩余”和地方财政“结构性赤字”，地方城镇化建设资金缺口普遍较大，增加了地方政府债务融资的风险。要对地方政府性债务融资风险进行控制，关键在于控制债务增量引起的风险，这不仅限于微观层面上有无现金流，或者有没有偿还债务的资金来源，更重要的在于地方经济增长与债务能否形成良性循环，因为对每一级政府来说，最重要的不是财权、事权和财力这三个要素形成固定的刚性组合，而在于是否能够形成动态匹配的体制要素组合，所以必须建立财力和事权动态匹配机制，以有效防控地方债务融资风险。

3. 顶层设计和基层创新相配合

对城镇化投融资进行顶层设计，是因为城镇化投融资作为一个涉及政府和市场、中央和地方、城市和农村、金融机构等诸多方面，为了保证各子系统之间的协调和互动，必须要有从上到下的顶层设计和总体规划，充分发挥中央的权威，协调各地方、各部门、社会各种利益相关者之间的行为，从而减少投融资改革中的阻力，保证城镇化进程的顺利推进。但进行顶层设计时也必须仔细倾听民众诉求，与从下到上的创新相结合，从地方政府的主动探索中获得启发和经验。

人民群众是历史的创造者，我们必须尊重人民的主体地位，发挥人民的首创精神。我国改革之初进行的农村联产承包责任制改革、城市工业企业改革以及稍晚的乡镇企业，都是由基层创造的，这些改革经验经过中央决策，在全国进行推广，取得了巨大的成就。近年来的农村土地流转、民营企业改革、科技创新、金融改革等一系列地方实践也为中央决策提供了宝贵的实践经验。

在城镇化投融资的总体规划中，自上而下的顶层设计使投融资改革更具科学性和前瞻性，而自下而上的基层创新使投融资措施在小范围、微观层面上获得试错空间，是中央政策的调整和纠错的机制，避免了政策失误对宏观层面造成的冲击，只有二者配合，才能保证顶层设计的正确有效。

4. 城镇化与新农村建设相协调

在大力推进城市化进程中，我们必须清醒地认识到，到2030年我国人口预计将达到15亿人左右，即使那时候城镇化率达到70%，但农村人口仍将占30%，也就是说仍将有近4.5亿的巨量人口在农村生产和生活。城镇化过程通过农民市民化能够解决部分“三农”问题，但不可能彻底解决“三农”问题，统筹城乡发展、让广大农村居民分享到经济社会发展成果始终是我们促进经济社会可持续的一项重要任务。

中国的庞大人口基数决定了，中国不可能走美日欧等国家城镇化的老路，即以城市化为中心任务解决农村发展问题，在全面建设小康社会和推进社会主义现代化建设的过程中，必须坚持大中小城市与小城镇发展并行不悖，坚持城镇化与新农村建设并行不悖，逐步让农民在进城还是留乡问题上享有充分的自主选择权，逐步让符合条件的农民工在城镇落户定居，逐步转移农村人口改善农村民生，逐步实现基本公共服务城乡均等化，最终形成城乡发展一体化、城乡双赢的新格局。

5. 投融资机制创新和风险防范相统一

完善投融资政策，严格界定地方政府财政投资的范围，在城镇化投融资过程中，政府主要任务应该是搞好规划、加强监督，为社会资本进入城镇化投资领域创造一个良好的政策环境，只要项目符合当地城镇化发展规划，就应该大力鼓励和引导有实力的国有企业、民营企业、外资企业通过公开、公平、竞争的招投标方式进行公用事业投资、参与市政公用企事业单位的改组改制。

地方投融资平台建设要规范化、透明化和市场化。投融资平台应按照现代企业标准建立起完整的法人治理结构，大力完善内部控制度、业务操作规程和信息披露机制，建立合理有效的政绩考核与评价机制；要将平台资金纳入政府预算管理，提高投融资平台信息透明度，按时公开平台信贷规模、融资来源、资金投向和项目效益，并接受地方人大以及广大投资者和社会公众的监督；要推动投融资平台市场化，吸引战略投资者，努力实现投资主体多元化、资金来源多样化、管理手段现代化。

城镇化是未来20年我国经济发展和社会变革的重大任务，是促进我国经济持续增长、优化经济结构、提高人民生活水平的基本途径。城镇化投融资需要一系列公共政策的推动，城镇化投融资的健康发展离不开体制机制创新，提高城镇化质量、推进城镇化健康发展，必须突出顶层设计在城镇化投融资发展中的首要位置。

（二）创新发展我国城镇化投融资体制机制的具体措施

1. 为城镇化提供多样化的金融服务

加强政策宣传引导和协调配合，明确金融支持的重点。出台适应城镇化发展需要的针对性措施，特别注意城镇化发展与工业、农业发展的协调性，围绕区域产业发展规划、经济结构调整做好金融支持文章，提升城镇化发展内涵。加强政策宣传，做好相关部门协调配合和信息沟通，形成政策合力。继续加大创新城镇化金融产品力度，加快推进城镇化。

我国金融体系由银行主导，通过金融中介机构来进行储蓄的分配。这种模式对推动工业化非常有利，但并不适合以城镇化为主导的经济发展方式。原因是银行资金来源主要为短期存款，如果用于支持长期投资就会产生期限错配问题，在工业化过程中也存在这样的问题，但是一般来说工业化项目由于是商业性项目，有比较明确且相对较短的投资回收期。但是在城镇化过程中，大量投资的商业化性质并不明确，而且需要的资金量也非常大。所以，在这种结构下，投资结构错配问题会更加突出。同时，如果过多使用银行贷款会显著提高企业和投资企业的杠杆率，增加潜在风险。而支持城镇化发展的金融改革需要做好以下几个方面。

（1）多种渠道解决中小企业融资难问题。政府应引导和鼓励商业银行加快产品创新，改善金融服务。适当下放中小企业流动资金贷款审批权限，对有市场、有效益、有信用的中小企业发放信用贷款，积极推动股权质押贷款和应收账款质押贷款等业务，简化审贷手续，完善授信制度，扩大信贷比例，降低企业的融资成本和银行的运营成本。要健全金融组织体系，建立和发展地方性

中小金融机构。充分发挥农村合作金融机构服务县域小企业的生力军作用，努力推动地方中小银行发展成为中小企业的伙伴银行，有序扩大村镇银行和小额贷款公司等新型金融组织试点。同时，大力引导国有商业银行设立中小企业信贷专营机构。要适当放宽对中小企业贷款利率浮动范围，调动商业银行对中小企业加大信贷投入的积极性。应进一步推进利率的市场化，优化金融资源配置。要加强中小企业信用担保体系建设，建立健全中小企业贷款的担保基金、担保机构和担保方式，并逐步建立和完善中小企业征信系统和信用评价体系。要拓宽多元融资体系，鼓励中小企业依法以股权融资、项目融资、债券融资、租赁融资等方式筹集资金。

（2）发挥金融体系对产业调整的支持作用。商业银行要把握城镇化过程中产业发展的趋势，分析预测信贷资产的行业风险和地区风险状况，积极调整信贷投入和客户的行业结构与地区结构，积极支持符合各地城镇资源禀赋、具有发展前景的优势行业和企业，对生产能力、工艺和产品落后，重复建设项目和污染城镇环境、浪费资源严重的项目，实行限制贷款或禁止贷款，同时加强清收已发放的贷款本息。

（3）提高商业银行综合化和个性化服务能力。随着我国城镇化和现代化进程的加快，城镇居民的数量增加、生活质量随之提高，人们的金融需求也日益增多。金融部门要根据城镇化过程中居民的需要创新金融产品，如积极开办购建房、购买农机具、大宗耐用消费品、子女上学等消费性贷款，努力满足城镇居民对信贷资金的需要。

2. 规范地方政府投融资平台风险

解决地方投融资平台的超速发展是城镇化投融资面临的另一重要问题，要加强对政府投融资平台和地方债务的管理，切实防范财政风险。地方政府投融资平台的大量借贷在本质上是一个体制性问题，要高度重视其产生的“宏观风险”，即地方政府融资膨胀和地方融资平台风险。

（1）要重新定位、加快重组。国家应制订统一标准，将地方政府投融资平台严格限制在某些领域，比如说基础设施建设领域。在此基础上，对地方政府平台进行重组。这其中应当坚持一个原则，即在市场经济条件下，凡是民营企业能做的事情，就尽量让民营企业去做。只有民营企业做不了、做不好的事情，才应由地方政府投融资平台来做。

（2）要做实资本金，限制负债率。应当对地方政府平台的资本金状况进行一次统一的检查。在收缩重组的基础上把地方平台的资本金限期做实。对于平台的负债率，国家有关部门也应当做出统一规定，并且与地方政府的财政状况适当挂钩。

（3）要健全治理结构，培训平台高管。地方平台肩负着为地方城市建设投融资的艰巨任务，应规范企业的公司治理结构，提高平台的经营水平和运营效率。地方平台在投资和融资两个方面都需要专业化的人才。因此，一方面要对现有的高管人员进行培训，尽快提高高管人员的经营素质。另一方面要改变目前的选人机制，尽可能地从经理人市场招聘职业经理人，来提高地方平台的管理水平。

（4）提高地方政府投融资平台的透明度。推动当前地方政府通过投融资平台所形成的隐形负债向及时公开披露的合规的显性负债转变，改变当前信息披露严重不透明的状况。要明确平台应当披露的信息范围，包括地方平台资本金状况，负债规模、承担建设项目的基本情况，项目贷款情况，项目担保情况以及贷款资金使用情况等。要把这些信息予以及时的披露，接受投资者和社会公众的监督。

（5）推动地方政府融资平台融资行为的市场化。从各地基础设施的建设情况看，通过债券发行等形式筹资建设的项目，往往具有相对较高的透明度以及相对较严格的自我约束，这与债券发行所引入的各种市场约束机制密切相关。在当前的状况下，应当积极创造条件推动市政债券等的发展，鼓励这些融资平台发行企业债券，也可以创造条件申请设立产业投资基金开发区或科技园，同时也可以尝试运用更为市场化的投融资方式来经营基础设施项目公司，这主要是包括资产的证券化和更为灵活的融资结构安排。

（6）银行应当推进更为审慎的对地方政府融资的风险管理举措。这包括对项目资本金的严格监控，以及对偿还能力的深入分析，控制发放打捆贷款，重点跟踪不同地方政府的负债状况和偿债能力，来把握融资平台的还款能力和贷款风险。

（7）建立地方政府投融资责任制度。无论是地方政府通过投融资平台的

贷款行为，还是不同形式的发展行为，都有必要要求地方政府的债务规模必须与财力相匹配，期限必须尽可能与政府任期相一致。要建立地方政府投融资责任制度，严格管理地方政府担保行为。同时在地方政府严重资不抵债、不能有效清偿的情况下，适时探索实施地方政府财政破产制度并追究主要领导人的责任，否则一个软的预算约束加上一个宽松的信贷投放环境，必然会鼓励一些缺乏自我约束能力的地方政府对信贷资金的低效率滥用。

总之，组建政府投融资平台公司的主要目的就在于加强城镇化进程中的基础设施投资。与一些西方发达国家政府“寅吃卯粮”的主要用于消费的债务性质完全不同，我国地方政府通过融资平台筹措的债务性资金主要用于城镇化相关工程项目建设，尤其是地方急需发展的市政设施、交通、水利、土地开发（收储）、环保等基础设施领域。其不仅有助于拉动即期地方经济的发展，更进一步夯实地方经济和社会发展的物质基础，对于促进地方经济的中长期发展具有重要的作用。考虑到“十二五”期间我国仍将处于城镇化快速发展阶段，地方政府尤其是相对落后的中西部地区仍需面对交通、环保、市政等基础设施和水利、保障性住房等民生领域的巨大投融资需求，我们应按照“管理科学、责任明确、运作透明、监督有力、风险可控”的原则，继续规范审慎地推进地方政府融资平台发展。实践中，如果不能正确认识融资平台的债务及其风险和客观评判融资平台的积极意义，简单地实行“一刀切”的做法，过于限制甚至不允许对政府融资平台公司发放新的贷款，从而切断地方政府巨大投融资需求与资本市场之间的有机“接口”，是不可取的。

3. 审慎推行地方政府市政债券改革

由于城镇化基础设施建设资金量需求巨大，而各地政府的财政状况参差不齐，因此应设法解决地方政府尤其是欠发达地区地方政府的融资途径问题。发行地方政府债券可以作为理想的选择。我国从2010年开始由中央政府代发地方债。但是这种做法毕竟有它的缺陷，第一是规模有限，杯水车薪。第二是由中央政府代发，风险仍然集中在中央政府，而且没有办法借助市场的力量来对地方政府进行约束，所以还是应该由地方政府在资本市场上公开发债。地方政府发债会有几个约束环节，一是当地人大要审查。二是中央政府主管部门要有

一个总量控制。三是发挥信用评级机构，中介组织的作用。四是投资者，包括商业银行在内，买和不买主动权在自己手里。有了这样四个环节来进行约束，总比银行一家“独当一面”要好。所以，我们还是主张通过发行地方债的方式从根本上解决地方政府的基础设施建设融资问题。当然，我们也要清楚地意识到其中蕴含的风险，一旦地方债务难以清偿，将导致公众对政府的信任危机。因此在允许发行地方政府债券的同时，也应对其进行严格的风险防范：一是严格控制发债规模，二是加强地方政府募集资金使用管理，三是建立完善的地方政府债券信息披露制度，通过信息的透明化来防范风险。

从发达国家经验来看，不论是市场主导的金融体系还是银行主导的金融体系，通过发行市政债券来为城镇基础设施建设进行融资，都是最重要的市场化融资手段。从长期来看，推行市政债券是发展我国资本市场的重要方向，也是支持城市化发展必需的金融基础要素，有利于积极推动和促使地方行为理性化。在“十二五”规划的建议中，发展地方政府金融管理体系有很多内容，其中支持投融资体制改革的就有三条：一是发展市政债券市场，二是深化政策性银行体制改革，第三是要建立多层次区域性金融中心。而且“十二五”规划纲要已明确提出要“要深化城市建设投融资体制改革，发行市政项目建设债券”。未来地方政府发行市政债券，需在制定法律法规、加强制度建设和完善金融体系等方面予以支持与完善。从目前实施情况看，基础设施建设大都由地方政府实施，但基础设施建设往往是用上一代或者上好几代人积累的资金来进行，建设周期通常比较长，而建成以后享用的往往是下代或者下几代人。在这种情况下，就出现一个在不同代际的“纵向不公平”。此外，还有一个“横向不公平”：这个人建设的时候在这个城市做贡献，建成以后又到别的地方去了。为解决这些不公平问题，建议最好是要允许地方政府通过发债来建设基础设施项目，这样既可以解决“纵向不公平”，又可以解决“横向不公平”，还能避免商业银行短存长贷风险。另外，也要彻底改变当前以地方政府融资平台为主体、以土地储备作为抵押支持、以银行信贷作为主要资金来源的地方政府融资模式，构建以市政债券为基础的多元化的地方政府公共资本融资模式，如今地方债务的显性化和透明化，是现阶段推进地方政府金融管理体制改革的关键。“城投债”作为标准化的债务性融资方式，需要认识到其存在的合理性，

建议尽快给予其合法的地位，使其发挥更大作用。

4. 大力促进城镇化投融资的多元化发展模式

当前，创新城镇化建设投融资模式势在必行，已经成为社会各界共识。那就要切实落实政府主导、各级政府合理分工、合理负担的公共财政体制。政府财政在融资过程中应强调引导和杠杆作用，民营资本应该成为基础设施特别是营利性基础设施的重要力量，在一定时期内，外资也可以在基础设施建设中发挥积极作用。这就迫切需要建立多元化的融资主体和融资方式。

要根据不同项目的特点，采取不同的融资主体或项目管理主体，有效划分资产边界，实行多元化的融资主体，拓宽融资方式。第一类公益性或准公益性项目，部分或完全依靠财政补贴还款。这类项目可以通过成立投资公司等政府出资主体，通过银行贷款和发行企业债券的方式融资。第二类是准公益性项目，但市场化运作模式成熟，以收费收入为主要还款来源。可以采取成立项目公司或委托民间资本代理运作，选择有实力有经验的法人实体，收费权的注入作为融资的要件，此类融资的偿还以项目运营收益为主，并依靠部分财政资金。第三类是土地、房产等收益性项目，属于完全商业项目，依靠项目自身收入保障归还融资，其还款来源主要为土地出让收入或项目运营后的综合收益，不涉及财政资金。因此，地方政府可在充分研究所辖地区的建设需求，合理预测可支配财政收入和债务规模的基础上，构建多元化的融资主体体系，合理配置财政资金，引入民间资本、银行贷款等多渠道资金，加强对融资平台公司的管理。所以，可从以下两个维度去考虑城镇化投融资的多元化发展模式。

一方面，要推进城建投融资主体多元化。推进城建投融资主体多元化是城建投融资体制改革的主要方向，是解决城建投融资需求快速增长与供给短缺这一根本矛盾的基本途径。推进城建投融资主体多元化，要打破传统的城建投融资以政府为主体的模式。根据经济体制改革的总体要求，政府应从经营型基础设施投资领域逐步退出，而通过项目招标的方式确定投资主体，中标者负责项目的融资、建设和运行，坚持投资、回报、风险等由投资主体承担的方式，加快经营性基础设施投融资体制改革的进程，实现投融资主体的多元化。

另一方面，也要推进城建投融资方式多元化。要突破传统的城建投融资方式的单一化模式，加快资本市场的建设和规范，根据城建具体项目的不同情况，合理利用银行信贷资金、国债资金、外商直接投资、国际金融组织和外国政府优惠贷款；逐步引入各类基金，或者采取出售、上市、发行债券、实施资产证券化，转让经营权等形式引进社会和民间资金；有条件的城市也可探索发行城市基础设施建设公债；根据我国城市基础设施建设投融资体制的实际，可适当引进国际上基础设施投融资中出现的新的融资工具和方式，如在公用事业方面，采用 PPP 模式，可通过使用者付费和政府补贴结合的方式，使投资者顺利收回投资并获得合理回报。公共服务方面，可通过政府购买服务方式实现，政府的公共部门要确定所需服务的质量和数量、私人部门提供具体服务、通过公开招标的价格听证会或者是双方议价等方式提供价格。

5. 加强对城镇化投融资情况的实证地区案例研究

我国是正处于城镇化快速推进中的大国，不同地区发展特点和情况不同，采取的政策也有所不同，应差异化考量和选择符合各地实际情况的城镇化投融资体制机制。要确实能够针对城镇化发展过程中，不同地区的先行实践做法进行研究，试图找出符合不同地区实际特点的好的模式、方法，总结经验，提升理论，以促进我国城镇化投融资的发展。应该说，工业化和城市化是实现我国经济可持续发展的两条重要途径，而金融支持则是实现工业化和城镇化的保障，在分析对国外发展工业化和城镇化过程采取的金融支持手段基础上，应该对工业化和城镇化互动发展过程中的金融支持加强研究，特别是要对政府诱导型的金融支持民族地区城镇化的相关案例进行研究。民族地区经济基础一般相对薄弱，多处于城镇化初期和中期，作为一种要素集聚的金融融资方式，能有效支持当地的城镇化建设。比如，有关学者在相关研究中表明，政府在金融支持城镇化建设中让位于私人部门，加强引导形成强金融市场诱导机制，可吸引外源性资本，通过诱导型商业性金融、担保体系、开发性金融、银保合作和金融服务，推动民族地区的城镇化建设，为如何解决民族地区城镇化提供借鉴经验。再比如，还有学者调研分析了金融发展在农村城镇化中的助推作用，并对城镇化进程中存在的资源配置自发性失衡、金融供给没有适应需求结构演变、风险管理型结构发展缓慢等问题进行探讨，在此基础上提出提高资金就地转化水平、创新融资服务模式、通过区域金融中心的辐射能力来提升城市功能、提高城镇化水平等完善金融支持城镇化的政策建议。同时，我们也应该加强对国

内城镇化发展相对较好的地区进行案例研究，提炼好的做法与经验，对城镇化发展与金融支持的相关性进行解剖和研究，找出城镇化与现代化相互促进、互为因果的逻辑和路径，特别是在深入探讨较发达地区的城镇化发展概况后，应对城镇化与经济社会发展的主要指标进行互动分析，对未来进一步发挥金融支持城镇化发展的作用提出符合各地实际情况的差异性具体政策建议。中国人民银行聊城市中心支行课题组在此方面就做出了有益的探讨，他们通过对烟店轴承产业集群在金融推力的作用下，推进城镇化进程进行回顾，结合其他城镇化发展方式进行比较分析，得出产业集群是一种有效实现城镇化建设的路径，认为烟店模式一种可供借鉴的产业集群、金融渗透和城镇化发展方式。

我国地域辽阔，各地情况不同，对城镇化投融资体制的具体设计也应该有所不同，不能再采用“一个人有病，全家吃药”的政策模式，用姚明与潘长江的身高平均值去设计政策机制，结果出台的政策机制可能既不符合姚明的实际情况，也不符合潘长江的实际情况，以致政策无法在现实中接地气，成为一纸空文。所以期望有更多的学者能在结合不同地区实际特点的基础上，加强实际调查研究，找出符合不同地区情况、不同模式特点的差异化城镇化投融资政策机制模式，切实促进我国不同地区、各具特点的城镇化建设发展。

参考文献

巴曙松：《地方政府投融资平台的发展及其风险评估》，《西南金融》2009 年第 9 期。

巴曙松、王劲松、李琦：《从城镇化角度考察地方债务和融资模式》，《中国金融》2011 年第 19 期。

北京国际城市发展研究院：《中国城市“十一五”核心问题研究报告》，中国时代经济出版社，2004。

财政部科研所：《地方政府投融资平台—风险控制机制研究》，《经济研究参考》2011 年第 10 期。

仇保兴：《中国城镇化—机遇与挑战》，中国建筑工业出版社，2004。

发改委城市与小城镇改革发展中心课题组：《我国城镇化的现状、障碍与推进策略》，《中国党政干部论坛》2010 年第 1 ~ 2 期。

范从来：《论现代化进程中城市化投融资体制的改革》，《现代经济探讨》2003 年第 1

期。

封北麟：《地方政府投融资平台与地方政府债务研究》，《中国财政》2009 年第 18 期。

高坚：《关于地方经济发展的融资机制问题》，《中国金融》2010 年第 12 期。

辜胜阻、武兢：《城镇化的战略意义与实施路径》，《求是》2011 年第 5 期。

辜胜阻等：《城镇化与经济发展热点问题探索》，科学出版社，2007。

郭新双：《“十二五”时期金融支持我国城市化进程的路径》，《中国投资》2010 年第 7 期。

郭兴平、王一鸣：《基础设施投融资的国际比较及对中国县域城镇化的启示》，《上海金融》2011 年第 5 期。

国家发改委宏观经济研究院课题组：《公共服务供给中各级政府事权财权划分问题研究（下）》，《经济研究参考》2005 年第 26 期。

贾康、孙洁：《城镇化进程中的投融资与公私合作》，《中国金融》2011 年第 19 期。

建设部课题组：《新时期小城镇发展研究》，中国建筑工业出版社，2007。

李扬：《城镇化发展急需金融配套》，《西部大开发》2010 年第 12 期。

廖凤华：《对绵阳城镇化建设中金融支持问题的探讨》，《西南金融》2010 年第 9 期。

刘尚希：《我国城镇化对财政体制的“五大挑战”及对策思路》，《地方财政研究》2012 年第 4 期。

陆成林：《促进我国城镇化科学发展的财政政策选择》，《地方财政研究》2012 年第 4 期。

马庆斌、刘诚：《中国城镇化融资的现状与政策创新》，《中国市场》2012 年第 16 期。

孟亚平：《金融支持中国城镇化建设的开行模式》，《中国金融》2011 年第 19 期。

倪鹏飞等：《中国新型城市化道路》，社会科学文献出版社，2007。

牛文安、江月：《地方政府投融资风险的预算控制》，《宏观经济管理》2012 年第 4 期。

王国刚：《城镇化——中国经济发展方式转变的重心所在》，《经济研究》2010 年第 12 期。

徐宪平：《面向未来的中国城镇化道路》，《求是》2012 年第 5 期。

杨志勇：《我国城镇化融资方式分析》，《中国金融》2011 年第 19 期。

张军扩、侯永志、刘培林：《我国城镇化的基本态势、战略重点和政策取向》，《经济界》2009 年第 6 期。

中国人民银行聊城市中心支行课题组：《产业集群、金融渗透与城镇化发展模式》，《金融发展研究》2010 年第 12 期。

B.15

建设富裕绿色满意的幸福县域

刘福刚*

摘　要：

建设幸福县域就是县域幸福最大化和可持续化的过程，关键是建立县域发展和县域幸福良性互动机制，把县域建设成富裕、绿色、满意的幸福家园。建设幸福县域将县域发展目标和发展动力相结合，是实践科学发展观的一大探索，是转变发展方式的一大推动力，是推动县域经济和县域科学发展的新思维。本专题从建设幸福县域实践出发，总结了建设幸福县域的内涵，建立了建设幸福县域评价机制和县域经济基本竞争力评价体系，并对全国幸福县域建设、县域经济基本竞争力与县域科学发展评价资料进行实证分析。

关键词：

县域经济　幸福县域　县域经济基本竞争力评价

郡县治，天下安。

县域是我国经济、社会、政治、文化等功能比较完备的行政区划单元，是促进城镇化健康发展、统筹城乡发展的主体和客体的统一体，是最直接、最有效的操作平台。

建设幸福县域就是县域幸福最大化和可持续化的过程，目标是“县域大多数人的最大幸福”，要求是“县域发展保障提升县域幸福、县域幸福检验助

---

* 刘福刚，北京中郡县域经济研究所所长、研究员，主要研究方向为县域经济发展。

推县域发展”，关键是建立县域发展和县域幸福良性互动机制，把县域建设成富裕、绿色、满意的幸福家园。建设幸福县域将县域发展目标和发展动力相结合，是实践科学发展观的一大探索，是转变发展方式的一大推动力，是推动县域经济和县域科学发展的新思维。

一　建设幸福县域实践

当前，建设幸福县域还是一个新生事物，总结和分析建设幸福县域实践非常重要。通过对全国建设幸福县域实践情况分析，可以开展建设幸福县域内涵研究，揭示建设幸福县域的规律，进而推动建设幸福县域工作。

（一）全国超过四分之一的县（市）提出建设幸福县域

通过初步汇总分析，全国明确提出建设幸福县域的县（市）有506个，占全国县（市）总数的25.38%。明确提出建设幸福县域的县（市）数量最多的5个省份是广东（53个）、山东（48个）、四川（36个）、江西（30个）和陕西（28个），明确提出建设幸福县域的县（市）数量占省内县（市）总数的比例最高的5个省份是广东（79.10%）、山东（52.75%）、江苏（46.94%）、辽宁（43.18%）和福建（39.66%）。

（二）在建设幸福县域实践中，民生、发展和绿色成为最受关注的三项工作

在汇总分析时，将建设幸福县域资料中关注的工作内容进行分解，将工作内容归类到经济、社会、文化、政治、和谐、发展、民生、富裕、文明和绿色10项建设幸福县域工作（见表1）。

建设幸福县域的10项工作基本上涵盖了县域五位一体（县域经济、县域社会、县域文化、县域政治和县域生态）。全国建设幸福县域实践特色多样、百花齐放。

表1 建设幸福县域10项工作

工　作	工作关键词
发　展	发展　跨越发展　转型升级　均衡发展　统筹发展等
富　裕	富裕　富庶　繁荣　富民　小康　殷实等
和　谐	和谐　社会和谐
经　济	经济　特色经济　知识经济　强县　实力　产业等
绿　色	绿色　宜居　生态　秀美　环境等
民　生	民生　惠民　安居　民生工程　民生工作等
社　会	社会　社会管理　社会安定　平安建设　共建共享等
文　化	文化　农村文化　教育　魅力　幸福观等
文　明	文明　精神文明
政　治	政治　党建　民主　法制建设　民心工程　作风建设等

从建设幸福县域的10项工作关注度汇总分析中了解到：现阶段，在建设幸福县域工作中，对物质和个体切身感知方面的工作给予了较多的关注，对精神和群体感知方面的工作关注的较少，民生、发展和绿色成为最受关注的三项工作（见表2、图1）。

随着全面建设小康社会推进到全面建成小康社会，建设幸福县域的工作会更加丰富、更加协调、更具有意义。

表2 建设幸福县域10项工作关注情况

序号	工作	关注次数	关注度(%)
1	民生	284	21.55
2	发展	205	15.55
3	绿色	184	13.96
4	和谐	140	10.62
5	经济	138	10.47
6	富裕	117	8.88
7	文化	89	6.75
8	社会	77	5.84
9	文明	54	4.10
10	政治	30	2.28

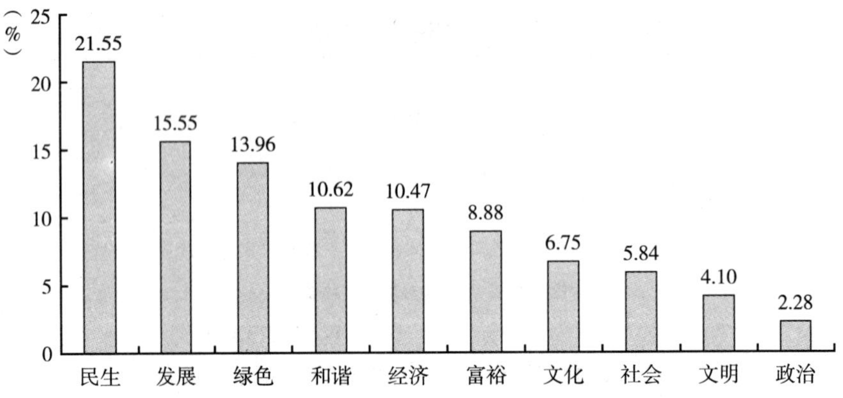

图1　建设幸福县域十项工作关注情况比较

二　建设幸福县域内涵

建设幸福县域要在辩证唯物主义思想的指导下，从物质和精神、客观和主观相结合的角度来思考和研究。

（一）建设幸福县域是一个系统工程

县域是一个系统，包括县域经济、县域社会、县域文化、县域政治和县域生态等子系统，县域发展要“五位一体”。建设幸福县域是一个系统工程，内容繁多，简化概括地讲，包括“实力县域”、“富裕县域”、“绿色县域”和“满意县域”等工作。建设富裕绿色满意的幸福县域系统见图2。

（二）建设幸福县域需要强调的工作

1. 强调壮大县域经济，建设“实力县域”

县域经济之所以被广泛关注，主要原因就是县域经济的差异性，就是在建成全面小康社会的进程中，县域经济是“弱的一元”，是一条“短腿”。全国县域经济总量占到全国经济总量的50%，而县域人口超过70%，县域人均地区生产总值是全国平均数的70%，是全国中心城区的50%。然而县域经济间差异性也非常大，全国人均地区生产总值最高的100个县平均值是最低的100

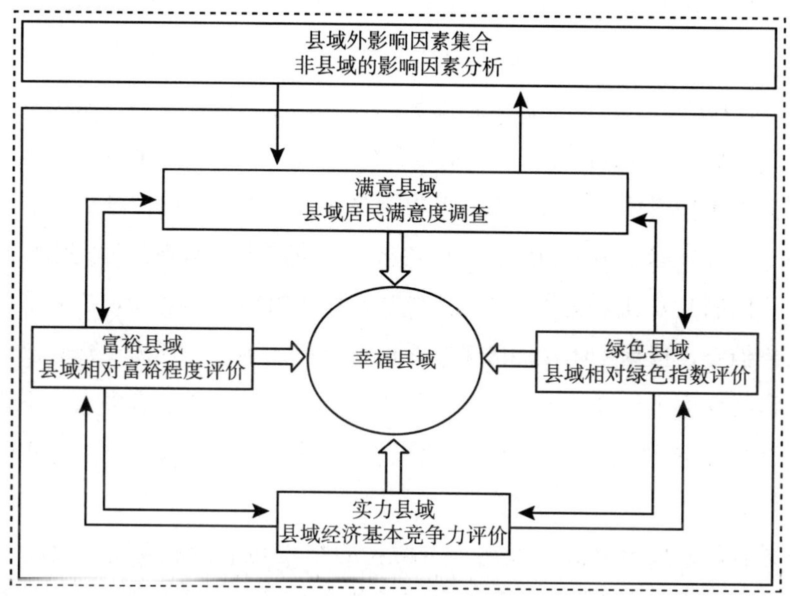

图 2　建设富裕绿色满意的幸福县域系统

个县平均值的 15 倍以上。

建设幸福县域首先是县域要发展，县域发展首先是壮大县域经济。“以经济建设为中心是兴国之要”①。壮大县域经济为县域统筹发展提供坚实的物质基础。应该将壮大县域经济提高到一个基础性、战略性的高度来认识，壮大县域经济是解决“三农”问题、推进城镇化的工作抓手。没有县域经济加快发展，全面建成小康社会的任务就不可能实现。

壮大县域经济在县域科学发展中地位重要。壮大县域经济为县域统筹发展提供坚实的物质基础，增强县域科学统筹能力。县域的发展不能“等靠要”，要发挥县域发展的主动性和积极性。同时，壮大县域经济为全国统筹工作提供了条件和可行性。

2. 强调加快富民步伐，提高富裕程度，建设富裕县域

全国县域经济的差异性非常大，在面积上，大的有几万平方公里，小的只有几百平方公里；在地形上，有高原山区，有丘陵，有平原，有海岛；在人口

① 胡锦涛在庆祝中国共产党建党 90 周年大会上的讲话。

上，多的超过200万人，少的不到1万人；在资源禀赋上，有富集煤炭、石油、天然气、金属矿藏的资源优势县，有地下无矿藏、地上无良田又缺少资金和人才的劣势县；在产业上，有的是工业主导，有的是农业主导，有的是旅游和商贸主导；在发展水平上，有相对发达的东部沿海县，有相对落后的西部山区县。

根据资源环境承载能力、现有开发密度和发展潜力，统筹考虑未来我国人口分布、经济布局、国土利用和城镇化格局，将国土空间划分为优化开发、重点开发、限制开发和禁止开发四类主体功能区，按照主体功能定位调整完善区域政策。但是，根据主体功能区来统筹区域发展还不够，还需要建立以人为本的、以富裕程度为尺度的统筹机制。不管县域经济的差异性有多大，不管县域处在什么样的主体功能区，生活在每个县域的居民都应该享受到均等化的富裕程度和社会文明，实现共同富裕。

县域经济发展就要满足人民日益增长的物质和精神的需要，提高富裕程度。提高富裕程度，不仅是发展县域经济的动力源，也是推动县域经济发展方式转变的重要力量。

3. 强调经济社会与生态环境协调、可持续发展，建设绿色县域

现阶段，推动县域经济社会与生态环境协调、可持续发展成为一个紧迫的重大课题。县域经济发展不能走“先污染后治理”的老路，要走新型工业化和城镇化道路，要走科技含量高、经济效益好、资源消耗低、环境污染少、人力资源优势得到充分发挥的道路。

建设绿色县域是一个综合性概念，涉及新型工业化和城镇化中相关工作，包含绿色经济、生态保护、宜居环境、两型社会、低碳经济等内容，增强分析经济发展的成绩与代价、产出与投入、节能减排等工作能力，加强技术进步和统筹发展等工作手段。

县域经济要在激烈的工业化和城镇化竞争态势中保持“绿色”。县域经济要发挥后发优势，学习区域经济发展经验，少走弯路，又好又快发展。一是注重规划，制定区域规划、产业规划、城镇规划等，加大工业园区建设，形成产业集中集聚集约效应；二是注重功能区建设，将县域划分不同功能区，统筹发展，可拓展县域经济可持续发展空间；三是注重城乡统筹，将城市文明与乡村文明、工业文明与农业文明有机结合起来；四是注重环境生态建设，在招商引

资、项目建设中能主动选择污染少的合适项目。

绿色环境、绿色宜居与绿色经济同样重要。保护大气环境，保护水环境，提高绿化覆盖率，搞好生活垃圾处理，使县域环境更加宜居。建设绿色县域也是发展生产力。建设绿色县域，强化县域经济科学发展的约束条件，推动县域经济发展方式转变。

4. 强调以人为本，提高居民满意度，建设满意县域

县域经济和县域发展就是要满足人民日益增长的物质和文化的需要。县域居民满意度是县域发展的出发点和落脚点。县域发展就是要建设满意县域。

（三）建设幸福县域的路径

1. 壮大县域经济

县域经济发展是建设幸福县域的物质基础。

2. 加快县域社会建设

关注民生建设，加快社会建设，建设和谐社会，加强和创新社会管理，关注公共服务均等化和社会公平。特别重视“底线公平”，将县域某一问题底线部分（如极度贫困）优先解决。底线公平能带来幸福感边际效应最大化。建立“社会安全阀”机制，化解社会矛盾。关注和加快解决居民最关心、最需要、最紧迫的民生问题。

3. 加强县域生态建设

加强环境保护和生态建设，绿色发展。现在，最基本、最直接的工作是保护好县域大气和水质，防止土壤污染，搞好城乡环境卫生。

4. 加强县域文化建设

注重信仰、艺术、道德、风俗等文化要素在现代社会中的认同、规范、整合和教化功能。注重幸福教育，崇尚劳动幸福观、集体幸福观、爱国幸福观、真善美幸福观，将广大居民的幸福感和幸福期望与县域发展结合起来，让大家享受到发展成果，感受到发展进程的幸福。

5. 建设人民满意政府

政府工作要制度化、规范化和透明化；强化为人民服务意识，政府服务要下移，亲近公众；多听民意，民主评议，接受监督。“要按照建立中国特色社

会主义行政体制目标，深入推进政企分开、政资分开、政事分开、政社分开，建设职能科学、结构优化、廉洁高效、人民满意的服务型政府。”①

6. 建立幸福县域的建设机制

建设幸福县域要建立统一领导、组织协调、强力推进的领导机制（如建设幸福县域领导小组办公室等）和具有执行力的工作机制。领导机制和工作机制构成“幸福县域号”列车，领导机制是列车的驾驶系统，工作机制是列车的动力系统。建立幸福县域机制是建设幸福县域的保障。

7. 建设幸福县域要关注“条块幸福”

建设幸福县域应与建设幸福乡（镇）、幸福社区、幸福家庭、幸福企业以及满意政府部门等工作结合起来。

8. 关注建设幸福县域的“非县域影响因素”

非县域影响因素，从层次上讲，有来自中央、省和地市的影响因素；从内容上讲，有来自经济、政治以及文化等体制方面的影响因素；从主体上讲，有对县域发展和对居民个体的影响因素；等等。解决好“非县域影响因素”，对建设幸福县域意义重大。

建设幸福县域是将县域发展目标和发展动力相结合，是实践科学发展观的一大探索，是转变发展方式的一大推动力，是推动县域经济和县域科学发展的新思维。

三　建设幸福县域评价研究

建设幸福县域需要建立推动建设幸福县域的机制，特别是建立起建设幸福县域评价机制，科学评价助推科学发展。本文从物质和精神、客观和主观等角度，构建富裕绿色满意的幸福县域的评价体系和推动机制。

（一）幸福县域评价体系

幸福县域评价体系是“一壮大三提高，科学评价助推科学发展”，即壮

---

① 胡锦涛：《坚定不移沿着中国特色社会主义道路前进　为全面建成小康社会而奋斗》，在党的十八大会议上的报告。

大县域经济、提高富裕程度、提高绿色指数、提高居民满意度，建设“实力县域”、“富裕县域”、“绿色县域”和“满意县域”，统筹推进建设幸福县域。县域发展要更强、更富、更绿、更幸福，要建设富裕绿色满意的幸福县域。

幸福县域评价体系包含了整个县域发展的多个方面，有所侧重、有所区别、相对独立、相互联系、相互促进，量与质相统一，物质与精神相结合，自然与人文相和谐，动力和目标相一致。

（二）实力县域评价

壮大县域经济是建设幸福县域的物质基础。县域经济发展不平衡，县域经济竞争力有强弱之分是区域经济发展的客观事实。

壮大县域经济，建设“实力县域”，可以从评价县域经济基本竞争力展开。

1. 县域经济基本竞争力介绍

县域经济基本竞争力可以简要地理解为县域经济单位进行资源优化配置获取竞争优势的能力。县域经济基本竞争力体现的是县域经济单位在资源利用、产品开发、技术创新、市场开拓及服务中具有的竞争优势。

县域经济的基本竞争力评价采用公开的、基本的、综合的、可比的县域经济数据来进行评价，评价数据坚持公开的原则进行核实甄别，评价结果客观可比，县域经济基本竞争力基本上反映出县域经济竞争力。

2. 县域经济基本竞争力评价体系

县域经济基本竞争力评价体系由总量、均量、速度、质量和活力五个方面指标组成，形似一个拳头，大拇指是县域经济总量，另外四个手指分别是均量、速度、质量和活力，五个手指攥成拳头，形成竞争力（见表3）。

3. 县域经济基本竞争力评价体系说明

评价体系简洁明了。体现了“大道至简”的思想和评价的基本原则，指标真实、客观、可比，指标规律可以把握或大致可以把握，评价对象的范围有针对性，评价结果有确切导向性，评价工作具有可行性和连续性。由于全国

表 3 县域经济基本竞争力评价指标体系

总量	人　口	常住人口	1
	经济总量	地区生产总值	2
		地方财政一般预算收入	3
均量	经济均量	人均地区生产总值	4
		人均地方财政一般预算收入	5
	居民收入	农民人均纯收入	6
		城镇居民人均可支配收入	7
质量	县财贡献	地方财政一般预算收入/地区生产总值	8
	县域民享	居民收入/人均地区生产总值	9
		居民收入增长率/地区生产总值增长率	10
	城乡差距	城乡居民收入比值	11
	经济绿色	万元地区生产总值能耗	12
		万元地区生产总值能耗降低率	13
	科技关注	R&D 经费支出/地区生产总值	14
	城镇化	城镇化率	15
速度	经济增长速度	地区生产总值增长速度	16
		地方财政一般预算速度	17
	居民收入增长速度	农民人均纯收入增长速度	18
		城镇居民人均可支配收入增长速度	19
活力	投资	全社会固定资产投资额	20
		全社会固定资产投资额增长率	21
	消费	全社会消费品零售总额	22
		全社会消费品零售总额增长率	23

县域经济差异性大，由于县域是一个复杂的系统，影响因素众多，因此对县域经济竞争力的评价采用县域经济的基本的核心数据来进行是现实的需要。

经济结构指标问题。县域经济基本竞争力评价指标体系中没有经济结构性指标，如非农产业比重、经济密度、进出口额与 GDP 的比例等等。因为在全国范围内，这些指标与竞争力的关系并不清晰或者没有可比性。由于县域经济的差异性非常大，有些指标没有统一规律。如进出口额与地区生产总值的比值反映的是外贸依存度，处在东部与处在中西部的县表现不一样，相当多的中西部县没有大的外贸需求，这些县的资源配置可能在国内就可以完成。再如非农产业比，由于县域经济是特色经济，“宜工则工、宜农则农、宜商则商、宜游则游”，粮食大县也有存在的必要。有些指标（比如经济密度等）对县域经济竞争力的影响是正相关或是负相关需要深入研究。

评价指标多少的问题。县域经济竞争力评价指标多不一定就好，评价结果不一定就正确。一是竞争力本身就没有唯一的标准，仁者见仁，智者见智；二是在每个指标与竞争力以及指标之间的关系并不清晰的情况下，把众多的指标放在一起，得到的竞争力就不确切。

评价必须保持连续性。县域经济基本竞争力评价结果主要反映的是已经形成的竞争力强弱。评价指标主要是“现在完成式”的，通过连续多届的评价结果对比，关联起来考察县域经济竞争力的现状和变化趋势。

县域经济将进行分类评价。全国县域经济的差异性非常大。县域经济应该是特色经济，县域经济发展路径也不应该是一个模式，应该百花齐放。县域经济要分类研究，分类指导，县域经济竞争力评价也将要分类评价，逐步完善。

（三）富裕县域评价

1. 县域相对富裕程度介绍

为了体现“以人为本”的科学发展观，促进建设富裕县域，进行“县域相对富裕程度”评价。

富裕程度的表达方式有许多种，例如人均地区生产总值、人均居民收入、人均城乡居民储蓄存款余额、恩格尔系数、人均用电量、受教育年限以及联合国开发计划署的综合发展指数等。这些指标或者简单，或者复杂，或者结果不能反映实际情况，或者操作性不强。

为了体现以人为本和可操作性，我们采用“相对富裕程度”的表达方式。县域相对富裕程度是以全国平均水平为参照坐标，评价居民收入、基本公共服务、经济发展和财政调控能力等，体现了以人为本、统筹发展的科学发展观。

2. 县域相对富裕程度特点

一是以全国平均水平为参照坐标；二是以居民收入为主，兼顾基本公共服务；三是以区域经济发展为基础；四是以财政转移支付为统筹的主要手段。

3. 县域相对富裕程度坚持“三相对”规则

一是相对核心内涵的富裕程度。县域相对富裕程度体现了县域富裕程度的核心部分，反映了县域发展的基本水平；二是相对全国平均水平的富裕程度。县域相对富裕程度以全国平均数为基准，反映了县域与全国平均水平的比较情况；三是相对历史发展进程的富裕程度。县域相对富裕程度与社会主义现代化时序相关联，反映了历史进程中共同富裕水平。

因此，相对富裕程度是一个动态的、相对的、基本的发展水平概念，是考察县域发展水平和文明程度的基本尺度。相对富裕程度评价工作是进行区域统筹的基础性工作，为统筹发展、实现共同富裕提供量化导向。同时我们还应注意到共同富裕不是“同步富裕”，也不是“均等富裕”。共同富裕是目标和方向，也是发展动力。

4. 县域相对富裕程度评价指标体系

县域相对富裕程度评价指标体系包含五类三级 22 个指标（见表 4）。五类指标包括人口类指标、居民收入类指标、公共服务类指标、地区发展类指标、财政统筹类指标。在指标体系中，居民收入类和公共服务类指标构成富裕程度的居民富裕部分，地区发展类和财政统筹类指标构成富裕程度的统筹发展部分。

5. 县域相对富裕程度评价指标体系说明

在指标体系中，强调：

（1）以人为本，全部以人均等均量数据，以全国平均数为基准。

（2）突出居民收入，还统筹考虑与居民收入相关联的工资、储蓄、消费等因素。

（3）突出居民富裕，还统筹考虑教育、医疗卫生等公共服务。

（4）不仅强调居民收入和公共服务，还强调县域经济发展和财政统筹能力。

（5）县域经济发展是提高县域富裕程度的物质基础，财政统筹是弥补因经济发展不足而引起的富裕程度的差异。县域经济发展和财政统筹体现了市场和政府的两种力量，发挥地方和中央两个层级在提高富裕程度工作的两个积极性。

6. 县域相对富裕程度坐标图

县域相对富裕程度坐标图为全国县域统筹发展提供导向。不同类型的县域将会有不同的统筹方式。

表4　县域相对富裕程度评价指标体系

<table>
<tr><td rowspan="2">人口类指标</td><td>总　量</td><td colspan="2">人口总数</td><td>1</td><td rowspan="2">人口集合</td></tr>
<tr><td>城镇化</td><td colspan="2">城镇化率</td><td>2</td></tr>
<tr><td rowspan="7">居民收入类指标</td><td rowspan="3">收　入</td><td colspan="2">城镇居民人均可支配收入</td><td>3</td><td rowspan="14">居民富裕集合</td></tr>
<tr><td colspan="2">农民人均纯收入</td><td>4</td></tr>
<tr><td colspan="2">在岗职工平均工资</td><td>5</td></tr>
<tr><td>储　蓄</td><td colspan="2">人均城乡居民储蓄存款余额</td><td>6</td></tr>
<tr><td>消　费</td><td colspan="2">人均社会消费品零售额</td><td>7</td></tr>
<tr><td rowspan="2">恩格尔系数</td><td colspan="2">城镇居民恩格尔系数*</td><td>8</td></tr>
<tr><td colspan="2">农村居民恩格尔系数*</td><td>9</td></tr>
<tr><td rowspan="7">公共服务类指标</td><td>医　疗</td><td colspan="2">千人拥有医生数</td><td>10</td></tr>
<tr><td>教　育</td><td colspan="2">百名普通中小学生拥有专任教师数</td><td>11</td></tr>
<tr><td>经　费</td><td colspan="2">人均科教文卫事业费支出*</td><td>12</td></tr>
<tr><td rowspan="2">双　通</td><td>交通</td><td>公路里程密度</td><td>13</td></tr>
<tr><td>通信</td><td>百人拥有电话数(固定+移动)</td><td>14</td></tr>
<tr><td rowspan="2">社会保障</td><td colspan="2">新型农村合作医疗覆盖率*</td><td>15</td></tr>
<tr><td colspan="2">城镇基本养老保险覆盖率*</td><td>16</td></tr>
<tr><td rowspan="3">地区发展类指标</td><td>总　值</td><td colspan="2">人均地区生产总值</td><td>17</td><td rowspan="6">统筹发展集合</td></tr>
<tr><td>财　政</td><td colspan="2">人均财政总收入*</td><td>18</td></tr>
<tr><td>密　度</td><td colspan="2">经济密度</td><td>19</td></tr>
<tr><td rowspan="3">财政统筹类指标</td><td>收　入</td><td colspan="2">人均地方财政一般预算收入</td><td>20</td></tr>
<tr><td>转　移</td><td colspan="2">人均财政转移支付*</td><td>21</td></tr>
<tr><td>支　出</td><td colspan="2">人均地方财政一般预算支出</td><td>22</td></tr>
</table>

注：*为需要进一步完善的指标。

县域相对富裕程度类型由“县域相对富裕程度类型坐标图”来划分为四类：Ⅰ类，居民富裕指数和统筹发展指数都高于全国平均水平；Ⅱ类，居民富裕指数高于全国平均水平，统筹发展指数低于全国平均水平；Ⅲ类，居民富裕指数低于全国平均水平，统筹发展指数高于全国平均水平；Ⅳ类，居民富裕指数和统筹发展指数都低于全国平均水平（见图3）。

（四）绿色县域评价

绿色县域可以通过县域相对绿色指数来评价。县域相对绿色指数评价旨在推动县域经济社会与环境协调发展，促进县域经济发展方式转变。县域相对绿

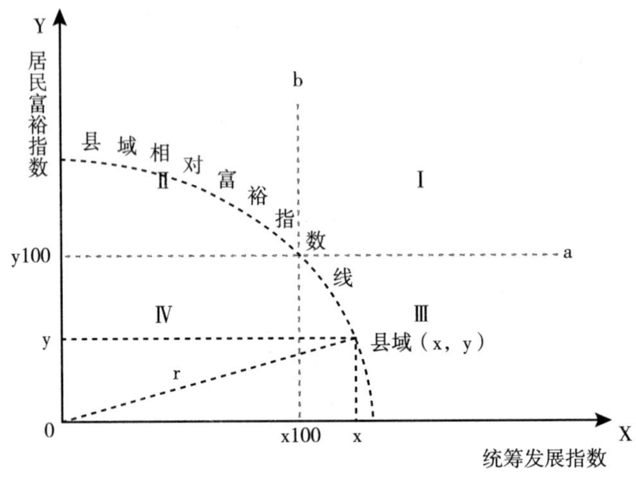

图 3　县域相对富裕程度坐标图

色指数评价包括绿色经济、绿色环境、绿色宜居等三部分。参照全面建设小康社会、生态县、绿化模范县、园林城市、森林城市等工作的理念和有关要求，规范出县域相对绿色指数指标体系和各指标的参照数据，综合评价县域相对绿色指数，促进建设绿色县域。县域相对绿色指数评价指标体系见表 5。

表 5　县域相对绿色指数评价指标体系

指标			参照数据	
绿色经济	工业三废处置利用率(%)		100	1
	单位 GDP 能耗(吨标煤/万元)		0.84	2
	环保投入占当年 GDP 比例(%)		3.5	3
绿色环境	县域森林覆盖率(%)	山区	75	4
		丘陵	45	4
		平原	25	4
	县域空气质量好于或等于二级标准天数(天/年)		365	5
	县域集中式饮用水水源水质达标率(%)		100	6
	城镇绿化覆盖率(%)		45	7
	城镇人均公共绿地面积(m^2)		12	8
绿色宜居	城镇生活污水集中处理率(%)		100	9
	城镇生活垃圾无害化处理率(%)		100	10
	农村规模化畜禽养殖场粪便综合利用率(%)		100	11
	农村生活垃圾集中收集处置率(%)		100	12

（五）满意县域评价

满意县域可以通过对县域居民满意度调查来进行。县域居民满意度包含居民自我满意度、县域发展满意度和政府满意度等三项（见表6）。

幸福不幸福，满意不满意，百姓说了算。县域居民满意度通过社会调查的方式来进行。

表6　县域居民满意度内容

满意度		内容
县域居民满意度	居民自我满意度	居民对自己的工作、收入、家庭、健康等方面综合满意度
	县域发展满意度	居民对县域发展包括经济、社会、文化、政治和生态等方面的综合满意度
	政府服务满意度	居民对政府服务包括服务态度、服务效率、人员廉洁等方面的综合满意度

（六）幸福县域建设指数

1. 幸福县域建设指数

幸福如何测量是对现代自然科学和社会科学的一大挑战。本文提出幸福县域建设指数。幸福县域建设指数反映县域相对幸福水平，是县域发展满足居民需求的水平，是相对大众主体的、相对核心要素的、相对简化的、相对县域特点和历史发展阶段的县域幸福水平。

现阶段，基于县域发展阶段性的主要需求和县域幸福的主要影响因素，幸福县域建设主要由壮大县域经济、环境保护、政府服务和居民满意等四部分构成，可以表述为：幸福县域建设 = f（壮大县域经济，环境保护，政府服务，居民满意）。如果政府服务可以通过居民满意度调查获得，幸福县域建设指数的测量可以用县域相对富裕程度、县域相对绿色指数和居民满意度等三个方面来测量，即：

幸福县域建设指数 = f（县域相对富裕程度，县域相对绿色指数，县域居民满意度）。

建设幸福县域包括物的发展和人的全面发展。幸福县域建设指数设置是一个物质与精神、客观与主观、当前与未来、经济与社会、人与自然互动和谐的体系，体现了辩证唯物主义观点，便于理解和把握县域幸福指数与经济、社会、文化、政治、生态等工作的联系，便于县际比较分析，具有简易性、实用性、建设性和中国特色，将会推动县域科学发展，保障可持续性的县域幸福。

幸福县域建设指数测量包括客观和主观两个方面：客观方面是对县域发展进行客观评价，包括县域相对富裕程度和县域相对绿色指数，这两个指数构成幸福县域基础指数；主观方面是进行社会调查的县域居民满意度。

2. 幸福县域建设指数比较

幸福县域建设指数是“县域幸福指数”的相对数，不是绝对数。如果将影响幸福的因素分为物质发展和人的发展两个方面，人的发展相对于幸福概念的数值可以用人的满意度社会调查的方法来进行，而物质发展（如富裕程度和绿色指数）相对于幸福概念的数值如何换算是一个需要进一步探索的问题。因此，绝对的幸福指数是不好把握的，现实中进行的幸福指数测量都是基于一定条件和要求的相对的幸福指数。为了便于理解和区分，提出“幸福县域建设指数”，其数值在测量时需要经过无量纲化处理，形成可用于比较分析的数值。如果增加样本或变化计算方法，其数值会发生变化。幸福县域建设指数计算仅限于社会调查样本。

四　建设幸福县域实证分析

全国县域单位有2000多个，简化起见，建设幸福县域实证分析以全国县域经济比较强的县域为分析样本，进而建立起建设幸福县域的样本信息库。首先依据县域经济基本竞争力评价体系，评价出全国县域经济百强县；然后对全国县域经济百强县的县域相对富裕程度、县域相对绿色指数和县域居民满意度进行评价和调查；最后评价幸福县域建设指数。本文依据北京中郡县域经济发展研究所开展的第十一届和十三届全国县域经济基本竞争力与县域科学发展评价资料进行分析。

（一）全国县域经济百强县评价

在第十三届全国县域经济百强县评价中，以“打造县域经济升级版”为主题，以“五位一体”为指导，以“县域”为系统，以“一壮大三提高，科学评价助推科学发展，建设富裕绿色幸福县域”为宗旨，坚持“公开客观可比”原则，依据县域经济基本竞争力体系，评价出第十三届全国县域经济与县域基本竞争力百强县（市）（见表7）。①

表7　第十三届县域经济与县域基本竞争力百强县（市）

序	县域经济单位	县域经济基本竞争力等级	县域相对富裕程度	县域相对绿色指数
国1	江苏江阴市	A+级	A+级	A+级
☆国1	江苏昆山市	A+级	A+级	A+级
国2	江苏张家港市	A+级	A+级	A+级
国3	江苏常熟市	A+级	A+级	A+级
国4	江苏太仓市	A+级	A+级	A+级
国5	福建晋江市	A+级	A+级	A级
国6	浙江慈溪市	A+级	A+级	A级
国7	江苏宜兴市	A+级	A+级	A+级
国8	浙江义乌市	A+级	A+级	A级
国9	浙江余姚市	A+级	A+级	A级
国10	内蒙古准格尔旗	A+级	A+级	A级
国11	山东龙口市	A+级	A+级	A+级
国12	辽宁瓦房店市	A+级	A+级	A+级
国13	湖南长沙县	A+级	A+级	A+级
国14	广东增城市	A+级	A+级	A+级
国15	四川双流县	A+级	A+级	A+级
国16	浙江诸暨市	A+级	A+级	A级
国17	山东即墨市	A+级	A+级	A+级
国18	内蒙古伊金霍洛旗	A+级	A+级	A级
国19	江苏丹阳市	A+级	A+级	A+级
☆国19	山东邹平县	A+级	A+级	A-级
国20	山东文登市	A+级	A+级	A+级
国21	陕西神木县	A+级	A+级	A级
国22	山东滕州市	A+级	A级	A级
国23	河北迁安市	A+级	A+级	A级
国24	山东胶州市	A+级	A+级	A+级
国25	山东荣成市	A+级	A+级	A+级

① 参阅中国县域经济网 http//www. china-county. org，2013 县域经济发展报告，2013 年 12 月 16 日。

续表

序	县域经济单位	县域经济基本竞争力等级	县域相对富裕程度	县域相对绿色指数
☆国 25	浙江乐清市	A+级	A+级	A-级
国 26	辽宁海城市	A+级	A级	A级
国 27	江苏海门市	A+级	A+级	A级
国 28	江苏靖江市	A+级	A+级	A级
国 29	山东寿光市	A+级	A+级	A+级
国 30	辽宁庄河市	A+级	A+级	A+级
国 31	江苏如皋市	A+级	A级	A+级
国 32	山东诸城市	A+级	A+级	A+级
国 33	浙江海宁市	A+级	A+级	A级
国 34	山东新泰市	A+级	A级	A级
国 35	山东邹城市	A+级	A级	A级
☆国 35	山东章丘市	A+级	A级	A+级
国 36	山东莱州市	A+级	A+级	A+级
国 37	山东招远市	A+级	A+级	A+级
国 38	江苏启东市	A+级	A+级	A级
国 39	辽宁大石桥市	A+级	A级	A级
国 40	江苏溧阳市	A+级	A+级	A级
国 41	辽宁普兰店市	A+级	A+级	A+级
国 42	山东平度市	A+级	A级	A+级
国 43	山东肥城市	A+级	A+级	A+级
国 44	浙江温岭市	A+级	A+级	A级
国 45	福建福清市	A+级	A+级	A+级
国 46	福建南安市	A+级	A级	A+级
国 47	湖南浏阳市	A+级	A级	A级
国 48	江苏东台市	A+级	A级	A级
国 49	江苏邳州市	A+级	A级	A级
国 50	山东广饶县	A+级	A+级	A+级
国 51	浙江桐乡市	A+级	A+级	A级
☆国 51	江苏沭阳县	A+级	A-级	A级
国 52	浙江长兴县	A+级	A+级	A+级
国 53	江苏海安县	A+级	A+级	A级
国 54	江苏大丰市	A+级	A级	A级
☆国 54	新疆库尔勒市	A+级	A级	A+级
国 55	江苏泰兴市	A+级	A级	A+级
国 56	湖南宁乡县	A+级	A级	A级

续表

序	县域经济单位	县域经济基本竞争力等级	县域相对富裕程度	县域相对绿色指数
国 57	浙江瑞安市	A+级	A+级	A 级
国 58	江苏沛县	A+级	A 级	A 级
国 59	辽宁东港市	A+级	A 级	A 级
国 60	浙江富阳市	A+级	A+级	A 级
国 61	河南新郑市	A+级	A 级	A 级
国 62	辽宁开原市	A+级	A 级	A 级
国 63	福建石狮市	A+级	A+级	A 级
国 64	山东莱西市	A+级	A+级	A+级
☆国 64	福建龙海市	A+级	A 级	A 级
国 65	山西孝义市	A+级	A+级	A 级
国 66	陕西府谷县	A+级	A+级	A 级
国 67	江西南昌县	A+级	A 级	A 级
国 68	山东兖州市	A+级	A+级	A 级
国 69	吉林延吉市	A+级	A+级	A+级
国 70	山东青州市	A+级	A 级	A+级
国 71	山东高密市	A+级	A+级	A 级
国 72	四川郫县	A+级	A+级	A+级
国 73	河北三河市	A+级	A+级	A 级
国 74	江苏如东县	A+级	A 级	A+级
国 75	江苏新沂市	A+级	A 级	A 级
国 76	山东蓬莱市	A+级	A+级	A+级
国 77	浙江平湖市	A+级	A+级	A+级
国 78	浙江永康市	A+级	A+级	A 级
国 79	河北武安市	A+级	A 级	A 级
国 80	浙江宁海县	A+级	A+级	A+级
国 81	河南巩义市	A+级	A 级	A 级
☆国 81	黑龙江肇东市	A+级	A 级	A 级
国 82	辽宁大洼县	A+级	A+级	A 级
国 83	辽宁凤城市	A+级	A 级	A+级
国 84	浙江东阳市	A+级	A+级	A 级
国 85	江苏兴化市	A+级	A 级	A 级
国 86	福建闽侯县	A+级	A 级	A 级
☆国 86	湖南醴陵市	A+级	A 级	A 级
国 87	辽宁新民市	A+级	A 级	A+级
☆国 87	贵州盘县	A+级	A-级	A 级

续表

序	县域经济单位	县域经济基本竞争力等级	县域相对富裕程度	县域相对绿色指数
国 88	安徽肥西县	A+级	A级	A级
☆国 88	河南永城市	A+级	A-级	A级
国 89	江西丰城市	A+级	A级	A级
☆国 89	吉林农安县	A+级	A-级	A级
国 90	江苏建湖县	A+级	A级	A级
国 91	广东博罗县	A+级	A级	A级
☆国 91	陕西吴起县	A+级	A+级	A+级
国 92	浙江临海市	A+级	A+级	A级
国 93	江苏赣榆县	A+级	A级	A级
☆国 93	吉林公主岭市	A+级	A-级	A级
国 94	湖北大冶市	A+级	A级	A级
国 95	江苏东海县	A+级	A级	A级
国 96	浙江嘉善县	A+级	A+级	A级
国 97	福建长乐市	A+级	A+级	A+级
国 98	江苏扬中市	A+级	A+级	A+级
国 99	浙江象山县	A+级	A+级	A级
国 100	江苏仪征市	A+级	A+级	A级

注：☆为名次并列的县（市），列入百强的县（市）总计共114个。

1. 百强县分布

第十三届县域经济与县域基本竞争力百强县（市），简称百强县（市），主要分布在东部沿海地区，分布在全国20个省份，其中江苏、山东、浙江、辽宁、福建等5个省份数量最多。具体分布是：河北3个、山西1个、内蒙古2个、辽宁10个、吉林3个、黑龙江1个、江苏27个、浙江18个、安徽1个、福建7个、江西2个、山东22个、河南3个、湖北1个、湖南4个、广东2个、四川2个、贵州1个、陕西3个、新疆1个。

2. 十强县

百强县市前10名依次是：江苏江阴市、江苏昆山市、江苏张家港市、江苏常熟市、江苏太仓市、福建晋江市、浙江慈溪市、江苏宜兴市、浙江义乌市、浙江余姚市、内蒙古准格尔旗，其中江苏江阴市和昆山市并列第一名。江苏江阴市和昆山市是中国县域经济的两面旗帜，实力相当，各有特点，江阴市的内生型经济、江阴板块、幸福江阴比较突出，昆山市的外向型经济、县域与中心城市的同城效应比较突出，两者的竞合发展将引领全国县域经济的特色发展和共同发展。

3. 百强县主要平均数据

百强县（市）的主要平均数据：常住人口 91.10 万人，地区生产总值 647.42 亿元，地方公共财政预算收入 44.79 亿元，城镇居民人均可支配收入约 28490 元，农民人均纯收入约 13860 元，研发经费支出占地区生产总值比重 1.97%，城镇绿化覆盖率 41.53%，能耗 0.83 吨标准煤/万元。

百强县地区生产总值增长率（现价比、下同），地方公共财政预算收入增长率和农民人均纯收入增长率分别为 12.47%、20.42%、13.70%。

4. 百强县更强更富更绿色

百强县积极转变发展方式，突出富民强县、绿色发展、幸福发展，加快县域经济科学发展向县域科学发展转变。第十三届百强县的县域相对富裕程度 A+级（相对富裕级）的比例比上届提高 1.39 个百分点；县域相对绿色指数 A+级（相对绿色级）的比例比上届提高 6.44 个百分点，并涌现出一批生态县。

（二）县域相对富裕程度评价

对全国县域经济百强县，依据县域相对富裕程度体系，评价其县域相对富裕程度。

1. 县域相对富裕程度的等级和类型

县域相对富裕程度等级分 A+级、A 级、A-级、B 级四个等级，全国相对富裕程度平均为 100，各等级规范：A+级在 125 以上，为全国相对富裕县域；A 级在 100~125，为全国中等偏上县域；A-级在 75~100，为全国中等偏下县域；B 级在 75 以下，为全国相对落后县域；A 级和 A-级为全国中等水平县域。

2. 县域相对富裕程度等级 A+级县（市）

县域相对富裕程度等级 A+级县（市）共有 69 个（见表 8）。

表 8　县域相对富裕程度 A + 级县（市）

县域经济单位	等级	县域经济单位	等级
江苏江阴市	A + 级	江苏启东市	A + 级
江苏昆山市	A + 级	江苏溧阳市	A + 级
江苏张家港市	A + 级	辽宁普兰店市	A + 级
江苏常熟市	A + 级	山东肥城市	A + 级
江苏太仓市	A + 级	浙江温岭市	A + 级
福建晋江市	A + 级	福建福清市	A + 级
浙江慈溪市	A + 级	山东广饶县	A + 级
江苏宜兴市	A + 级	浙江桐乡市	A + 级
浙江义乌市	A + 级	浙江长兴县	A + 级
浙江余姚市	A + 级	江苏海安县	A + 级
内蒙古准格尔旗	A + 级	浙江瑞安市	A + 级
山东龙口市	A + 级	浙江富阳市	A + 级
辽宁瓦房店市	A + 级	福建石狮市	A + 级
湖南长沙县	A + 级	山东莱西市	A + 级
广东增城市	A + 级	山西孝义市	A + 级
四川双流县	A + 级	陕西府谷县	A + 级
浙江诸暨市	A + 级	山东兖州市	A + 级
山东即墨市	A + 级	吉林延吉市	A + 级
内蒙古伊金霍洛旗	A + 级	山东高密市	A + 级
江苏丹阳市	A + 级	四川郫县	A + 级
山东邹平县	A + 级	河北三河市	A + 级
山东文登市	A + 级	山东蓬莱市	A + 级
陕西神木县	A + 级	浙江平湖市	A + 级
河北迁安市	A + 级	浙江永康市	A + 级
山东胶州市	A + 级	浙江宁海县	A + 级
山东荣成市	A + 级	辽宁大洼县	A + 级
浙江乐清市	A + 级	浙江东阳市	A + 级
江苏海门市	A + 级	陕西吴起县	A + 级
江苏靖江市	A + 级	浙江临海市	A + 级
山东寿光市	A + 级	浙江嘉善县	A + 级
辽宁庄河市	A + 级	福建长乐市	A + 级
山东诸城市	A + 级	江苏扬中市	A + 级
浙江海宁市	A + 级	浙江象山县	A + 级
山东莱州市	A + 级	江苏仪征市	A + 级
山东招远市	A + 级	合　计	69 个

（三）县域相对绿色指数评价

对全国县域经济百强县，依据县域相对绿色指数体系，评价其县域相对绿色指数。

1. 县域相对绿色指数等级和类型

县域相对绿色指数以参照指标数据基准为 100，分 A +、A、A - 和 B 级四

个等级，各等级规范：A+级在95以上，为相对绿色级县域；A级在85~95，为相对浅绿色级县域；A-级在75~85，为相对欠绿色级县域；B级在75以下，为相对绿色警示级县域。

县域相对绿色指数类型：依据绿色经济和绿色环境的情况分以下四种类型，Ⅰ类：绿色经济和绿色环境均突出；Ⅱ类：绿色经济突出；Ⅲ类：绿色环境突出；Ⅳ类：绿色经济和绿色环境均一般。

2. 县域相对绿色指数等级A+级县（市）

县域相对绿色指数A+级的县（市）有45个（见表9）。

表9　县域相对绿色指数A+级县（市）

县域经济单位	等级	县域经济单位	等级
江苏江阴市	A+级	福建福清市	A+级
江苏昆山市	A+级	山东广饶县	A+级
江苏张家港市	A+级	浙江长兴县	A+级
江苏常熟市	A+级	山东莱西市	A+级
江苏太仓市	A+级	吉林延吉市	A+级
江苏宜兴市	A+级	四川郫县	A+级
山东龙口市	A+级	山东蓬莱市	A+级
辽宁瓦房店市	A+级	浙江平湖市	A+级
湖南长沙县	A+级	浙江宁海县	A+级
广东增城市	A+级	陕西吴起县	A+级
四川双流县	A+级	福建长乐市	A+级
山东即墨市	A+级	江苏扬中市	A+级
江苏丹阳市	A+级	江苏如皋市	A+级
山东文登市	A+级	山东章丘市	A+级
山东胶州市	A+级	山东平度市	A+级
山东荣成市	A+级	福建南安市	A+级
山东寿光市	A+级	新疆库尔勒市	A+级
辽宁庄河市	A+级	江苏泰兴市	A+级
山东诸城市	A+级	山东青州市	A+级
山东莱州市	A+级	江苏如东县	A+级
山东招远市	A+级	辽宁凤城市	A+级
辽宁普兰店市	A+级	辽宁新民市	A+级
山东肥城市	A+级	合　计	45个

（四）县域居民满意度调查

县域居民满意度调查是进行幸福县域建设指数评价的重要方面。对全国县域经济百强县，采用计算机辅助电话调查系统（CATI），进行了“县域居民满意度”调查，取得初步调查结果。①

1. 县域居民满意度等级

县域居民满意度分居民自我满意度、县域发展满意度和政府服务满意度三项，依据调查资料，经计算因子载荷系数和权重，得到每个县（市）的县域居民满意度。

经统计，全国百强县居民满意度平均值为77.76分。为了便于分析比较，县域居民满意度按分数划分为四个等级，依次是：80分以上为A+级，77.76~80分为A级，60~77.75分为A-级，60分以下为B级。

经汇总，A+级有27个，占21.60%；A级有36个，占28.80%；A-级有62个，占49.60%；均高于60分，平均线上下县（市）数量基本相当。

2. 县域居民满意度A+级县（市）名单

县域居民满意度等级A+级县（市）共有27个，前10位的县（市）是：内蒙古伊金霍洛旗、山东莱州市、山东茌平县、山东广饶县、河南永城市、山东诸城市、辽宁开原市、山西孝义市、辽宁庄河市、江苏江阴市（见表10）。

表10　县域居民满意度A+级县（市）名单

县域单位	居民自我满意度	县域发展满意度	政府服务满意度	县域居民满意度	等级
内蒙古伊金霍洛旗	90.60	91.92	83.40	88.62	A+级
山东莱州市	87.25	84.69	81.57	84.45	A+级
山东茌平县	86.86	88.91	77.65	84.44	A+级
山东广饶县	85.69	85.25	80.78	83.88	A+级
河南永城市	86.20	87.47	77.60	83.73	A+级
山东诸城市	82.20	87.60	80.20	83.38	A+级
辽宁开原市	87.00	85.71	76.60	83.04	A+级
山西孝义市	84.60	85.51	78.80	82.95	A+级

① 参阅《建设幸福县域》，中共中央党校出版社，2012年12月。

续表

县域单位	居民自我满意度	县域发展满意度	政府服务满意度	县域居民满意度	等级
辽宁庄河市	84.08	85.54	79.03	82.87	A+级
江苏江阴市	85.15	83.23	80.20	82.81	A+级
山东滕州市	82.80	87.20	78.20	82.76	A+级
山东寿光市	82.20	87.47	78.20	82.66	A+级
山东邹平县	82.75	86.34	78.43	82.52	A+级
山东章丘市	86.34	84.44	76.83	82.47	A+级
山东高密市	85.49	81.44	80.20	82.30	A+级
内蒙古准格尔旗	83.00	85.80	77.60	82.14	A+级
河北迁安市	84.80	84.95	76.80	82.13	A+级
新疆库尔勒市	83.01	85.84	77.17	82.01	A+级
山东文登市	82.77	83.00	80.20	81.98	A+级
河北武安市	88.12	81.21	76.63	81.85	A+级
山东胶南市	84.20	82.37	78.80	81.74	A+级
山东招远市	84.16	82.45	78.61	81.69	A+级
山东新泰市	83.14	81.78	80.00	81.61	A+级
浙江长兴县	84.80	83.47	76.00	81.36	A+级
江苏建湖县	83.33	81.19	76.86	80.40	A+级
浙江桐乡市	84.80	82.02	74.00	80.19	A+级
江苏大丰市	84.40	82.20	74.20	80.18	A+级

（五）幸福县域建设指数比较

县域居民满意度与县域相对富裕程度和县域相对绿色指数结合起来，通过无量纲标准化处理，计算得到幸福县域建设指数。幸福县域建设指数必须与居民满意度、富裕程度和绿色指数结合起来才有实际意义。

将县域相对富裕程度和县域相对绿色指数组建成幸福县域基础指数，然后将幸福县域基础指数与县域居民满意度做成幸福县域建设指数坐标分析图（见图4）。通过对幸福县域建设指数坐标分析图的分析，可以非常直观地表明县（市）可从客观和主观两个方面来加快幸福县域的建设。

依据县域居民满意度等级和幸福县域基础指数等级，图中BB区域是幸福

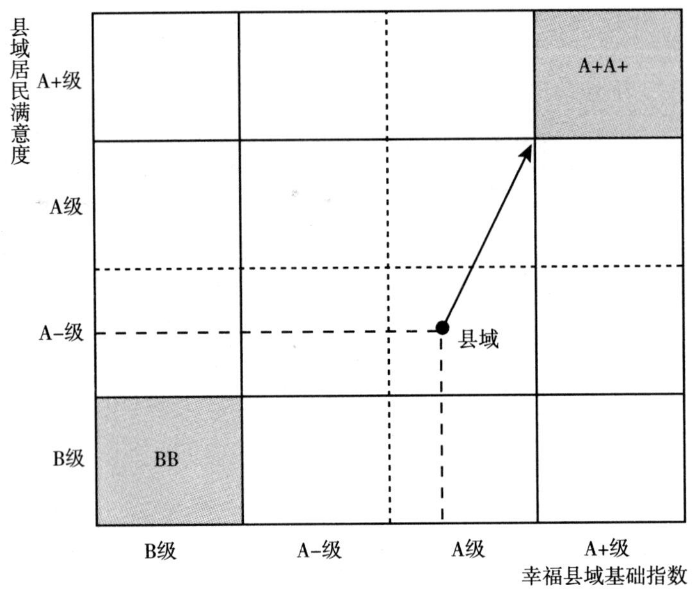

图 4　幸福县域建设指数坐标分析

县域基础指数（富裕程度、绿色指数）和居民满意度最差的，是警示级区域；A + A + 区域是幸福县域建设指数（富裕程度、绿色指数）和居民满意度最高的区域；处于其他区域的县（市）应向 A + A + 区域方向努力工作。任何县（市）都可以通过评价县域相对富裕程度、县域相对绿色指数和调查县域居民满意度，在幸福县域建设指数坐标分析图中找到自己的位置。

幸福县域基础指数等级划分为 A + 级（85 以上）、A 级（85 ~ 基准值）、A - 级（基准值 ~ 60）、B 级（60 以下）四个等级。调查中得到的幸福县域基础指数均高于基准值，其中 A + 级 26 个，A 级 99 个。

幸福县域建设指数是一个相对数，其数值会随样本总数和计算方法的改变而发生变化，所以本文只列出幸福县域建设指数排在前 10 位的县（市）名单（见表 11）。

从幸福县域建设指数前 10 位县（市）的数据和幸福县域建设指数坐标分析图可以看出：提高幸福县域建设指数必须从客观基础和主观满意度两方面加强工作，缺一不可。

表 11　幸福县域建设指数前十位县（市）名单

县域经济单位	幸福县域基础指数		县域居民满意度		幸福县域建设指数
	基础指数	等级	满意度	等级	
内蒙古伊金霍洛旗	87.68	A+级	88.62	A+级	0.9404
江苏江阴市	96.05	A+级	82.81	A+级	0.9218
山东文登市	93.58	A+级	81.98	A+级	0.9009
山东莱州市	87.51	A+级	84.45	A+级	0.8952
浙江义乌市	94.59	A+级	79.11	A级	0.8887
江苏昆山市	97.13	A+级	78.45	A级	0.8864
山东广饶县	82.43	A级	83.88	A+级	0.8647
山东招远市	85.96	A+级	81.69	A+级	0.8591
山东诸城市	81.66	A级	83.38	A+级	0.8557
辽宁庄河市	82.64	A级	82.87	A+级	0.8550

（六）建设幸福县域展望

本章提出的“幸福县域建设指数”是一个在调查样本中进行比较分析的数值，是一个相对数，不是绝对数，意义在于强调指数的建设性，强调建设幸福县域要从客观和主观两个方面来推动工作。

幸福县域评价是一个探索性工作，本文提出一个“建设富裕绿色满意的幸福县域”思路，进行了初步探索，有待进一步探索和完善，特别是如何将富裕程度和绿色指数转化为以“居民幸福感”为基准的数值，进而与居民满意度结合起来形成可以用来直接比较的幸福县域建设指数是一个艰巨任务。

案例分析

Case Studies

B.16
长白山保护开发区推进小城镇建设

杨 龙*

摘 要：

长白山保护开发区围绕“建设世界名山，打造文化名城，繁荣带动周边，服务全省发展”的总体目标，着眼于“形成区域特色、建成国际水平、发挥带动作用”，以原始生态为本、以关东文化为魂、以旅游产业为主导，推动旅游综合体建设进程，促进农民和林业工人身份转变，加快原始生产业态转型，不断提升城镇产业容纳力和综合承载力，集中力量重点突破，以构建新型旅游小城镇为核心，开创了“大长白山”区域旅游城镇化发展崭新局面。

关键词：

长白山保护开发区 城镇化 旅游小城镇

---

* 杨龙，长白山开发建设（集团）有限责任公司董事长，东北大学工商管理学院博士生，主要研究方向为城镇化与城乡经济。

一 长白山保护开发区现状

长白山位于吉林省东南部，是首批加入联合国教科文组织“人与生物圈”网络的“国际A级自然保护区”、国家级示范自然保护区、国家5A级旅游景区、国家地质公园、“中华十大名山”之一。长白山是图们江、松花江、鸭绿江三江之源，天池是中朝两国界湖。长白山生态资源丰富、人文积淀厚重，保存有欧亚大陆北半部最完整的森林生态系统，有动物1500多种、植物2600多种，是世界少有的“生态博物馆”和“物种基因库”；长白山人类活动历史始于原始社会，设立建制历史始于西汉时期，金朝和清朝将其视为圣地，是中国北方民族的发祥地、关东文化的根基地。

清康熙年间，长白山被列为“封禁之地”，封山祭祀；光绪年间，开始在白山（当时称浑江）、通化设立县治，奖励移民、垦殖农田；同治年间，开始少量林木采伐，并逐渐完成农垦。日伪时期，长白山遭受掠夺性采伐。20世纪50年代，长白山周围陆续建立林业局，有计划开发利用森林资源。1960年4月，建立吉林省长白山自然保护区及管理局；1986年7月，国务院批准吉林省长白山自然保护区为“国家级自然保护区”。

2005年6月，为实现对长白山的“统一规划、统一保护、统一开发和统一管理”，加快发展吉林省旅游优势产业，促进长白山地区经济社会和生态环境全面、协调、可持续发展，省委、省政府决定成立“长白山保护开发区管理委员会”，明确长白山管委会作为省政府派出机构，正厅级建制，具有相当于市（州）政府的行政管理职权，将长白山管委会按市（州）对待和管理；长白山管委会代表省政府依法对管理区域内的经济和社会行政事务以及森林、草原、水流、山岭、土地、矿藏等自然资源实行统一领导和管理；长白山管委会下设池西、池北、池南三个县级旅游经济区，具有相当于县级政府的行政管理职能和权限。

2007年11月，吉林省政府下发《关于长白山保护与开发总体规划（2006～2020）的批复》，明确了长白山管委会管辖范围：规划指导区（协调区）面积13478平方公里（包括和龙、白河、露水河、泉阳、松江河、临江、长白县林业局，长白森经局和自然保护区），规划管理区（直管区）面积3280平方公里（包括自然保护区、环区路以内及外侧1000米、三坡旅游环路以内及外侧1000米、指导区内旅游公路两侧各1000米、旅游服务基地、主题功能区及按规划需要统一管理的其他区域），国家级自然保护区（控制区）总面积1964.65平方公里。

长白山管委会成立以来，按照省政府提出的“小政府、大服务”原则和“一职多能、一人多岗”的要求，先后组建机关内设机构18个、事业单位54个、中央及省直部门9个，经济区3个、直属企业2个。辖区常住人口6.5万人，户籍人口6.9万。

长白山管委会成立以来，历时7年探索，发展战略日益清晰，生态保护全面推进，旅游品牌显著提升，项目建设成效突出，社会事业长足进步，各项指标实现新突破，保护开发事业实现新跨越。2012年，长白山保护开发区地区生产总值实现24.4亿元，同比增长16.3%，是2006年的3.1倍。全社会固定资产投资完成45.3亿元，同比增长36.3%，是2006年的6.7倍。全口径财政收入完成3.66亿元，同比增长21.9%，是2006年的11.3倍；其中地方级财政收入完成2.37亿元，同比增长16.7%，是2006年的18倍。长白山景区旅游人数达到167万人次，同比增长17.6%，是2006年的2.4倍；景区旅游收入实现4.8亿元，同比增长29.7%，是2006年的3.7倍。

二　长白山保护开发区城镇化建设取得的成果

近年来，随着旅游产业不断加快发展，长白山作为“关东第一山”“吉林第一名片”的品牌影响不断提升，先后跻身“中华十大名山”“中国十大旅游休闲胜地”之列，池北区二道白河镇获得“全国特色景观旅游名镇”“国家人居环境范例奖”等多项荣誉。2012年，长白山保护开发区城镇化率达到82.2%（见图1）。全区三产比例为13∶17∶70。人均拥有绿地面积为72.6平方米，集中供热率为60%，生活污水集中处理率为65.7%，垃圾无害化处理率为81%，人均住房面积为25平方米，城镇居民人均可支配收入为16450元，广播电视综合覆盖率为95%，有线电视网入户率为97%，恩格尔系数达到32.6%。

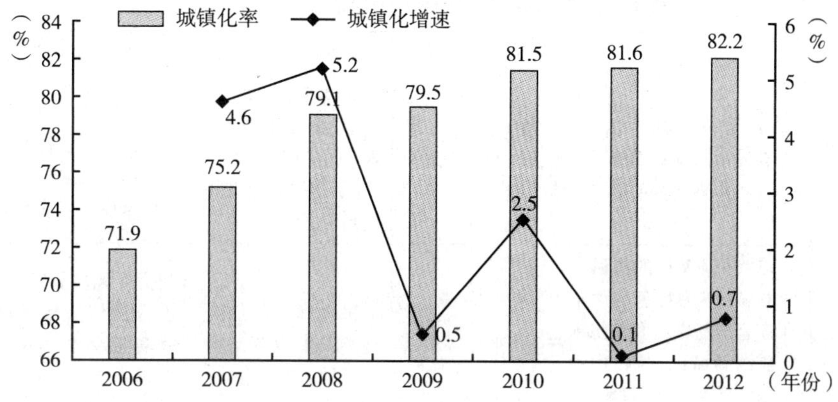

图1　2006～2012年全区城镇化率及增速

1. 明确特色城镇化发展定位

围绕“建设世界名山、打造文化名城”的总体目标，按照“以特色化体现国际化，以国际化完成特色化”的发展理念，依托下辖池北区二道白河镇、池西区东岗镇、池南区漫江镇三个镇，确立了长白山区域特色城镇化的发展定位，即建设：独具长白山文化特色的生态宜居小镇、长白山生态保护与经济转型试验区、吉林省生态产品及健康产业研发总部基地、吉林省旅游产业发展龙头、国家生态旅游经济示范区和“全国生态文明建设示范市”、东北亚休闲度假旅游集散地和目的地、世界文化旅游名城（见表1）。

（1）建设世界名山。以“生态牌”为支撑，将长白山建设成为国际生态高地，为各个产业发展提供充分涵养。从2013年开始，长白山管委会将每年组织举办“中国长白山国际生态节”，已得到国家环保部、国家林业局以及中科院支持，并将与吉林省政府共同主办。生态节期间，将发起建立“世界自然保护区联盟”、举办“世界自然保护区联盟研讨会”“自然保护国际高峰论坛”、评选和颁发“长白山国际生态奖”等系列活动，以扩大长白山国际影响力和品牌知名度。

（2）打造文化名城。以生态文化为内涵的旅游产业主打“文化名城”建设，实现长白山文化品牌形象整体提升，以文化促进新型经济业态成长、融合旅游产业转型升级、推动社会管理创新，让文化成为加快长白山特色城镇化发

表 1　长白山管委会所属三个区城镇化发展方向

区镇名	城市性质	发展定位	主导产业(项目)	主题功能区(定位)
池北区二道白河镇	以“森林中的小镇”为特色的生态宜居小镇和休闲旅游小镇	长白山文化活动小镇,长白山下秀美第一镇	演艺娱乐业、文博会展业、现代旅游服务业,“宝马城”项目、“十八坊”产业园区项目	和平主题功能区(温泉养生)、参花主题功能区(林上天堂)、前川主题功能区(林场木屋)
池西区东岗镇	以“环保森林的旅游新城区”为特色的生态宜居新城区和休闲旅游新城区,长白山旅游的第一目的地、集散中转服务中心	特色产业服务小镇	有机农林产品加工、旅游服务教育培训、商贸物流等产业	卧龙主题功能区(国际会议度假)、槽子河主题功能区(休闲农庄)、白溪主题功能区(综合服务小镇)
池南区漫江镇	以生态居住和水为特色的旅游接待和服务中心	独具北国水乡风情的生态旅游服务小镇、“国际慢城”示范区、国际奥林匹克冰雪运动中心	户外营地、山地度假、农业观光、乡村生活体验等项目,打造长白山下生态旅游服务聚落	横山主题功能区(国际户外大本营)、望天鹅主题功能区(冰雪旅游度假区)

展的内生动力。浙江万丰奥特控股集团联合上海复星、阿里巴巴、美特斯邦威等国内 46 家著名企业将与长白山管委会共同建设“中国民族企业策源地”项目。该项目旨在以市场方式激活长白山多元文化精髓，把长白山建设成为全球了解中国民族企业文化的窗口。将上海世博会上的“中国民族企业联合馆”原件整体迁至长白山落户，作为该项目的标志性建筑。

同时，辽金时期的长白山“宝马古城”将恢复重建，将被建成集文化展示、民俗体验、健康养生、教育培训、行政办公等多功能于一体的长白山文化小镇和旅游服务基地。长白山博物馆群、“长白山十八工坊产业园”、长白山国际酒吧街等系列文化品牌项目也在陆续开工建设。

2. 推进重大项目建设

2013 年，长白山保护开发区集中力量开展“项目建设年”活动，全年计划实施旅游服务设施、城镇基础设施、交通设施、产业园区等方面的城镇化建设项目 73 项，总投资 100. 6 亿元，年度计划完成投资 38 亿元。以长白山建设集团为融资平台，采取土地收储质押等方式，积极与金融机构对接合作，大力开展项目融资，预计 2013 年到位银行资金 13. 7 亿元。

3. 深入挖掘文化内涵

邀请多位国内知名专家，以长白山“宝马古城”文化研讨为切入点，深入挖掘和提炼长白山多元文化精髓，为促进文化与旅游产业融合发展提供准确依据。推进区域文化体制改革和管理创新，成立了摄影、美术、文学创作等方面的协会组织，促进长白山文化事业繁荣发展。

4. 积极引进战略投资者

目前，长白山管委会引进大型战略投资者9家，总投资达400亿元。这些项目建成后，将有效填补长白山旅游产业格局空白，加快长白山旅游产业转型升级，对全省旅游发展产生巨大的辐射带动作用（见表2）。

表2　长白山管委会引入战略投资者情况

单位：亿元

战略投资者	投资规模	主要建设内容	实施进度
北京中弘集团	150	望天鹅奥运滑雪场、漫江民族风情小镇、横山国际颐养中心	完成项目规划设计方案，正在办理征占用林地审批
浙江新和成集团	120	国际会议会展中心及附属配套设施	正在进行规划设计等前期工作
浙江卡森集团	60	酒店式公寓、产权式酒店、经济型酒店以及会议中心和演艺中心等	一期主体工程基本完工，预计2013年年末建成投入使用
北京紫玉集团	30	星级酒店、产权式公寓及旅游地产等附属配套设施	一期工程已建成投入使用，二期工程陆续开工建设
北大青鸟集团	26	文化创意展示馆、博物馆群、旅游休憩区、特色文化体验区	园区规划正在进行
长春亚泰集团	20	长白山旅游地产，完善旅游基础设施，打造世界旅游名镇品牌	已与长白山开发建设集团签订战略投资协议
北京强佑集团	15	长白山旅游集散服务中心和旅游商品集散中心	已完成可行性调研，正在进行评审
海南天域集团	13.5	星级酒店及附属配套设施	一期工程已建成投入使用
大连鑫悦集团	11	五星级温泉度假酒店、度假式公寓、商务会所、观光旅游中心、国际交流会议中心及其他附属设施	已开工。

5. 推动区域合作发展

2012年，长白山管委会与延边、白山两地合作建立了“冬季旅游联盟”。在此基础上，深化长白山区域发展的合作范畴和层次，池北区与安图县联手启动

实施“长白山宝马经济区”建设；与延边沟通协作，探讨整合“长白山金鼎大佛”、滑雪场等优质旅游资源，纳入长白山区域整体发展规划。4月中旬，召集周边5个县（市）、多家林业企业，共同商讨“大长白山”区域合作发展，积极构建沟通协调、规划统筹、产业合作、综合服务、联合招商“五大平台”。

目前，长白山管委会的池北区与延边的安图县联手启动实施“长白山宝马经济区”建设。“宝马城”区域并入池北区发展规划后，新增面积6.5万平方米，总体呈现出“海东青”的振翅高飞图像，将加快打造古镇文化体验、旅游文化教育两大板块，有力拉动长白山北景区旅游产业发展。

三 长白山保护开发区推进特色小城镇建设方面存在的问题

在加速推进长白山保护区城镇化建设的同时，我们也清醒地认识到当前长白山特色城镇化建设进程中存在的突出问题：

1. 生态保护压力逐渐增大

随着长白山旅游人数逐年增多，景区特别是天池等核心景区在旅游旺季承载能力接近饱和，生态保护压力逐渐增大。同时，目前长白山以木材采伐、林业资源消耗为主的粗放型林业产业结构仍然未完全改变，对长白山生态资源造成一定程度的破坏。此种产业结构又使林业职工无法脱离林场和林地，限制了林业产业结构的转型和劳动力的有效流动。

2. “大长白山旅游经济圈”发展格局尚不完善

目前，长白山周边有关县（市）及林业企业虽然在推进长白山区域发展合作方面有基本共识，但相对而言仍处在各取所需、各自为战的初级阶段。

3. 管理体制存在制约，带动作用有限

按照省委、省政府“四统一”决策精神，长白山管委会虽然具备“相当于市（州）政府的行政管理职权”，但受管理体制制约，还不等同于一般意义上的市（州）政府，在规划指导、用地审批等方面协调难度较大，影响到项目建设、招商引资等直接关系到城镇化建设的具体工作。同时，由于历史上划界原因，原委会所辖的二道白河、东岗、漫江三个镇，只是镇区所在地（有的只是一部分)，不包括其他村屯。因此，涉及劳动力转移就业等一系列问题存在管辖障碍，对周边地区带动作用有限。

4. 区域城镇化建设特色不鲜明，未充分发挥长白山旅游的集聚化效应

如长白山区域旅游产业结构以长白山观光游为主体，缺乏高端旅游所需要的休闲度假产品，集中表现在游客在长白山停留时间短，人均消费较低。

5. 缺乏旅游大项目的支撑，难以形成规模效应

长白山目前的旅游项目建设还集中在单一的酒店、商业地产等方面，缺少诸如大型旅游度假区、文化产业园、森林公园等大项目的支撑。

6. 区域财政收入有限

从目前状况来看，经过一轮基础设施建设后，再投资能力不足。

四　长白山保护开发区推进旅游小城镇建设思路

总的思路是，牢牢把握国家推进新型城镇化建设的战略机遇，深入贯彻落实吉林省推进特色城镇化的若干意见，围绕“建设世界名山，打造文化名城，繁荣带动周边，服务全省发展”的总体目标，着眼于“形成区域特色、建成国际水平、发挥带动作用”，以原始生态为本、以关东文化为魂、以旅游产业为主导，推动旅游综合体建设进程，促进农民和林业工人身份转变，加快原始生态产业转型，不断提升城镇产业容纳力和综合承载力，集中力量重点突破，以构建新型旅游小城镇为核心，全力开创“大长白山”区域旅游城镇化发展崭新局面（见表3)。

1. 遵循“旅游城镇建设主导，生态环境保护先行”的原则，明确旅游城镇化发展定位

以生态为主导、保护优先为基础，合理构建城镇产业模型，把保护与修复长白山生态系统作为首要任务。通过调整长白山林业产业布局，完善城镇公共服务与产业设施功能，引导现有林业工人和周边村屯农民融入旅游产业链条中来，摆脱从前“靠山吃饭，靠地谋生”的单一生产模式。充分利用城乡接合处闲置地开发农业休闲观光旅游产品，逐步形成点状开发，集聚发展的空间开发新格局。将旅游小镇的经济效益与保护生态环境、优化生态文化、发掘旅游

表3　2015年全区旅游城镇化建设主要指标预计完成情况

指标项目	单位	2012年	2015年
地区生产总值	亿元	24.4	36
城镇化率	%	82.2	82.8
三次产业比重	—	13:17:70	5:20:75
广播电视综合覆盖率	%	95	98
有线电视入户率	%	97	98
恩格尔系数	%	32.6	30.8
人均拥有绿地面积	平方米	72.6	72.8
集中供热率	%	60	80
垃圾无害化处理率	%	81	90
生活污水处理率	%	65.7	80
人均住房面积	平方米	25	26
城镇居民人均可支配收入	元	16450	21895
城镇建设用地总量	平方公里	19.71	21.21
城镇新增就业人数	人	2200	2000
高中阶段毛入学率	%	98.6	98.8

资源、打造拳头品牌相结合，实现经济效益、社会效益与环境效益三统一。林业工人和农民通过加快脱贫致富的同时，要避免对旅游资源的破坏。让经营者、管理者、原住民等环境资源利益相关者均成为旅游发展的受益者，达到良性互动，从而实现旅游的可持续发展。把长白山变成生态环境优良、产业特色鲜明、社会文明和谐、人民生活富裕的新型旅游城镇。

在实践这一思路方面，长白山管委会拟启动白河国家森林公园项目，作为先行先试的“样板项目”。该项目由长白山开发建设集团与白河林业局以市场化规则为基础，双方通过合资合作，取得长白山景区周边若干个林场的林业资源租赁权和建设用地使用权，开发全地形车、徒步、自行车、马车、露营、房车等森林休闲项目。同时，根据项目开发和经营情况，适时引入战略投资者进行合作开发，做大以国家森林公园为载体的休闲旅游产业这块蛋糕。此种运作模式，一方面加快了林业产业由采伐加工向休闲旅游的产业转移，将林业职工由过去的林木采伐者转变为现有林业资源的保护者、森林旅游开发的受益者和森林休闲旅游的从业者，林业产业不仅实现了由第二产业向第三产业的过渡，还实现了城镇化建设过程中劳动力的有效转移。另一方

面通过此种方式，使到长白山旅游的游客在参观完长白山景区后，有了其他的消费去处和选择，丰富了长白山旅游产品体系，延长了游客在长白山的逗留时间。从旅游产业结构上来讲，推动了长白山由观光型向休闲度假型景区的转变。

2. 加快居民身份转换，拉动集群消费，夯实旅游城镇化发展基础

林业工人和农民在变成城镇居民后，一方面将大幅度提高就业机会，为旅游服务业的发展提供人力资源，促进城镇生产要素的有效配置、社会分工的细化和扩大旅游服务业需求。另一方面也成为被服务的对象，成为有效的消费者，使边际消费大幅度提高。通过以旅游经济为导向的城镇化建设，可以有效地解决劳动力转移，优化城镇经济结构，逐步缩小城乡差距，有效削弱制约长白山经济快速发展的二元经济结构。通过推进产业园区类型的旅游综合体和民俗文化类型的新农村社区建设，形成消费集聚、人流集聚、产业集聚。以“宝马古城”“白河国家森林公园”“十八工坊产业园”为代表的大型旅游综合体项目，按其体量、规模、功能、品位，本身即形成一个新城区，是新型旅游城镇化建设的重要载体。辅以“城市慢行系统”“绿色交通体系”等配套公共服务设施，进一步发展家庭旅馆、文化创意、旅游产品深加工等关联度强、附加值高的热点旅游经济业态，培育壮大旅游金融、总部经济、智力经济、输出经济等衍生产业，积极推进以旅游产业为主导、民营经济为支撑的城镇化运营，把长白山打造成为新型经济业态的繁育中心。

3. 确立“产城融合、带动周边”的功能定位，优化旅游城镇化发展布局

依托丰厚独特的生态资源和品牌优势，按照一个长白山主景区，池北、池西、池南三大旅游服务基地，温泉养生、冰雪运动、国际会展、户外休闲、林上天堂等8个主题功能区的产业功能布局，以旅游产业、文化产业、生态健康产业为核心，连接“东部长春－长白山特色经济环线”内的各个城镇，形成特色旅游产业集合，将“大长白山”区域打造成为“集观光、休闲、度假、养生、运动等多功能为一体的世界级生态旅游养生度假目的地”，推进“产城融合”意义的特色城镇化进程，构建带动省内各地、辐射东北地区的“大长白山旅游经济圈”格局（见图2）。

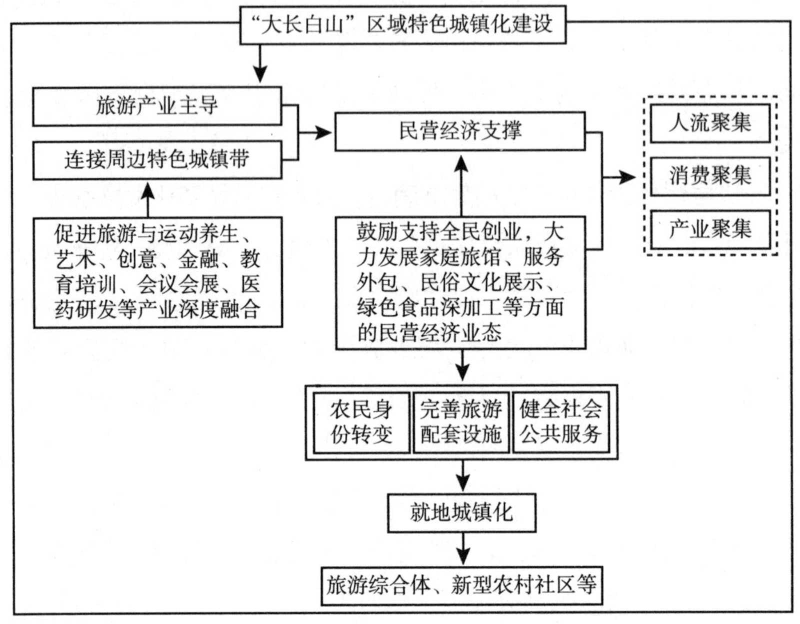

图2　“大长白山”区域特色城镇化建设示意图

4. 坚持政府引导、市场经营，建立旅游城镇化运营发展机制

以市场推进城镇化建设资源的最优配置、建立良性的共建共享机制是城镇化的有效手段。尊重市场、企业的投资主体地位，充分运用市场经济的手段和机制，以最小的公共财力启动最多的社会资本参与城镇化经营的具体项目运作。在城镇化建设初期，应考虑先行打造“样板工程”，发挥带动示范效应，搭建城镇化运营项目的投融资平台和运作平台。此后，将城镇自然资源和人文资源有效推向市场，一方面大力引进城镇运营商，并借助其强大的资源整合能力，带来一批企业、形成多个产业；另一方面积极发展本土民营经济市场主体，培育“草根经济”“五平方米经济”等类型的小微企业，促进土地等资源集约利用和低成本城镇扩容，全方位改写城镇空间布局、组织形态、人文环境等，建立长白山区域广大群众积极参与特色城镇化建设的共建共享机制。

5. 激活多元文化内涵，展现长白山文化魅力，提升旅游城镇化发展品质

城镇的个性主要反映在文化上，没有文化就没有个性。在推进旅游城镇化

进程中，要系统摸底、全面整合长白山区域优质文化资源和各类考古成果，全面认知、挖掘和整理长白山多元文化内涵和精髓，创新和拓展长白山文化表达形式，将长白山文化体现和融入城镇规划、建设、管理的全过程及各方面，彰显城镇特色、突出文化个性。大力推进池北区二道白河镇“长白山文化创意产业园”“长白山博物馆群”“宝马城”“东北亚植物园”等精品项目，全面彰显长白山的原生态文化、历史文化、民俗文化、旅游文化、创业文化，塑造地方特色与时代特征相结合的特色城镇风貌，努力把长白山建成具有高品位和鲜明特色的“文化名城”。

6. 突出抓好城镇配套设施建设，服务旅游产业发展，充分展现长白山的旅游城镇化风貌

抓紧与美国 AECOM 公司等国内外知名规划设计团队沟通，尽快完成对“池北区二道白河镇城市风貌”“慢行交通系统”“绿色交通体系”以及“宝马城”“十八坊产业园”“长白山文化创意产业园”“长白山湿地公园”等重大旅游文化综合体项目的整体规划设计，明确“一心两核，两轴双园，五岸九区”的城镇功能结构。同时，按照将池北区二道白河镇建成“全国示范城镇”的目标，尽快完成《池北区二道白河镇省级城镇化示范城镇建设实施方案》，出台大力发展家庭旅馆业发展的意见等产业扶持政策，科学布局城市建设构架和产业推进方向。通过成景、成群、连片的特色城镇化建设，实现“一城一品质、一镇一风格、一村一特色”，走出一条“旅游城镇化、城镇景区化、景区国际化”的路子。

总之，长白山不仅要建成文化旅游养生度假胜地，更要建成全省对外开放的窗口、招商引资的基地，成为助推全省经济社会发展的新引擎。

五　推进长白山保护开发区特色城镇化建设的建议

1. 进一步加强长白山生态资源保护

长白山生态资源是推进特色城镇化建设的根本依托。建议着眼于把长白山建成融自然保护、科学研究和可持续利用为一体的世界一流综合性保护区，在建立省级层面的落实《关于长白山保护与开发总体规划（2006～2020 年）》

联席机制基础上，适度扩大长白山国家级自然保护区面积，将保护区周边具有保护价值的小型生态系统、景观景点纳入保护范围，给保护区内生物生境留有足够的过渡带。扩大保护区面积有利于自然休养生息和物种恢复，增强生态环境承载能力，为生态旅游提供功能性支撑；有利于更好地贯彻落实省委、省政府对长白山区域做出的“四统一”决策，统筹构建“大长白山”保护格局，保障长白山生态安全，对于林业传统产业转型，促进劳动力就业，加快区域富民进程，推进特色城镇化发展都具有深远意义。

2. 建设并连接“大长白山”区域的特色城镇集群

推动“大长白山”区域旅游产业转型和民营经济发展，关键在于从省级层面统筹制定规划，优化总体布局。一方面建议在健全《关于长白山保护与开发总体规划（2006~2020年）》落实机制的基础上，编制长白山区域重要节点城镇和主导产业的总体发展规划，为实现长白山特色城镇带的珠链式布局、壮大区域旅游经济整体实力提供政策依据。另一方面建议实施“长白山生态保护环线”“延吉至大蒲柴河高速公路长白山联络线”“长春至珲春高速铁路敦化至长白山支线”项目，完善长白山与白河、露水河、泉阳、松江河周边经济结点城镇的旅游干线公路网络，化解长白山区域特色城镇交通瓶颈，为加强长白山生态保护、延长旅游产业链条、拓展区域城镇化发展构架提供有力支撑。

“长白山生态保护环线”公路绕经赤峰、池北区、露水河（砬子河）、泉阳、池西区、池南区、长白县等城镇及重点区域布设。通过布设“长白山生态保护环线”，并沿环线设置8处卫星式旅游换乘综合服务区，将建立起长白山生态保护屏障，有效提升保护区生态环境质量和管理层次。自驾游车辆集中在环线各交通节点停放，换乘旅游环保大巴进入景区，将极大缓解旅游核心区在高峰期的接待压力。同时，对带动辐射周边地区、促进沿线经济社会发展具有重要意义。

（1）长白山生态保护环线。全长300公里，其中利用省道100公里，林业专用线200公里。环线通过8处生态交通节点出口转换，缓解保护区内外干线旅游公路生态保护压力，工程预计投资20亿元。

（2）延蒲高速长白山联络线。全长48公里，其中主线至池北区高速路段14公里，池北区至北景区段二级公路34公里，工程预计投资10亿元。

（3）敦化至松江河高速铁路工程。全长 194 公里，其中敦化至白河段 111 公里，白河至松江河段 83 公里，设计时速 160 公里/小时。拟将现有白河站改名为长白山站，设长白山主交通枢纽；松江河站改名为长白山西站，设长白山交通次枢纽，项目建成后，长春至长白山运行时长将缩短至 2.5 小时，工程预计投资 120 亿元。

3. 强化长白山地区行政管理体制

建议省委、省政府选择适当时机，对长白山管委会管理体制的重大原则问题、政策措施做出进一步明确和强化，巩固长白山管理体制创新成果，为推进长白山特色城镇化建设提供坚强保障。

城镇化建设是我国强化投资、扩大内需的战略抉择，是释放发展潜能、改善保障民生的切实举措。对长白山而言，要牢牢把握吉林省实施小城镇试点建设的难得机遇，大力推进以旅游产业为主导的“大长白山”区域特色城镇化建设，充分发挥长白山作为吉林省旅游支柱产业龙头的带动辐射效应，努力把长白山建成世界顶级的生态天堂、北方民族的文化家园、全民参与的创业基地，为实现吉林省“十二五”期间城镇化率年均增长 1 个百分点的目标、加快推进吉林特色城镇化建设做出应有贡献。

B.17

千年边塞古镇创造沙漠生态产业富镇奇迹

马翠玲　何天雷　李　明*

摘　要：

地处三省交界，远离城区、生态薄弱的千年边塞古镇——阳关镇，在保生存、保生态、保文化、保健康的历史进程中，创造出了人口集聚、经济发展、生态保护、社会进步、文化繁荣城镇化建设奇迹，走出了一条独特的新型城镇化道路。在绿色发展中实现生活富裕是阳关镇的基本理念，向生态要效益、向生态要健康、向生态要幸福已成为阳关人的阳关梦。生态立镇、产业富镇、金融助镇、政府主镇与服务活镇、城乡和镇是千年边塞阳关古镇健康发展的主要做法和经验总结。

关键词：

边塞古镇　阳关镇　城镇化　沙漠生态产业

吟诵千年的“劝君更进一杯酒，西出阳关无故人”“长风几万里，吹度玉门关”的诗句，使得阳关与玉门关名扬千古，这两关均位于甘肃省的敦煌市阳关镇，为汉武帝时期设置的“列四郡，据两关，建县城，设都尉”① 之一。放眼望去，如今的阳关镇，依龙勒山，傍渥洼池水，在改革开放的大潮中犹如一颗翠绿的宝石镶嵌在大漠翰海中，已成为享誉中外的沙漠生态文明镇、绿洲

* 马翠玲，甘肃行政学院经济学教研部副主任、教授，主要研究方向为经济可持续发展与循环经济；何天雷，甘肃省敦煌市农村小康办主任；李明，甘肃省敦煌市阳关镇党委副书记。

① 《汉书·地理志》、《史记·匈奴列传》记载：四郡是武威郡、张掖郡、酒泉郡、敦煌郡；两关是阳关、玉门关；县城是龙勒县，俗称南湖破城；都尉是阳关都尉治所、玉门关都尉治所。

葡萄产业镇、边塞阳关文化镇、高寒冷水渔业镇、丝绸古道旅游镇；先后建成两个大型的国家级生态保护区、甘肃省最大的鲜食葡萄生产基地、甘肃省最大的高寒冷水鱼生产基地，荣获了“全国优质葡萄生产基地”“全国特色景观旅游名镇”“全国一村一品示范镇”“全国魅力新农村十佳乡村”“敦煌市国家级可持续发展实验区新农村建设示范点”“甘肃省卫生镇”等荣誉称号。其中，位于古阳关脚下的龙勒村被评为“全国休闲农业与乡村旅游示范点”“全国生态文化村”“甘肃省乡村旅游示范村”。现在，“阳关大道光明路，鹏程万里游人驻”“葡萄美酒飞天女，西至阳关故人多”“最忆阳关唱，彩珠亮美景”“好客阳关城，醉美葡萄镇”已是广为传唱。阳关镇创造出的六大奇迹为中国的新型城镇化实现健康发展提供了可资借鉴的宝贵经验。

一　千年边塞阳关古镇创造出的六大奇迹

阳关镇地处甘肃、青海、新疆三省的交界处，沙水共生与绿洲侵蚀、泉水丰富与洪水毁镇同时并存、离城区最远是阳关镇的基本镇情。在保生存、保生态、保文化、保健康的历史进程中，阳关人至少创造出了六大奇迹：

（一）离沙漠最近的乡（镇）成为世界艺术之都敦煌的生态屏障

沙害是敦煌人民祖祖辈辈面临的生存大难题。根据甘肃省治沙研究所研究结果显示，10 年前，我国的第六大沙漠库姆塔格以每年 3 ~4 米的速度整体向东扩展，逼近世界艺术之都敦煌，库姆塔格沙漠和塔克拉玛干大沙漠渐呈“握手”之势，敦煌绿洲面临严重的生态危机。阳关镇是敦煌市境内离库姆塔格沙漠最近的镇（乡），沙漠占镇域总面积（1.53 万平方公里）的比例高达 99.79%。行政区域内所辖的寿昌、营盘、阳关、二墩、龙勒 5 个行政村及其 21 个村民小组占有的绿洲面积只有 32 平方公里，仅占总面积的 0.21%。据统计，10 年前，阳关镇一年四季都有沙尘暴肆虐，素有“敦煌一下土，阳关必大风”之称，平均每年沙漠整体向阳关镇方向推进 10 米左右。

多年来，阳关镇在党中央、省、市领导的大力支持、国内外各界人士的广泛关注和当地群众的主动参与中，始终坚守保护优先、尊重自然、顺应自然的生态文明理念不动摇，生态文明建设与产业培育、旅游文化、社会建设、城乡统筹等融合发展、一体发展、和谐发展、永续发展，为建设美丽阳关多措并举，统筹施策，建成了确保西部地区可持续发展、健康发展的多重生态屏障。敦煌市林业局的监测显示，10 余年中，阳关镇区域的沙丘再没有移动过。阳关镇现已成为世界艺术之都敦煌市的生态屏障，是保护绿洲和阻击沙害的第一道生态防线。

（二）离水害最近的乡（镇）创造出了人与沙漠共舞的生态治理新模式

水害又是敦煌人民祖祖辈辈面临的另一个生存大难题。敦煌区域虽然属于干旱少雨的内陆性气候，四周又是沙漠戈壁，但在旱情严重的年份，也常常伴有集中降雨和局部性暴雨引发洪水肆虐。历史上就明确记载有水破敦煌城、水毁敦煌城的事例。

2001 年，敦煌市的一个招商引资项目敦煌飞天生态科技园落地阳关镇，飞天园是由甘肃省鲑鳟鱼龙头企业兰州碧泊产业公司投资兴建。公司为解决水害实施了号称“沙漠都江堰”的生态治理工程，这是在沙漠边缘修筑起来的一段“沙漠长城”，集洪水再利用—防沙治沙—生态修复—循环经济为一体，运用洪水渗透过滤净化技术实施了沙漠蓄水涵养水源反渗透水利工程，开凿“梳子”状的分洪河道 21 公里，修筑梳流堤坝 13 条，将洪水通过齿状拦水坝，逐级拦截分流到沙漠里，通过沙漠过滤后，在地势低洼的绿洲区域渗透出来，成为泉水，增加年可利用水资源 1000 多万立方米。水害变成水利，既发展渔业，补充地下水，也能保障当地群众的生产生活用水。这段“沙漠长城”筑起的绿色屏障，化解了大大小小的洪水对阳关镇的破坏，同时也最大限度地保护了下游地区敦煌市的文化安全与经济安全。

（三）离城区最远的乡（镇）成为甘肃省的首富

阳关镇地处敦煌市西南方向 64 公里的古阳关脚下，是敦煌市最偏远的一个镇。过去，这里信息闭塞、交通不畅，但如今已成为敦煌市所辖的 6 镇 2 乡中的首富镇。改革开放以来，阳关镇的广大干部群众因地制宜地精心打造绿洲

葡萄产业、边塞关城文化、丝绸古道旅游、高寒冷水渔业。阳关镇农民人均纯收入于2008年达到8480元，成为敦煌市乃至甘肃省的首富乡（镇）之一；于2010年达到12000元，成为甘肃省第一个农民人均纯收入突破万元的乡（镇）；于2012年达到13800元，人均葡萄产值达到5.2万元，在全省379个建制乡（镇）中名列前茅（见表1）。阳关镇的农民人均纯收入多年来均高出敦煌市、甘肃省和全国的平均水平。

表1　阳关镇、敦煌市、甘肃省、全国的农民人均纯收入平均水平比较

单位：元

年份	阳关镇	敦煌市	甘肃省	全国
2008	8480	6045	2723.71	4761
2009	9408	6854	3134	5153
2010	12000	7670	3308	5919
2011	12106	8867	3870	6977
2012	13800	10170	4495	7917
2016（规划目标）	25700	13000	8000	

随着城镇化的快速推进，阳关镇人民群众的生活发生了翻天覆地的变化。现如今，已有830户建成高标准小康住宅，占农户总数的66%；有410多家农户购买了小汽车，占农户总数的32.5%；有95%的农户拥有摩托车和小四轮拖拉机以及其他的小型农用机械，网络普及率100%，数字电视入户率达到100%，程控电话普及率达到95%以上，新建村委会覆盖率达100%，农村新型合作医疗参合率、养老保险参保率分别达到100%和97.4%；有485家农户在敦煌市区购买了商品房，成了真正的“两栖”农民，农民的二元化特征十分明显。以下广为流传的顺口溜充分反映出了阳关农民的新气象、新生活：乡里别墅城里楼，外出轿车代步走；种田不用晒日头，金沟银沟葡萄沟；农闲时节城里游，票子天天都过手。

（四）干旱严重的乡（镇）拥有金贵无比、质地优良的泉水资源

阳关镇地处祖国最西北的荒漠戈壁，水分蒸发量极大，年平均蒸发量是

2465毫米，是年降水量的60倍，属于极端干旱区。但敦煌绿洲的命脉党河水在阳关镇以泉水的形式渗出，使得阳关镇拥有了金贵无比、质地优良的泉水资源，堪称一大自然奇迹。现如今，阳关镇是敦煌绿洲区域内最大的泉水汇集区，至今已形成8条水系灌溉全境，即年水量693.8万立方米的黄水坝（又叫渥洼池，古名寿昌海）、年水量189.22万立方米的新工坝、年水量567.65万立方米的南工坝、年水量504.58万立方米的北工坝、年水量3595.1万立方米的水尾、年水量441.5万立方米的西土沟上游、年水量2080.56万立方米的西土沟下游、年水量1229.9万立方米的山水沟。这些泉水年均径流量1.03亿立方米，含盐度非常小，人畜皆可安全饮用。

阳关镇的地形是东南高、西北低，据阳关镇的村民反映，泉水溢出量持续稳定，泉水水量多年来没有太大的变动，这既与党河水常年获得比较稳定的潜渗补给有关，也与阳关镇泉水具有较高的重复利用率有关。泉水在阳关镇形成了：从沙漠中自然渗出→聚坝集水灌溉农田→从田间渗漏地下→下游地区再次渗出→再次聚坝集水灌溉农田→再次田间渗漏地下，泉水呈现出“阶梯式”的重复利用、层层渗漏、层层截坝，形成奇特景观。也使阳关镇成为沙漠盆地中水源稳定而不易遭到人为破坏的风水宝地。泉水因源出于祁连山冰川冰雪融化后的补给水，既适合于高寒冷水鱼的养殖，又适合葡萄种植，这是阳关镇的特色资源。再加上正在实施的“引哈济党”工程（即将发源于青海省野牛背山及天果吐乌兰山脉的大哈尔腾河的水引入党河），阳关镇的区域生态得以较大程度的保障。

（五）保存有中国历史上最早的对外开放关口——阳关与玉门关

阳关与玉门关是敦煌三大景观（莫高窟、鸣沙山与月牙泉）之一，在地理位置上是南北对峙，遥相呼应，互为犄角，分别是丝绸之路的南大门、北大门。据史料记载，元狩二年（公元前121年），汉武帝在河西设立武威、酒泉二郡，扼阳关、玉门关。两关的设置比敦煌郡早10年，比甘肃立省早1400年[①]。阳关东北距敦煌市64公里，阳关得名源自其位于玉门关之

① 甘肃正式立省的时间是元代至元（元世祖忽必烈的年号）十八年，即公元1281年。

南，古人通常是以山南水北为阳，因此取名为阳关。法国巴黎藏有的敦煌石室写本《沙州地志》记载：阳关，东西二十步，南北二十七步。西通石城、于阗等南路。古代阳关向北至玉门关一线有70公里的长城相连，每隔数十里即有烽燧墩台，阳关附近至今尚有十几座烽燧，相互间隔约2.5公里，距阳关遗址最近、最大、最高的墩墩山烽燧被称为“阳关耳目”，是迄今保存最为完整的烽燧。玉门关距阳关西北70公里，位于敦煌市西北90公里处，相传和阗玉（今天的新疆和田玉）就是经此关传入中原的，故取名为玉门关。据法国巴黎藏有的石室本《沙洲都督府图经》记载：玉门关“周徊一百二十丈，高三丈”，关呈长方形，因其与小方盘大小吻合，俗名又叫小方盘。

两关是中国古代首次打开的两大对外窗口，是中国和外部世界第一次握手的地方，是链接中西文化融通最早设置的交通枢纽关口、宗教繁兴的圣城关口、文化极盛的都市关口。两关在汉朝时便成为划分东方与西方的分水岭。据《汉书·西域传》记载，自汉设置两关以后，就把阳关、玉门关以西的地域统称为西域了，其中阳关是东方文化的一个标志性符号①。自西汉以来，多少将士曾在这里戍守征战；多少商贾、僧侣、使臣、游客曾在这里验证出关，又有多少文人骚客面对阳关，感慨万千，写下不朽诗篇。张骞出使西域，打通东西方经济文化交流，就是从两关出入的。高僧玄奘从印度取经回国，就是从阳关返回长安的。中华文明与西域文明碰撞、交融的结果便形成了两千多年的华夏文明，至今绵延不绝。

古代中国最早的对外开放窗口：阳关与玉门关为什么创建在荒漠之中？据考古学家研究后证实，这是由两关的地理位置、水源资源、绿洲盆地之优势决定的。两关所在地拥有“一夫当关，万夫莫开”的险要地理优势，《沙州卫志》称敦煌“前阳关、后玉门，控伊西而制漠北，全陕之咽喉，极边之锁钥”。再加上附近又有充足的水源，是“守水即是守关”原则的体现。据考证，至少在三四千年以前，这里就已经是绿洲盆地了。

① 胡杨：《阳关风土——记谢建平和敦煌阳关自然保护区》，《丝绸之路》2009年第5期。

（六）6 年的阳关镇新更名传承了 2000 多年的华夏文明

阳关镇名是于 2007 年 8 月从原来的南湖乡更名而来，至今仅为 6 年，但传承着 2000 多年的华夏文明，中国丝绸之路从古代的兴起、衰落到今天的复兴，深刻领悟 2013 年国家在甘肃创建华夏文明传承示范区的本质内涵，更能够体会出独特、灿烂、广博的敦煌历史文化的深厚底蕴，正如原新加坡总理李光耀来敦煌的题词：“一个伟大的过去，蕴藏着一个辉煌的未来”。

二　千年边塞阳关古镇健康发展的主要做法和经验

生态立镇、产业富镇、金融助镇、政府主镇与服务活镇、城乡和镇是千年边塞阳关古镇健康发展的主要做法和经验总结。在绿色发展中实现生活富裕是阳关人的基本理念，向生态要效益、向生态要健康、向生态要幸福已成为阳关人的阳关梦。

（一）生态立镇：牢固树立保护优先、尊重自然的理念不动摇，率先做好生态文明的引领者和实践者

在党的十八大努力建设美丽中国的今天，阳关镇可谓是率先做好生态文明的引领者和实践者。滋养敦煌绿洲的四大湖泊，东湖已名存实亡，北湖濒临消亡，唯有在阳关镇的西湖（南湖）碧波荡漾、植被繁茂、水草丰盛、物种多样、候鸟栖息，这是生态立镇战略长期不动摇取得的显著成效。2000 年初期，广大干部就在阳关镇区域着手构建国家级的生态保护区。

1. 建成的两个国家级自然保护区是确保西部地区生态安全的两道生态屏障

2003 年 6 月、2009 年 10 月，阳关镇区域先后建成西湖（南湖）自然保护区、阳关湿地候鸟自然保护区，这是国家为确保中国罗布泊周边地区的生态安全，特别是确保西部地区生态安全而建立起来的两道生态屏障。其中，西湖（南湖）保护区面积为 66. 34 万公顷，区内有极为典型的“自然生态系统类”的内陆湿地和荒漠水域生态系统以及珍稀濒危野生动植物资源，列入国家重点

保护的野生动物有 34 种，列入国家重点保护植物名录的有 4 种。保护区的西部湾腰墩一代地势最低，海拔仅为 820 米，是河西走廊的最低点，是汇集地表径流和地下径流的盆地，这正是形成西湖湿地的一个重要因素。阳关保护区总面积为 8. 17 万公顷，是我国西部干旱荒漠区中较为罕见的特殊成因内陆河流生态系统和重要的候鸟栖息地，还是我国北鸟南迁途中的天然驿站。区内列入国家一、二级和国际保护鸟类有 29 种；各类种子植物 141 种，野生动物资源极其丰富，具有极高的保护价值和科研价值。

近年来，保护区在机构设置、队伍管理、制度创新、基础设施、秩序规范、林政稽查、社区共建、调查研究、科技工作、国家重点工程和项目建设等方面均取得了历史性的突破，其中，西湖保护区管理局隶属于甘肃省林业厅领导，阳关保护区管理局隶属于甘肃省环保厅领导。国家级疫源疫病监测站建立后，设置水位和植被变化监测点 23 个，全方位定期监测，为天然植被的消长变化探寻规律，并在治理开发方面积累了丰富的经验；敦煌市气象局还为两区建立了无人区域自动站和西北地区首个戈壁荒漠生态与环境研究站，为保护区的长远发展提供了科学依据和气象保障。

2. 多措并举的生态保护工程是实现生态文明的重要载体

阳关镇开创性地实施了沙漠都江堰工程建设，在贯彻落实《敦煌水资源合理利用与生态保护综合规划》中，获得国家 60 亿元投资开展了节水型社会建设、基础设施建设分期工程、三北防护林敦煌沙化土地综合治理项目、封沙（滩）育林（草）工程、国家重点公益林建设项目、湿地保护建设工程、退耕还林工程、防风固沙项目、防沙治沙和荒漠化治理、生态旅游项目等工作。据监测统计反映，阳关镇的降水量是 53. 3 毫米，比敦煌市年均降水量 42. 2 毫米高出 11. 1 毫米，是全市绿洲区域降水量“最充沛”的地方。据敦煌市水务局的数据显示，西土沟的渗透水量由以前的 0. 35 立方米/秒增加到了现在的 1 立方米/秒，渗水形成了月亮湖、九连湖等湖泊，蓄水面积达到 3100 多亩。在库姆塔格沙漠边缘，已经有了宽度近千米的植被带，沙丘间怪枣、红柳和梭梭生长茂盛，芦苇也开始冒尖，在姆塔格沙漠边缘，竖起了一道绿色屏障。

（二）产业富镇：绿洲葡萄产业与高寒冷水渔业、边塞阳关文化、丝绸古道旅游联动发展，统筹施策，融合增效

1. 引领敦煌建成甘肃省最大的鲜食葡萄生产基地，葡萄成为农民的“金豆子”“钱袋子”“绿帐子”

阳关镇虽然被戈壁、沙漠环围，但长年光照充足，四季分明，日照时间长，热量丰富，昼夜温差大，无霜期长，降水稀少，蒸发量大，泉水资源丰富，这是最适宜种植葡萄的区域特点。2003 年，葡萄种植面积达到 13355 亩，葡萄优品率和商品葡萄鲜销率均达到 90% 以上，被中国农学会命名为“全国优质葡萄生产基地”。2012 年，阳关镇的葡萄种植面积稳定在 20000 亩，其中标准化生产面积 5000 亩；葡萄总产量达到 3580 万公斤，葡萄销售收入首次超过亿元，户均收入 8.7 万元，葡萄鲜储能力和榨汁能力均突破 1 万吨。多年来，葡萄种植面积占总耕地的 95% 以上，葡萄收入占全镇农村经济总收入的 80% 以上，由此成为阳关农民的“金豆子”“钱袋子”“绿帐子”（见表 2）。在阳关镇的引领带动下，敦煌市的葡萄种植面积已经达到 10 万亩，占全市耕地总面积 25.07 万亩的 40%，“敦煌牌”水果商标于 2011 年正式使用，由此建成了甘肃省最大的鲜食葡萄生产基地。

表 2　2002～2012 年阳关镇的葡萄发展指标

单位：%

年份	销售收入（亿元）	占总收入比例	总产量（万斤）	种植面积（亩）	占总种植面积比例	鲜储（吨）	加工企业（家）	榨汁（吨）	协会会员（户）
2002	0.2201	79	3015	12381	95	1800	0	0	0
2003	0.2641	80	3170	13355	95	3150	0	0	1145
2004	0.4480	89	4480	14048	97	3150	0	0	1145
2005	0.4260	85	5680	14018	97	3430	0	0	1153
2006	0.4356	82	6100	14068	96	4630	0	0	1153
2007	0.5300	87	6400	14132	97	6230	0	0	1157
2008	0.6391	86	5810	14152	97	6890	0	0	1158
2009	0.6051	78	8068	14152	97	7990	1	3600	1166
2010	0.7300	80	7000	14152	97	9215	3	7040	1167
2011	0.9920	85	6200	20000	98	9515	3	7040	1223
2012	1.2800	87	7160	20000	95	10000	7	10000	1260

阳关镇是于2000年步入葡萄的市场化、品牌化与绿色化认证道路的。2000年，建成南湖、阳关林场等葡萄批发市场。2001年，成功注册“阳关”牌葡萄商标，因其是用泉水浇灌、水质优良，远离市区，没有任何污染物，并且使用太阳能驱虫灯杀虫，于2002年通过了国家“绿色食品”资质认证。“一品牌一认证”使得阳关葡萄迅速成为西部知名品牌，远销北京、上海、广东、四川、重庆、湖南、湖北、江苏、浙江、福建、黑龙江等省份，部分还出口到中国香港、俄罗斯及东南亚等国家和地区，享有“中国阳关葡萄沟”“甘肃的吐鲁番”美誉。至今，阳关牌葡萄已形成以无核白为主，搭配有克瑞森无核、森田尼无核、里扎马特、红提等20多个新、优品种的葡萄产业区。其中，无核白被中国农学会评定为“金奖”产品，荣获“中华名果”荣誉称号。

在阳关葡萄产业的健康发展进程中，协会与经纪人发挥了重要作用。2003年，阳关镇先后成立了葡萄协会和葡萄经纪人。协会通过管理创新，以各村支部为单位设立五个分会，形成了以农户为基础，以产业为依托，以专业协会为载体，以富民为目的“支部+协会”的党建新模式，为农民提供从产前、种植、技术、销售、结算一条龙式的服务，在调整产业结构、提高葡萄品质、开发葡萄深加工项目、规范市场销售秩序、及时公布最低销售指导价格、维护各方利益、增加农民收入、增强党支部号召力等方面发挥了重要作用。协会从诞生的那一天起，就以91%的入会率赢得了广大群众的支持和参与，2012年，入会率提高到100%。协会以优异的成绩被评为全国百强协会。经纪人是保障农户和客商双方利益，提高农民市场意识，规范市场销售秩序，杜绝果农坑商、骗商、客商欺农的有效举措。

为解决品种单一，上市集中的问题，阳关镇建成葡萄品种鉴赏采摘园，栽植早、中、晚熟优良葡萄品种20多个，采摘园采用高效河水沟灌节水技术进行灌溉，通过铺设反光膜、配方施肥等技术来提高葡萄品质。采摘园不仅推广了葡萄的标准化生产，还加快了葡萄产业与旅游产业的相互融合，助推葡萄产业转型升级，成为游客参观葡萄种植栽培先进技术成果、体验农家生活、感受阳关田园风光的理想场所。

2. 建成甘肃省最大的高寒冷水鱼生产基地，探索创新沙漠中的循环经济典型示范——敦煌飞天模式

甘肃省鲑鳟渔业龙头企业兰州碧泊公司充分利用阳关镇丰富的泉水资源，

计划总投资2.8亿元，建成集科研、养殖、加工、生物提取、生态保护、休闲观光为一体的甘肃省最大的沙漠高寒冷水鱼（以虹鳟鱼、金鳟鱼、鲑鳟鱼、中华鲟等为主）生产基地，基地以资源节约型、清洁生产型、生态环保型为特征，占地面积1200亩，规划五个区域：沙漠奇观高寒冷水鱼养殖区、沙漠葡萄博览园休闲观光区、沙漠生态休闲度假区、沙漠越野车探险旅游区及沙漠都江堰生态园区。项目的生产模式为“泉水－鱼－葡萄”，运行方式是通过合理利用西头沟丰富的水资源进行冷水鱼的养殖，养殖用水循环后可用于耕地灌溉，实现资源节约目标。[①] 项目建成后，鲑鳟鱼生产达到1000吨，其中年孵化鲑鳟鱼良种鱼苗达到300万尾，培育良种鱼苗200万尾，生产商品鱼60吨，加工鱼丸200吨、鲑鳟豆制品800吨、DHA天然营养液40吨，胶原蛋白营养食品52吨，年旅游接待能力达50万人次。该项目还建成敦煌宫“鱼宴”餐饮接待区，鲑鳟系列产品被评为“甘肃名牌产品”，“三绿放心食品”，带动营养食品加工业、医药业、生态科技观光业等特色产业的发展，为阳关镇城镇化进程注入了新活力、提供了新平台。2012年，阳关镇投资3200万元，修建了1000平方米的虹鳟鱼鱼池及2000平方米的中华鲟养殖彩钢棚。预期目标是全镇水产养殖总量达到600万尾。

3. 建设具有丰厚底蕴的中国历史文化名镇，传承历史悠久的阳关文化是阳关镇健康发展的不竭源泉

文化是构成综合竞争力的软实力，是激发广大人民群众创新、创造、创业的强大动力。日本经济学家速水佑次郎认为，即使从发达国家引进的先进技术，对发展中国家来说，虽然可行，但是如果无视文化价值的差异，就无法达到预期的目标，只能造成社会混乱。所以，适宜的政策是：利用植根于传统的文化，创造出一种能够更好地开发新机会的经济制度。[②] 2013年年初，华夏文明传承创新区在甘肃获批，其意正在于此。阳关文化作为敦煌文化的重要内容，是华夏文明传承创新区的重要组成部分。2013年2月19日，文化部部长蔡武在华夏文明传承创新区新闻发布会上以“劝君更进一杯酒，西出阳关无

---

① 马翠玲：《甘肃省推进国家级循环经济示范区的成效与模式》，《循环经济》2013年第3期。

② 速水佑次郎：《发展经济学——从贫困到富裕》，社会科学文献出版社，2003。

故人”“羌笛何须怨杨柳，春风不度玉门关”作为开头语介绍甘肃文化资源，赢得了新闻媒体的广泛认同，由此，阳关文化成为甘肃文化的典型代表。

（1）深度挖掘阳关文化的内涵是文化产业之基石。阳关文化首先是西出阳关的边塞诗歌文化，吟诵千年的边塞诗歌为千年古镇传唱浓浓的阳关情。《送元二使安西》又称《渭城曲》，是唐代王维做的一首离别诗，一经发表，顿时洛阳纸贵，后又被纳入乐府，改名“渭城曲”，除了第一句，后三句均唱两遍，故此曲又名“阳关三叠”：渭城朝雨浥轻尘，客舍青青柳色新。劝君更尽一杯酒，西出阳关无故人。诗中把浓浓的友情融入大自然，增添了感人肺腑的力量，成为千古传诵的名句。

（2）阳关文化是有传奇色彩的天马文化，意即荒凉大漠深处孕育灵动之气。关于天马，阳关镇至少有三个经典的历史故事：一是周朝时的龙马故事，据石室本《寿昌县地境》“龙勒山”条下记载：“龙勒山，县南百八十里。周时龙马朝出咸阳，暮至寿昌，因以此山之下，遗其衔勒，故名龙勒山”。二是汉武帝时的天马故事，汉武帝喜得骏马，起名为“太乙天马”，并命司马相如、李延年为其所作《太一之歌》作曲，以颂其事：太一贡兮天马下，沾赤汗兮沫流赭，骋容与兮跇万里，今安匹兮龙为友。李白的诗句“长风几万里，吹度玉门关”也是天马赞歌。三是唐朝时的宝马故事，唐朝有一人在敦煌龙勒县捉到一匹宝马，献给当朝皇帝，皇帝封宝马为“寿昌宝骥”。当地官员随之将龙勒县改名为“寿昌县”。为了纪念寿昌宝骥，阳关镇在寿昌城遗址处建“寿昌宝骥”雕塑一座是2012规划中的重点项目之一。

（3）阳关文化是关城文化。“秦时明月汉时关”的阳关、玉门关以及汉长城，刻录了一代英主的雄才大略和开拓进取、坚强不屈、自强不息、开放包容的时代精神，积淀了前仆后继的边关将士“黄沙百战穿金甲，不破楼兰终不还”的英勇不屈、艰苦卓绝的战斗精神，流淌了中西往来使者、宗教徒、商旅们的涓涓友情，反映了“胡汉和同为一家”“四海之内皆兄弟”“和为贵”“和而不同”的统一团结思想、民本思想，说明了今天的中国是中华各族人民几千年来共同缔造、发展、维护、继承而形成的国家。

（4）阳关文化是思乡文化。《后汉书·西域传》记载，东汉永元三年（公元91年），班超定西域，班超在西域生活几十年以后，年老思乡心切。《后汉书·班超传》记载，班超上书中央企盼归到故土，“不敢望到酒泉郡，但愿生入玉门关”。东汉永元十四年（公元 102 年）八月，班超入玉门关还至洛阳。班超思念家乡、期盼回归家乡的情感成为一种文化影响了一代又一代的华夏子孙。

（5）阳关文化是丝路文化。在阳关镇，当地的民俗文化、西亚中亚文化、佛教文化、儒家文化均集聚于丝绸之路上的文化大融合，是世界丝路文化研究、佛教中国化研究的重要地区。丝路文化的本意还包括了“春蚕到死丝方尽”的蚕文化，蚕 40 天的吐丝生涯会吐出一条光辉灿烂、闻名世界、长达 5000 年的“丝绸之路”。

（6）阳关文化是葡萄文化。1978 年，时任文化部部长的黄镇来在参观阳关葡萄时题词“阳关新田”，其意在于阳关葡萄不单单是一个产业，而是长期与阳关的历史、沙漠、泉水同生共长的一种生态文化，客观上反映了人与自然、人与人、人与社会的关系问题。事实证明，葡萄的种植在统筹协调生态保护与开发利用方面发挥着诸多功能，既减缓沙漠侵袭，扩大绿洲面积，又涵养水源，使得泉水自然地渗漏、渗出，还可以增加农民的经济收入，促进了阳关镇经济社会的健康发展。阳关以葡萄为核心，以葡萄采摘乐园、葡萄酒庄、葡萄博物馆、葡萄节庆、葡萄比赛、葡萄乐曲自乐班为载体和平台的娱乐体验文化正在蓬勃兴起。

阳关文化还有李广讨伐、霍去病平定疆土的战争文化，有玄奘西行的佛教文化，有千年沉淀的民俗文化等多元文化组合集群。发挥阳关丰富的文化资源优势，形成文化建设与经济建设、生态建设的相互促进、协调发展是阳关镇健康发展的趋势。

4. 建设具有鲜明特色的丝绸古道旅游名镇，打造世界艺术之都敦煌的后花园

旅游业在绿色消费、产业带动、生态保护、幸福指数增加等方面的功能与作用有助于其直接推动城镇化进程。改革开放以来，阳关镇顺应敦煌成为国际旅游大城市的定位，建设具有鲜明特色的丝绸古道旅游名镇，努力打造世界艺术之都敦煌的后花园。依托镇域的阳关遗址、玉门关、雅丹国家地质公园、渥洼池、寿昌城遗址、汉长城、阳关博物馆、丝绸之路古道遗址、墩墩山烽燧、

南湖墓群、山水沟墓群、高老庄度假村、野麻弯度假村、虹鳟鱼观赏乐园、葡萄采摘乐园等丰富的丝绸古道文化遗迹和生态自然景观资源以及城镇化建设优势，着力凸显阳关地域特色，完善丝绸古道关城游、葡萄采摘体验游、阳关文化游、沙漠探险游、泉水神奇游、赏鱼食鱼游的旅游要素，引导群众观念由“为农而农”转向“为游而农”，企业生产转向“为游而产”，企业与群众发展旅游的主动性和积极性不断增强。旅游业与葡萄、文化、水产养殖、城镇化融合发展进程中，形成了以人沙共舞、沙水共生的生态娱乐、文化古迹游览、古代军事博览、田园风光休闲农业为一体的旅游产业。

阳关旅游业的发展成效非常显著，先后被评为“全国特色景观旅游名镇”、全国“魅力新农村十佳乡村”，其中龙勒村被评为“全国休闲农业与乡村旅游示范点”“全国生态文化村”“甘肃省生态村”。随着文化产业的升温，特别是华夏文明传承创新区的批复，阳关旅游已经从单一的以观光为主上升为以文化休闲体验为主的旅游模式。把阳关作为敦煌的后花园，形成“敦煌赏文化之奇，阳关享文化之趣”的旅游形态已成趋势。

（三）金融助镇：敦煌农村合作银行是助推阳关镇健康发展的原动力

敦煌农村合作银行是甘肃省首家在统一法人联社基础上成立的农村合作银行。近年来，该行以“农民跟着市场走，贷款跟着农民投”为服务宗旨，贷款余额占到当地金融机构贷款总额的一半以上，成为助推阳关镇健康发展的原动力。2008 年，该行被评为“中国最具成长力的农村金融机构”。

1. 提高贷款授信限额，帮助农民插上致富的金翅膀

从 2005 年起，敦煌农村合作银行为阳关镇农民定制出一、二、三级信用农户，授信限额分别确定为 10 万元、8 万元和 6 万元，比其他农户分别高出 7 万元、6 万元、2 万元，对种植大户授信额度最高达到 50 万元，有效解决了农户贷款难和银行难贷款的矛盾。2012 年，敦煌农村合作银行在阳关镇累计投放农户小额信用贷款 1533 万元，较 2011 年多投放 300 万元。

2. 开办阳关林权质押贷款，支持葡萄产业大发展

为了满足农民发展葡萄产业的资金需求，敦煌农村合作银行还在阳关镇开

展林权质押贷款，农户可用自己的葡萄林权进行质押。目前，累计投放林权质押贷款达 23 户计 270 万元，有效解决了当地农民贷款时找担保难的问题。

3. 创新服务方式，为阳关镇创造宽松的金融服务环境

敦煌农村合作银行通过实施“谁见谁办，随到随办”制、限时办结制、田间地头现场办贷制等上门服务的主动营销策略，让农民足不出户就享受到了优质便捷的金融服务。柜台直接办结贷款与上门现场发放贷款分别占到农户贷款总量的 23% 和 42%。该行阳关支行 2012 年以来，授信总额 5860 万元，授信农户占全镇总农户的 94.79%，为农户购买葡萄架材、农药、化肥、地膜等提供了及时足额的支持。

4. 推行抵押循环贷款，银行、企业、农民实现共赢

敦煌农村合作银行于 2007 年年初制定出台了《中小企业固定资产抵押循环贷款管理办法》，推出了中小企业固定资产抵押循环贷款等新的金融产品，并按照“一次评估登记、核定最高限额、分次或一次立据、限额内循环使用”的管理模式，为涉农中小企业提供所需贷款。该行还对资产规模相对较大、经营状况良好、连续三年无不良记录的企业实行差别利率，最高可在正常贷款利率的基础上下浮 20%，仅此一项每年给企业让利 200 万元以上；该行看准阳关镇葡萄深加工产业优势，近年来，累计发放贷款 1680 万元，重点支持了 8 家涉农龙头企业进行葡萄的深加工和农民个人建成的 33 家葡萄恒温库，有力助推了当地葡萄产业的发展。

5. 调低贷款利率，支持农民轻松创市场

敦煌农村合作银行按照“多予、少取、放活”的要求，农户小额信用贷款利率仅比基准利率上浮 20% 左右，比正常浮动比例低一半，仅此一项，农户年均节省利息支出就达 210 万元左右。同时，该行根据农业生产周期长、季节性强、农民经济收入相对集中等特点，将农户贷款按季结息、清息改为按季结息、按年清息，彻底解决了农民群众淡季清息困难的问题，这一变化使得银行与群众的关系更加和谐，农民的生产生活环境更加宽松。

（四）政府主镇与服务活镇：政府提供公共服务主导城镇化健康发展

阳关镇的历届党委、政府按照建设宜游、宜业、宜居的国际旅游名镇、飞

天艺术之都、葡萄瓜果之乡的发展目标，在调结构、转方式中大力发展葡萄、文化、旅游和水产养殖渔业，这四大产业联动发展，相互渗透、融合增效，建成了“两基地两名镇”，即全省最大的鲜食葡萄生产基地、全省最大的高寒冷水鲑鳟鱼养殖生产基地、中国历史文化名镇、阳关休闲观光旅游名镇的发展格局，实现全镇经济社会在更高起点上的科学发展、率先发展、和谐发展、跨越发展。敦煌飞天生态科技园是政府招商引资非常成功的项目，是政府与企业互惠互利的合作典范。阳关博物馆是政府与企业市场化运营合作的一个成功典范，博物馆的建设资金全部由阳关文化发展有限责任公司投入，于 2003 年 8 月正式对游客开放，2003 ~2005 年，国家发改委批准投入国债资金 1000 万元建成阳关大道、停车场、水、电、卫生等基础设施。现在，阳关镇每年接待中外游客 10 万人之多，为保护阳关文物、传承华夏文明做出了卓越贡献。

为打造好全省最大的鲜食葡萄生产基地，政府强势推进标准化生产，编制了《阳关镇标准化葡萄生产技术规程》《优质无公害葡萄生产技术规程》，重点实施了以葡萄标准化生产示范园、葡萄品种示范园、有机葡萄生产示范园和控产示范田为主要内容的“三园一田”工程；强势推进技能化培训，积极开展新型农业社会化服务体系建设，以龙勒村人才实训基地为依托，建成上级农业专家队伍、镇农业服务单位、村组农民技术服务队三位一体的科技推广模式，让科技推广工作者把“论文写在大地上，成果留在群众家”，使葡萄品质不断提升；强势推进葡萄销售的制度化管理。2013 年 3 月，政府紧紧围绕敦煌创建国家级现代农业示范区目标，编制实施生产标准化、打造阳关牌、铺筑幸福路的《阳关镇葡萄标准化生产销售工作手册》，重点完善了葡萄销售质量管理监督制度、葡萄销售货款结算制度、客商管理制度、经纪人管理制度、恒温库管理制度、协会财务管理制度、协会管理制度、结算大厅和检查站值班制度等八项制度，并制定发展现代农业奖补政策 12 项，推动城镇化建设；强势推进产业化经营。鼓励发展高标准农民专业合作社，大力培育专业经纪人队伍，努力开拓中高端销售市场；强势推进人口增长与经济转型、生态环境的协调发展，严格落实“三禁”（禁止开荒、禁止打井、禁止移民）政策，阳关镇家庭户数控制在 1260 户，户籍人数控制在 6000 人，中外游客数量控制在年均 10 万人左右，流动人口控制在 6000 人，确保人口增长与经济转型、资源环境、生态文明协调发展、健康发展、可持续发展。

有为的强势政府，加快了阳关镇优势产业的转型升级，促进了四大产业迈上标准化生产、产业化经营、技能化培训、品牌化销售的良性发展轨道，形成了“华夏第一关”的绝对优势，维护了阳关镇城镇化建设发展的永续性。

（五）城乡和镇：依农强商的农商互补、以乡促镇的城乡互动是城镇化和谐发展的重要保障

农业发展到一定程度就需要活跃的商贸流通来支撑，绿色物流业、城乡间的产业联动体系、金融服务、电信网络服务、餐饮服务、交通运输就成为城乡和谐的关键要素。特别是以阳关大道为标志的交通设施，缩短了城乡间的距离，给人们的出行、货物运输均提供了便利便捷。阳关镇还顺应敦煌市扩城区、建新房、兴旅游的工作方略，采取多种措施引导并鼓励农民进城居住，是依乡扩城、城乡互动的结果。

阳关镇城乡和谐发展，一是通过严格的规划制度协调城乡地域布局。政府通过科学的规划制度，用《阳关镇总体规划》和土地利用计划控制城乡土地的合理使用，土地使用计划落到村镇的每一块土地，其用途不得随意更改。用《阳关旅游区概念性规划及重要节点修建性详细规划》《阳关景区核心区修建性详细规划》形成“两大组团联动七大片区”① 的功能布局，把城市和乡村纳入一个体系，使城乡资源在自由流动中趋于一体、和谐共存，城市和乡村的功能和优势因此得到更大程度的开发利用和互相弥补，从根本上防止了城市无限制地占用土地，更是在保护农业可持续发展的同时避免了城市病。二是在城镇区域引入农业景观，把农田作为绿地、把泉水作为景观、把葡萄作为乐园延伸到城市居民生活范畴，既扩大了城区的绿地、水面，也增进了生活情趣，更可以作为城市与乡村之间的交流带，这本身就是城乡一体、协调发展的具体体现，是广大人民群众回归自然，向往更为舒适的休闲生活的一种体现。三是切实保护农业与环境。农业的发展与城市生态景观的保护联系在一起，既可以抗

---

① 两大组团即北组团以龙勒村为核心，南组团以阳关镇政府所在地为核心；七大片区即阳关景区核心区、葡萄文化体验区、乡村休闲旅游区（阳关葡萄沟景区）、生态休闲度假区、沙漠户外体验区（二墩村）、高效特色现代农业观光区、高标准规模养殖观光区。

御天灾，又可以使分散的农民联合起来抵制城市无限制扩张而占用农民的土地，客观上就起到了保护农业与环境的重要作用。

三 阳关镇新型城镇化健康发展的未来之路

阳关镇的城镇化进程，需要努力走出一条符合阳关实际、具有阳关特点的新型城镇化之路。

（一）实施“三改四区”转型策略，推进城镇化与工业化、信息化、农业现代化的同步发展

阳关镇积极稳妥地推进城镇化，要不断加强城镇的精细化管理，以提升城镇化发展质量为重点，实施“三改四区”联动转型策略，“三改”即村委会改名为社区，农村集体经济组织实施股份制改革，积极探索“镇改市”模式，为农民进城、产业发展、传承文化搭建更加有效的平台；“四区”即以村民集中居住社区为依托，以葡萄园区、文化园区、高寒冷水鱼园区为基础，推动资源聚集、共享、融合、转换，从而使得城镇与农村经济、社会、文化整体联动、和谐发展，不断提升城镇化的质量和水平，建成幸福美好新阳关。

（二）积极构建循环型产业体系，推进具有生态文明理念的绿镇建设

目前阳关镇两个国家级自然保护区、沙害的生态化治理与水害的循环化利用均作为生态文明的重要部分全面推进。把资源产出率作为阳关镇经济社会可持续发展的核心指标牢固树立起来，遵循“减量化、再利用、资源化，减量化优先”的循环经济原则，加快推动资源利用节约化、生产过程清洁化、产业链接循环化、废物处理资源化，形成农林牧渔多业共生的循环型农业生产方式，促进农业发展方式转变。加快构建循环型服务业体系，推进服务主体绿色化、服务过程清洁化，促进服务业与其他产业融合发展；适应国家鼓励网购网销的绿色消费新变化，抓紧推进“中国阳关葡萄网”或“中国敦煌水

果网”的建设；推进低碳、循环、高效的绿色物流体系，物流设施能源利用效率明显提高，稳步降低车辆空驶率；推进旅游业开发、管理、消费各环节的绿色化、循环化、低碳化，推进旅游景区建设和管理的绿色化。合理确定景区游客容量，支持旅游景区使用节能环保交通工具，开发绿色旅游产品。在旅游景区加强生态科普宣传教育，传播绿色低碳理念；推进餐饮住宿业绿色化，鼓励开设绿色客房并给予消费者相应优惠。力争到2015年，实现农业灌溉用水有效利用系数达到0.53以上，秸秆综合利用率提高到90%，设施渔业养殖废水处理与综合利用率达到100%，林业“三剩物”综合利用率达到80%以上，餐饮住宿业单位增加值能耗明显降低，一次性用品使用率大幅降低。

（三）实施科研聚智与实践创造、招商引智与招商引资有机结合的统筹战略，推进具有阳关特色的文化镇建设

能否科学地总结阳关镇城镇化发展的实践经验，既关系到阳关事业能否顺利地发展，也关系到科学发展观能否在阳关镇得到顺利地推进。阳关镇正是到了总结经验与理论创新的时候了。新时期，抢抓国家支持西部地区的政策优势，积极开展阳关文化、阳关产业、阳关人、阳关美食、幸福阳关等课题的研究，加快编撰“阳关文化系列丛书”；在阳关博物馆的基础上，扩建阳关文化馆，吸引敦煌文化研究人员积极投入阳关文化的解读与著述；成立阳关镇新型城镇化研究学会，撰写有针对性、有创见、可操作的学术研究成果，并将成果转化为谋划发展的思路和破解难题的措施，建睿智之言、献务实之策，促进阳关事业大发展，成为党和政府工作的“思想库”和“智囊团”，从而为取得五个（即生态屏障、循环经济、兰州新区、华夏文明、现代农业）国家级示范区建设的联动效应做出积极贡献。

（四）发展综合性的农村合作组织，推进具有维护农村劳动力蓄水池和“稳定器”功能的组织化城镇建设

据统计，中小企业在小城镇创办的成本要比在大城市低得多，特别是吸纳就业的能力比大企业高出6倍。同时，农民工在城镇就业，可以兼顾农业，发

挥土地就业无风险的特性，比其进入大、中城市付出的机会成本要低得多，退出成本也很低。所以，综合性的农村合作组织的构建就显得尤为重要和必要。一方面自上而下地促进农村金融、教育文化、农产品流通、社会化服务等领域的机构与农民的综合性合作组织实现有机的结合；另一方面对农民的合作组织而言，可以拓展生产、加工、金融、流通、服务等多领域、多环节的综合性经营，这两方面结合起来，有助于最大限度地活跃以农民为主体的乡村经济。抓紧同以指导农村合作组织走向综合农协的社会组织“北京农禾之家咨询服务中心”的联系，使阳关镇的葡萄协会与渔业协会在全省率先参加农禾之家，既可以在迈向综合农协发展进程中获得智力支持、理论支持与项目支持，也可以增进对外交流与向全国协会学习的机会。

除上述四方面举措外，阳关镇还要适应国务院把食品行业诚信建设纳入全国文明村镇、文明单位测评体系，在企业、农民、专业协会、经纪人中广泛开展诚信教育，并通过龙头企业 + 基地 + 农户的市场化运作方式形成优质优价的价格机制，推进标准化生产再上新台阶；实施人才跟进战略，把招商与养商、育商有机地结合起来，开展从娃娃抓起的创业、创造、创新教育；实施保护优先、就业优先与教育优先“三个优先”统筹推进战略；实施生态优势、产业优势、文化优势、旅游优势、金融优势与人的优势“六大优势”统筹推进战略，综合施策，取得联动效应；还可以与国家级新区兰州新区实施园区的虚拟化链接，与邻近的“中国葡萄酒城”武威市的以葡萄酒为主的“液体经济”实施价值链对结等。

参考文献

窦侠父：《敦煌史蹟》，甘肃人民美术出版社，2012。

敦煌市地方志编纂委员会：《敦煌志》，中华书局，2008。

兰永海、董筱丹、温铁军：《城镇化的战略意义及政策建议》，《中国经济报告》2013年第3期。

李正宇：《阳关区域古迹新探》，《敦煌研究》1994年第4期。

连振祥：《“沙漠都江堰”——库姆塔格东缘的“金项链”》，《经济参考报》2012年8

月 8 日。

陕西省旅游设计院、西安创景建筑工程规划设计有限公司：《阳关旅游区概念性规划及重要节点修建性详细规划》《阳关景区核心区修建性详细规划》，2011 年 11 月。

谢建云：《为了大地的丰收——甘肃敦煌农村合作银行开展创先争优活动纪实》，《中国农村金融》2011 年第 4 期。

张晓亮、徐强：《酒泉沙漠绿洲建起高寒冷水鱼养殖基地》，《酒泉日报》2013 年 4 月 17 日。

B.18

新型城镇化建设的“瓦房店模式”

何小波　王　钧*

摘　要：

瓦房店以新型工业化为主导，以工业化带动城镇化；用工业的理念、机制和举措经营农业，以农业现代化推动城镇化，实现城乡一体化。推动信息化和工业化深度融合、工业化和城镇化良性互动、城镇化和农业现代化相互协调，较高质量的实现新型工业化、信息化、城镇化和农业现代化同步发展，向港口、产业、城市融合发展的新阶段迈进，成为东北县域领军城市。

关键词：

瓦房店市　新型城镇化　瓦房店模式

瓦房店位于辽东半岛中西部，是大连市下辖的一个县级市，面积3794平方公里，人口103万人。是中国轴承工业的摇篮，也是东北老工业基地振兴、辽宁沿海经济带开发开放两个国家战略的重要组成部分。近年来，瓦房店从本地实际出发，通过科学分析自身优势与劣势，运用优势条件，以新型工业化为主导，以工业化带动城镇化；用工业的理念、机制和举措经营农业，以农业现代化推动城镇化，实现城乡一体化。推动信息化和工业化深度融合、工业化和城镇化良性互动、城镇化和农业现代化相互协调，较高质量的实现新型工业化、信息化、城镇化和农业现代化同步发展，向港口、产业、城市融合发展的新阶段迈进，瓦房店现已发展成为东北县域领军城市。在全国县域经济基本竞争力评价

* 何小波，辽宁行政学院经济学教研部主任、教授，主要研究方向为政府经济学、区域经济学；王钧，辽宁行政学院经济学教研部副教授，主要研究方向为区域经济、城乡经济。

中，该市由第七届的36位上升到第十一届的13位，居东北县域之首。

2012年瓦房店三次产业比重为10∶66∶24，第二产业占比为66%。瓦房店市走以工业为主导，以工业化拉动城镇化、农业现代化推动城镇化、信息化与工业化深度融合的道路，努力打造现代新兴工业城市、东北县域科学发展示范城市。瓦房店规划先导，面海发展，拉开城市建设的骨架，依托大连，积极承接大城市产业转移；壮大龙头企业，形成与扩大产业集群的集聚效应；积极吸引国内外投资，招揽大项目，争取大投资，形成建设“洼地”；城市的命脉是产业，产业可以决定一座城市的品质、影响一座城市的气质。瓦房店在快速发展的城镇化进程中，新型工业产业发展起着集聚人口、提升基础设施建设、促进农业现代化和推进城乡一体化的重要支撑和拉动作用；加强重大基础设施建设，加快“四化”发展，有序推进了农业转移人口市民化，努力实现城市基本公共服务均等化，促进城乡一体化，做到公共基础设施城乡共建、城乡联网、城乡共享等，实施“生态立市”战略，巩固“创卫、创模”成果，推进“两型”社会建设。探索出一套发达地区经济与社会的发展全新模式，实现了城镇化建设的优质发展。2009年12月，辽宁省委办公厅调研组赴瓦房店就其经济发展模式开展专题调研，形成了《关于瓦房店模式的调研报告》。报告指出瓦房店经济发展的“五大”特点，即大规划、大项目、大投资、大舰队、大和谐，充分体现了科学发展观和目前辽宁的发展实际，具有很强的现实意义。2009年末，省委主要领导专门对此做出批示，要求在全省推广“瓦房店模式”。2012年，在第十二届全国县域经济基本竞争力评价中位列第12位，居东北县域之首。

“瓦房店模式”是谋划产业布局、县域经济发展、统筹区域经济模式的创新，也是老工业基地新型城镇化建设模式的创新。2007年，瓦房店被国家授予“中国轴承之都”称号；2008年，轴承产业被评定为中国产业集群50强。瓦房店机床产业集群持续壮大，机床年生产能力达10万台，居全国同类城市之首；2012年，“中国轴承之都”通过国家复审验收，被评为国家新型工业化产业示范基地，瓦房店市被确定为首批全国发展改革试点市。瓦房店家纺流苏产业实现集群化发展，销售额分别占国内市场的50%、全球市场的35%，被授予“中国家纺流苏名城”称号。瓦房店农业资源丰富，是闻名中外的“苹

果之乡”，被认定为“第一批国家现代农业示范区”“全国农产品加工示范基地”“全国渔业生产示范市”。

“瓦房店模式”推动了其经济发展。2012 年，全市实现地区生产总值 957.3 亿元，同比增长 11.4%；公共财政收入 64.1 亿元。增长 25.5%；完成固定资产投资 788.5 亿元，增长 25.6%；社会消费品零售额 145.3 亿元，增长 15.9%；城镇化居民人均可支配收入 20300 元，增长 15.5%；农民人均纯收入 13700 元，增长 15.9%。

瓦房店创造了推进与发展城镇化的新模式，走出了一条新型城镇化建设的“瓦房店模式”之路。

一　规划先导，推进全域城镇化

（一）城市转身向海，农民转身进城，园区转为链型

城市转身向海、农民转身进城，这是新一轮城市总体规划的核心。

瓦房店区位优势得天独厚。瓦房店地处东北亚经济圈重要位置，北距辽宁省会沈阳 292 公里，南与大连新市区毗邻，与长兴岛经济技术开发区一桥相连。海岸线全长 461 公里，居全国县级第 2 位，是环渤海经济圈最优良的出海口。正在建设的太平湾港，是东北亚国际航运中心的核心港口。

科学的规划是成功的一半。瓦房店抢抓战略机遇，坚持面海发展，规划并全面启动了百里沿海开发建设，为瓦房店未来发展厘清了思路，明确了方向，拉开了框架，提供了支撑。瓦房店的崛起，首先得益于抓住机遇，科学规划以及规划的科学性、前瞻性和法规性。瓦房店抓住中央实施东北地区等老工业基地振兴战略和辽宁沿海经济带开发开放上升为国家战略的双重机遇，从规划入手调整战略布局。瓦房店作为具有独特区位优势的沿海区域，逐步形成转身向海、海陆联动发展的新格局，并将成为辽宁沿海经济带上一个新的经济增长极。

瓦房店一直坚持综合平衡原则，以城带乡，以新农村建设为切入点，加快农村城市化进程。以示范镇、中心镇为重点，深化小城镇建设改革，不断完善

城镇功能。瓦房店通过工业化建设带动城镇化发展，整个规划以沿海开发带动全域城镇化步伐，突出“面海发展、全域谋划”的思路，将城市重心向西部海滨迁移，工业项目向沿海经济带集聚，启动沿海开发，迈进沿海开发新时代。瓦房店确定以“三转”为发展总方向，即“城区转身向海、农民转移进城、园区转为链型”；以“三同”为主导原则，即“新城与老城、城市与乡村、产业与城镇同步规划”。把大多数开发区和工业园区规划在乡（镇），加快城镇化建设步伐。提出了打造环渤海地区具有竞争力的现代新兴工业城市目标，确立了“面海发展、瓦长互动、全域谋划”的发展思路及“两轴、一带、三园、四区”的发展框架。按照“东拓西进、南延北扩”的思路，不断完善城市基础设施，提高城市综合承载能力。坚持以新市镇建设为重点，努力打造区域中心城镇。瓦房店加强城镇道路交通建设，形成了长大铁路、沈大高速公路、黑大公路和哈大铁路客运专线纵贯南北，连接大连长兴岛经济技术开发区的城八公路、南北疏港高速公路和在建的瓦五铁路连接东西，滨海公路连接沿岸的大交通格局。注重提升城市功能。目前，瓦房店城镇化率已达55%，构筑了布局合理、功能完善、特色鲜明的城镇发展体系。近年来，瓦房店坚持新农村村庄规划与城市化相结合，先后完成了近200个新农村村庄规划。

顺应辽宁沿海经济带开发建设的需要，瓦房店新一轮城市规划的重大变化就是城市中心西移。以城八线连接新老城区，以老虎屯镇中心镇为节点一路铺开，形成60公里城市走廊。规划150平方公里的西部滨海经济带，未来将至少集聚30万城市人口。新一轮总体规划，依托小城镇的特色发展，形成了以中部滨海经济区为主要的城镇空间产业布局规划，并建立了中心城市、重点镇、一般镇三级城镇等级结构体系。瓦房店的城市化将走出一条工商并举和中心带动的道路，逐步实现城镇化进程数量和质量的稳步提升，最终实现城镇产业的规模化和集群化。新城与老城、城市与乡村、产业与城镇实现了同步规划，最终实现城市在海边、园区在路边、清新空气在上边、文明和谐在身边的经济社会发展新格局。

农村城市化，依靠的是工业项目的拉动和辐射。在打造现代新兴工业城市的过程中，瓦房店引导农民改变传统农业生产方式，引入工业理念、机制和举

措发展农业，走集约型特色化发展之路。目前瓦房店市除了两大市级工业园区，其他21个开发区、工业园区全部摆放在乡（镇），依靠乡（镇）的工业化带动乡（镇）的城市化。在老虎屯镇，已经没有剩余劳动力，园区内的企业不得不去外地招工。农村就业格局的急速变化，引导越来越多的农民进入城镇，进入楼房，成为新兴城镇的一员。

瓦房店以沿海开发为牵动，加快推进农村基础设施与城市接轨，集中力量抓好乡（镇）交通、水、电等基础设施工程，实现了城市公交运营模式向乡（镇、街道）延伸、村村通油路以及环境卫生全域化管理。瓦房店市80%以上乡（镇、街道）的小城镇建设总体规划已经编制完成，中心城镇功能进一步完善。扶持建设了70个社会主义新农村示范样板村，广泛实施“六化”工程，村屯规划与建设水平有了新的提升，使瓦房店的城乡面貌发生明显改观。

瓦房店市确立了“做强轴承、扩大机床、聚集产业、形成基地”的园区发展思路，其松木岛化工园区、西郊工业园区和祝华工业园三个产业园区，逐步成为瓦房店新型工业的集聚地、新型体制的试验田、吸纳项目的主战场，也是吸纳人口的新高地、城镇化的新引擎。

“十二五”期间，瓦房店市将加快永宁、许屯、李官、复州城、老虎屯、谢屯、松树7个重点镇建设，加快人口聚集，完善城镇基础设施配套，强化其产业支撑能力和服务功能，提升重点镇积聚和辐射能力，带动周边地区快速协调发展。

（二）依据自身发展优势，实施新型工业化主导发展战略

瓦房店工业化发展优势明显。从国际上来看，瓦房店地处东北亚的中心位置，毗邻日本和韩国等发达国家。瓦房店经济发展有其得天独厚的条件，其区位、工业基础、交通、市场化、旅游资源、城市软环境等优势条件凸显。瓦房店作为国家发展战略的辽宁沿海地带是东北三省和蒙东地区的主要出海口，沿海乡（镇）比重大，有13个乡（镇）濒海（不含长兴岛、交流岛）；有6个较大的岛屿，其中的长兴岛是全国第五大岛，天然良好的港口条件，为发展沿海经济提供了得天独厚的优势。瓦房店可依托大连，接受长兴岛辐射。长兴岛是辽宁重点开发区域，是辽宁沿海经济带的龙头，是大连东北亚航运中心的组

合港。

工业化水平在一定程度上代表了经济的发达程度。瓦房店是辽南工业重镇，现有工业企业6000余家，拥有机械、电子、食品、纺织、化工、建材等门类。“十五”和“十一五”期间，瓦房店实施“新型工业化主导发展战略”，经过十几年建设，现已基本形成了轴承、化工两个产业集群，机床制造、清洁能源、风电装备、LED光电、新型建材、食品加工六大产业基地。为了拉动城镇化与城乡一体化的发展，瓦房店将大部分工业园区规划在乡（镇），有炮台、老虎、复州、永宁、赵屯等18个乡（镇）工业园区。目前，瓦房店市已经建成生产布局基本合理、产业门类比较齐全、大中小企业并存的较为完整的工业体系。

“十二五”期间，瓦房店将把百里沿海打造成为具有竞争力的现代产业集聚区，具有国际水准的现代化中心港区，山清水秀、鸟语花香、景色宜人的高端旅游目的地，渤海湾畔高品质的国际化生态城市。

（三）完善城市功能，打造现代生态城市

瓦房店坚持城乡统筹、建管并重，城市功能日益完善，城乡面貌发生了重大改观。瓦房店市被确定为首批全国发展改革试点城市，复州城、老虎屯、谢屯被确定为全国发展改革试点镇。城市总体规划获得省政府批准，新一轮城乡规划体系初步形成。瓦房店优化城市空间布局，东部岭东片区、西部新城区配套生活区、南部钻石片区、北部祝华工业园区配套生活区建设同步推进，主城区“东进、西拓、南延、北扩”取得重要进展。2012年，市政府投入6.1亿元，完善了城市市政设施。改造城市低洼区、棚户区75万平方米，弃管小区全部纳入物业管理并实施了综合改造。推进资源节约型、环境友好型社会建设，龙山污水处理厂二期等一批环保工程开工，“十一五”减排任务全面完成；空气质量优良天数由329天提高到350天；城区周边可视范围内荒山全部绿化，城市绿化覆盖率由2007年的40.1%提高到42.3%；蝉联省“绿叶杯”竞赛县级组第一。经过全市人民共同努力，瓦房店通过了国家卫生城市复审和国家环保模范城预评估。统筹城乡一体化发展，推动要素向乡（镇）和街道倾斜，通过调整财税体制和土地使用金分配比例等措施，改善了农村基础设施

条件，激发了镇街经济活力，推动了包括商业、旅游、房地产在内的各产业蓬勃发展。瓦房店不断完善城市功能，打造现代生态城市。

第一，在城市建设方面，瓦房店市坚持一手抓老城区改造，一手抓新城区开发建设，规划实施了一大批重点城市建设项目，有力地推进了城市建设步伐。加强城镇道路建设，基本形成了“三纵二横一环”的交通格局。城市公交运营模式不断向农村延伸，成为全国首家路街 LED 照明城市，在东北县级市中率先跨入国家卫生城市和国家环境保护模范城市行列。近年来，瓦房店做出了建设生态市的战略部署，把生态市建设作为推进经济社会可持续发展的内在要求和有效载体，作为实现经济社会与人口、资源、环境协调发展的必要途径和战略举措，组织编写了《瓦房店市生态市建设规划》，全面推进生态市建设，开拓了一条既快速发展、生态环境又得到有效保护的现代城市建设新途径。

第二，瓦房店将生态市建设与城镇化建设科学融合，使城乡面貌整体得到改观。创新环卫工作体制机制，实现保洁范围覆盖城市全域，道路机械化清扫率达 50%，清扫保持率达 100%。全市农村拥有大中型沼气工程 56 处，户用型沼气池 8000 多个，秸秆综合利用率达到 85%，畜禽粪便无害化处理率达到 95%，农村改水受益达 9.3 万人，累计改建无害化厕所达 9900 座，建设生态文明村 21 个。目前，瓦房店污水处理水平在东北县域首屈一指。龙山污水处理厂日处理污水 6 万吨；生活垃圾处理能力位列全省县域前茅，日处理生活垃圾 400 吨，垃圾无害化处理处率达 100%；瓦房店市人均绿地面积 11.2 平方米，森林覆盖率达 42.9%，被评为“省级园林城市”。

第三，瓦房店还开展了“五个瓦房店”建设活动。一要建设实力瓦房店，通过结构调整这条主线，推动沿海开发建设，促进产业转型升级，加快实现经济现代化；二要建设文明瓦房店，以和谐城镇建设、文化城镇化建设为抓手，加快推进社会现代化；三要建设活力瓦房店，以提升完善城市功能、加速推进小城镇建设、切实增强城市创新能力为目标，加快推进城市现代化；四要建设幸福瓦房店，以增收富民、保障安民、实事惠民为关键，提高市民的幸福指数；五要建设美丽瓦房店，以节能减排、生态建设、环境治理为重点，加快推进生态现代化，实现“蓝色经济、绿色发展”。

二 以新型工业化为主导，建设现代化产业园区与产业集群

瓦房店坚定实施工业强市、新型工业化带动城镇化战略，在高起点上抓好大项目建设，以航母型项目为牵引，形成产业集群化舰队，推进市乡园区互动，促进结构优化，引导产业升级，走出了一条独具特色的新型工业化道路。实现信息化、工业化、城镇化和农业现代化的互相融合来破解城镇化建设与发展的难题。

瓦房店以新型工业化带动城镇化发展，创造了以工业化推进与发展城镇化的新模式。瓦房店现有轴承生产及配套企业 800 余家，轴承工业产值 355 亿元，占全国的 22.5%。大机床集团累计投资 128 亿元，相继建成数控生产线和立式加工中心生产线，机床年生产能力达 10 万台，居全国同类城市之首。大机床铸锻工业园及综合服务区开工建设，将成为世界最大的高端精密铸件生产加工和汽车零部件生产出口基地。家纺流苏产业实现集群化发展，纺流苏企业达 40 余家，企业外协加工点 100 多个，销售额分别占国内市场的 50%、全球市场的 35%。2012 年，瓦市被授予“中国国家流苏名城”称号。瓦房店市大力发展新能源产业，红沿河核电一期完成投资 409.6 亿元，一号机组即将投入运营；建成风力发电项目 5 个，完成投资 23 亿元。风电装备业领先东北，包括风电轴承、塔筒在内的产业链进一步延伸，年产值达 70 亿元。国家半导体照明产业基地瓦房店光电园一期竣工，引进了台湾晶田科技等 4 家企业，光电及相关产业集群产值突破 40 亿元。乡镇工业园区快速发展，复州城工业园区完成了“六通一平”建设，引进了泽阳电力等项目 38 个；永宁工业园区铸锻产业特色鲜明，炉排蒸吨占全国市场份额 40% 以上；太阳工业园区完成基础设施配套，引进项目 60 余个；九龙工业园区鼎帝光伏新能源、老虎屯工业园区重工科技、瓦窝工业园区得霖重工等项目相继投产；岗店工业园区 3 家企业上市工作扎实推进。落实上级扶持政策，今年为中小微企业减免税收 1.6 亿元。新增大连市级以上名牌 82 个、中国驰名商标 5 个，总量居全省县级前列。预计实现规模以上工业企业增加值 550 亿元，同比增长 15.8%，高于全省 6 个百分点。经过全市人民多年来的共同努力，工业强市战略取得了明显成效，

特别是装备制造业达到省内地级城市水平。

瓦房店人均耕地不到 1 亩，原来有 70% 的人口在农村。后来，很多人到外地打工；现在，瓦房店市 70% 以上的农村劳动力留在本地就业，从事第一产业的只有 1/3，而从事第二、第三产业的人口占 2/3。这些年，依托瓦房店“轴承之都”的优势，办起了轴承厂，有近八成的村民进厂当了工人。村民原来大都在家务农，收入很低，一年就两三千元钱。进了企业之后，一家两口人收入一年有 6 万元左右，并且有“五险一金”，大多数村民都搬进了楼房，成为市民。仅瓦轴集团一个大型国有企业就吸纳 10 万名农民就业，农民转身变为工人，农民逐渐成为市民。这些做大做强的产业集群与园区产业已成为城镇化的重要产业支撑，是农民成为市民的桥梁和纽带。

（一）两大产业集群

产业集群是瓦房店超强发展的主要牵动力。瓦房店市的产业集群有其鲜明特点：一是有大量的以瓦轴等国有大企业为主的混合经济集群；二是以具有竞争优势的重化工业集群为主；三是以大企业为主导、系列中小企业配套的“轴轮式”集群；四是中小企业集群、高科技企业集群和民营企业集群发展迅速。

全力推进产业集聚。工业园区是承接产业集聚的最佳平台。近年来，瓦房店投入资金 50 多亿元，用于市级工业园区建设。按照梯度转移、链条发展要求，鼓励乡镇工业园区为市级园区配套，形成了专业特色鲜明、产业联系紧密的格局。以工业园区为载体，积极推进企业集中布局、资源集约利用和功能集成构建，加快建设优势产业集群。推动资源要素向优势产业集聚，壮大轴承、化工两大产业集群，加快建设清洁能源、风电设备、LED 光电、建材产业、食品加工、临港工业配套六大产业基地。瓦房店坚持调整优化和提高相结合，以创新和增值为重点，拉长优势产业链条。

1. 轴承产业集群

轴承产业集群主要分布在滨海新区、西郊工业园区和祝华工业园区。其中，西郊园区和祝华园区位于瓦房店市近郊，重点发展轴承及功能部件、风力发电机组及成套设备、数控机床、LED 光电、纺织设备制造与机械加工等产

业。西郊园区和祝华园区引进的项目包括瓦轴精密技术与制造工业园、大连机床瓦房店工业园、华锐风电整机、大连九久光电 LED 照明、齐二瓦机数控、瓦房店冶金轴承、阿科比轴承制造等一大批重大产业项目。

2010 年 9 月 28 日，总投资达60 亿元的瓦房店轴承城中心区瓦轴集团精密技术与制造工业园新区举行奠基仪式。新建的瓦轴集团精密技术与制造工业园新区落户瓦房店轴承城中心区，项目占地面积为 105 万平方米，将建设 12 个工业装备轴承、精密磨床、精密功能组件等项目。

作为“中国轴承之都”，瓦房店轴承工业已经走过 80 多年的辉煌历程，新中国成立后第一套轴承就产自于瓦房店轴承厂，因此瓦房店还素有“中国轴承故乡”的美誉。近年来，瓦轴集团以发展国家 16 个重大技术装备领域的配套轴承为方向，进行了大规模的技术改造和结构调整，先后完成了铁路轴承、低噪音电机轴承等几十个改造项目，建设了瓦轴集团精密技术与制造工业园、瓦轴集团精密技术与制造大连产业园等重大产业项目，在技术水平和生产能力上实现了跨越式发展，逐渐成为具有国际竞争力的世界级轴承集团，已成为全国知名的轴承产业制造基地和集散地。

2007 ~2012 年，全市共新上 5000 万元以上大项目 628 个，其中，亿元以上项目 256 个，深蓝重工、华锐铸业、华锐重工、瓦轴扩建、大机床、北车挖掘机、老虎重工、大冶轴扩建等一批重大产业项目相继建成投产。

到 2015 年，瓦房店的轴承及相关产业要完成营业收入 1010 亿元，其中轴承主营业收入完成 550 亿元，分别年递增 28%、18%。轴承主营业收入将达到全国轴承销售收入的 29%，占世界销售收入的 13%。

2. 化工产业集群

瓦房店以大连松木岛化工产业基地被确定为国家循环经济示范区为契机，以大连化工集团为龙头，积极引进相关产业，延伸产业链条，将松木岛建设成为以海洋、医药和石油化工为重点的化工产业集群。松木岛化工园区是大连市唯一的专业化工园区，园区将建成产业优势突出，技术先进，功能设施完善，环境优良，生态良好的“合成气化工、海洋化工、特色石油化工、精细化工、资源配置生态化、科技及管理现代化”的生态工业基地。规划面积 35 平方公里，已开发 8 平方公里，引进项目 47 个，开工 32 个，总投资 180 亿元。其

中，2009 年引进项目 15 个，总投资额达 73.9 亿元，完成投资 34.1 亿元，有 9 家企业投产，实现产值 50 亿元。到 2015 年，可实现产值 300 亿元以上。

（二）六大产业基地

瓦房店重点打造的六大产业基地分别为清洁能源产业基地、风电装备产业基地、LED 光电产业基地、建材产业基地、食品加工产业基地和长兴岛临港工业配套产业基地（见图 1）。

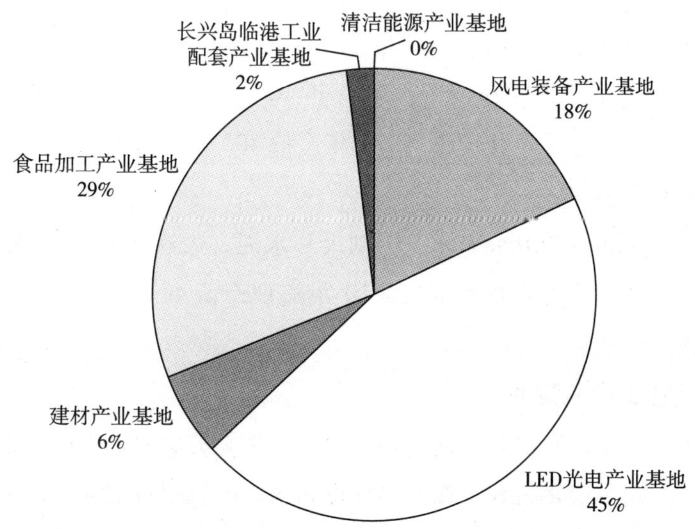

图 1　2011 年瓦房店六大产业基地产值对比

1. 清洁能源产业基地

清洁能源产业基地总投资 650 亿元的辽宁红沿河核电项目，一期 4 台百万千瓦机组中的 4 个机组同时开工全面建设，成为国内同时施工机组最多的核电建设项目。建成后年发电量将达 300 亿千瓦时，相当于目前大连年用电量的两倍。此外，华能电力大连风电厂、东北新能源驼山风电厂、大连土城子风电企业相继并网建设，总投资为 15 亿元。东岗、驼山、三台、泡崖、复州城、李官等乡（镇）测风和前期工作正在有序推进，预计总容量可达 70 万 ~80 万千瓦，总投资 80 亿元。瓦房店正在适时启动海上风电规划，预计可达到百万千瓦。

2. 风电装备产业基地

风电装备产业基地总投资48亿元的大连重工·起重华锐铸业和华锐风电项目2009年已经全面投产，联合风电轴承等相关配套企业年内实现产值120亿元。随着国家鼓励发展新型能源产业化政策的落实，风电设备市场规模将迅速扩大。到2010年，实现年产值200亿元；到2015年，将实现年产值500亿元。

3. LED光电产业基地

LED光电产业基地包括LED节能光源项目、华录松下高清液晶画面及DVD成机制造项目、万宝至马达项目等，九久光电与台湾晶元公司共同投资5亿元的LED合作项目正在建设中。2009年10月，瓦房店市LED产业园正式开园，新引进温州投资光电产业，实现年产值300亿元以上。

4. 建材产业基地

建材产业基地包括山水水泥、金刚天马水泥、大连海新无机微孔新材料、大连泓元新型复合砖等建材产业。2010年实现产值40亿元，到2015年，将实现年产值300亿元。

5. 食品加工产业基地

食品加工产业基地主要包括肉鸡、生猪、牛羊的屠宰加工以及水果的深加工。瓦房店已成功创建国家无规定动物疫病区，产值超百亿元，已成为大连市重要的肉鸡繁育基地。不仅如此，瓦房店还有5个肉鸡产品分获国家、省、大连市名牌产品称号。瓦房店还通过产业化生产模式，大力发展订单养殖，全市订单养殖量达90%以上。瓦房店的肉鸡产业已经形成产业化经营、规模化养殖、标准化生产的一个完整的产业链条，食品加工产业已成为城镇化的重要产业支撑。瓦房店已成为国家级畜产品加工基地，2011年肉鸡产业实现产值125亿元，成为继轴承之后又一个百亿元产业，是国内最大的肉鸡饲养、屠宰加工基地，居全国县（市）之首。此外，大连兼松雪龙、础明集团及安格斯牧业等的生猪、牛羊屠宰加工企业年实现产值20亿元。

瓦房店围绕肉鸡养殖加工产业在用地、信贷、税收、技术服务等方面都给予相应的政策扶持。目前瓦房店建有标准化肉鸡养殖小区500多处，年饲养肉鸡1.2亿只，建有肉鸡屠宰加工龙头企业8家，屠宰能力近4亿只。农民走进

生产车间，整个产业的从业人员已达20万人，有力地促进农民增收致富和农民工市民化。

6. 长兴岛临港工业配套产业基地

长兴岛临港工业配套产业基地位于三台、谢屯地区，形成以大连嘉林船舶、大连鑫来船舶、临港物流为主的临港配套企业群，到2015年，预计实现产值100亿元。

坚持先进制造业和现代服务业双轮驱动，推进市乡园区互动发展，努力承接和引进高端产业，全市已经初步形成了轴承、机床、风电装备、家纺流苏等产业集群。

三　创新驱动，信息化和工业化深度融合

（一）“中国轴承之都”的创新驱动

2013年，国家工业和信息化部公布了第四批国家新型工业化产业示范基地名单，大连瓦房店轴承产业集聚区（装备制造产业）入选，成为国家新型工业化产业示范基地之一。

随着瓦房店轴承产业集聚区（装备制造产业）成功入选第四批国家级示范基地，中国轴承工业发祥地的瓦房店，充分利用“中国轴承之都”品牌优势，以科技创新为突破口，全力推进轴承产业的转型升级，实现了从规模增长型向质量效益型的转变，为我国在轴承大国向轴承强国迈进的历史进程中和装备制造业的发展做出突出的、历史性的贡献。通过形成以瓦轴集团为龙头，以规模企业为主体，大中小轴承企业协调的产业集群全面发展，使之成为全国最重要的、最具特色的轴承产业集聚区之一。

“中国轴承之都”，也是中国轴承工业的发祥地，现在已形成以瓦轴集团为龙头的轴承产业集群，承担着国家重大装备、重点项目和国防建设重点工程的配套任务，地区的轴承产业已拥有一个国家认定的企业技术中心和国家认可的“试验室”以及“国家大型轴承工程技术研究中心”，共获得国家专利400多项，其中发明专利126项，有14家企业被认定为国家级“高新技术企业”，

瓦轴等4家公司的商标被认定为“中国驰名商标”。

近年来，瓦轴研发成功的一大批高端产品形成了新的经济增长点，其中包括出口汽车轴承项目全面启动，大轴重铁路货车轴承开始小批量供货，替代进口的数控立车主轴轴承已在用户装机，风电6.0MW主轴轴承通过了运行前的检测试验，双轴心组合轴承的研发填补了国内空白。

2013年1月，围绕产品结构调整，瓦轴集团当月即完成了近90种新产品的研发；高端轴承产品开发项目、工艺技术创新项目、检测试验与应用基础研究项目等全面展开；铁路轴承、钢铁系列轴承、传动系列轴承等均逆势增长。瓦轴集团完成工业总产值比2012年同期增长了44.1%，实现了生产经营开门红。与此同时，瓦轴集团的出口市场也实现了大跨越，在高端产品、主机客户、批量规模等方面都发生了根本性变化。公司在印度和欧洲建立了销售中心，开发了国外的汽车整车市场，风电、汽车及工业装备类轴承产品进入国外大公司的主机配套市场。

（二）红沿河核电站的自主创新

红沿河核电站1号机组设备国产化率达到75%，3号、4号机组设备国产化率将超过80%。进一步提升了我国核电装备制造能力。

辽宁红沿河核电站一期1号机组首次并网成功，标志着我国东北首个核电站正式进入并网调试阶段，具备发电能力。红沿河核电站位于大连瓦房店红沿河镇，是我国东北地区第一个核电站，也是东北地区最大的能源投资项目。它于2007年8月开工建设，一期工程投资500亿元，建设4台百万千瓦级核电机组；2010年5月上马二期工程，再增加2台百万千瓦级核电机组，投资250亿元。2016年核电站全部建成后，年发电量为450亿千瓦时。

红沿河核电站一期4台机组预计2015年全部建成发电。4台机组年发电量将达300亿千瓦时。红沿河核电站并网发电后，不仅优化了辽宁省电力供应结构，而且将促进实现节能减排目标、进一步改善周边区域空气质量。辽宁百姓从此用上了经济、清洁的核电。与同等规模的火电相比，红沿河核电站一期4台机组相当于每年减少标煤消耗约1000万吨，减排二氧化碳2400万吨，减排二氧化硫23万吨，减排氮氧化物15万吨，相当于造林6.6万公顷。

红沿河核电站一期项目国产化率提升。红沿河核电站1号机组设备国产化率达到75%。核电装备制造能力是一个国家综合国力的体现。为实现我国核电装备制造能力的稳步提升，中国广核集团依托项目建设，积极引领国内相关企业参与核电自主化、国产化的进程，使我国核电装备制造能力逐步实现突破。2010年12月18日，由中国一重集团大连基地制造的红沿河1号机组反应堆压力容器出厂，这是我国首台完全拥有自主知识产权、自主建造的百万千瓦级核反应堆压力容器。结束了受外国人制约的历史。中国已经成为继法国、美国、俄罗斯之后世界上不多的几个拥有整套核电设备制造能力的国家之一，形成了世界一流的核电装备研发制造基地。到阳江核电站5号、6号机组建成时，我国百万千瓦级核电机组的设备国产化比率将达到近90%。核电站安全升级，创新机制保障安全，国内首创对最小作业单元实现风险全面排查。红沿河的安全管理经验将对未来核电建设起到借鉴作用。

四 工业化推动农业现代化，第三产业发展迅速，社会保障全覆盖

土地向大户集中，农民向乡（镇）集中，工业向园区集中。一大批“国字号”的大企业在瓦房店安家落户。全市现有各种工业企业近8000家，培育和壮大了轴承产业集群和食品加工等六大产业基地，较好地解决了城市下岗职工和失地农民的就业问题。

（一）工业化推动农业现代化

瓦房店是辽南工业重镇，随着工业发展财政实力也不断增强，使瓦房店有能力更好地实施工业反哺农业战略。瓦房店市勇于突破传统“城市工业”“农村农业”城乡经济功能定位，坚持工业反哺农业，城市支持农村和“多予、少取、放活”的方针，以工业化带动城镇化，用工业的理念、机制和举措经营农业，让农民直接融入产业链条。瓦房店市注重以工业化理念发展农业，通过推进农业集约化、产业化和标准化建设，推动都市型现代农业发展。以建设高效、生态、品牌农业为主攻方向，构筑六大体系，完善发展机制，加快现代

都市农业建设进程。

1. 工业反哺农业

瓦房店让农田变成“第一生产车间”，进一步加强农业基础设施建设，用工业技术装备农业，使全市农业机械化、科技化水平不断提高，都市型现代农业得到大力发展。通过出台财税、科技服务和市场保障等多项优惠政策，一大批农副产品精加工龙头企业迅速崛起，全市农副产品附加值以年均20%以上的速度增长。

2. 产业化发展“农副业”

农业产业化是以市场为导向，以效益为中心，依靠龙头带动和科技进步，对农业和农村经济实行区域化布局、专业化生产、一体化经营、社会化服务和企业化管理，形成贸工农一体化、产供销一条龙的农村经济的经营方式和产业组织形式。瓦房店市着力破解二元结构，以工业理念发展农业，以工业反哺农业，以城市带动农村，开创了“三农”工作的新范例。目前，瓦房店除肉鸡加工能力为全国县（市）之首外，其海珍品种繁育也是环渤海地区规模最大的基地，农产品加工创业基地和畜禽、水果加工示范基地被农业部认定为首批国家现代农业示范区。全市拥有农产品加工龙头企业146家。其中，龙城集团、壹桥公司、础明集团、成达公司四家企业被认定为国家级农业产业化龙头企业。瓦房店小国光苹果、红富士苹果、瓦房店葡萄、阎店地瓜先后获得国家地理标志；瓦房店先后被评为“第一批国家现代农业示范区”“全国农产品加工示范基地”和“全国渔业生产示范市”。

瓦房店还通过产业化生产模式，大力发展订单养殖，全市订单养殖量达90%以上。肉鸡饲养量达到1.2亿只，有5个肉鸡产品分获国家、省、大连市名牌产品称号。畜禽标准化养殖小区呈规模化、集团式发展，成为经济增长重要支撑点和农业农村经济发展的亮点，新建畜禽标准化养殖小区109处，年增养肉鸡1000万只、猪5万头、牛0.7万头，全市实现肉蛋奶总产量38.4万吨，规模化养殖比重达到86%。全面加强重大动物疫病防疫工作，实现禽流感免疫禽6500万只，免疫率达到100%；代表大连市、辽宁省接受国家口蹄疫免疫无疫区检查验收，一次通过。

瓦房店是全国驰名的水果之乡。2012年11月，瓦房店“国家出口苹果质

量安全示范区”创建工作通过国家质检总局专家组的考核验收，并被评为优秀示范区，瓦房店也因此代表辽宁成为继山东、山西、陕西之后全国第4个、东北首个国家级出口苹果质量安全示范区。

安全示范区建设面积15万亩，涵盖33家出口果品经营企业和77个出口注册苹果园，辐射面积50万亩。成功创建出口苹果质量安全示范区，实现了瓦房店优质苹果生产在政策保障制度、质量安全标准化制度、疫情疫病监测及控制制度、农业化学投入品控制制度、农残监控评估及预警应急制度、质量安全追溯制度、质量安全诚信制度建设的科学化、规范化、标准化、国际化。

3. 加强农村基础设施建设

近年来，瓦房店投资3.7亿元，在118个村实施了“六化”工程建设，硬化村屯道路472万平方米，安装太阳能路灯1.1万盏，美化墙体40万平方米。新农村建设已经由简单的道路硬化、夜晚亮化向村屯卫生环境整治、文化体育休闲等多元化方向延伸。在瓦房店，农民娱乐广场、村中亭台楼阁、体育锻炼设施随处可见，瓦交、城八、双西线两侧村屯面貌一新，新农村“六化”工程已成为广大群众交口称赞的民心工程。近年来，瓦房店市加强农田水利基本建设，新建各类重点小型水源工程950项，治理水土流失面积45.2万亩，完成小型水库除险加固33座，新建安全自来水工程81处，解决了13.2万人的饮水问题。2007年以来，瓦房店市连年被评为省和大连农田基本建设“大禹杯”竞赛优胜单位，并被确定为中央财政小型农田水利重点县。加强河道生态工程建设，瓦房店投入资金5亿元，实施生态河建设项目151项，新修河道堤防378公里，绿化河道153公里，全市1/4的河流成为水清、草绿、林茂的绿色生态通道。

4. 加大造林力度

近年来，瓦房店坚持把植树造林作为有生命的基础设施来抓，以“六个两”工程（两个村、两条路、两座山、两条河、两个广场和两个花园式单位）为重点，动员全社会力量，强力推进大规模造林绿化工程。近5年，全市共计造林100.8万亩，植树2.84亿株，造林面积、造林投入、造林效果均为历史之最，瓦房店先后被评为省和大连市造林绿化先进单位，并被推荐参选全国绿化模范县和辽宁省森林城市。

（二）第三产业发展迅速

瓦房店在工业强市政策的带动下，人口伴随着产业的发展，逐渐集聚到城镇，直接带动了第三产业的发展，现代服务业得到提升，新兴业态加快形成。远洲大酒店、大商新玛特休闲购物广场、世纪购物广场、胜利时尚地下购物广场、大商老虎屯 NTS 购物中心等一批商业设施相继建成，国美、肯德基、麦当劳等近百家品牌连锁店进驻瓦房店，华太财富广场建设加速推进，世界 500 强家乐福签约落地，比亚迪、北京现代 4S 店等汽车服务项目填补了行业空白。重大服务业项目的布局和引领，改善了市民消费模式和生活品质，提升了城市功能和现代化水平。编制完成了全市旅游产业发展规划，开发旅游景区 12 个，新增 AAA 级景区 2 个、AA 级景区 4 个；香洲田园城、太阳谷温泉小镇等建设快速推进，温泉产业集群初具规模；海滨度假、温泉养生、历史文化、生态休闲四大格局基本形成。高水平承办了两届中国·大连（瓦房店）国际苹果节。加强土地监管，化解用地难题，出让土地 566 宗。房地产累计开工面积 541.6 万平方米，实现销售收入 146 亿元。金融业步入加速发展轨道，成立了长兴村镇银行，引进民生、招商等 5 家银行，金融机构数量居省内同类城市之首；预计实现存款余额 486 亿元，贷款余额 300 亿元，分别是 2007 年的 2.3 倍和 3.5 倍。研发设计、交通运输、信息咨询、广告传媒等健康发展，市场化水平显著提升。

（三）社会保障全覆盖

瓦房店市社会保障体系不断健全，社保基金管理和退休人员社会化管理实现了科学化、制度化和规范化。为了适应大量农民工市民化的需要，瓦房店大力实施安居工程。目前全市住宅总面积达 900 余万平方米，人均住宅面积达到 27 平方米。累计拆迁改造棚户区 38.3 万平方米，拆迁改造率达到 97%。加大城乡接合部平房拆迁改造力度，2008 年以来，城乡接合部新建住宅 40 余万平方米。2013 年，瓦房店投资 3 亿元新建保障性住房 1600 套，同时加快推进 2012 年开建的 1000 套保障性住房的收尾工程。瓦房店市继续扎实推进民生工程，实施就业、就医、就学以及社会保障、扶贫帮困、城乡安居等 10 项惠民

实事：新增就业岗位 2.5 万个，城镇登记失业率控制在 3% 以内；实施农村房屋整体改造 2000 户，维修残疾人家庭危房 100 户；与此同时，瓦房店大力开展环保全民行动，积极倡导绿色低碳生活，引导社会公众自觉选择节约、环保、低碳的生活方式和消费模式，市民的环境保护意识和社会责任感得到显著提高。

近年来，随着经济不断发展和城乡一体化快速推进，瓦房店部分农转城及被征地农民从农业人口转化为城市户口或小城镇户口。特别是原 4 个老建制镇和老虎屯、永宁等乡（镇），有近万人由农业人口转为非农户口，他们年龄偏大，经济来源少，生活水平低。为了从根本上解决他们的养老问题，瓦房店市政府从 2009 年以来，连续 4 年请求大连，申请给予瓦房店小城镇居民参保政策倾斜，将小城镇居民纳入社保体系。经过几年的努力和探索，2013 年 1 月，大连专门为瓦房店下发了《关于城市规划区外小城镇户籍人员参加职工基本养老保险有关问题的意见》（以下简称《意见》）。《意见》规定：“凡在 2008 年 10 月 13 日前未达到国家规定退休年龄的小城镇居民，可在 2013 年 6 月 30 前以灵活就业人员身份参加职工基本养老保险。”并部署参保办理流程，设立专门窗口，实行部门联动，确保及时办理参保、缴费和待遇审批工作。仅几个月的时间，已有 1800 人参保，办理退休 500 人，月人均养老金达到 1100 元。

瓦房店推进助残济困，发放各类救助款 2500 万元；完善社会保障体系，新型农村居民社会养老保险参保率达 90% 以上；推进教育信息化建设，新建“班班通”电化教室 1000 个；投资 1.2 亿元，推进 50 个村“六化”工程；新建农村公路 60 公里，改造市政道路 14 条，建设 3.5 万平方米地下停车场。

瓦房店在辽宁省率先启动了县级城镇居民基本医疗保险工作，率先建成残疾人托养中心。将城市规划区外的小城镇户籍居民纳入社会保障体系，使这部分特殊群体有了基本的养老和医疗保障，解除了他们的后顾之忧。瓦房店中心医院在全省县级单位首批晋升为三级乙等医院，市疾控中心、市民健身中心、市常年病托养中心、市老年活动中心竣工并投入使用。建筑面积 1.6 万平的市精神和智力残疾人康复训练中心建成，是国家县级最大的康复训练中心。城乡居民健康档案建档率达 70% 以上；新型农村合作医疗参合率达 99.3% 以上。

参考文献

《辽宁省瓦房店市高昂起东北县域经济的龙头》，辽宁省信息中心，2012 年 6 月 29 日。

于险峰：《瓦房店市唱响城乡统筹发展的“二人转”》，《农民日报》2010 年 4 月 27 日。

于险峰、张仁军：《辽宁省瓦房店市“三化同步”壮大县域经济》，《农民日报》2012 年 1 月 20 日。

B.19

新型城镇化构架下中心镇建设与发展

解秀玲　邹玉杰　吴　刚*

摘　要：

中心镇是城乡之间带动一定区域农村经济发展的中心，中心镇建设是大连城镇化的重要组成部分，是实现工业化与城镇化的重要战略支点和节点，加强中心镇特色发展研究，有助于推进中心镇人口集中、产业聚集、功能集成、要素集约，有益于为促进城镇化健康发展探索具体的实践模式和推进策略。本文通过对布局在辽宁沿海经济带中大连市县域中心镇建设与发展情况的深入调研，分析制约中心镇发展的困难和问题，总结特色典型经验，提出加快中心镇特色发展的对策建议。

关键词：

城镇化　大连市　中心镇建设

一　大连县域中心镇建设与发展基本情况

2009年，为贯彻《辽宁沿海经济带发展规划》，大连市创造性地提出“多中心规划、组团式布局、链条式发展”的全域城市化战略。经过4年的发展，大连市经济总量连续突破了“三个五”“三个六”“三个七”的大关，进入城

* 解秀玲，大连行政学院经济学教研部教授，主要研究方向为宏观经济、城乡经济；邹玉杰，大连行政学院科社教研部教授；吴刚，大连行政学院经济学教研部博士。

市与乡村、经济与社会、人口与资源统筹协调发展的新阶段，保持了区域竞争中的优势地位。实践证明，全域城市化战略是从大连实际出发，破解资源发展瓶颈的历史必然选择，从理念、规划到内容，与国家城镇化本质一致、高度契合，并赢得了先机和主动，成为探索实践城市化发展道路的创新举措，为国家新型城镇化发展提供了具体的实践探索路径和经验。全域城市化是以新型工业化为基础、信息化为动力、通过农业现代化而实现城乡一体化的历史过程。作为一种发展战略，全域城市化是以城市化、工业化、信息化和农业现代化的统筹推进为深层意蕴，直观地表达了大连推进新型城镇化的实践特色。可以说，十八大报告中的“新四化”，在全域城市化的内涵中都有体现。目前，大连已经进入推进全域城市化的关键时期，大连市委、市政府总结和反思全域城市化战略实施以来的经验和成果，将推进中心镇建设作为加快全域城市化进程的一项重大任务。

（一）中心镇建设与发展的重要意义

推进中心镇建设是大连市贯彻中央新型城镇化的重要举措，也是统筹协调“四化”（全域城市化、新型工业化、城市智慧化、农业现代化）的重要抓手，对推动城市健康、可持续发展意义重大。

1. 推进中心镇建设是加快全域城市化的客观要求

中心镇建设是全域城市化的重要组成部分，多中心、组团式发展，离不开中心镇的参与和补充。经过多年发展，大连城市布局基本完成，形成了由主城区、县城、中心镇构成的多层次城镇化体系。当前主城区已成为功能完备、生态宜居的现代化国际城区，县城发展也达到了较高的水平，具备了较强的经济实力和服务功能。但相对比较而言，中心镇发展相对滞后，成为城镇化体系中的短板。因此，今年市委、市政府将瓦房店太平湾临港经济区、普兰店皮杨经济区、庄河大郑镇、长海广鹿岛乡 4 个中心镇作为全域城市化城镇体系的重要支点给予重点扶持，以促进全域城市化城镇体系进一步完善。

2. 推进中心镇建设是造福百姓、富裕农民的重要途径

城镇化其核心是人的城镇化，目的是造福百姓、富裕农民。推进中心镇建设，有利于城乡两个市场更好地连接起来，有效推动产业发展，大量吸纳农村劳动力，让广大农民就地转移，促进农民收入的增长；有利于加强城乡一体化的市政基础设施建设，为广大涉农区域的居民创造舒适便捷的生活条件；有利于推动教育、文化、卫生等优质资源向农村延伸，提高公共服务的能力和水平。以庄河为例，庄河现有人口 86 万，其中市区人口 30 万，城市化率为 35%，如果重点建设 3 座中心镇，每个中心镇吸纳 8 万人，就可以吸纳 24 万人进入中心镇，城镇化率就会大幅度提高，并促使城镇化沿着集约、节约发展之路健康前行。

3. 推进中心镇建设是拉动内需，推动经济持续较快增长的强大引擎

研究表明，城镇化率每提高 1 个百分点，就可以拉动 GDP 增长 2 个百分点。在城镇化进程中，中心镇具有举足轻重的地位，中心镇在一定区域内，区内优势明显，对周边农村和乡（镇）具有较大的吸引力和辐射力，既是连接城市和乡村的节点，也是承接城市产业转移的重要平台。推进中心镇建设将有力促进城镇化发展，释放巨大的内需潜力，带来更大规模投资需求和消费需求，打造支撑县域经济发展的新增长点，继而成为推动城市经济持续较快增长的强大引擎。

（二）大连在中心镇建设中的“五个结合”

中心镇建设是大连全域城市化的重要组成部分，组团式、链条式的发展，离不开中心镇的参与和补充，面对国家出台城镇化发展规划的大好机遇，大连市先行推进中心镇建设，坚持以改革为推动力，着力破解区域发展的体制机制、产业结构和经济活动空间等深层次矛盾。主要做法可概括为“五个结合”。

1. 把推进中心镇建设与促进人口集聚相结合，提高城市化率

改善农民生活条件，不断提高城市化率，是推进中心镇建设需要达成的一项重要目标。因此，大连在中心镇建设过程中，不仅考虑存量发展，还考虑到增量发展，以寻求能够成为推动全域城市化和经济社会发展的新增长极。当下，大连市委、市政府确定的太平湾、皮杨、大郑和广鹿岛 4 个试点镇，主要是起典型引路、以点带面的作用，并使之成为大连市新的城市区域和未来东北地区振兴的第二个增长极。

2. 把推进中心镇建设与加快工业化相结合，促进产业与城市互动发展

工业化是城镇化的发动机，城市化新增人口要生活，劳动力要就业，这一切需要以工业化为基础，没有工业化就业无保障，公共设施建设和维护也难以持续。大连市坚持发挥工业化和城镇化的双轮的驱动作用，加快推进中心镇产业园区建设，使中心镇成为工业化的社会依托，使工业化成为中心镇的重要支撑，推动工业化和城市化的协调发展。

3. 把推进中心镇建设与完善社会保障相结合，提升居民生活质量

在推进中心镇的建设中，大连市在完善基础设施、社会发展事业、保障公共服务的同时，加快对农村落后生产方式、生活方式的现代化转变，将农民变市民，平房变楼房，分散低效变集约高效，注重提高广大农村生产和生活性土地的利用率，提高劳动生产率和农村人口收入，进一步提升人民的生活质量。

4. 把推进中心镇建设与全域城市化总体布局、实施步骤相结合，增强综合发展的效益

全市所有乡（镇）在规划建设时，要以全域城市化布局和发展步骤相一致，把人口集聚的成长性、经济增长的发展性、社会建设的可持续性统筹起来考虑，不允许乱批、乱建。其目的是将有效的资源和资金用在最具成长性的中心镇，提升城市建设与发展的综合效益。

5. 把推进中心镇建设与资源变资本相结合，引导社会资源参与建设

城市化过程不仅是政府主导的社会进步、生产力进步的现代化过程，更是一个以市场为基本运作方式的经济发展过程，单靠有限的市县两级财政是不可能支撑全域城市化对中心镇建设和发展的需求。所以大连市用开拓性的政策、有限的资金、最优化的发展选择，撬开市场的大门，使中心镇成为资金集聚、产业集聚、人口集聚的沃土，成为土地升值、城市功能完善、环境和谐的优美宝地。

二　制约大连县域中心镇建设与发展的瓶颈

虽然大连在县域中心镇建设的发展中取得了一定的成效，但从总体上看，中心镇建设的发展步伐与中央新型城镇化的总体要求还有较大差距，还存在着

城镇规划的特色和统筹与协调性上有待增强，促进农民工转变为市民的政策措施有待突破，产业化对中心镇建设与发展的拉动作用有待提升，制约中心镇建设与发展的土地和资金有待解决以及中心镇管理体制机制有待创新等亟待破解的问题。

（一）城镇规划的特色和统筹协调性上有待增强

科学的规划是城乡健康发展的保证，也是引领城乡建设的最重要蓝图。当前，村镇规划中，存在规划超前性不足与实施操作性之间的现实矛盾，存在规划技术与方法缺乏创新的问题，存在规划雷同与缺乏本地特色等问题。在规划实施中存在随意变更规划、不执行规划等主观问题，这些都直接影响中心镇的科学发展。

（二）促进农民工转变为市民的政策措施有待突破

由于缺乏统一规范的宅基地及房屋流转制度、农民自愿放弃宅基地的货币补偿机制以及农民和外来务工人员转市民的社会保障进行有效衔接等相关政策，在一定程度上阻滞了中心镇的快速发展。虽然各中心镇的社会事业不断发展，但文化教育、医疗卫生、劳动保障等社会事业发展仍相对滞后、水平较低，劳动力培训与中介机构缺乏，就学、就业、就医、社会保障和住房保障“三就两保”问题仍然突出，农民就地、就近转移进入镇区居住以后，仍然享受不到与原城镇居民同等的就医、就学、就业、服役等社会福利保障。部分弱势群体还得不到及时救助，技术、服务、管理人员力量薄弱等。

（三）产业化对中心镇建设与发展的拉动作用有待提升

当前，受国内外经济发展环境不确定、不稳定等因素影响，经济发展速度普遍放缓，就业压力不断加大。产业发展对全域城市化发展的拉动力逐步减弱，难以有效支撑城镇化快速推进。目前，在中心镇建设中，普遍存在主导产业不明晰，缺乏特色主导产业；产业结构不够合理，产业集聚能力不强；缺乏产业发展前景好、吸纳就业能力强的好项目，农民就业和收入水平难以保障；中心镇自我造血功能偏低、抗风险能力不强等问题。

（四）制约中心镇建设与发展的土地和资金有待解决

土地和资金成为当前中心镇建设与发展中面临的主要问题之一。一是城建资金投入不足，城镇基础设施滞后。近年来，各地中心镇加快城镇建设中虽然积极拓宽融资渠道，但是由于基础设施欠账太多，城镇和人口规模急剧扩大，建设资金吃紧。二是建设用地供应不足，城镇发展空间受限。一方面城镇不断发展壮大，建设用地刚性需求随之增长；另一方面城镇建设用地指标多用于县城以上城市及产业集聚区，留给中心镇的建设用地指标所剩无几。部分中心镇还存在粗放型发展、土地利用效率较低等问题。

（五）中心镇管理体制机制有待创新

目前镇级政府管理常处于机制不顺、职能不清、管理忙乱的状态。一方面上级派驻机构多、级别高，遇事相互扯皮推诿，镇政府工作协调难度大；另一方面城镇建设与管理权责不一致，管理难度大。镇政府“看得见、管不着”，上级管理部门“管得着、看不见”。建设立项、规划与用地报批周期太长、程序过于烦琐，严重影响行政效率。中心镇管理权限有限，作为镇级政府责任与权力不统一、财权与事权不相称、经济社会管理方面滞后，致使各中心镇在发展中缺乏应有的“底气”。

三　大连县域中心镇建设的典型经验

在大连县域中心镇建设与发展中，作为 4 个试点中心镇的庄河大郑镇，按照大连市加快实施全域城市化的战略部署，以产业化带动城镇化、城镇化促进农业现代化的思路，通过精心谋划、重点突破，布局了国家生态工业示范园，已初步形成了产业区和新城镇齐头并进、城镇化与农业现代化融合发展的可喜局面，在新型城镇化发展方面进行了有益探索，为中心镇建设与发展提供了可借鉴的经验模式。大郑镇的做法主要体现在以下几个方面。

（一）以“三化”融合促进城镇化

工业化是城镇化、农业现代化的动力，城镇化为工业化、农业现代化提供平台和服务支撑。如何从当地实际出发，促进工业化、城镇化、农业现代化融合发展，使三者在相互促进中实现跨越，一直是大连也是全国其他城市地区发展所面临的难题。近年来，大郑镇以新型工业化为动力，促进三次产业互动、“三化”融合发展方面进行了有益的探索，取得了显著的成绩。

新型工业化主要体现为工业园区化、高附加值化和低碳化。大郑镇通过聚焦发展大连国家生态工业示范园区（静脉产业类），重点打造国内一流的再生资源深加工产业集群，一方面有力地带动了全镇经济总量发展，同时还吸纳了大量的人群来大郑就业，带动了居住、物流、金融和商贸等服务业的大发展，为城镇化加速推进提供了强大的支撑。2012 年，全镇工业总产值达到 72 亿元，拥有工业企业 136 家，形成了以再生资源回收、利用、深加工、再制造等静脉产业为主导，以食品加工业、服装等为特色的工业体系，走出了一条具有大郑特色的新型工业化道路。

新型城镇化是大郑镇“三化”融合的载体和支撑，体现在产城互动、服务均等、生态宜居诸方面。通过高品位的规划、建设、整合，全镇着力构建“一城、二区、三带”的发展格局。“一城”指大郑新城，总规划面积 20 平方公里，采取组团式发展，由三个组团组成，是大郑镇政治、经济、文化、商贸、信息中心，是大郑镇第二、第三产业集中发展区。“二区”指姜窑物流仓储区、高阳食品加工区。“三带”指沿海水产业产业带、中部都市农业产业带、北部生态农业产业带。

农业现代化是大郑镇“三化”融合的依托和保障，体现在提高规模化、生态化、产业化和高附加值化。近年来，大郑镇以设施农业为重点，农业经济稳步增长，产业化水平不断提高，发展设施农业大区 8 个、小区 62 个；大棚 1800 个，面积达 6100 亩。农民专业协会和农民专业合作社发展到 32 家。农业科技含量不断提升，引进农业新品种、新技术 28 项。农业机械化水平大幅提高，拥有农机具 1200 余台。2012 年，大郑镇农业总产值实现 17 亿元，以设施农业、都市农业和养殖业为主导的现代农业产业体系初步形成。

（二）以“三集中”为路径加快城镇化

1. 工业向园区集中

现代化、特色化、低碳化的新型工业园区是推进新型工业化的重要空间载体支撑，是促进新型城镇化加速发展的重要着力点。近年来，大郑镇以大连国家生态工业示范园区（静脉产业类）为重点，工业经济实现快速发展，园区基础设施建设稳步推进。截至2012年年底，园区已完成土地平整5500亩，累计完成投资20亿元；落实项目19个，总投资28.6亿元，形成了以再生资源回收、加工和利用等静脉产业为重点，以大连东汇再生资源利用有限公司、大连凯博城市矿产基地有限公司为代表的废旧物资回收和资源再生利用产业集群，真正做到了园区特色化、项目集聚化、产业集群化。

2. 农民向城镇集中

大郑镇有7个村纳入辽宁省城乡建设用地增减挂钩工作试点，共15个项目区，涉及72个自然屯、5176户、17092人。项目试点已于2012年9月全部获批。为落实城乡建设用地增减挂钩政策，推进大郑新城建设，落实“农民向城镇集中”的战略构想，镇政府决定将7个村村民整体搬迁至大郑新城。截至2013年2月，共签订动迁协议1489份，大郑新城已安置农户426户，分发房屋639套，安置群众1507人。2013年计划建设27万平方米农民回迁楼及配套设施，目前项目地块已经选定，正在积极推进项目落实。

3. 土地向规模化集中

一是大郑镇积极探索农用地流转机制，积极推进农业招商引资，探索通过租赁和土地入股等多种方式，引导上楼农民把分散的零星土地统一集中起来流转给大型农业企业经营，让产业链条下移到农村，加速实现农业向规模化、产业化、集约化转型。先后引进了田祖、富阳、润亿众达等农业龙头企业，带动了农业产业化发展。大连田祖生态农庄将“企业+农户”这种新的发展模式引入大郑，将全村400多户农民吸纳到农庄中来，提高了农民收入。投资10亿元的宏发富阳农业生态园项目，将酒庄文化引入到大郑来，提升了大郑庄园经济的档次。引进以润亿众达为龙头、总投资5亿元的万亩蔬菜基地项目，打造大连蔬菜基地的样板工程。二是探索农村建设用地转换机制，大郑镇积极开展城乡建设用地增减挂钩试点，将空置宅基地连片复耕转化为耕地，对于转移集中到政府手中的土地，政府采取区别管理、分类使用的办法进行处理，部分土地连片复耕转化为耕地，实现建设用地的空间置换，部分土地用于修建集中居住区。

（三）以“两增”为目标走新型城镇化道路

“两增”即是农民收入增加和政府财政收入增加。大郑镇坚持以增加农民收入为主要着眼点积极推进城镇化进程，通过五个方面提高农民收入。一是农民可以选择每亩土地换500斤粮食/每年（或折成现金）或者入股方式出让土地，使农民通过转让土地经营权后，获得稳定的土地收益权。二是向每户提供一个在企业或者政府公益岗位的工作机会，确保进城农民在城镇里稳定就业，取得收入。三是计划组织农民在原有耕地上集中建设农业大区和养殖业大区，保证每户拥有一个设施农业大棚，并为建棚农民提供1万元/棚的资金扶持，同时协调金融部门为农民建棚提供贷款。四是整理土地后每户多分1亩土地，使农民在原有的土地之外又新增了一部分土地收益权。五是按现有人口每人6平方米标准建设商业设施，由各村独立经营，收益在本集体经济组织成员中进行分配。在农民收入增加的同时，随着工业的集约化发展，服务业的均衡发展，农业产业化程度的提高，三次产业将实现融合互动发展，直接推动全镇产业规模壮大和经济总量的提升，从而带动政府财政收入实现大幅增长。

（四）探索农民向城镇转移的模式

大郑镇重点突出以人为核心的新型城镇化，积极探索农业转移人口市民化的有效模式。一是“收入保障”模式，让农民放心进城，通过提供土地流转保底金或土地入股等多种方式，引导农民将原有的土地经营权转换为土地收益权，让农村剩余劳动力从土地上解放出来，放心到大郑新城居住、就业，过上现代化的城镇生活，将失地农民完全纳入城镇居民社保体系。二是“服务均等化”模式，让农民高兴进城，通过全镇基础设施配套服务和教育、卫生、文化、养老等公共服务水平的提升，让农民享受舒适、健康、快乐的城市生活。三是“住房保障”模式，让农民在城里住有所居，结合城乡建设用地增减挂钩，规划建设集中居民点为进入城镇的农民提供住房保障。四是“就业保障”模式，让进城农民都有工作，大力发展再生资源回收利用、农产品加工等特色产业，做大产业规模，创造就业机会，为进城农民提供就业保障，同时鼓励农业企业吸纳本地农民就业，确保部分农民在离土不离乡的前提下实现就地市民化。五是“就业培训”模式，提升农民就业能力，大力开展农民就业培训，提高农民就业素质，通过有针对性的培训，实现农村剩余劳动力向城镇有序转移、重新就业。

四　加快中心镇特色发展的对策建议

加强中心镇建设与发展是推进中央提出的新型城镇化道路的根本途径。而中心镇建设重在从本地区的实际出发，求索多元形态的特色发展之路。为此，需多措并举，科学推进。

（一）突出规划引领

推进中心镇建设，科学规划是首要前提。要强化规划在城镇建设中的基础性、法律性地位，加快编制和完善中心镇总体规划，使经济社会发展规划、城乡规划、土地规划“三规合一”。要明确中心镇的地位、职能和分工，科学定位中心镇与主城区、周边镇的功能作用和互补关系，推动中心镇与各自组团无缝对接，形成同步共镇的发展局面。规划编制，要充分发扬民主，建立公众参与的长效监督机制，让群众的利益得到切实地维护。规划实施过程中，要充分维护规划的严肃性和权威性，确保无论形势怎么变化，都严格依法推进规划的实施与调整。另外，还要统筹协调好“产业发展区、城市建设区、生态保护区”三者之间的关系，明确中心镇等重点地区的功能定位、发展方向、建设范围等，增强对周边区域的辐射和带动功能，增强对城镇化的支撑能力。

（二）加强产业支撑

产业是城市发展的源泉，没有产业支撑的城镇发展如同无源之水。要坚持城镇发展与产业成长两手抓，把中心镇建设与调整产业结构、培育新型产业、

发展服务业紧密结合起来。加快产业集聚，培育产业集群，是大力推进中心镇的必然要求。加快中心镇建设，应把重点放在培育建设产业聚集区、发展商贸流通上，真正发挥中心镇的辐射带动作用。要从中心镇区位、资源特点出发，建成一批工业带动、资源开发、旅游度假等有特色的产业，既有主导产业，也提倡多业并举，避免“有城无市”“有镇无业”现象。产业发展，要以培育支柱产业为重点，确立发展主导产业，努力形成以“一镇一业”为主、多业并举的特色产业经济，同时大力培育各类农业产业化经营龙头企业，提高中心镇的抗风险能力。要加大招商引资力度，引进一批产业发展前景好、吸纳就业能力强的好项目，促进城市产业向中心镇转移，进一步增强产业的支撑力。

（三）加强市政设施建设

要坚持基础先行，适当超前，加大建设力度，全面提升中心镇基础设施总体水平。要加快推进道路、供水、供电、通信等基础设施建设，提高污水处理、垃圾处理能力，提高中心镇综合能力。市政基础设施建设必须通盘考虑，一起推进，绝不走重地上、轻地下的旧路。本着“统筹兼顾、确保重点、适度超前”的原则，围绕“四大城市组团”，着重投向“七区”、普湾新区、太平湾临港经济区、中心镇等重点地区。加强供水、排水、供电、供气、道路、交通等基础设施和节能减排、环境保护项目建设，使城市化重点地区的城市硬件设施建设水平迈上新台阶。加快制订中心镇的建设方案和标准，明确建设的区域范围和建设重点等，确保中心镇基础设施建设科学推进。

（四）完善公共服务体系

要推进公共服务均等化，促进教育、卫生、医疗等优质资源向中心镇延伸，完善公共服务体系，增强社会保障能力，打造特色便民的服务品牌，使广大农民能够享受到城市的各种服务。要完善人口管理制度，促进人口有序流动，合理分工和社会融合。在公共服务配置上实现新突破。根据公共服务均等化的原则，统筹考虑中心镇等重点地区在区域经济发展中的服务地位，合理确定基本公共服务设施的建设规模，完善公共服务体系的重点，制订分阶段的实施方案。加大市政府投资的支持力度，支持“七区”、普湾新区、太平湾临港经济区、中心镇等重点地区的公共教育、医疗卫生、文化体育、人口计生、社会服务和劳动就业等基本公共服务设施和公共服务体系建设，使城乡之间、区域之间的基本公共服务水平差距明显缩小，城镇服务功能显著增强，能够更好地满足居民工作、生活的需求。

（五）广开融资渠道

中心镇建设存在较大的投融资空间，各地区应不等不靠，积极拓宽融资渠道，建立与新型城镇化相适应的投融资体系。要充分发挥市场的积极作用，按照以市场筹集为主，通过政府拉动、社会投资、招商引资等多渠道融资途径，建立多元化城镇设施建设的投入机制。坚持“谁投入谁收益”的原则，促进基础设施建设投资主体多元化、项目经营企业化、实施享用市场化，鼓励以公有民营、民办公助、股份制等多种形式，吸引私人、社会和境外资本参与基础设施和公共服务的建设运营，支持中心镇建立投融资平台，发挥项目以土地打包融资的能力，并把农用地和宅基地等农村集体土地流转的市场建立起来，将生产资源释放出来，为中心镇的发展筹集资金。

（六）加大政策扶持

城镇化的核心是人的城镇化，要加快推进户籍、住房、就业、社会保障等方面的制度创新，形成有利于农民向中心镇有序转移、就业、创业、居住的制度体系，使他们既实现地域和职业转换，又完成身份和地位转型。要改革当前财力分配体制，逐步改变以行政级别作为主要依据分配财源的做法。进一步完善家庭联产承包责任制，加快促进农村土地和宅基地确权及流转，使农业现代化有规模经济的基础，与新型城镇化相辅相成，减轻各方面的后顾之忧。要增加政府支持、指导力度。加大工业反哺力度，从政策、制度、投入等方面给予中心镇支持。要提高各级政府财政的支持力度，改善投资结构，对参与中心镇发展事业的民营企业给予金融、税收等方面的优惠待遇。

（七）强化镇区管理

积极推进中心镇行政管理体制改革，实施强镇扩权政策，赋予试点镇部分县级经济和社会管理权限，强化镇政府在镇村规划建设、投资审批、文化教育、就业和社会保障、医疗卫生、计划生育、工商管理、社会治安等公共服务与管理职能。大力提高城镇综合管理水平，倡导“城不在新，重在特色；镇不在大，优在功能；楼不在高，美在环境”的理念，实行城管、环卫、绿化三支队伍进城镇，建设人文城镇、和谐城镇、宜居城镇，为群众提供更好的安居乐业的环境。同时，要强化乡（镇）管理者队伍素质的提高，为群众中提供高品质的服务管理。为此，要特别选好配强中心镇的党政一把手，选派一批熟悉业务的同志充实进领导班子，着力打造一个作风优良、视野开阔、务实干事、廉洁自律的坚强的领导班子，不断提高中心镇建设的发展能力和管理水平。

（八）打造整洁优美环境

“保护生态环境就是保护生产力，改善生态环境就是发展生产力”，这句话是习近平总书记最近在中央政治局集体学习会议上讲的最新的观点。要把生态文明理念贯穿中心镇发展的全过程，加强生态保护和环境建设，加快垃圾和污水处理设施建设，改善中心镇生产、生活环境，深入开展镇容、镇貌综合整治，打造清新整洁、舒适优美的生产生活环境，建设特色鲜明、独具魅力，生态宜居的美丽城镇。要摒弃“先污染、后治理”的落后观念，树立在“在保护中发展，发展中保护”新理念，建立健康文明的生产生活方式，促进经济社会发展与资源环境承载力相适应，提高中心镇生态环境效益。

总之，中心镇建设是一项宏伟工程，既要解放思想，敢于突破框框，又要遵循规律，科学有序地推进。要抓好特色中心镇典型示范，以点带面；要建立中心镇考评体系，加强跟踪督查，确保中心镇建设科学有序地推进；要研究制定推进中心镇建设的政策措施，强化政策扶持；要按照职责分工，统筹协调各有关部门，齐心协力为中心镇建设做好服务保障工作；要落实好各项政策，引导资金、项目、人才等资源向中心镇集聚；要加大宣传力度，营造关心、支持中心镇建设的良好氛围。

B.20

以新型农村社区建设为突破口推进城镇化

济南市行政学院课题组*

摘　要：

孝直镇抓住国家实施城乡建设用地增减挂钩试点政策以及省、市关于实施农村住房建设和危房改造工作的机遇，立足本镇实际，以新型农村社区建设为切入点和突破口，走出了一条具有鲜明特色的城镇化的路子。主要做法是以维护群众权益为前提，以土地综合整治为平台，将全镇规划为1个镇驻地、7个中心社区和4个基层社区，逐步推进人口向驻地和中心社区集中，转变农民生活方式；产业向基地和园区集中，转变农村发展方式；土地向大户集中，转变农村经营方式；管理向社区集中，转变农村管理方式。

关键词：

孝直镇　新型农村社区建设　城镇化

一　孝直镇概况

平阴县孝直镇是山东省济南市最南端一个偏远农业大镇，位于平阴、肥城、东平三县（市）交汇处，是济南市的南大门，因恪守孝道，忠厚信

* 项目组成员：吴学军，济南市行政学院经济学教研部主任、教授，主要研究方向为新制度经济学、收入分配；刘忠亮，平阴县孝直镇党委书记；姜珲，济南市行政学院经济学教研部副教授；高岩，济南市行政学院经济学教研部副教授。

直而得“孝直”之名。自古以来，即商贾云集，贸易繁荣。2005 年 11 月，原孝直镇和店子乡合并为一个镇，合并后的名称为孝直镇，驻地设在原孝直镇驻地。全镇辖 64 个行政村，7 万人，总面积 143 平方公里，其中农业人口 6 万人，耕地 11 万亩，人均耕地 1.76 亩。该镇地理位置优越，交通方便，105 国道、济菏高速公路贯穿南北，64 个村全部通上了柏油路，通信设施现代化，有着发展外向型企业的良好条件，是省级开发区山东平阴工业园南区所在地。

目前，全镇建成社区 4 个，白庄基层社区、孔庄基层社区、商庄基层社区和薄罗基层社区；在建社区 5 个，驻地社区、展洼中心社区、丁屯中心社区、亓集中心社区、店子中心社区；即将启动建设的社区 2 个，谷楼中心社区和营子中心社区已通过规划论证。社区建设计划总投资 23 亿元，目前已投资 5.2 亿元，已搬迁入住 2600 户，旧村搬迁腾空土地 1050 亩。

孝直镇农业产业特色明显。全镇无公害蔬菜面积达到 7 万亩，汇东片区已实现了蔬菜全覆盖，在汇西的商庄、付庄、黄庄形成了 10000 亩的设施蔬菜新片区。先后引进培植了山东超牛、济南现代农牧科技、平阴民享、济南禾宝中药材、大连雪龙集团等一批农字号龙头企业。目前，全镇拥有省级龙头企业 2 家，市级龙头企业 6 家，“民乐享”牌蔬菜被国家农产品质量安全中心认证为无公害农产品。

孝直镇工业走“改、引、放”的路子，机械加工产业已成为孝直镇的主导产业，初步形成机械加工与制造、纺织印染、建筑建材、农副产品加工四大工业群体。平阴县工业园南区（孝直片区）于 2006 年由省政府批准设立，总面积 27 平方公里。功能定位以发展机械与轻加工工业生产、流通为主。经过近几年的发展，园区建设和项目引进初见成效。先后有济南鑫优特汽车零部件制造、济南浩新实业、济南建昌机械、济南绿安食品、台资北杉化学、青岛英泰热源等 15 家企业入驻园区。目前，全镇规模以上企业已达 26 家，机械产品 15 个系列，上千个品种，形成了以齿轮、缸体、轴瓦、衬套、工字梁、轮胎、管件等汽车、摩托车、管路连接件为主导产品的机械制造产业链，成为长江以北知名的机械配件加工基地。2012 年，全镇生产总值 28.5 亿元，规模以上工业企业实现销售收入 12.93 亿元、利税 1.45 亿元。

按照建设省级中心镇的目标，参照小城市的标准，依据《平阴工业园孝直片区规划》，完善调整了《孝直镇驻地规划》，进一步明确了功能分区。镇驻地初步形成政务区、商贸区、文化娱乐区、工业区、居民区的小城镇格局。全镇国家级科研实验学校2所，省级绿化学校1所，市级绿化学校2所，市级校园文化示范学校6所，市义务教育课程改革先进单位1所。小学适龄儿童入学率100%，入园率达到100%。先后投资近500万元，建设了镇文化服务中心，为全镇53个村配备了文体器材，建成市级农家书屋32个，文化大院32个。孝直镇高度重视文化遗产的挖掘工作，“加古通”“和圣柳下惠”两项被列入省非物质文化遗产名录。先后投资1500万元，建设了高标准卫生院门诊楼，对原门诊楼、病房楼进行了装修改造，安装了中心供氧、中心吸引等医疗设备，实行集中供暖，引进了新的医疗设备。全镇28个卫生所完成标准化建设。

目前，孝直镇是山东省城乡建设用地增减挂钩示范镇、城镇化建设试点镇，是济南市首批全国安全社区，先后获乡村文明行动省级示范镇、省级文明镇、山东省环境优美乡镇，市新农村建设先进乡（镇）等荣誉称号。

二 孝直镇以新型农村社区建设推动城镇化的做法

孝直所辖64个行政村，村均人口968人，其中500人以下的有12个，最小的仅43人。由于村庄规模偏小、布局分散，特别是随着外出打工人员增多、人口向城镇迁移，许多村变成了“空心村”，不仅浪费了土地资源，而且基础设施难建设、公共服务难推进、现代农业难发展，有的偏僻山村甚至仍停留在20世纪80年代的水平上，农村“脏乱差”现象无法根本改变。不打破原有的村庄布局，不打破一家一户的农业生产经营方式，政府投入再多也难以建成真正意义上的新农村，也难以推进城镇化进程。该镇领导班子在到合肥、成都等地考察和广泛调研论证的基础上认为，只有通过合村并点建设新型社区，推进农村土地、基础设施、公共服务等诸多资源要素的优化整合与集约利用，才能从根本上改变农村面貌，进而加速城镇化和城乡一体化进程。

新型社区是农村发展到一定阶段的必然选择，代表了农村的未来发展方向，反映了城镇化的必然趋势，孝直镇已具备了良好的政策环境和现实条件。

一是政策机遇难得。国家2005年出台了城乡建设用地增减挂钩政策，着力优化城乡土地资源配置，加快推进土地管理制度改革。2008年，平阴县被列为全国第二批城乡增减挂钩试点，并首先在孝直镇白庄村进行了移址新建的成功尝试，受到群众普遍欢迎。二是资金筹措有路。省市相继出台了推进农村住房建设与改造的意见，明确了村庄建设节约出的用地指标获取的土地级差收益返还、鼓励企业先期投资建设等政策，为新型社区建设提供了新的资金筹措渠道。三是农民建房愿望强烈。孝直镇工业基础雄厚，特别是随着近年来中央一系列惠农政策的落实，全镇蔬菜产业迅速发展，农民收入大幅度增加，富裕起来的农民想建房、建好房的愿望越来越强烈。为此，孝直镇顺应群众意愿，决定在全镇范围内实施村庄整合、建设新型社区，力争经过3~5年的努力，以新型农村社区建设为突破口，走出一条具有鲜明特色的城镇化的路子。

（一）以维护群众权益为前提，有序推动新型农村社区建设

1. 科学规划社区布局

孝直镇按照城乡一盘棋、城镇协调发展和各项规划高度衔接的思路，本着“高起点、高层次”的原则，合理确定社区建设规模，科学规划空间布局。同时，组织专家、村民代表对社区详细规划，集中评审，确保规划科学合理、符合实际、特色突出、风格多样。依据《孝直镇总体规划》《孝直镇新型农村社区体系规划》，将全镇规划为一个镇驻地、7个中心社区、4个基层社区。

“十二五”期间，以建设省级中心镇为目标，建成为环境优美宜居、宜业的现代化小城镇。工业园（镇驻地）起步区规划为4平方公里。重点规划建设面积3平方公里，使镇驻地人口达到3万人。重点建设1平方公里的新区，改造提升1平方公里的老区，集中打造1平方公里的工业项目安置区。驻地规划参照小城市的标准，规划为政务中心、金融商业、科教文卫、商品物流、商业居住、餐饮休闲等功能区。

中心社区规划，平原地区原则上人口规模不少于5000人，附近村民就近迁入，土地种植半径控制在3公里以内；丘陵山区按照“宜聚则聚、宜合则合、宜留则留”的原则，确立社区（村庄）布局及规模。中心社区基础设施配套完备，达到“八通、六化、二排、一集中”的标准，规划有居住经营区、

商业服务区、老年人居住区、社区服务中心。设有高标准的小学（幼儿园）、社区医院、文化广场、街头公园等。

旧村复耕后的土地与现代化的农业龙头企业或新兴市场主体相对接，使之成为规模养殖、高效种植的试验区、示范园，从而带动全镇农业产业的提升，同时规划部分畜牧养殖小区，允许愿意从事养殖的人员开展专业养殖。

2. 实施迁住社区方案

拟搬迁入住社区的村党支部、村委会，推选产生新村建设领导小组，从本村实际出发，通过算账对比，形成初步方案。在广泛宣传、组织群众反复酝酿讨论的基础上，形成《××村搬迁入住社区实施方案（草案）》，以书面的形式下发，以户为单位进行有记名表决，并将表决情况和表决结果张榜公布形成《××村搬迁入住社区实施方案》。搬迁入住社区的村，拟定本村旧村旧宅基地（荒片）地上的原有建筑物评估办法，并组织村民以户为单位，以记名的方式进行表决，并将表决情况和表决结果张榜公布，形成《关于对旧村旧宅基地（荒片）地上的原有建筑物评估办法》。

根据本村的实际和群众的意愿，确定本村的搬迁类型。依据搬迁的区域布局或比例，大体分为三种类型：一是整体搬迁复耕型，二是片区搬迁复耕型，三是零星搬迁型。村搬迁类型的划分是可变的。随着迁入户的逐步增多，可复耕的宅基地越来越多，零星户搬迁型可变为片区搬迁复耕型；随着可供复耕的土地面积越来越集中连片，片区搬迁复耕型可变为整体搬迁复耕型。确定村搬迁入住类型的依据：一次性报名交款达到总户数的35%以上，且两年内计划迁入户达到总户数的60%，至少有两个30亩以上旧村片区能够复耕（且签订复耕协议），可确定为整体搬迁复耕型；一次性报名交款达到总户数的20%以上，且两年内计划迁入户达到总户数的40%以上，至少有一个30亩以上旧村片区能够复耕（且签订复耕协议），可确定为片区搬迁复耕型；低于片区搬迁复耕型标准的村为零星搬迁型。村搬迁入住类型的变更，由镇新型农村社区建设领导小组，视连续报名交款和搬迁的情况，报上级国土部门批准后予以调整。整体搬迁复耕型和片区搬迁复耕型的村，拟进驻社区前，在镇社区建设领导小组的监督下，进驻村村委会与驻地村村委会之间签订“基础设施共建协议”“土地占用调整置换补偿协议”，以此作为社区基础设施建设投入和土地

占用置换补偿相互间的承诺。

社区新建农民安置住房价格构成分五类：一是住房建筑成本价，包括工程决算价（招标后的决算价），施工前、中、后各项施工辅助费用，如规划、设计、图审、监理、工程勘探、招投标、土地整平、清理补偿、工程管理、报检报验费等，配套开户费，办理证件工本费。二是住房配套成本价，在住房建筑成本价的基础上另加基础设施建设配套、公益事业建设配套费。三是住房土地成本价，在住房配套成本价的基础上，另加土地占用安置补偿费。四是住房全部成本价，在住房土地成本价的基础上，另加土地占用指标补偿。五是住房市场交易价，即在社区内依法批准的商业用房屋或特殊位置的房屋实行公开招标。整体搬迁复耕型和片区搬迁复耕型的村，已经签订“基础设施共建协议”“土地占用调整置换补偿协议”的，能够进行土地调整的，本村农村住户享受住房建筑成本价房。整体搬迁复耕型和片区搬迁复耕型村的农村住户，向所在村提出申请，并与所在村签订“旧房旧宅基地腾空复垦协议”“旧宅基地上的旧房与社区内的楼房置换协议”后，在中心社区置换楼房，按本村《搬迁入住社区实施方案》，到本村享受相关政策优惠。

3. 落实拆迁安置政策

具备整体搬迁复耕型和片区搬迁复耕型村的农村住户，按规定享受新建社区农民安置住房政策。凡在本村旧村范围内现有宅基地（一宅内多户的，视为其中的一户有宅基地）的农村住户，以现有户为单位享受如下政策：一是凡户口在本村的村集体经济组织成员，可置换一套标准楼房。需要楼房的，享受旧村旧宅基地上（荒片）的旧房（地上附属物）拆除补偿、新房奖励政策；不需要房的将本项上述政策以现金补偿的形式直接发放用于异地安置。二是凡户口不在本村的村民，也可置换一套标准楼房。需要楼房的享受旧村旧宅基地上（荒片）的旧房（地上附属物）拆除补偿政策，但不享受新房奖励政策；不需要房的，另加新宅基地占用政策，本项上述政策以现金补偿的形式直接发放用于异地安置。三是鳏寡孤独户，可住公房（老年公寓），公房属村集体所有，无继承处置权，其原有旧宅基地（荒片）的旧房全部收归村集体所有，不再享受任何奖励和补偿；具备条件的也可进镇敬老院，按国家规定的优抚政策办理。四是家中只有老人（孩子在外）的户，可享受鳏寡孤独户的政策住公房（老年公寓）。凡本村内无宅基地，户口在本村的村民，以现有户为单位，需要楼房的可认选一套标准楼房，不享受旧房拆除补偿和新房奖励政策；不需要房的不享受任何补偿政策。

具备享受政策条件的农户，一户一套标准宅内超面积部分，按住房全部成本价执行；一户一套标准宅外，确需再要房的，按市场交易价选购。中心社区和基层社区的购房标准控制在人均40平方米以下，镇驻地社区购房标准控制在人均30平方米以下；标准房的面积界定，中心社区和基层社区标准房的面积为每套130平方米，镇驻地社区标准房的面积为每套100平方米。

4. 健全土地复耕与占地政策

农民入住社区后，其原有宅基地（荒片）及闲置土地，无论面积大小，有无证件，应一律收归村集体，统一复耕。所在村社区建设（搬迁）领导小组，负责组织村民、委托中介评估机构，对旧村宅基地上的原有建筑物和其他依法建设的建筑物进行摸底登记、评估作价，并办理相关认证手续。依据所在村制定的《关于对旧村旧宅基地（荒片）地上的原有建筑物评估办法》，经作价评估后的旧村旧宅基地上的原有建筑物，适当给予原材料补偿。凡搬迁村的农村住户，其所有经评估确认的旧村旧宅基地地上的建筑物补偿金额，自评估之日起按国家规定房屋折旧办法折旧。已经纳入评估补偿范围的旧宅基地上的建筑物，由所在村负责办理收回交接确认手续，负责组织拆除。对近几年集中连片建设的房屋，村集体收回后可暂时作为安置周转房。拆除建筑物后的旧宅基地（荒片）及其闲置土地，由村统一组织并委托复耕，达到复耕标准后报县级以上主管部门验收，土地所有权归所在村集体经济组织所有。依照法律政策的规定，将制定新的宅基地“鼓励少占抑制超占”的奖励政策或利益调节机制。

入驻村与驻地村之间应通过相互协商，本着就近、方便的原则，用同等级别和同等面积的土地调整置换，达成书面协议后报县级国土行政主管部门办理权属变更手续；暂时不具备土地调整条件的，也可采取先向国土部门办理土地权属变更手续，逐步调整置换土地的办法。在土地调整置换前，用现金补偿，具体现金补偿标准参照相关规定社区所属村集体协商确定。协商不成的提交社区代表联席会表决。长期难以调整置换土地的，参照国家征用集体土地补偿标

准办法办理。入驻村与驻地村之间原则上不再调整土地，集体土地的占用补偿和安置补偿，参照《平阴县征收征用集体土地补偿办法》的有关规定和平阴工业园孝直片区所占土地同等标准进行补偿。社区占地补偿及其地上附属物清除补偿，由所在社区全部承担并分摊，记入建筑工程建设成本。社区占地补偿原则上由社区补偿到村、村参照标准和办法落实到户。

（二）大力推进“三个集中”，为推进城镇化奠定坚实基础

建设新型社区，绝不是单纯给农民盖房子。孝直镇把新型社区建设作为推进城镇化的重要载体和平台，大力推进“三个集中”，同步破解农村居住环境改善和产业发展方式转变两大课题。

1. 推动农民向新型社区集中，转变农民生活方式

严格落实《孝直镇总体规划》和《农民新型社区布点规划》，在规划建设区外不再新批宅基地，并从严控制农户私自建设行为，避免重复建设和资源浪费。制订鼓励农民向镇驻地和新型社区聚集的优惠政策，凡放弃宅基地购房的农民，均可享受在原村建房的各项优惠和相应补助。借鉴城市社区管理经验，健全居民调解、治保等各类组织，完善社区管理运行机制，让农民享受现代城市文明。针对社区成员身份多样化的实际，强化社区服务农民、致富农民两大功能，大力推行“支部＋协会（合作社）”工作模式，把党支部、党小组建在协会和产业链上，把党员、人才聚在协会和产业链上，实现基层党建工作模式的创新。

2. 推动产业向基地集中，转变农业发展方式

只有让农民住得好还能致富，才能真正把农民聚集在一起，新型社区建设必须有相应的产业支撑。汇东片区群众很早就有种植蔬菜的习惯，也是全国有名的马铃薯、大白菜种植基地。孝直镇因势利导，结合村庄整合进行统一的产业规划，并在汇东每个中心社区规划了一处蔬菜批发市场，引导全镇蔬菜产业向汇东聚集连片发展，进一步提升了产业规模、档次和效益。目前全镇蔬菜专业村发展到35个，蔬菜基地面积扩大到6万亩。

3. 推动土地向大户集中，转变农村经营方式

新型社区建设在改善农民居住条件和生活方式的同时，也为打破一家一户

分散经营的落后生产方式，促进土地流转、发展现代规模农业创造了有利条件。孝直镇大力培育山东超牛、民享蔬菜配送等龙头企业和绿源、爱民等合作经济组织，增强其辐射带动能力，促进耕地资源向大户和新型市场主体流转集中，让有条件的农民进入城镇或转移到非农产业，让种地种菜的农民扩大生产经营面积，有效提高了农业劳动生产率、土地产出率和资源利用率。如当地农民自发成立的民发土地托管合作社，全托（农户将土地租给合作社经营）土地面积近 2 万亩，半托（合作社提供“六统一”服务，农户自己种植）土地规模近 1 万亩。从土地上解放出来的农民可以进城打工或在合作社上班，还能坐享土地租金收入和合作社经营的分红，收入比过去大幅度提高。

（三）实现城乡资源合理配置，协调推进新农村与城镇化建设

经过近几年的努力，孝直镇新型社区建设中的规划、土地和资金等瓶颈均已打破，薄庄、孔庄、许小山、白庄等村已经完成整村搬迁，驻地社区、丁屯中心社区和展洼中心社区部分群众已经搬迁入住，先后共有 2600 户农民告别土坯房、住进了小康楼，全镇新型社区建设驶入快车道，展示出新农村建设与城镇化协调推进的美好前景。

1. 彻底改变了农村面貌

在汇东片区，旧村宅基地拆除工作进行的同时，整齐的农民公寓楼也在建设中，一个基础设施完善、公共服务配套的新型社区雏形初现。目前，全镇建成社区 4 个，白庄基层社区、孔庄基层社区、商庄基层社区和薄罗基层社区；在建设区 5 个：驻地社区、展洼中心社区、丁屯中心社区、亓集中心社区、店子中心社区；即将启动建设的社区 2 个：谷楼中心社区和营子中心社区已通过规划论证。

2. 促进了土地集约利用

汇东片区 21 个村占地 7000 多亩，规划为 3 个中心社区后只需要用地 1600 多亩，可节约出建设用地 5400 多亩。根据城乡建设用地增减挂钩政策，这些土地指标不占用国家计划指标并可以有偿置换到市区使用，这为新型社区建设筹措了大量的资金，也为解决城市用地指标不足的问题、拓展城市发展空间提供了一条重要途径。社区建设计划总投资 23 亿元，目前已投资 5.2 亿元，已搬迁入住 2600 户。

3. 加快了现代农业发展

汇东土地综合整治项目完成后，原有农田将变成田成方、树成行、路相通、渠相连、旱能浇、涝能排的高产高效农田，而且旧村复垦后还能新增耕地330余公顷，通过规模经营发展特色蔬菜产业，每年可增收2500万元，带动当地农民人均增收1500多元。届时，孝直镇将实现东部蔬菜、西部畜牧两大特色产业。目前，全镇无公害蔬菜面积达到7万亩，其中设施蔬菜面积2万亩。拥有省级农业龙头企业2家，市级农业龙头企业6家，各类合作经济组织近百家。大连雪龙集团正是看到孝直的发展前景，计划在社区建设节约出的土地上建设大型肉牛养殖基地，采取“公司+基地+农户”的模式，并逐步推行“牛—沼—菜”三位一体的生态循环经济产业链，带动全镇畜牧产业和蔬菜产业全面发展。

4. 实现了农民财产增值

新型社区建设让农民得到了最多的实惠。改革开放以来，农民平均盖房2~3次，每一次都几乎倾尽了多年积攒的财富甚至是欠下一身债。而这次住房建设实行统一招标、全程监理，不仅质量有保障，而且镇里多方筹措的资金最终都将补贴给农民或使农民受益，农民花较少的钱就能住上面积100多平方米、市场价值几十万元的楼房，财产得到大幅度增值。

三 孝直镇以新型农村社区建设推动城镇化的特点

孝直镇在新型农村社区建设过程中，高度重视尊重群众意愿和把握城镇化发展规律，做到了新型农村社区建设与推进城镇化的协调互动，其突出特点在于形成了推进城镇化的机制：积极创新社区管理模式，着力构建现代产业体系，注重整合利用土地资源，不断完善公共服务设施。

（一）积极创新社区管理模式

近年来，孝直镇借鉴城市社区管理模式和经验，积极探索创新新型农村社区管理服务模式。主要是以丁屯、展洼中心社区为试点，探索推广以社区党组织为核心，社区管理委员会（社区居委会）为主体、社区服务中心为依托、

社区合作经济组织为基础、社区监督委员会为保障“五位一体”的管理体制。

“五位一体”具体指：社区党组织是新型农村社区各种组织和各项工作的领导核心，在镇党委领导下开展工作。在新型农村社区建立社区党总支，规模较大、党员较多的社区经县委组织部审批，报县委同意建立社区党委。2013年4月12日孝直镇成立了全县首家社区党委——展洼中心社区党委。社区党委书记由镇办事处书记兼任，成员由入住社区的各行政村党支部书记、办事处工作人员组成。社区管理委员会，负责社区建设、管理、服务等工作。社区管理委员会主任由社区党组织书记兼任，成员在社区党组织成员兼任的基础上，适当吸收各村其他组织成员和村民代表参加。同时引进物业公司参与社区管理和服务。待社区建成，条件成熟时，依法选举社区居委会。

社区为民服务中心具体承接党委、政府延伸到社区的各项服务及其他相关服务，在镇党委的领导和政府职能部门的业务指导下开展工作，同时接受社区党组织的领导和管理委员会的监督。

社区为民服务中心主任一般由社区党组织书记兼任，中心工作人员由镇街道选派的机关干部、所辖行政村“两委”干部、社区工作者等组成。

社区合作经济组织由社区所辖村或居民，通过进行原集体资产改制或合作合资重新组建而成。经济组织应依法自主经营，独立核算，自负盈亏，实现集体资产保值增值，维护和保障权益人的合法权益。

社区监督委员会主任由社区党组织成员兼任，成员从社区所辖村村务监督委员会成员中推选产生或由居民直接推选产生。社区监督委员会负责社区建设、管理、服务等重大事项的监督。

在建立社区党组织、社区管理委员会的同时，探索配套建立社区共青团、妇代会、工会、民兵连等群团组织，健全群众调解、治安保卫、公共卫生等社区下属委员会，成立志愿者、老年人、妇女、关心下一代、计划生育协会、红白理事会等民间组织，在新型农村社区党组织领导下，依据各自章程，参与社区事务管理，积极开展活动。

（二）着力构建现代产业体系

农业农村经济的发展，离不开工业化的支撑。社区的建设、推动了人口向

驻地和中心社区集中，脱离土地的农民进城务工或转移到非农产业，成为产业工人。

1. 推动新型工业化的发展

借助济荷高速留有出口、105 国道贯穿全境、园区内地势平坦建设成本相对较低等有利条件，高标准规划建设平阴县工业园南区。依托工业园区的产业吸纳支撑作用，吸引大量农村富余劳动力向园区集中、向产业工人转变，加速城镇化进程。一是强化招商引资，增加镇域经济总量。牢固树立“以诚招商、以信安商、以商招商”的理念，先后引进引办各类工业项目 15 个，实际利用内资 30 亿元，外资 2000 万美元。台湾北杉化学、济南鑫优特汽车零部件、建昌机械、浩新实业等一批企业相继落户。二是强化工业项目建设，推动产业集聚发展。累计投入资金 10 亿多元，实施技改膨胀项目 30 多个。机械制造产业蓬勃发展，成为江北知名的机械加工基地。机械加工产品已达 20 个系列，200 多个品种，初步形成了以齿轮、缸体、轴瓦、衬套、工字梁、轮胎、管件等汽车、摩托车、管路连接件为主导产品的机械制造产业链。三是完善园区提升动力。借助 10 万亩土地整治大项目，投资 2000 多万元，打通了高速公路延长线，新建汇河大桥一座；投资 1000 余万元，对工业园区主干道进行了绿化，埋设天然气管道 3.6 万米，新建加压站 6 个，进一步提升了工业园区的承载能力；投资 1200 万元，开工建设了一期占地 20 亩的中小企业孵化园，破解了项目落地难的制约瓶颈。

2. 农业产业化水平进一步提升

坚持用工业化理念谋划农业，用产业化理念经营农业，农业产业化水平进一步提升。一是土地流转不断加快。积极实施“东菜西扩”战略，商庄、付庄、黄庄、大兴等村借助土地流转平台，大力发展规模化、集约化种植，推进土地向新兴市场主体和种植大户集中，2012 年流转土地 1 万亩。二是龙头企业逐步壮大。充分发挥济南现代农牧科技、平阴民享等农业龙头企业外联市场、内联基地、下联农户的作用，大力发展无公害、绿色、有机食品，龙头企业品牌影响力和市场竞争力明显增强。三是现代园区雏形初现。高标准规划沿汇现代农业生态示范园区，汇东依托济南市特色品牌基地优势，基本形成了 5 万亩立体种植示范区。汇西重点发展设施农业达到 5000 亩，西部山区林果种植面积达到 7000 亩、规模化养殖场达到 30 家。

（三）注重整合利用土地资源

近年来，共引进政策性项目 20 多个，融合资金近 8 亿元。借助国家级 10 万亩土地综合整治大项目，投资 2.2 亿元，对汇西 43 个村的 9 万亩土地进行高标准整治实现孝直镇镇域内 13 万亩土地进行田、水、路、林、村综合整治。全域整治触动了各领域发展的神经，为孝直的快速发展注入了活力。新修水泥路 230 公里，新打机井 310 眼，修建各类桥涵 364 座，新建机井房 374 座，埋设低压管道 38 万米，架设高低压线路 9 万多米，极大地提升了汇西农业设施水平。在汇东片区借助五万亩品牌基地、店子片中低产田改造、城乡建设用地增减挂钩、盛屯片土地整理等项目，实现了田、林、路、井、电、桥、房、村综合规划、布局和建设，提升了蔬菜产业，增强了发展潜力。借助马跑泉、刁鹅岭等 5 个土地整理项目，整合资金 1.5 亿元，集中打造西部山区和济菏高速公路沿线，进一步改善山区生产生活条件，提升了林果畜牧产业，增添了发展后劲。新型农村社区建设为打破一家一户的分散经营生产方式，促进土地流转、发展现代农业奠定了基础。镇里成立了土地流转服务中心，制订了鼓励政策，积极探索土地托管、土地使用权转股权等多种流转模式，推动土地向种植大户集中。引导村民以土地入股，用于发展规模高效农业，使村民不仅可以获得股金和分红，还可以在土地合作社里打工，让村民成为“股东 + 产业工人”。全镇流转土地面积突破 3 万亩，土地流转率达 30%，近 3000 农民脱离了土地。

（四）不断完善公共服务设施

社区公共服务设施与社区同步规划、同步建设。社区公共服务实行“1 + 10”模式，即每个社区有一处公共服务场所，设有学校、幼儿园、卫生室、图书室、活动室、档案室、警务室、便民超市、居民服务中心、物业管理中心，为社区居民提供方便、快捷、优质服务。基础设施按照“八通（水、电、路、暖、气、有线电视、电话、网络）、六化（硬化、亮化、绿化、美化、净

化、文化)、两排(排水、排污)、一集中(垃圾集中收集)”标准建设。本着方便群众生产生活,节约耕地的原则,规划建设居住经营区、商业服务区、老年人居住区、社区服务中心等。目前,丁屯中心社区服务中心、文化广场、商业区、污水处理设施、警务室已建成并投入使用;驻地社区森林休闲广场、垃圾中转站、污水处理设施、天然气等基础设施已建成;展洼中心社区服务中心、小学、幼儿园、社区医务室、老年公寓、文化广场、商业区正在建设。通过完善的设施配套和优质高效的公共服务,吸引群众入住社区,全面提升社区建设的档次和水平。

2011 年 10 月,孝直镇顺利通过全国安全社区验收,成为济南市首批全国安全社区。自 2009 年 5 月,孝直镇在平阴县率先启动了富有“孝直特色”的全国安全社区创建工程,根据社区群众的安全诉求确定了工作场所安全、学校安全、居家安全等 6 项与群众息息相关的安全创建项目。通过实施安全促进项目,各类意外伤害事故明显下降,企业、村居、学校安全形势总体趋于平稳。群众、职工对基本的安全知识知晓率和对社区安全满意率均超过了 80%。孝直镇日渐安全、和谐的社区环境,为小城镇的扩张发展凝聚了浓厚的人气,使镇村面貌明显改观。

四　孝直镇以新型农村社区建设推动城镇化的经验

(一)社区怎么建——以方便群众生产生活为原则,科学规划

2007 年,孝直镇做了一次摸底调查:孝直镇以汇东片区为例,汇东共有 21 个行政村,20 世纪 80 年代都编制了旧村改造规划,按规划改造建设的仅有盛屯村,其余 20 个村都因拆建规划难以实施,不仅形成乱建现象,不仅形成“村内空”,还占用了大量的农地。在现有房屋中,1990 年以前的旧房户占 40%,1990 年以来已拆旧建新的户占 35%。调查中发现近几年想建的占 50%,也就是说,随着收入的增加,第四轮建房热潮即将到来。如果对未来的建设不高点定位谋划和规划,让乱建的现象延续下去,将会导致更为严重的重复建设和巨大的浪费,还会导致基础设施难建设、公共服务难推进、现代农业

难发展、农村社会难管理的矛盾将会更加突出。为此，该镇编制了《孝直镇总体规划》，在规划中体现了三点：一是规划要高点定位。孝直镇立足区位优势、产业特色，展望未来发展，确立了东部蔬菜、中部驻地及工业园、西部生态旅游三大发展布局。围绕不同区域的产业特色，进行山、水、田、林、路、村庄、景点的统一规划布局和建设。二是规划要立足实际。按照“宜聚则聚、宜合则合、宜留则留、宜换则换”的原则，在广泛征求意见、反复酝酿讨论的基础上，将全镇 64 个村规划为 1 个镇驻地、7 个中心社区、4 个基层社区。在编制镇驻地规划中，充分考虑到了位于高速路出口，工业基础较好，三县交界地商业比较发达等优势，留出了充分的发展空间，高标准规划建设 27 平方公里的工业园区，设置了工业、物流、商住、政务、科教文卫等配套齐全的功能区。针对西部山区收入相对较低、山区地理等特点，原则上以保留现有村庄（居民点）为主；针对汇东菜区农民收入高，地处平原等特点，将 21 个村合并规划为三个中心社区、一个基层社区。汇东每个社区规划建设了一个蔬菜批发市场，既方便了农民生产又方便了生活。三是规划要科学编制。在编制过程中把专家的方案和当地实际紧密结合，把专家的意见和群众的意愿相统一，做到几上几下，反复修改，反复论证。孝直镇每个中心社区规划为居住经营区、商业服务区、老年人居住区和社区服务中心，高标准配套基础设施和公共服务设施。根据当地群众种菜的实际，把居住经营区创造性地设计为“一户三体”模式，每户都有临街库房，可贮菜还可以放车放东西，二至四楼为居住单元楼，在楼梯口每户设有一个杂物间，实现了居住、贮菜和杂物的分离，做到了在方便群众生产同时，又提高了生活质量。

（二）事情怎么干——以群众愿意不愿意为标准，缜密操作

新型农民社区是农民的社区，居住的是农民，投资的主体也是农民。建设新型农村社区应该充分尊重农民群众的意见，把农民愿意不愿意、答应不答应作为工作的出发点和最终归宿。广泛发动，达成共识。为统一广大农民群众的思想认识，多次组织村干部和部分村民代表赴淄博、兖州等地参观，反复组织群众开会讨论，拟定了《汇东新型社区建设宣传提纲》，发到了每家每户。

1. 提出“三个不用慌”，形成稳步推进机制

“三个不用慌”即：钱不够的不用慌，可帮你联系银行，也可攒了钱再迁；想不通的不用慌，想通了再迁；意见不一致的不用慌，商议好再迁。群众推选，建立组织。镇里成立了新型农村社区建设领导小组，制定了《关于村级新型社区建设领导小组推选及议事办法》。各村均由全体户代表以记名表决的方式产生村级领导小组组长及成员，并设立了专职财务人员。新型农村社区建设成败的关键在于政策是否能够兑现、如何兑现。政策的兑现要依靠制度。镇党委、政府在调查研究的基础上，制定了《关于新型社区建设若干问题的指导意见》《关于新型农村社区建设专项资金（资产）管理办法》《新型农村社区建设项目资金管理办法》，拟定了《××村新型社区建设实施方案》《××村旧村旧宅基地地上附属物评估方案》等相关制度，为社区建设的推进提供了前提。

2. 算好“三笔账”，统一思想认识

一是算好农民增收账。如汇东 21 个村，老村占地 7032 亩，新村规划占地 1687 亩，建成后可节约土均 5345 亩，人均可增加耕地 0.25 亩左右，按现有种植收入计算，每人每年可增加纯收入 1000 元。二是算好农民受益账。通过村庄整合节约出的土地，除保障镇里经济发展用地外，还可以置换到镇外使用。每新增 1 亩耕地可得到 5 万元的奖励，农民还因此改变了生产生活环境。三是算好科学发展账。通过村庄整合挂钩试点，节余土地指标用于城市用地占补平衡，增加了城市发展空间，加快了城镇化进程，各级政府也从中受益，真正实现了城乡统筹，优势互补，一举多得。

3. 采取“三种方法”，吸引农村居民集居

一是“聚”，即吸引工业园内、驻地周边及全镇有条件的农民向驻地聚集。按照规划，在驻地建设两处住宅小区，一处以孝直村旧房改造迁入户为主，另一处在驻地新区以外来迁入户为主。制定了鼓励工业园片区内 14 个村的农民向驻地搬迁的各项优惠政策。二是“控”，即对西部山区和工业园内的村庄以控制性建设为主。西部山区以控制性建设为主是工业园起步区内的村庄向驻地集中，工业园起步区以外的村庄禁止建 2 层以上建筑。三是“合”，即将汇东 21 个村集中整合。从汇东地处平原、农民收入较高又种植经营蔬菜的

实际出发，将21个村集中整合规划为三个中心社区、一个基层社区。每个中心社区规划为居住经营区、商业服务区、老年人居住区、村服务中心。内设有学校、幼儿园、社区医院、文化广场、街头公园等。

4. 把握“三个关键”，化解项目实施矛盾

一是把好建立组织关。镇里成立了新型社区建设领导小组，制定了《关于村级新型社区建设领导小组推选及议事办法》，各村依据镇里的规定和程序制定了各自的推选办法，明确了村级领导小组的职责和议事程序。二是把好方案制订关。镇党委政府出台了《关于汇东新型社区建设若干问题的指导意见》，共九章六十九条，详细规定了新型社区规划与设计、建设与施工、新村入住、旧村复耕、土地占补、奖补政策、组织管理等多个方面的问题。各村按照规定，拟订本村方案，目前已有丁屯、江庄、夏庄、白庄4个村通过了方案，同意率均在90%以上。三是把好政策兑现关。制订了旧房评估方案，供群众讨论表决，代表参与监督；建立了严格的财务管理、审批、结算、代管制度，所有财务一律向群众公开，一律由镇实行“双代管”。目前已有丁屯和江庄两村全部评估完毕。

5. 突出“三个集中”，统筹经济社会发展

一是推动农民向社区集中，转变农民生活方式。严格落实两个规划，避免重复建设和资源浪费。二是推动管理向社区集中，转变基层管理方式。探索推广以社区党组织为核心，社区管理委员会（社区居委会）为主体、社区服务中心为依托、社区合作经济组织为基础、社区监督委员会为保障“五位一体”的管理体制。三是推动土地向大户集中，转变农村经营方式。为打破一家一户分散经营的落后生产方式，促进土地流转、发展现代规模农业。他们大力培育山东超牛、民享蔬菜配送等龙头企业和绿源、爱民等合作经济组织，增强其辐射带动能力，促进耕地资源向大户和新型市场主体流转集中。

（三）钱从哪里来——以让农民“住得上”为目标，多元投入

新型农村社区建设需要大量的资金投入，必须建立政府、社会、农民相结合的多元投入机制，为新型农村社区建设提供资金保障。仅以孝直镇汇东片区为例，汇东区域共计5158户，社区建设计划投资15亿多元，仅住房建设就需

11 亿元，完全靠财政补贴显然是不行的，完全让农民自己掏钱也是不可能的。如何破解建设资金瓶颈，孝直镇采取“四个一”的办法，通过多元融资，用有限资金撬动了农村建设大市场。上级补一块。省政府《关于推进农村住房建设与危房改造的意见》（鲁政发〔2009〕17 号）的出台，为新农村的建设带来了政策性机遇。各项政策性资金的整合和集中投放，将成为新型农村社区建设奖补资金的主要来源。宅基地换一块。土地“增减挂”政策是新型农村社区建设的重要资金来源。汇东片区老村占地 7032 亩，社区规划占地 1687 亩，可节约土地 5345 亩，每亩土地挂钩置换指标补助 15 万元（12 万元用于农村住房建设，3 万元用于社区基础设施建设），实现土地指标收益 8 亿元，可用于新型农村社区建设的启动和农民拆建的补贴。群众筹一块。农民是社区建设的主体也是主人，应自筹资金用于社区建设。根据农民收入状况和居住需求不同的实际，制定了八类不同的换房政策。凡收入较高、居住需求高的农民，报名时应缴纳一定数量的报名款，签订换房合同时应交足 40% 的购房款，入住时连同奖补政策一并结清；鳏寡孤独和无经济能力的户，可以对等折换、也可以住公房。银行贷一块。新型农村社区建设启动资金不足时，建设主体可向银行贷一块；农民换房资金不足时，可帮助联系银行贷一块儿。农民贷款享受一定比例的贷款贴息补贴。

（四）发展靠什么——以促进产业发展为支撑，统筹推进

新型农村社区建设促进了人口向镇驻地和中心社区集中，加快了城镇化的进程，从而也将带来农村经济社会一系列的变革，只有顺应发展趋势，把握城镇化规律，以促进产业发展为支撑，统筹安排，有序推进，才能为推进城镇化进程奠定坚实的基础。

1. 引进工业项目

孝直镇坚持以大力发展园区经济为统领，加快项目引进和建设步伐，扶持壮大现有企业，提升园区承载能力，推动工业向园区集中、农村富余劳动力向第二产业集中，真正实现就业不离家、进厂不进城。一是加快项目引进和建设步伐。把招商引资作为经济工作的生命线，严格落实领导干部招商引资责任制，实行包挂重点项目推进机制，促使更多大项目、好项目落户园区。加快推

进青岛英泰、北京鑫恒等2个投资过5亿元的热源项目建设，解决园区蒸汽热源的瓶颈制约。强化跟踪服务，推进大连雪龙、绿安食品、北杉化学等签约项目尽快开工建设，促使科达机械、嘉会新能源、LNG加气站等在谈项目尽快落地，努力形成新的产业集聚区和经济增长极。二是扶持壮大现有企业。加快浩新实业针孔无纺布、建昌机械片式水泥仓等项目升级改造，增强镇域经济发展后劲；立足机械加工企业优势，鼓励机械加工企业延伸产业链条，做大做强机械装备产业。三是提升园区承载能力。充分借助济南市三年突破平阴的相关产业帮扶政策，采取市场运作、社会融资等方式，加快中小企业孵化园平台建设，完善园区道路、污水处理等基础配套设施，进一步提升园区承载能力。

2. 提高农业现代化水平

以土地流转为先导，推进现代农业园区建设，提升农业特色化、集约化、现代化水平。一是扩规模。依托济南市沿汇现代农业园，高标准规划建设五大核心示范区。大力推广“菜菜间作”新模式，着力打造以白庄、盛屯为核心的立体种植示范区；加快“东菜西扩”，建设优质高效万亩示范园，打造以商庄、付庄为核心的设施农业示范区；大力发展高端养殖，拉长产业链条，打造以孔庄、张沟为核心的高档畜禽养殖示范区和以绿安食品、山东超牛为核心的农副产品加工示范区；加大西部山区保护开发力度，打造以凤凰、张庄为核心的林果种植示范区。二是创品牌。在做大叫响“超和牛”牛肉、“民乐享”蔬菜、“金雪玉”面条、“龙凤山”粉条等农产品品牌的基础上，积极申报一批绿色、无公害、有机农产品品牌，进一步提升农产品的知名度和市场占有率，带动产业进档升级。三是增效益。以实施土地综合整治大项目为载体，以旧村复耕新增土地的流转为突破口，以专业合作社为平台，促进土地向新兴市场主体、种植大户、家庭农场集中，吸纳附近村民“进场”打工，加快传统农民向产业农民的转变。

五　孝直镇以新型农村社区建设推动城镇化的几点启示

（一）切实维护群众利益是推进城镇化的基本前提

打破村庄界限建设新型社区，关系千家万户的切身利益，也是涉及农村生

产力和生产关系调整的一场深刻变革。孝直镇做法给我们以深刻的启示：遵循城镇建设和发展规律，以维护群众权益为前提，稳步推进城镇化。随着农村改革发展的不断深入，农村的主体人群从单纯的农业劳动者转变为从事多种职业的社会群体，参政和维权意识、能力不断提高。而与此同时，大量的村级公共事业亟待发展，国家的各项惠农政策需要村级具体落实，宅基地、计划生育、生产生活发展等热点、难点问题升温。面对新形势、新问题，不少乡（镇）、村干部“老办法不顶用，硬办法不敢用，新办法不会用”，农村社会管理面临新考验。在建设新型农村社区推进城镇化的过程中，需要基层党组织和政府充分尊重农民群众的意见，把农民利益作为第一选择，把农民满意作为第一标准，从农民的需要出发进行决策和行动，关心农民疾苦、尊重农民意愿、维护农民利益、增进农民福祉，真正把城镇化作为统筹城乡发展、带旺农村土地、富裕农民生活的重要途径。

（二）因地制宜稳步实施是推进城镇化的根本原则

社区建设是一项复杂的社会系统工程，是一项长期的任务，是一个渐进的过程，必须依法按程序规范运作，必须因地制宜，分类指导，循序渐进，稳步实施。当前农村的生产力发展水平极不平衡，推进城镇化建设要切合实际，遵循农村社会经济发展的基本规律，有序推进城镇建设。如果脱离了实事求是的原则，背民心离民意，超出了经济承受能力，不仅会使农民返回赤贫状态，而且还会使大部分农民背上沉重的经济负担，大大降低农民的经济能力。从下到上推动城镇化，应当因地制宜，切不可一哄而上，应当切实从发展生产力的角度维护和促进农村经济的可持续发展，涸泽而渔的方式不可取。要尊重城镇化发展规律，做好城镇化发展规划，确定合理的城镇化速度，跳出城镇化发展速度“数量”误区。

（三）调动农民积极性是推进城镇化的基础条件

推进城镇化建设，农民是主体，应充分调动农民积极性。以新型农村社区建设推进城镇化，单靠政府的财政支持是远远不够的，只有激发他们的主人翁意识，充分调动他们的积极性，发挥出他们的聪明才智，才有可能取得成功。广大农民群众既是城镇化的受益者，更是小城镇建设的直接参与者，要通过宣传、引导、试点带动等措施进一步激发农民参与小城镇建设的热情。做到凡事都要和农民商量，广泛征求农民的意愿，随时接受农民的监督，而绝不能搞强迫命令、搞政治运动。同时要尊重农民的首创精神，要使城镇化建设的过程成为农民群众参与发展、共享成果、实现价值的过程。在具体实施中，始终做到农民事自己办，矛盾自己化解，把农民放在主人翁的位置，坚持公开公正、阳光透明，所有新型社区建设政策一律向群众公开，群众代表参与监督；从上面争取到的资金一律按规定用途使用，各项补助一律由规定的享受主体享有；制订旧房评估方案，委托房产评估公司统一评估。

（四）健全工作推进机制是推进城镇化的重要保障

建设新型农村社区，实现新农村建设与城镇化进程的协调统一，需要政府、市场和农民形成合力。从政府引导方面看，必须构建运转高效的工作机制。孝直镇之所以成为山东省新型农村社区建设的典型，很重要的一点就在于一开始就形成了一种工作推进机制，实现了由运动式履责到常态式管理，由职责不清到各司其职，由事后处置到制度化源头治理，由单向传动到多向互动，由单靠政府推动到靠法制、市场、社会等多方力量形成合力共同推动的转变。孝直镇为加大工作推进力度，成立了镇效能问责领导小组，进一步规范行政行为，落实首问责任制，强化服务意识，制定了科学合理的监督考核机制。大力推行“一个重点项目，一名领导干部，一套工作班子，一支建设队伍”的指挥部推进机制，进一步明确责任、细化任务，成立了生态工业园区、现代农业园区和新型农村社区建设指挥部，社区建设指挥部下设各施工指挥部。同时，全面落实“一线工作法”，有力地促进了各项重点工作的顺利开展。

（五）统筹城乡资源是推进城镇化的重要抓手

从孝直镇的探索和实践中看到，在城镇化进程不断加快的形势下，保护耕地的核心不是保持每块耕地的位置不变，而是要在符合级差地租规律的前提下，以城乡统筹的思路在动态中实现耕地的总量平衡和质量提高。孝直镇抓住

国家推进土地管理制度改革的机遇，以城乡建设用地增减挂钩和土地整治为平台，加快农村新型社区建设的做法，打通了城乡要素资源统筹配置的通道，一揽子解决了“农村发展缺钱”“城市发展缺地”“统筹城乡缺抓手”等问题。这对于现代化农业和工业基础相对较好的农村地区如何推进新型农村社区建设，实现新农村建设与城镇化的协调推进，具有重要的借鉴意义。

参考文献

《中共孝直镇委镇政府关于新型农村社区建设若干问题的指导意见》，2011 年 6 月 20 日。

国土资源部：《关于印发〈城乡建设用地增减挂钩试点管理办法〉的通知》，2008 年月 27 日。

山东省人民政府：《关于推进农村住房建设与危房改造的意见》，2009 年 7 月 15 日。

张崇顺、翟庆强、毕秋生：《平阴县孝直镇关于大村制新型农村社区建设的探索和实践》，《山东国土资源》2010 年第 6 期。

赵敬成：《推进城乡统筹建设孝直镇新型农村社区》，《中共济南市委党校学报》2011 年第 3 期。

大　事　记

Chronicle Events

B.21 附　新中国城镇化大事记（1949～2013）

孙志远　整理

1949年3月　中共七届二中全会召开。毛泽东代表中央政治局作了《在中国共产党第七届中央委员会第二次全体会议上的报告》，全会决定党的工作重心由乡村转向城市，实行由城市领导乡村的工作方式，这次会议拉开了新中国城市建设的序幕。

1951年2月　中共中央政治局扩大会议召开。《政治局扩大会议决议要点》中指出："在城市建设计划中，应贯彻为生产、为工人阶级服务的观点"，明确规定了城市建设的基本方针。

1951年7月16日　公安部发布《城市户口管理暂行条例》，对户口迁入、迁出做了简单规定，这是新中国成立后最早的一个户籍法规，从而基本统一了全国城市的户口登记制度。

1952年9月　政务院召开第一次城市建设座谈会，提出城市建设要适应

大规模经济建设的需要，城市建设要根据国家的长期计划，加强规划设计工作，加强统一领导，克服盲目性，以适应大规模经济建设的需要，初步确定了城市规划在国民经济发展中的地位和作用，从此我国城市建设工作进入一个统一领导、按照规划进行城市建设的新阶段。

1952 年　高校开始设置城市规划专业。1952 年全国高等院校调整后，高校开始设置城市规划和设计专业，以苏联城市建设模式为蓝本进行城市建设规划设计。

1952 年 7 月　开始禁止农民盲目流入城市。1952 年 7 月政务院全国就业会议通过了《关于就业问题的决定》，要求农村剩余劳动力应稳定在农村生产上，不要盲目流入城市。随后又颁布了《关于劝阻农民盲目流入城市的指示》（1953 年 4 月 17 日）、《关于继续贯彻〈劝止农民盲目流入城市〉的指示》（1954 年 3 月）、《关于第二次全国省、市计划会议总结报告》（1955 年 4 月 12 日）、《关于防止农村人口盲目外流的指示》（1956 年 12 月 30 日）、《关于防止农村人口盲目外流的补充指示》（1957 年 3 月 2 日）、《关于防止农民盲目流入城市的通知》（1957 年 9 月 14 日）、《关于各单位从农村中招收临时工的暂行规定》（1957 年 12 月 13 日）、《关于制止农村人口盲目外流的指示》（1957 年 12 月 18 日）等文件从招工、落户、粮食供给、劝返等方面做了详细规定。

1953 年 6 月　第一次全国人口普查。以 1953 年 6 月 30 日 24 时为调查标准时间，国家统计局举办了第一次全国人口调查。这次普查并没有统一的城乡划分口径，主要靠“地方认定”，最终得到的城镇化率为 13.26%。

1953 年 12 月 5 日　政务院发布《国家建设征用土地办法》。第一次对征地的基本原则、批准机构、补偿等做了具体规定，其中补偿标准以土地 3～5 年产量的总值为标准。

1954 年 5 月　内务部发布《关于调整市郊区行政区划应注意事项》，指出扩大郊区必须从城市建设实际出发，范围限于政治、经济、文化和国防事业发展上与市区有密切联系的区域，并应随着建设的需要、逐步扩充，以免造成郊区过大，领导不便的困难。

1954 年 6 月　建筑工程部召开第一次城市建设会议。会议明确了城市建设采取与工业建设相适应的“重点建设，稳步前进”的方针，并确定了重点

工业建设项目安排较多的城市、扩建城市、可以局部扩建的城市和一般中小城市四类城市执行不同的建设方针。

1955～1958 年 第一次计划单列。1954 年 6 月，中南大区撤销后，武汉由中央直辖市改为湖北省省辖市，第一次计划单列（1955～1958 年），实行中央、省、市三级计划管理，受中央和省双重领导。

1955 年 6 月 9 日 国务院发布《关于建立经常户口登记制度的指示》，规定全国城市、集镇、乡村都要建立户口登记制度，开始统一全国城乡的户口登记工作。

1955 年 6 月 国务院发布《关于设置市镇建制的决定》，规定聚居人口 10 万以上的城镇可以设市，聚居人口不足 10 万，但属重工矿基地、省级地方国家机关所在地、规模较大的物资集散地或边远地区的重要城镇，并确有必需时，可以设市。

1955 年 7 月 5～6 日 “一五”计划出台。一届全国人大二次会议的通过的《关于发展国民经济的第一个五年计划的报告》提出为配合 156 项重点建设项目的需要，我国要对西安、兰州、包头、太原、成都、武汉、长春、洛阳八大城市，进行总体规划和近期工业区的修建性详细规划。与此同时一批建设条件好的十多个原有城市，也开展了当时被称之为初步规划的城市规划设计工作。报告同时指出要适当限制沿海城市、发展内地中小城市。

1955 年 8 月 国务院发布《农村粮食统购统销暂行办法》和《市镇粮食定量供应暂行办法》。两个办法将户口和粮食供给直接联系起来。

1955 年 11 月 7 《国务院关于城乡划分标准的规定》出台，对城镇和乡村、非农业人口和农业人口做了详细区分。城镇分为以下几类：一是设置市人民委员会的地区和县（旗）以上人民委员会所在地；二是常住人口有 2000 人以上，居民 50% 以上是非农业人口的居民区；三是工矿、交通、教育科研聚集、常住人口 1000 以上且非农业人口超过 75% 的地区；四是每年疗养或休息人数超过当地常住人口 50% 的疗养区。

1958 年 1 月 6 日 国务院发布《国家建设征用土地办法（修正）》，规定征用土地，应该尽量用国有、公有土地调剂，无法调剂的或者调剂后对被征用土地者的生产、生活有影响的，应该发给补偿费或者补助费。征地补偿以最近

2～4 年的年产量总值为标准，并强调被征地农民在农业上安置，不要过多地要求转业。

1958 年　开始限制农民盲目流入城市并制定了政策规定。1958 年 1 月 9 日，全国人大会常委会通过《中华人民共和国户口登记条例》，对落户条件、暂留时间和劝返等做了详细规定，二元户籍制度正式确立。1958 年“大跃进”期间城市工业出现了强烈的劳动力需求，1958 年 6 月中央政府暂时下放招工权限，到 1958 年年底，1100 多万农村劳动力进城做工，城市人口比上年净增 2000 余万。1959 年 2 月 4 日，中共中央再次发出《关于制止农村劳动力流动的通知》，不到一个月中共中央、国务院又发出《关于制止农村劳动力盲目外流的紧急通知》。1962 年 12 月，公安部三局发布《关于加强户口管理工作的意见》指出：“对农村迁往城市的，必须严格控制；城市迁往农村的，应一律准予落户，不要控制。”

1958 年 7 月　建工部在青岛召开第一次城市规划工作座谈会。会议总结了新中国成立近十年来城市规划的工作经验，认为我国城市的发展要大中小城市相结合，以发展中小城市为主，要有计划地建设卫星城市作为大城市继续发展的方向，加强区域规划以及城市逐步实现现代化。

1958 年 8 月　《中共中央关于在农村建立人民公社问题的决议》发布，要求实行“政社合一”的体制，一些建制镇被撤销而成立人民公社，出现了新中国成立后镇发展史上的第一个回落。

1960 年 4 月　建工部在桂林召开第二次全国城市规划工作座谈会，提出要在 10～15 年左右的时间内，把我国的城市基本建设成为社会主义现代化的新城市；对于旧城市，也要在 10～15 年内基本改造成为社会主义的现代化的新城市；座谈会还要求要根据城市人民公社的组织形式和发展前途来编制城市规划，要体现工、农、兵、学、商五位一体的原则。

1960 年 11 月　第九次全国计划会议召开。会议宣布“三年不搞城市规划”，此后各地纷纷撤销规划机构，大量精简规划人员。

1961～1963 年　国民经济调整，压缩城市人口。1960 年 8 月 14 日中央发出《关于开展以保粮、保钢为中心的增产节约运动的指示》，第一次提出要大量精减非生产人员，充实生产战线；1961 年 1 月中共八届九中全会正式批准

"调整、巩固、充实、提高"八字方针；1961 年 5 月中央又一次召开工作会议，会上周恩来总理作关于粮食问题和压缩城市人口的报告，指出解决粮食问题的根本办法，是从城市压缩人口下乡；1962 年 1 月 11 日，中共中央召开扩大的工作会议（即七千人大会）明确指出，精兵简政问题是当前调整工作中的"首要问题"；1962 年 5 月 7 日，中央召开工作会议（五月会议）认为当前中心任务是两个：一个是减少 2000 万城市人口，一个是加强农村生产队的工作。1963 年底精简工作基本结束后，全国城镇人口总数和工业劳动者人数分别比 1961 年底净减 1100 万人和 600 万人，乡村人口总数和农业劳动者分别比 1961 年底净增 4400 万人和 2300 万人。

1962 年 6 月 周恩来总理视察大庆油田。周恩来总理指示：像大庆这样的矿区，不搞集中大城市，分散建设居民点，把家属组织起来参加农副业生产，可以做到工农结合，城乡结合，对生产、生活都有好处。后来受到极"左"思潮的影响，"不搞集中的城市"向全国推广，对中国的城市发展产生了深远影响。

1963 年 12 月 7 日 《中共中央、国务院关于调整镇建制、缩小城市郊区的指示》发布。该指示通过提高镇设置标准，对不符合镇标准的建制镇一律撤销，划归人民公社领导；同时要求"对市镇人口必须严格控制，对市镇建制的设置必须恰当"，并提出三项主要措施：一是撤销不够设市条件的市，二是缩小市的郊区，三是调整镇的建制。

1963 年 10 月 第二次城市工作会议召开。会议提出重新恢复城市规划工作，但由于城市规划的目标与作用等问题未从根本上解决，城市规划也未能真正发挥作用。

1964 ~ 1968 年 第二次计划单列。1963 年 10 月全国第二次城市工作会议之后，中央确定天津、沈阳、武汉、广州、重庆、西安六大城市在省的计划中单列出来，由中央和省共同安排。

1964 年 6 月 第二次人口普查。第二次人口普查以 1964 年 6 月 30 日 24 时为标准时间，以"户籍类型"为城乡（人口）划分标准，采用了户籍制度下的市镇非农业人口概念，最终得到城镇化率为 18.4%。

1964 年 8 月 《公安部关于处理户口迁移的规定（草案）》发布。该文

件明确提出了两个“限制”：“从农村迁往城市、集镇，从镇迁往城市的，要严加限制；从小城市迁往大城市，从其他城市迁往北京、上海两市的，要适当限制。”

1964 年 8 月　“三线”建设拉开序幕。1964 年 8 月国家建委召开一、二线搬迁会议，提出要大分散、小集中，少数国防尖端项目要“靠山、分散、隐蔽”（简称山、散、洞），有的还要进洞，三线建设拉开帷幕。在 1964 ~ 1980 年，国家在三线地区共审批 1100 多个中大型建设项目，大批原先位于大城市的工厂与人才进入西部山区。

1965 年 9 月　《关于第三个五年计划安排情况的汇报提纲（1966 ~ 1970）》发布，提出“一定要把建设重点放在三线”，要求“突出三线建设，集中国家的人力、物力、财力，把三线的国防工业，原料、材料、燃料、动力、机械、化学工业，以及交通运输系统逐步地建设起来，使三线成为一个初具规模的战略大后方”。

1968 ~1977 年　“上山下乡”运动。1968 年 12 月 22 日，《人民日报》发表了题为《我们也有两只手，不在城里吃闲饭》的文章，随后全国开展了轰轰烈烈的上山下乡运动。

1973 年 9 月　国家建委在合肥召开城市规划座谈会，讨论了《关于加强城市规划工作的意见》《关于编制与审批城市规划工作的暂行规划》《城市规划居住区用地控制指标》3 个文件稿的意见，随后部分城市陆续恢复开展规划工作。

1975 年 1 月 17 日　《中华人民共和国宪法》颁布。取消了有关迁徙自由的规定。

1977 年 11 月　《公安部关于处理户口迁移的规定》发布，要求几年内把市镇无户口的人员基本动员回农村。强调“严格控制市、镇人口，是党在社会主义时期的一项重要政策”，第一次正式提出严格控制“农转非”。

1978 年 2 月　第七届全国人大二次会议通过《政府工作报告》，报告提出，在工业建设中，要贯彻工农结合、城乡结合的方针。在有条件的地方，要像大庆那样，组织职工和家属搞好农副业生产。新建项目尽可能不要挤在大城市，要多建设中、小城镇。

1978年3月　第三次城市工作会议召开，明确了“控制大城市规模，多搞小城镇”的建设方针；强调了城市规划工作的重要性；决定从1979年起从工商利润中提成作为城市维护和建设资金。

1978年8月　四川省广汉县进行人民公社体制改革试点，将基本核算单位生产队改为独立核算、自负盈亏的农业生产合作社；取消人民公社管理委员会，成立乡政府；取消生产大队，改设行政村。

1978年10月　全国知识青年“上山下乡”工作会议召开，决定逐步缩小上山下乡的范围，有安置条件的城市不再动员下乡。1981年11月国务院知青办并入国家劳动总局，历经20余年的城镇知识青年上山下乡正式结束。

1979年　开始实行东部地区优先发展战略。党中央国务院在1980年8月批准设置了深圳、珠海、汕头、厦门4个经济特区；1984年决定在14个沿海开放城市中设立经济技术开发区；1985年4月批准将长三角、珠三角和闽南厦漳泉三角地区开辟为沿海经济开放区；1988年3月国务院把辽东半岛、山东半岛、环渤海地区列为沿海经济开放区；1988年4月又批准成立了海南经济特区；1990年4月开发开放了上海浦东新区；1992年又决定对5个长江沿岸城市，东北、西南和西北地区13个边境市、县，11个内陆地区省会（首府）城市实行沿海开放城市的政策。

1980年10月　全国城市规划工作会议召开。明确提出了“控制大城市规模、合理发展中等城市、积极发展小城市”的城市发展基本方针，这是新时期城市规划工作发生重大转折的标志性会议。会后城市规划大规模展开，到1985年全国324个设市城市的第二轮总体规划基本完成。

1982年5月14日　《国家建设征用土地条例》发布，规定国家进行经济、文化、国防建设以及兴办社会公共事业时可依该法征用集体土地，土地补偿费和安置补助费的总和不得超过被征土地年产值的20倍。

1982年7月　第三次人口普查。以1982年7月1日零时为普查标准时间进行第三次人口普查，以“简易行政地域划分”为城乡（人口）划分标准，普查所得城镇化率为20.6%。

1983年1月　中共中央发布一号文件——《当前农村经济政策的若干规定》，提出人民公社体制要从两方面进行改革：实行生产责任制、政社分设。

到1985年5月撤社建乡工作完成，全国共建立乡（镇）政府91138个。

1983年9月21日　费孝通发表《小城镇大问题》。费孝通在南京"江苏省小城镇研究讨论会"上做了《小城镇大问题》的主题发言，提出了"解决农村剩余劳动力问题要以小城镇为主，大中小城市为辅"，并认为"加强小城镇建设是中国社会主义城市化的必由之路"。

1983年至今　第三次计划单列。1983年2月，国务院批准重庆市试行计划单列，随后武汉、沈阳、大连、哈尔滨、西安、广州、青岛、宁波、厦门、深圳、南京、成都、长春等市相继实行计划单列。1993年国务院决定撤销省会城市的计划单列，1994年计划单列市只剩6个，1997年3月重庆市升格为直辖市。是时共有5个计划单列市：深圳、厦门、宁波、青岛和大连，其中深圳和厦门是经济特区。

1984年1月　中共中央发出《中共中央关于一九八四年农村工作的通知》（一号文件），提出了土地承包期一般应在15年以上、农村工业适当集中于集镇、允许农民自理口粮到集镇落户、鼓励农民向各种企业投资入股等重大决定。

1984年1月5日　国务院发布《城市规划条例》。城市按照其市区和郊区的非农业人口总数划分为三级：大城市是指人口50万以上的城市；中等城市是指人口20万以上不足50万的城市；小城市是指人口不足20万的城市。

1984年3月1日　中共中央、国务院转发农牧渔业部《关于开创社队企业新局面的报告》（即著名的中发〔1984〕4号文件），并发出通知，同意报告提出的将社队企业名称改为乡镇企业的建议，并提出了发展乡镇企业的若干政策，以促进乡镇企业的迅速发展。

1984年10月13日　国务院发出《关于农民进入集镇落户问题的通知》。规定申请到集镇务工、经商、办服务业的农民和家属，在集镇有固定住所，有经营能力，或在乡镇企事业单位长期务工的，公安部门应准予落常住户口。

1985年1月　中共中央发布《关于进一步活跃农村经济的十项政策》（一号文件），提出要"进一步扩大城乡经济交往，加强对小城镇建设的指导"。明确允许农民进城开店设坊，兴办服务业，提供各种劳务；鼓励宜于分散生产或需要密集劳动的产业，从城市向小城镇和农村扩散。

1985 年 7 月 公安部发布《关于城镇暂住人口管理的暂行规定》。决定对流动人口实行暂住证、寄住证制度，允许暂住人口在城镇居留，这对 1958 年《户口登记条例》中关于超过三个月以上的暂住人口要办理迁移手续或返回常住地的条款，做了实质性的变动。

1986 年 4 月 19 日 国务院发布《关于调整设市标准和市领导县条件的报告》，适当降低了镇改市、县改市和市领导县的人口、产值标准，此后县级市数量迅速增加。

1986 年 6 月 25 日 《中华人民共和国土地管理法》颁布，规定“国家为了公共利益的需要，可以依法对集体所有的土地实行征用。”土地补偿费和安置补助费的总和不得超过土地被征用前三年平均年产值的 20 倍。

1988 年 12 月 29 日 《〈中华人民共和国土地管理法〉修正案》颁布，规定“国有土地和集体所有的土地的使用权可以依法转让”“国家依法实行国有土地有偿使用制度”。补偿标准未作改动。

1989 年 3 月 第七届全国人大二次会议通过《政府工作报告》，提出，深化劳动制度和用工制度改革，发展和完善劳务市场。清理压缩计划外用工，严格控制乡村劳动力盲目流入城市。

1989 年 10 月 国务院发出《关于严格控制“农转非”过快增长的通知》，要求各地区要把“农转非”人数严格控制在计划指标之内，不得突破，突破的要在下年度计划指标中相应扣减。

1989 年 12 月 26 日 《中华人民共和国城市规划法》颁布，明确了“国家实行严格控制大城市规模，合理发展中等城市和小城市的方针，促进生产力和人口的合理布局”的城市建设理念，是我国在城市规划、城市建设和城市管理方面的第一部法律。

1990 年 3 月 第七届全国人大三次会议通过《政府工作报告》，提出要推进一些重大改革的试点，包括深化计划单列城市和其他一些城市的综合改革试点，继续开展县级综合改革试点和办好农村改革试验区。积极稳妥地推进住房制度和社会保障制度的改革。

1990 年 6 月 《1989 年中国环境状况公报》公布。公众第一次获知城市的大气污染、水污染、噪音污染等状况。

1990 年 7 月　第四次全国人口普查。以 1990 年 7 月 1 日零时为普查登记标准时间，开展第四次全国人口普查工作，采用了城乡划分的新标准——细分行政地域，得到的城镇化率为 26.23%。

1991 年 4 月　第七届全国人大四次会议通过“八五”计划纲要（1991 ~ 1995），提出“积极推进住房制度和社会保障制度的改革”。“八五”期间，要按照国家、集体和个人共同负担的原则，加快住房制度和保险制度的改革。要逐步改变低租金、无偿分配住房的办法，调动各方面的积极性，加快住宅建设，改善人民的住房条件。

1992 年 3 月　第七届全国人大五次会议通过《政府工作报告》，提出继续贯彻发展沿海地区经济的方针，积极发展外向型经济。进一步办好现有经济特区和沿海经济技术开发区，更好地发挥沿海开放城市和开放地区在对外贸易、引进技术等方面的重要作用。同时，集中力量支持上海浦东新区的开发和开放。

1993 年 3 月　第八届全国人大一次会议通过《政府工作报告》，提出大力发展乡镇企业，特别要积极扶持中西部地区乡镇企业的发展。在合理规划指导下，逐步推进乡镇企业相对集中布局和加快小城镇建设。

1993 年 5 月 17 日　国务院批转民政部《关于调整设市标准的报告》。报告按人口密度确立了三个设市撤县标准，对中西部地区适当降低了要求，促进了城镇体系的均衡布局。

1993 年 10 月　建设部召开全国村镇建设工作会议，确定了以小城镇建设为重点的村镇建设工作方针，提出了到 20 世纪末我国小城镇建设发展目标。会后经国务院原则同意，建设部等 6 个部委联合发出了《关于加强小城镇建设的若干意见》。

1993 年 11 月　党的十四届三中全会通过《中共中央关于建立社会主义市场经济体制若干问题的决定》，提出引导乡镇企业适当集中，充分利用和改造现有小城镇，建设新的小城镇。逐步改革小城镇的户籍管理制度，允许农民进入小城镇务工经商，发展农村第三产业，促进农村剩余劳动力的转移。

1994 年 3 月　第八届全国人大二次会议通过《政府工作报告》，提出要十分爱惜和重视保护耕地，继续加强农村社会化服务体系建设，进一步发育和完善农产品市场，推进供销社体制和小城镇户籍管理制度等方面的改革。

1994 年 7 月 5 日 《中华人民共和国劳动法》。该法规定在中国境内的企业、个体经济组织（以下统称用人单位）和与之形成劳动关系的劳动者均适用本法，事实上将农村进城务工人员纳入《中华人民共和国劳动法》保护范围。

1994 年 7 月 18 日 国务院下发《关于深化城镇住房制度改革的决定》，把住房实物福利分配的方式改变为以按劳分配为主的货币工资分配方式；建立以中低收入家庭为对象、具有社会保障性质的经济适用住房供应体系和以高收入家庭为对象的商品房供应体系。该政策标志福利分房转向住房货币化，由此拉开了住房制度改革的序幕。

1994 年 9 月 建设部等 6 部委发布《关于加强小城镇建设的若干意见》。这是我国第一个关于小城镇健康发展的指导性文件，是政府引导城镇化的开端。“意见”对小城镇的地位、规划以及提高服务水平、科技水平、加强领导等多方面提出了指导意见。

1995 年 2 月 6 日 国务院办公厅转发《国家安居工程实施方案》，计划用 5 年左右时间新增安居工程建筑面积 1.5 亿平方米，用以解决中低收入家庭住房问题，并优先售予无房户、危房户、住房困难户、离退休职工和教师中的住房困难者。

1995 年 4 月 国家体改委、建设部、公安部等 11 部委联合发布《中国小城镇综合改革试点指导意见》，决定选择一批小城镇，进行综合改革试点。积极引导，稳步发展，注重实效，通过试点和典型引路，引导小城镇健康发展。随后在全国选择了 57 个镇作为综合改革试点。

1995 年 9 月 党的十四届五中全会通过《中共中央关于制定国民经济和社会发展“九五”计划和 2010 年远景目标的建议》，提出“为了创造良好的投资环境和提高经济效益，发展乡镇企业宜相对集中，并与小城镇建设结合起来。要积极引导农业剩余劳动力有序转移”。“推进住房制度改革，建设‘安居工程’，加快住房商品化的步伐”。

1996 年 3 月 第八届全国人大四次会议通过《政府工作报告》。报告提出，为了创造良好的投资环境和提高经济效益，发展乡镇企业宜相对集中，并

与小城镇建设结合起来。要积极引导农业剩余劳动力有序转移。

1996年10月29日　《中华人民共和国乡镇企业法》颁布。对乡镇企业的定义、主要任务、设立程序、民主管理和国家扶持政策等进行了具体规定。

1996年截至年底　我国城镇化率突破30%，进入城镇化快速发展阶段。

1997年6月10日　公安部发布《小城镇户籍管理制度改革试点方案》和《关于完善农村户籍管理制度意见》。两个文件提出进行户籍管理制度改革，允许已经在小城镇就业、居住并符合一定条件的农村人口在小城镇办理城镇常住户口，以促进农村剩余劳动力就近、有序地向小城镇转移，促进小城镇和农村的全面发展，维护社会稳定。同时继续严格控制大中城市特别是北京、天津、上海等特大城市人口的机械增长。

1997年6月10日　《国务院关于建立统一的企业职工基本养老保险制度的决定》发布，要求"进一步扩大养老保险的覆盖范围，基本养老保险制度要逐步扩大到城镇所有企业及其职工"，将农村进城务工人员纳入养老保险范围。

1998年7月3日　国务院下发《关于进一步深化城镇住房制度改革加快住房建设的通知》。通知要求停止住房实物分配，逐步实行住房分配货币化，对不同收入家庭实行不同的住房供应政策，确立了以经济适用住房为主的多层次城镇住房供应体系，住房货币化迈出实质性步伐。

1998年7月22日　《国务院批转公安部关于解决当前户口管理工作中几个突出问题的意见》。该文件对户口管理作了四项改革，包括实行婴儿落户随父随母自愿政策，放宽解决夫妻分居问题的户口政策，解决已退休老人返回原工作单位所在地或原籍投靠配偶、子女时的户口政策，以及城市投资者和直系亲属在该城市落户政策。

1998年8月29日　《中华人民共和国土地管理法》（1998年修订）颁布。该法提高了征地的补偿标准。规定土地补偿费和安置补助费的总和不得超过土地被征用前三年平均年产值的30倍。

1998年10月　党的十五届三中全会通过《中共中央关于农业和农村工作若干重大问题的决定》，提出发展小城镇，是带动农村经济和社会发展的一个大战略。要进一步改革小城镇户籍管理制度。小城镇要合理布局，科学规划，重视基础设施建设，注意节约用地和保护环境。

1998 年 12 月 7 ~ 9 日 中央经济工作会议召开。在会议确定的 1999 年经济工作三项重点工作之一“稳定和加强农业”中，提出要“发展乡镇企业，建设小城镇，努力使农民收入稳步增加”。

1999 年 3 月 第九届全国人大二次会议通过《政府工作报告》。报告提出，加快小城镇建设，是经济社会发展的一个大战略。要抓好小城镇户籍管理制度改革的试点，制定支持小城镇发展的投资、土地、房地产等政策。小城镇建设要科学规划，合理布局，注意节约用地和保护生态环境，避免一哄而起。

1999 年 11 月 15 ~ 17 日 中央经济工作会议召开。会议提出，小城镇建设要合理布局，要注意运用市场机制，更多地发挥民间投资的作用，走出一条在政府引导下主要通过市场机制建设小城镇的路子。

1999 年 12 月 6 日 国家统计局发布《关于统计上划分城乡的规定（试行)》，采用“行政地域 + 实体地域”的城乡（人口）划分标准，首次将人口密度作为衡量指标纳入城镇划分体系。

2000 年 3 月 第九届全国人大三次会议通过《政府工作报告》，提出统筹规划，采取有力的政策措施，加快小城镇发展。

2000 年 7 月 《中共中央、国务院关于促进小城镇健康发展的若干意见》发布，指出要抓住机遇，适时引导小城镇健康发展，应当成为当前和今后较长时期农村改革与发展的一项重要任务。

2000 年 11 月 第五次全国人口普查。以 2000 年 11 月 1 日零时为普查标准时间开展第五次全国人口普查工作。按照《关于统计上划分城乡的规定(试行)》的统计口径，得到的城镇化率为 36.09%。

2000 年 11 月 28 ~ 30 日 中央经济工作会议召开。会议提出，要积极稳妥地实施城镇化战略，加快乡镇企业结构调整和体制创新。

2000 年 开展征地制度改革的地方实践探索。黑龙江省从 2000 年起，在全省实行各市、县主要地类的征地统一年产值标准的做法；杭州市、南京市和苏州市也从 2000 年起不再以产值倍数来测算补偿费用，而是综合考虑土地用途、土地区位条件、当地经济发展水平和土地供求关系等因素，结合当地城镇居民社会保障水平，确定征地补偿标准。国土资源部从 2001 年启动改革试点

将统一年产值标准和区片综合地价两种补偿办法，在更大范围内试点推广。

2001 年 3 月　第九届全国人大四次会议通过《政府工作报告》，提出，发展小城镇，繁荣小城镇经济，积极稳妥地推进城镇化，拓宽农民的就业空间和增收渠道。

2001 年 3 月　第九届全国人大四次会议通过《国民经济和社会发展第十个五年计划纲要》。“十五”计划把推进城镇化提升为国家战略，认为“我国推进城镇化的条件已渐成熟，要不失时机地实施城镇化战略”。明确指出“推进城市化要遵循客观规律，与经济发展水平和市场发育程度相适应，循序渐进，走符合我国国情、大中小城市和小城镇协调发展的多样化城市化道路，逐步形成合理的城镇体系。有重点地发展小城镇，积极发展中小城市，完善区域性中心城市的功能，发挥大城市的辐射带动作用，引导城镇密集区有序发展。“十五”计划同时将实施西部大开发、促进地区协调发展作为一项战略任务

2001 年 3 月 20 日　国务院批转公安部《关于推进小城镇户籍管理制度改革的意见》，规定小城镇户籍管理制度改革的实施范围是县级市市区、县人民政府驻地镇及其他建制镇。凡在上述范围内有合法固定的住所、稳定的职业或生活来源的人员及与其共同居住生活的直系亲属，均可根据本人意愿办理城镇常住户口。

2001 年 12 月 23 日　劳动和社会保障部下发《关于完善城镇职工基本养老保险政策有关问题的通知》，对跨统筹地区流动的人员、采取各种灵活方式就业的人员、农民合同制职工的养老保险问题做了明确规定。

2001 年 11 月 27 ~29 日　中央经济工作会议召开。会议指出，要积极稳步发展小城镇，把小城镇的发展同乡镇企业的改造提高结合起来，以城镇化促进农村剩余劳动力的转移，实现城乡劳动力资源的合理配置。

2002 年 11 月　党的十六大通过《全面建设小康社会，开创中国特色社会主义事业新局面》的报告。报告指出，要逐步提高城镇化水平，坚持大中小城市和小城镇协调发展，走中国特色的城镇化道路；同时将“振兴东北老工业基地”作为国家的战略决策。

2002 年 12 月 9 ~10 日　中央经济工作会议召开，提出“加快城镇化进程，广开农民就业门路，拓宽增收渠道。”

2002 年 3 月 第九届全国人大五次会议通过《政府工作报告》，提出扩大城乡经济往来有利于明显增加农民收入。各地要清理、取消不合理的限制和乱收费，为农民进城务工经商提供方便，切实保障他们的合法权益；同时，要加强管理和引导。积极稳妥地推进城镇化，促进农村劳动力向非农产业转移。

2003 年 3 月 第十届全国人大一次会议通过《政府工作报告》，提出要引导农村劳动力合理有序流动；农村富余劳动力向非农产业和城镇转移，是工业化和现代化的必然趋势；坚持实施城镇化战略，积极稳妥地发展小城镇；支持农民进城务工就业，清理和纠正对农民工的歧视性政策和乱收费；以城市繁荣带动农村发展，促进城乡协调发展，是新形势下解决“三农”问题的重要途径。

2003 年 8 月 15 日 河南省委、省政府印发《河南省全面建设小康社会规划纲要》，明确提出“要坚持以工业化为主导，以城镇化为支撑，以推进农业现代化为基础，统筹城乡经济社会协调发展”，在理论和实践上首次提出了“三化协调发展”。

2003 年 8 月 31 日 《国务院关于促进房地产市场持续健康发展的通知》发布。文件首次提出“房地产业已经成为国民经济的支柱产业”，还提出要“促进房地产市场持续健康发展”。

2003 年 10 月 党的十六届三中全会做出《中共中央关于完善社会主义市场经济体制若干问题的决定》，提出加快城镇化进程，在城市有稳定职业和住所的农业人口，可按当地规定在就业地或居住地登记户籍，并依法享有当地居民应有的权利，承担应尽的义务。逐步建立城乡统一的劳动力市场和公平竞争的就业制度，依法保障进城务工人员的权益。

2003 年 12 月 31 日 中共中央发布《中共中央国务院关于促进农民增加收入若干政策的意见》（一号文件），提出要“繁荣小城镇经济”。小城镇建设要同壮大县域经济、发展乡镇企业、推进农业产业化经营、移民搬迁结合起来，引导更多的农民进入小城镇。

2004 年 3 月 第十届全国人大二次会议通过《政府工作报告》，指出要发展农产品加工业等农村非农产业，壮大县域经济。稳步推进城镇化，改善农民进城就业环境，加强农民工培训，多渠道扩大农村劳动力转移就业。

2004 年 3 月　《2004 中国可持续发展战略报告》发布，建议我国应大力发展三大“组团式”城市群（长三角、珠三角、环渤海），以提高其在国民经济和社会发展中的整体贡献率，为未来 20 年我国经济增长注入新的动力源。

2004 年 8 月 28 日　《中华人民共和国土地管理法》（第二次修正）。第二条第四款修改为“国家为了公共利益的需要，可以依法对土地实行征收或者征用并给予补偿。”第四十五条、第四十六条、第四十七条、第四十九条、第五十一条、第七十八条、第七十九条中的“征用”均修改为“征收”。

2004 年 9 月 15 日　北京国际城市发展研究院发布《中国城市十一五核心问题研究报告》。该报告是我国首部研究城市发展规划的理论专著，填补了中国城市发展战略和规划研究领域的空白。

2004 年 10 月 21 日　国务院发布《关于深化改革严格土地管理的决定》，提出“土地补偿费和安置补助费的总和达到法定上限，尚不足以使被征地农民保持原有生活水平的，当地人民政府可以用国有土地有偿使用收入予以补贴。省、自治区、直辖市人民政府要制订并公布各市县征地的统一年产值标准或区片综合地价，征地补偿做到同地同价”。

2004 年 12 月 3～5 日　中央经济工作会议召开。会议首次提出，我国现在总体上已到了以工促农、以城带乡的发展阶段。并认为推进城镇化健康发展是结构调整的重要内容；我国正处于城镇化加快发展的重要时期，必须有效引导城镇化健康发展，妥善处理城乡关系，合理把握城镇化进度。

2005 年 3 月　第十届全国人大三次会议通过《政府工作报告》。报告指出，多渠道转移农村富余劳动力。发展农村二、三产业，稳步推进城镇化建设，拓展农村劳动力就业空间。引导农村劳动力合理有序流动。

2005 年 5 月 24 日　建设部等 9 部委发布《关于调整住房供应结构稳定住房价格的意见》，规定“自 2006 年 6 月 1 日起，凡新审批、新开工的商品住房建设，套型建筑面积 90 平方米以下住房（含经济适用住房）面积所占比重，必须达到开发建设总面积的 70% 以上。”（即“70/90”政策）

2005 年 6 月　国务院开始进行进行综合配套改革试点工作。2005 年 6 月到 2011 年 12 月，国务院共批准了设立 10 个综合配套改革试验区，分别为上海浦东新区、天津滨海新区、深圳市 3 个综合配套改革试验区，重庆市、成都

市2个全国统筹城乡综合配套改革试验区，武汉城市圈、长株潭城市群2个全国资源节约型和环境友好型社会建设综合配套改革试验区、沈阳经济区国家新型工业化综合配套改革试验区、山西省国家资源型经济转型综合配套改革试验区和厦门市深化两岸交流合作综合配套改革试验区。此外国务院还决定设立2个“综合改革试验区”（区别于“配套”），即义乌市国际贸易综合改革试点和温州市金融综合改革试验区。

2005年7月 国土资源部下发《关于开展制订征地统一年产值标准和征地区片综合地价工作的通知》，以附件的形式颁布了指导性意见，要求各地在征地中，必须按照征地统一年产值标准和征地区片综合地价对农民补偿。

2005年8月 天津开始“宅基地换房”建设示范小城镇试点。天津市探索提出以宅基地换房办法建设示范小城镇的新思路；研究提出了示范工业园区、现代农业产业园区、农民居住社区“三区”统筹发展的战略；为改革城乡二元结构，启动“三改一化”改革试点工作，以东丽区华明镇最为典型。

2005年10月11日 国土资源部发布《关于规范城镇建设用地增加与农村建设用地减少相挂钩试点工作的意见》，对土地增减挂钩试点工作进行了详细规定，并最终于2006年4月，将四川省、山东省、江苏省、湖北省和天津市列为首批城乡建设用地增减挂钩试点的地区。

2005年10月 党的十六届五中全会通过《中共中央关于制定国民经济和社会发展第十一个五年规划的建议》，提出了“工业化、城镇化、市场化、国际化步伐加快”的科学论断；强调要坚持大中小城市和小城镇协调发展，提高城镇综合承载能力，按照循序渐进、节约土地、集约发展、合理布局的原则，积极稳妥地推进城镇化，逐步改变城乡二元结构；对人口分类引导、城镇化空间格局、城市规划建设管理和城镇化发展的体制机制做出了具体指导。

2005年11月29～12月1日 中央经济工作会议召开。会议提出“积极稳妥地推进城镇化，重视发挥城镇化对区域经济发展的带动作用”。

2005年12月3日 《国务院关于完善企业职工基本养老保险制度的决定》发布，提出城镇各类企业职工、个体工商户和灵活就业人员都要参加企

业职工基本养老保险。当前及今后一个时期，要以非公有制企业、城镇个体工商户和灵活就业人员参保工作为重点，扩大基本养老保险覆盖范围。

2005年12月　中共中央发布《关于推进社会主义新农村建设的若干意见》（一号文件），要求着力发展县城和在建制的重点镇，从财政、金融、税收和公共品投入等方面为小城镇发展创造有利条件，外来人口较多的城镇要从实际出发，完善社会管理职能。

2006年4月15日　《中共中央、国务院关于促进中部地区崛起的若干意见》发布。这标志着促进中部崛起战略正式形成。

2006年10月　党的十六届六中全会通过《中共中央关于构建社会主义和谐社会若干重大问题的决定》，要求，从严控制征地规模，加快征地制度改革，提高补偿标准，探索确保农民现实利益和长期稳定收益的有效办法，解决好被征地农民的就业和社会保障。

2006年12月5～7日　中央经济工作会议召开。会议明确提出，推进城镇化，要以提高城市综合承载能力为核心，更好地带动农村劳动力有序转移。要建立健全廉租住房制度，改进规范经济适用房制度，不断改善城镇低收入困难群众的住房条件。加强对发展城市群的研究和规划，引导大中小城市协调发展。

2006年12月31日　《中共中央、国务院关于积极发展现代农业扎实推进社会主义新农村建设的若干意见》发布，提出继续发展小城镇和县域经济，充分发挥辐射周边农村的功能，带动现代农业发展，促进基础设施和公共服务向农村延伸。

2007年6月29日　《中华人民共和国劳动合同法》颁布。该法将民办非企业单位列入用人单位，将劳动合同细化为固定期限劳动合同、无固定期限劳动合同和以完成一定工作任务为期限的劳动合同，并要求“实行同工同酬”。

2007年7月26日　《国务院关于编制全国主体功能区规划的意见》发布。意见称，全国主体功能区规划是战略性、基础性、约束性的规划，也是国民经济和社会发展总体规划、区域规划、城市规划等的基本依据；按照主体功能区规划布局，全国国土空间将被统一划分为优化开发、重点开发、限制开发

和禁止开发四大类主体功能区。

2007 年 8 月 7 日 国务院印发《关于解决城市低收入家庭住房困难的若干意见》，要求以城市低收入家庭为对象，进一步建立健全城市廉租住房制度，改进和规范经济适用住房制度，加大棚户区、旧住宅区改造力度，力争到“十一五”期末，使低收入家庭住房条件得到明显改善，农民工等其他城市住房困难群体的居住条件得到逐步改善。

2007 年 10 月 28 日 《中华人民共和国城乡规划法》颁布。该法取消了“控制大城市规模”的规定，对加强城乡规划管理、协调城乡空间布局、改善人居环境、促进城乡经济社会全面协调可持续发展起到了重大的指导规范作用。

2007 年 10 月 党的十七大通过《高举中国特色社会主义伟大旗帜，为夺取全面建设小康社会新胜利而奋斗》工作报告。报告指出：“全面认识工业化、信息化、城镇化、市场化、国际化深入发展的新形势新任务”“走中国特色城镇化道路，按照统筹城乡、布局合理、节约土地、功能完善、以大带小的原则，促进大中小城市和小城镇协调发展。以增强综合承载能力为重点，以特大城市为依托，形成辐射作用大的城市群，培育新的经济增长极。”

2007 年 12 月 3 ~ 5 日 中央经济工作会议召开。会议提出，要促进区域协调发展，积极稳妥推进城镇化。要按照走中国特色城镇化道路的总体要求，加强规划引导，坚持节约集约利用土地，努力提高城镇综合承载能力，突出增强可持续发展能力，促进城镇化健康发展。

2007 年 12 月 31 日 中共中央发布《关于切实加强农业基础建设进一步促进农业发展农民增收的若干意见》（一号文件），提出要完善小城镇规划，加强小城镇基础设施建设；继续推进征地制度改革试点，规范征地程序，提高补偿标准，健全被征地农民的社会保障制度，建立征地纠纷调处裁决制度；城镇居民不得到农村购买宅基地、农民住宅或“小产权房”。

2008 年 4 月 2 日 国务院发布《历史文化名城名镇名村保护条例》，进一步明确了历史文化名城、名镇、名村的保护应当遵循科学规划、严格保护的原则，对历史文化名城、名镇、名村的申报与批准，保护规划，保护措施和法律责任等重要内容做出了规定，为正处于城市化加速发展时期的历史文化名城、

名镇、名村保护提供了法律依据。

2008年6月27日　国土资源部发布《城乡建设用地增减挂钩试点管理办法》，对建新拆旧增减挂钩的具体运作程序做了较为细致的规定。2006年4月国土资源部批准四川省、山东省、江苏省、湖北省、天津市作为首批增减挂钩试点省市，目前试点省份扩大到24个。

2008年7月12日　国家统计局发布《统计上划分城乡的规定》，对“城镇”做了新的界定。城镇包括城区和镇区，城区是指在市辖区和不设区的市，区、市政府驻地的实际建设连接到的居民委员会和其他区域；镇区是指在城区以外的县人民政府驻地和其他镇，政府驻地的实际建设连接到的居民委员会和其他区域。与政府驻地的实际建设不连接，且常住人口在3000人以上的独立的工矿区、开发区、科研单位、大专院校等特殊区域及农场、林场的场部驻地视为镇区。

2008年10月　党的十七届三中全会通过《中共中央关于推进农村改革发展若干重大问题的决定》，提出统筹工业化、城镇化、农业现代化建设，加快建立健全以工促农、以城带乡长效机制，推进城乡基本公共服务均等化，实现城乡、区域协调发展，使广大农民平等参与现代化进程、共享改革发展成果。

2008年10月13日　全国首家综合性农村产权交易所在成都诞生。

2008年11月17日　《重庆市农村土地交易所管理暂行办法》发布，确定重庆农村集体土地使用权或承包经营权交易、建设用地挂钩指标交易均通过农村土地交易所进行。2008年12月4日，重庆农村土地交易所挂牌，该交易所以“地票”作为主要交易标的，并于当天开始第一场地票拍卖，中国的地票交易制度诞生。

2008年12月8～10日　中央经济工作会议召开。会议要求要以推进城镇化和促进城乡经济社会发展一体化为重点，改善城乡结构；促进大中小城市和小城镇协调发展，有重点地培育一批综合承载能力强、辐射作用大的城市群，使其成为拉动内需的重要增长极；要以缩小区域发展差距和优化生产力布局为重点，调整地区结构；继续实施西部大开发、东北地区等老工业基地振兴、中部地区崛起、东部地区率先发展的区域发展总体战略，促进区域间生产要素合

理流动和梯度转移；落实国家主体功能区规划，配套出台分类调控的区域政策。

2008年12月20日 国务院办公厅下发《关于促进房地产市场健康发展的若干意见》，提出争取用3年时间基本解决城市低收入住房困难家庭住房及棚户区改造问题，2009～2011年全国平均每年新增130万套经济适用住房，基本解决747万户现有城市低收入住房困难家庭和240万户现有棚户区居民住房的住房问题。

2008年12月31日 中共中央发布《促进农业稳定发展农民持续增收的若干意见》（一号文件），提出要增强县域经济发展活力，探索建立县乡财政基本财力保障制度；稳步推进扩权强县改革试点；依法赋予经济发展快、人口吸纳能力强的小城镇在投资审批、工商管理、社会治安等方面的行政管理权限。

2009年3月 第十一届全国人大二次会议通过《政府工作报告》。报告要求，大力发展特色现代农业，扶持农产品精深加工和销售，发展农村二三产业，加快小城镇建设，壮大县域经济。

2009年12月5～7日 中央经济工作会议召开。会议提出“积极稳妥推进城镇化，提升城镇发展质量和水平”。要求坚持走中国特色城镇化道路，促进大中小城市和小城镇协调发展，着力提高城镇综合承载能力，发挥好城市对农村的辐射带动作用，壮大县域经济；要把重点放在加强中小城市和小城镇发展上，要把解决符合条件的农业转移人口逐步在城镇就业和落户作为推进城镇化的重要任务，放宽中小城市和城镇户籍限制，提高城市规划水平，加强市政基础设施建设，完善城市管理，全方位提高城镇化发展水平。

2009年12月31日 中共中央发布《关于加大统筹城乡发展力度进一步夯实农业农村发展基础的若干意见》（一号文件），提出“协调推进工业化、城镇化和农业现代化，努力形成城乡经济社会发展一体化新格局”的目标，把建设社会主义新农村和推进城镇化作为保持经济平稳较快发展的持久动力。明确要求推进城镇规划水平和发展质量、户籍制度改革、农民工居住条件、新生代农民工问题、强县强镇扩权试点等方面的制度创新。

2010年3月 第十一届全国人大三次会议通过《政府工作报告》。报告要

求统筹推进城镇化和新农村建设。坚持走中国特色城镇化道路，促进大中小城市和小城镇协调发展，着力提高城镇综合承载能力，发挥城市对农村的辐射带动作用，促进城镇化和新农村建设良性互动。壮大县域经济，大力加强县城和中心镇基础设施和环境建设，引导非农产业和农村人口有序向小城镇集聚，鼓励返乡农民工就地创业。城乡建设都要坚持最严格的耕地保护制度和最严格的节约用地制度，切实保护农民合法权益。推进户籍制度改革，放宽中小城市和小城镇落户条件。有计划有步骤地解决好农民工在城镇的就业和生活问题，逐步实现农民工在劳动报酬、子女就学、公共卫生、住房租购以及社会保障方面与城镇居民享有同等待遇。

2010 年 4 月 17 日　国务院发出《关于坚决遏制部分城市房价过快上涨的通知》，指出要加快保障性安居工程建设，确保计划 580 万套保障房开工建设，当年实际开工 590 万套。

2010 年 5 月 31 日　国务院批转国家发改委《关于 2010 年深化经济体制改革重点工作意见的通知》。通知提出，要深化户籍制度改革，加快落实放宽中小城市、小城镇特别是县城和中心镇落户条件的政策。进一步完善暂住人口登记制度，逐步在全国范围内实行居住证制度。

2010 年 6 月 3 日　住建部等七部门发出《关于加快发展公共租赁住房的指导意见》。在全国范围内启动公共租赁住房建设计划，其着眼点是解决中等偏下收入居民以及新就业人员、外来务工人员等“夹心层”群体，标志着我国住房保障制度建设进入了新的阶段。

2010 年　国土资源部启动新一轮征地制度改革。在国家综合改革试验区等确定了 11 个城市开展征地制度改革试点。试点的主要内容包括三方面，一是区分公益性和非公益性用地，缩小征地范围；二是完善征地补偿安置机制；三是改进农用地转用与征收审批方式。

2010 年 10 月　党的十七届五中全会通过《中共中央关于制定国民经济和社会发展第十二个五年规划的建议》，提出“要同步推进工业化、城镇化和农业现代化，坚持走中国特色城镇化道路，科学制定城镇化发展规划，促进城镇化健康发展”。并将“积极稳妥推进城镇化”在第五部分做了具体规划部署，提出要“优化城市化布局和形态，加强城镇化管理，不断提升城镇化的质量

和水平”。

2010 年 11 月 第六次全国人口普查。以 2010 年 11 月 1 日零时为标准时点开展第六次全国人口普查，参照 2006 年国家统计局颁布的《关于统计上划分城乡的暂行规定》和 2008 年国务院批复的《统计上划分城乡的规定》，对“五普”中城镇人口可能的高估做了修正，得到城镇化率为 49.68%。

2010 年 11 月 成都市发出《关于全域成都城乡统一户籍实现居民自由迁徙的意见》，推行最彻底的“户改”，计划于 2012 年实现全面城乡统一户籍，民众可自由迁徙，并享有平等的基本公共服务和社会福利；

2010 年 12 月 19 日 《2008 年中国城市化率调查报告》发布。中国国际城市化发展战略研究委员会对 1949～2006 年中国各省、自治区、直辖市和各城市的城市化率进行了全面的统计与分析，并首次发布全国城市化率排行榜。

2010 年 12 月 10～12 日 中央经济工作会议召开。会议提出，要积极稳妥推进城镇化，合理确定大中小城市和小城镇的功能定位、产业布局、开发边界，形成基本公共服务和基础设施一体化、网络化发展的城镇化新格局。要加快推进住房保障体系建设，逐步形成符合国情的保障性住房体系和商品房体系。

2011 年 4 月 1 日 成都市非城镇户籍从业人员综合社会保险与城镇职工社会保险并轨，农民工不能与城镇职工同等享受社会保险待遇的情况，在成都成为历史。

2011 年 2 月 26 日 《国务院办公厅关于积极稳妥推进户籍管理制度改革的通知》发布，提出要分类明确户口迁移政策，特别是放宽了地级市落户条件；逐步实行暂住人口居住证制度。

2011 年 3 月 第十一届全国人大四次会议通过《政府工作报告》，指出要积极稳妥推进城镇化。坚持走中国特色城镇化道路，遵循城市发展规律，促进城镇化健康发展。坚持科学规划，严格管理。加强城市基础设施和公共服务设施建设，增强城镇综合承载能力，提高管理和服务水平。因地制宜，分步推进，把有稳定劳动关系并在城镇居住一定年限的农民工，逐步转为城镇居民。对暂不具备落户条件的农民工，要解决好他们在劳动报酬、子女就学、公共卫生、住房租赁、社会保障等方面的实际问题。要充分尊重农民在进城和留乡问

题上的自主选择权，切实保护农民承包地、宅基地等合法权益。城镇化要同农业现代化和新农村建设相互促进，这是必须坚持的正确方向。

2011 年 3 月 6 日　第十一届全国人大四次会议召开记者招待会，国家发改委透露“未来五年要建设城镇保障性安居工程 3600 万套，今年 1000 万套，明年 1000 万套，后面三年还有 1600 万套，使保障性住房的覆盖率达到 20%”。

2011 年 8 月　河南提出新型城镇化引领“三化”协调发展。1 日，中共河南省委书记卢展工在舞钢调研时提出了新型城镇化引领“三化”协调发展的观点，引起了社会的广泛关注。2011 年 10 月召开的中共河南省第九次代表大会上，正式把新型城镇化引领“三化”协调科学发展纳入省委工作报告。

2011 年 9 月 28 日　《国务院办公厅关于保障性安居工程建设和管理的指导意见》发布，提出大力推进以公共租赁住房为重点的保障性安居工程建设，到“十二五”期末，全国保障性住房覆盖面达到 20% 左右，力争使城镇中等偏下和低收入家庭住房困难问题得到基本解决，新就业职工住房困难问题得到有效缓解，外来务工人员居住条件得到明显改善。

2011 年 10 月 17 日　财政部印发《2011 年地方政府自行发债试点办法》，允许上海市、浙江省、广东省、深圳市开展地方政府自行发债试点。规定 2011 年试点省（市）政府债券由财政部代办还本付息，试点省（市）发行政府债券实行年度发行额管理，2011 年度发债规模限额当年有效，不得结转下年。

2011 年 12 月 12 ~14 日　中央经济工作会议召开。会议要求抓好保障性住房投融资、建设、运营、管理工作，逐步解决城镇低收入群众、新就业职工、农民工住房困难。要坚持房地产调控政策不动摇，促进房价合理回归，加快普通商品住房建设，扩大有效供给，促进房地产市场健康发展。

2011 年　山东开始进行推开新一轮户籍改革。德州率先试水在山东省首次尝试低门槛的落户政策，并取消了以往外来人口与当地居民的差别待遇。2012 年 3 月，山东省公布《关于贯彻国办发〔2011〕9 号文件积极稳妥推进户籍管理制度改革的通知》，要求以合法稳定住所、合法稳定职业为户口迁移基本条件推开新一轮户籍改革。到 2013 年 3 月，山东已有 7 个地级市出台了

当地“户改”细则。

2012 年 3 月　第十一届全国人大五次会议通过《政府工作报告》。报告提出，积极稳妥推进城镇化。要遵循城市发展规律，从各地实际出发，促进大中小城市和小城镇协调发展。更加注重把在城镇稳定就业和居住的农民工有序转变为城镇居民；放宽中小城市落户条件，合理引导人口流向，让更多农村富余劳动力就近转移就业。加强对农民工的人文关怀和服务，着力解决农民工在就业服务、社会保障、子女入园上学、住房租购等方面的实际问题，逐步将城镇基本公共服务覆盖到农民工。

2012 年 5 月 16 日　《国家基本公共服务体系“十二五”规划》公布。明确提出“逐步实现基本公共服务由户籍人口向常住人口扩展”“逐步将基本公共服务领域各项法律法规和政策与户口性质相脱离”。

2012 年 5 月　《欧中城镇化伙伴关系共同宣言》签署。在中欧城镇化伙伴关系高层会议上，国务院副总理李克强和欧盟主席巴罗佐共同签署了《欧中城镇化伙伴关系共同宣言》，标志着中欧城镇化合作长期机制的正式建立。

2012 年 9 月 20 日　《第十五次中欧领导人会晤联合新闻公报》发表。公报指出双方强调按照《欧中城镇化伙伴关系共同宣言》引导和支持双方的对口合作，推进中欧城镇化伙伴关系；双方欢迎中国国家行政学院牵头举办的中欧城镇化领导力培训项目。

2012 年 11 月　党的十八大通过《坚定不移沿着中国特色社会主义道路前进，为全面建成小康社会而奋斗》的工作报告。报告指出，要坚持走中国特色新型工业化、信息化、城镇化、农业现代化道路，推动信息化和工业化深度融合、工业化和城镇化良性互动、城镇化和农业现代化相互协调，促进工业化、信息化、城镇化、农业现代化同步发展。报告同时提出，要科学规划城市群规模和布局，增强中小城市和小城镇产业发展、公共服务、吸纳就业、人口集聚功能。加快改革户籍制度，有序推进农业转移人口市民化，努力实现城镇基本公共服务常住人口全覆盖。改革征地制度，提高农民在土地增值收益中的分配比例。

2012 年 12 月 15 ~ 16 日　中央经济工作会议召开。会议要求“积极稳妥推进城镇化，着力提高城镇化质量”。会议指出，城镇化是我国现代化建设的

历史任务，也是扩大内需的最大潜力所在，要围绕提高城镇化质量，因势利导、趋利避害，积极引导城镇化健康发展。要构建科学合理的城市格局，大中小城市和小城镇、城市群要科学布局，与区域经济发展和产业布局紧密衔接，与资源环境承载能力相适应。要把有序推进农业转移人口市民化作为重要任务抓实抓好。要把生态文明理念和原则全面融入城镇化全过程，走集约、智能、绿色、低碳的新型城镇化道路。

2012年12月31日 中共中央发布《关于加快发展现代农业进一步增强农村发展活力的若干意见》（一号文件），提出，要有序推进农业转移人口市民化。把推进人口城镇化特别是农民工在城镇落户作为城镇化的重要任务；加快改革户籍制度，落实放宽中小城市和小城镇落户条件的政策。

2013年3月 第十二届全国人大一次会议通过《政府工作报告》。报告指出："城镇化是我国现代化建设的历史任务，与农业现代化相辅相成。要遵循城镇化的客观规律，积极稳妥推动城镇化健康发展。坚持科学规划、合理布局、城乡统筹、节约用地、因地制宜、提高质量。"

2013年11月 党的十八届三中全会通过《中共中央关于全面深化改革若干重大问题的决定》，提出，要"城乡统一的建设用地市场""赋予农民更多财产权利""完善城镇化健康发展体制机制"，并对城市空间结构、城市建设管理创新、农业转移人口市民化等问题做出了战略部署。

2013年12月12～13日 中央城镇化工作会议召开。会议认为城镇化是现代化的必由之路，也是一个自然历史过程，推进城镇化必须从我国社会主义初级阶段基本国情出发，遵循规律，因势利导，使城镇化成为一个顺势而为、水到渠成的发展过程；确定城镇化目标必须实事求是、切实可行，不能靠行政命令层层加码、级级考核，不要急于求成、拔苗助长。会议对城镇化发展做出了总体部署，并提出了推进城镇化的六项主要任务，即推进农业转移人口市民化、提高城镇建设用地利用效率、建立多元可持续的资金保障机制、优化城镇化布局和形态、提高城镇建设水平、加强对城镇化的管理。

权威报告　热点资讯　海量资源

当代中国与世界发展的高端智库平台

皮书数据库　www.pishu.com.cn

皮书数据库是专业的人文社会科学综合学术资源总库，以大型连续性图书——皮书系列为基础，整合国内外相关资讯构建而成。该数据库包含七大子库，涵盖两百多个主题，囊括了近十几年间中国与世界经济社会发展报告，覆盖经济、社会、政治、文化、教育、国际问题等多个领域。

皮书数据库以篇章为基本单位，方便用户对皮书内容的阅读需求。用户可进行全文检索，也可对文献题目、内容提要、作者名称、作者单位、关键字等基本信息进行检索，还可对检索到的篇章再作二次筛选，进行在线阅读或下载阅读。智能多维度导航，可使用户根据自己熟知的分类标准进行分类导航筛选，使查找和检索更高效、便捷。

权威的研究报告、独特的调研数据、前沿的热点资讯，皮书数据库已发展成为国内最具影响力的关于中国与世界现实问题研究的成果库和资讯库。

皮书俱乐部会员服务指南

1. 谁能成为皮书俱乐部成员？

- 皮书作者自动成为俱乐部会员
- 购买了皮书产品（纸质皮书、电子书）的个人用户

2. 会员可以享受的增值服务

- 加入皮书俱乐部，免费获赠该纸质图书的电子书
- 免费获赠皮书数据库100元充值卡
- 免费定期获赠皮书电子期刊
- 优先参与各类皮书学术活动
- 优先享受皮书产品的最新优惠

社会科学文献出版社 SOCIAL SCIENCES ACADEMIC PRESS (CHINA) 皮书系列
卡号：2863353641205379
密码：

3. 如何享受增值服务？

（1）加入皮书俱乐部，获赠该书的电子书

第1步 登录我社官网（www.ssap.com.cn），注册账号；

第2步 登录并进入“会员中心”—“皮书俱乐部”，提交加入皮书俱乐部申请；

第3步 审核通过后，自动进入俱乐部服务环节，填写相关购书信息即可自动兑换相应电子书。

（2）免费获赠皮书数据库100元充值卡

100元充值卡只能在皮书数据库中充值和使用

第1步 刮开附赠充值的涂层（左下）；

第2步 登录皮书数据库网站（www.pishu.com.cn），注册账号；

第3步 登录并进入“会员中心”—“在线充值”—“充值卡充值”，充值成功后即可使用。

4. 声明

解释权归社会科学文献出版社所有

皮书俱乐部会员可享受社会科学文献出版社其他相关免费增值服务，有任何疑问，均可与我们联系

联系电话：010-59367227　企业QQ：800045692　邮箱：pishuclub@ssap.cn

欢迎登录社会科学文献出版社官网（www.ssap.com.cn）和中国皮书网（www.pishu.cn）了解更多信息

“皮书”起源于十七、十八世纪的英国，主要指官方或社会组织正式发表的重要文件或报告，多以“白皮书”命名。在中国，“皮书”这一概念被社会广泛接受，并被成功运作、发展成为一种全新的出版形态，则源于中国社会科学院社会科学文献出版社。

皮书是对中国与世界发展状况和热点问题进行年度监测，以专业的角度、专家的视野和实证研究方法，针对某一领域或区域现状与发展态势展开分析和预测，具备权威性、前沿性、原创性、实证性、时效性等特点的连续性公开出版物，由一系列权威研究报告组成。皮书系列是社会科学文献出版社编辑出版的蓝皮书、绿皮书、黄皮书等的统称。

皮书系列的作者以中国社会科学院、著名高校、地方社会科学院的研究人员为主，多为国内一流研究机构的权威专家学者，他们的看法和观点代表了学界对中国与世界的现实和未来最高水平的解读与分析。

自 20 世纪 90 年代末推出以《经济蓝皮书》为开端的皮书系列以来，社会科学文献出版社至今已累计出版皮书千余部，内容涵盖经济、社会、政法、文化传媒、行业、地方发展、国际形势等领域。皮书系列已成为社会科学文献出版社的著名图书品牌和中国社会科学院的知名学术品牌。

皮书系列在数字出版和国际出版方面成就斐然。皮书数据库被评为“2008~2009 年度数字出版知名品牌”;《经济蓝皮书》《社会蓝皮书》等十几种皮书每年还由国外知名学术出版机构出版英文版、俄文版、韩文版和日文版，面向全球发行。

2011 年，皮书系列正式列入“十二五”国家重点出版规划项目；2012 年，部分重点皮书列入中国社会科学院承担的国家哲学社会科学创新工程项目；2014 年，35 种院外皮书使用“中国社会科学院创新工程学术出版项目”标识。

法律声明

“皮书系列”（含蓝皮书、绿皮书、黄皮书）由社会科学文献出版社最早使用并对外推广，现已成为中国图书市场上流行的品牌，是社会科学文献出版社的品牌图书。社会科学文献出版社拥有该系列图书的专有出版权和网络传播权，其 LOGO（ ）与“经济蓝皮书”、“社会蓝皮书”等皮书名称已在中华人民共和国工商行政管理总局商标局登记注册，社会科学文献出版社合法拥有其商标专用权。

未经社会科学文献出版社的授权和许可，任何复制、模仿或以其他方式侵害“皮书系列”和 LOGO（ ）、“经济蓝皮书”、“社会蓝皮书”等皮书名称商标专用权的行为均属于侵权行为，社会科学文献出版社将采取法律手段追究其法律责任，维护合法权益。

欢迎社会各界人士对侵犯社会科学文献出版社上述权利的违法行为进行举报。电话：010－59367121，电子邮箱：fawubu@ ssap. cn。

社会科学文献出版社